# 헌법총론

석 인 선 저

세창출판사

국립중앙도서관 출판예정도서목록(CIP)

헌법총론 / 저자: 석인선. -- 서울 : 세창출판사, 2014
  p. ;    cm

ISBN  978-89-8411-506-4 93360 : ₩26000

헌법[憲法]

362-KDC5
342-DDC21                          CIP2014038088

# 머리말

　이 책을 출판하게 된 동기는 오로지 강의에 쓸 교재의 필요성에서 비롯된 것이다. 학생들은 강의를 위해 일정한 교재를 지정해 주기를 늘 원하고 있다. 필자는 헌법강의를 하면서 늘 써오던 교재들이 있는데 그 교재들은 바로 권영성 교수님의 헌법학원론, 김철수 교수님의 헌법학개론, 허영 교수님의 한국헌법론이었다. 주된 교재는 헌법학원론이었다. 수업 중에 다른 교재들의 내용도 함께 늘 언급하곤 했다. 강의를 통해 늘 학생들에게 필자가 아는 한도에서 많은 것을 전달해 주려고 노력해 왔지만 학생들은 단일 교재가 없어서인지 좀 부담을 가지고 있었던 것 같다. 그래서 부족하지만 다소 용기를 내어 공법의 기본원리라는 수업을 위해 그 강의내용을 요약해 둔 강의노트를 정리하여 교재로 내기로 결정했다.

　책을 출판한다는 결정을 한 순간부터 후회하기도 했지만 부족함을 무릅쓰고 강의노트를 보강 정리하는 일에 착수했다. 학생들의 수업을 위해 강의교재를 선택한다는 것은 매우 중요하고도 고민되는 일이라는 것을 알기에 부족하지만 부족한 대로 책을 내기로 결심했다. 그동안 수업은 강의내용이 다소 고르지 못하게 정리된 강의노트를 복사하여 학생들에게 나누어 주고 수업하는 형태였고 여기에서 한 번은 정리가 필요하다고 생각했다.

　이 책은 깊은 연구의 결과물인 다른 헌법 교수님들의 교과서에 비교하면 너무 턱없이 부족하다고 느낀다. 그러나 필자는 강의를 위해 요약된 헌법교재를 내려는 의도로 이 책을 만들었고 이런 점에서 이 책은 학생들의 헌법수업의 기초교재로서 도움을 줄 수 있으리라 생각하니 마음의 위안이 된다.

　헌법관련 단행본을 내고자 하는 마음은 늘 있었지만 용기를 내지 못하다가 강의교재 필요성을 느끼고 책을 만들 기회를 갖게 되었다. 막상 최종 수정원고를 출판사에 보내려 하니 너무 연구가 부족한 것 같아 한참을 망설였음을 고백한다. 이 책에서 특히 미진하다고 생각되는 부분은 외국의 최신이론을 보충하지 못한 점과 헌재판례분석 부분이라고 할 수 있는데 판례들을 총합적으로 분석하는 일이 애초에 생각처럼 용이하지 않아 판례의 내용을 주제에 맞추어 요약·나열하는 것에 그치는 아쉬움이 있다. 이후에 보강할 생각이고, 내용 중 오류가 있을 수 있다는 점과 필자의 독창적인 논의보다는 기존의 논의들에서 빌려온 내용이 많은 점을 부끄럽게 생각한다.

부족하지만 이 책을 내면서 많은 고마운 분들이 생각났다. 깊은 학문적 관심과 배려를 주셨던 윤후정 선생님과 국순옥 선생님께 감사드린다. 또한 연구자의 길로 들어선 필자에게 사랑과 용기를 주셨던 지금은 고인이 되신 어머니께 감사한 마음을 전하고 싶다. 끝으로 시장성이 없는 책임에도 불구하고 흔쾌히 출간을 허락해주신 세창출판사의 이방원 대표님과 임길남 상무님께 감사드린다.

2014년 12월 24일
석인선

**차 례**

## 제2장 | 대한민국헌법 총설 _ 51

# 제3장 | 헌법의 기본원리 _ 82

## 제5장 | 헌법의 기본제도 _ 151

## 【 제2편 기본권 총론 】

### 제1장 | 기본권의 의의와 역사 _ 243

## 제2장 | 기본권의 성격 _ 256

## 제3장 | 기본권의 향유주체 _ 260

## 제4장 | 기본권의 효력 _ 280

## 제5장 | 기본권의 경합과 충돌 _ 289

## 제6장 | 기본권의 제한과 그 한계 _ 297

## 참고문헌

계희열, 헌법학(상), 박영사, 2005.

계희열, 헌법학(중), 박영사, 2002.

권영성, 헌법학원론, 법문사, 2010.

김문현, 사례연구 헌법, 법원사, 2009.

김철수, 헌법학개론, 박영사, 2006.

문홍주, 제6공화국 한국헌법, 해암사, 1987.

박일경, 신헌법학원론, 법경출판사, 1990.

성낙인, 헌법학, 법문사, 2014.

유진오, 헌법해의, 명세당, 단기 4284.

장영수, 헌법학, 홍문사, 2007.

장영수, 헌법총론, 홍문사, 2002.

정재황, 신헌법입문, 박영사, 2012.

최대권, 헌법학, 박영사, 2001.

한태연, 근대헌법의 일반이론, 법문사, 1983.

한태연, 헌법학, 법문사, 1977.

허영, 한국헌법론, 박영사, 2013.

홍성방, 헌법학(상), 박영사, 2013.

제1편

# 헌 법 서 설

## 제1절  헌법의 개념과 특성

### 제1항  헌법의 개념과 유형

## Ⅰ. 헌법의 개념

　　헌법은 국가의 기본법으로서 국가의 통치조직과 통치작용의 원리를 정하고 국민의 기본권을 보장하는 최고법이다. 헌법(Constitution, Verfassung)은 최초에는 국가의 조직·구조·체제의 의미로 사용되었다. 헌법은 국가의 조직·구조·체제 등의 의미로 사용되지만, 때로는 한 나라의 권력관계라고 하는 정치적 사실을 뜻하기도 하고, 때로는 한 나라의 통치방식과 기본권보장을 규율하는 법규범을 뜻하기도 한다.

　　헌법은 정치적 사실이라는 측면과 법규범이라는 측면의 양면성을 가진다. 헌법을 정치적 사실 내지 정치적 현실로 보는 것은 사회학적 헌법개념에 해당하고, 헌법을 법규범으로 보는 것은 법학적 헌법개념에 해당한다.

### 1. 사실로서의 헌법(사회학적 개념)

헌법은 국가의 정치적 통일 및 사회질서의 구체적 상태로서 파악된다. 이 설의 대표자로서는 페르디난트 라살레(F. Lassalle), 루돌프 스멘트(R. Smend), 칼 슈미트(C. Schmitt) 등이 있다.

### 2. 법규범으로서의 헌법(법학적 개념)

법학적 헌법개념에 의하면 헌법은 정치적 현실을 그중에 반영하는 것이기 는 하되, 그것이 전부는 아니라고 한다. 헌법을 사실로 파악하는 사람들도 법규 범으로서의 헌법의 의의를 부인하지 못하고 있다. 헌법은 현실과 대립하여 현실 을 규제하고 정치생활·국민생활의 있어야 할 모습을 실현하기 위한 법규범으 로서 파악되어야만 할 것이다. 클라우스 스테른(K. Stern)은 "헌법은 국가의 통치 질서와 가치질서의 기본원칙에 관한 최상위의 규범적 표현"이라고 했으며, 한스 켈젠(H. Kelsen)은 "헌법은 협의로는 국가기본질서법이며 광의로는 국가조직법 과 인권보장법이다. 헌법은 국내법상 최상위에 위치하는 근본규범이다"라고 하 였다.

## II. 헌법개념의 역사적 발전

국가의 근본법으로서의 법적 의미에 있어서의 헌법은 그 역사적인 발전방 향에서 고유 의미의 헌법, 근대 입헌주의적 의미의 헌법, 현대 복지주의적 의미 의 헌법으로 나눌 수 있다.

### 1. 고유 의미의 헌법개념

고유 의미의 헌법이란 국가의 최고기관(예를 들면, 국회, 정부, 법원 등)을 조 직·구성하고, 이들 기관의 행위의 방법, 권력기관의 상호관계 및 활동범위를 규정하는 것이다. 따라서 이 의미에 있어서의 헌법이란 국가의 근본조직법을 말하는데, 어떠한 국가든지 이 고유 의미의 헌법은 가지고 있다고 할 수 있다.

## 2. 근대 입헌주의적 의미의 헌법개념

입헌주의라 함은 국민의 기본권을 보장하고 권력분립을 규정한 헌법에 의거하여 통치할 것을 요구하는 정치원리를 말한다. 입헌주의적 헌법이라 함은 이와 같은 입헌주의를 그 기본원리로 하는 헌법을 말한다.

입헌주의적 헌법이라 함은 개인주의 · 자유주의 · 법치주의 등과 같은 일정한 이데올로기를 그 기초로 하면서 개인의 자유와 권리의 보장 그리고 권력분립에 의하여 국가의 권력남용을 억제할 것을 내용으로 하는 헌법만을 말한다. 자유방임주의와 자본주의 구성이 주요 내용이 된다.

입헌주의적 헌법의 특성 중 5대 요소는 국민주권 원칙, 자유권적 기본권보장, 권력분립원리, 법치주의, 성문헌법의 원칙 등이다. 기본권보장에 있어서 자유와 평등이 핵심적 요소이며, 경제적 평등보다 인격적 · 신분적 평등이 주된 것이었다. 또한 국가질서 형성의 고정화 · 항구화의 방편으로서 헌법을 성문화하여야 한다는 사상이 지배적이므로 그 형식에서 성문헌법인 것을 특징으로 하였고, 이념상 경성헌법일 것이 요청되었다. 1789년 프랑스의 「인간과 시민의 권리선언」 제16조는 "권리의 보장이 확보되지 아니하고 권력의 분립이 규정되지 아니한 사회는 헌법을 가진 것이라 할 수 없다"라고 규정하고 있는바, 근대 입헌주의적 헌법은 자유권적 기본권 보장과 권력분립제도가 포함되어 있는 것이 그 주된 특징이다. 근대헌법인 1791년 프랑스 헌법, 1776년 버지니아 헌법, 1787년 미국연방 헌법은 이러한 특성을 잘 보여주고 있다.

## 3. 현대 복지주의적 의미의 헌법개념(현대 입헌주의적 의미의 헌법개념)

근대 입헌주의적 의미의 헌법은 오늘날 현대적 복지주의적 헌법개념으로 변천해 왔다. 현대적 복지주의적 의미에 있어서의 헌법은 근대적 헌법이 재산권의 신성불가침과 개인의 경제활동의 자유에 입각하고 있었는 데 반하여, 사회적 약자의 인간다운 생활을 보장하는 사회적 법치국가의 원리에 입각하고 있다. 현대 복지주의적 의미의 헌법은 사회주의 헌법에 대응하기 위한 일종의 수정자본주의적 헌법이라고도 말할 수 있다. 사회주의 헌법은 사유재산제를 기본적으로 부정하고 권력분립을 부정하며, 주권기관으로서의 최고회의에 모든 국가권력을 귀속시키고 있다. 사회국가는 첫째로 대규모의 조세국가이다. 또한 사회정책의 국가이기도 하다. 앵글로 색슨계의 복지국가에서는 케인즈주의에 입각하여 국가가 사회경제부문에 적극 개입하는 데 비하여 사회국가의 개입주의적 정책에는 일정한 한계가 있다. 즉 개인의 독자적 힘으로 생존의 기본적 요구를 충족시킬 수 없을 때 비로소 국가가 개입하는 보상적 정의 원칙이 바로 그것이다.

입헌주의적 의미에 있어서의 헌법이 자유와 형식적 평등을 중요시한 데 반하여, 현대적 복지주의적 의미에 있어서의 헌법은 실질적 평등의 보장을 더욱 중요시하고 있다. 지금까지 신성불가침이었던 재산권이 상대화되고 경제적 자유가 광범한 제한을 받게 됨으로써 기본권체계의 재구성이 불가피하게 되었다. 이른바 사회적 기본권이 기본권목록에 새로이 추가 보장되게 되었다. 현대 입헌주의적 헌법의 특징을 보면, 경제의 바탕은 사회적 시장경제질서를 보장하고 있으며, 국가권력의 적극화, 권력의 융화현상(19세기는 삼권이 엄격하게 분립, 20세기는 행정부와 입법부가 어느 정도 융화관계임)을 보이고 있다.

각국의 헌법례를 보면, 1919년 바이마르공화국 헌법은 경제질서에 관한 원칙적인 규정을 제시하고 그에 이어 소유권의 의무화, 사기업의 사회화, 노동기본권보장, 포괄적 보험제도의 확립 등을 규정하였고, 1946년 프랑스 제4공화국 헌법은 프랑스를 민주사회공화국이라 선언하고 노동기본권, 기업관리참가권, 경제적 생활권 등을 보장함으로써 사회국가적 원리를 부분적으로 실현하려고 하였다. 1948년 이탈리아헌법은 이탈리아를 노동에 기초를 두는 민주공화국이라 선언하고 경제관계의 장(§35-§47)에서 노동의 권리, 부조청구권, 기업관리협의권 등을 규정하고 있다. 1949년 서독기본법은 독일연방공화국은 사회적 법치국가라고 선언하고 있다.

## Ⅲ. 실질적 의미의 헌법과 형식적 의미의 헌법

헌법의 내용과 존재형식을 기준으로 실질적 의미의 헌법과 형식적 의미의 헌법으로 나눌 수 있다.

### 1. 실질적 의미의 헌법

성문법이나 불문법을 묻지 않고 국가의 조직과 작용에 관한 기본법 전체를 실질적 의미의 헌법이라 한다. 여기에는 국가의 영토, 국민, 통치의 주체, 통치조직 및 통치작용 등에 관한 기초적인 규율이 포함된다. 실질적 의미의 헌법은 헌법정책상의 이유에서 헌법전과 같은 형식적 의미의 헌법에 포함되는 경우 이외에 각종의 법률(예컨대, 국회법·선거법·정부조직법·법원조직법·국적법 등)이나 관습헌법의 형식으로 존재하고 있다. 실질적 의미의 헌법이 가지는 의의는 이를 인정함으로써 헌법이 존재할 수 있는 법형식의 범위, 즉 헌법의 법원(法源)이 확대된다는 데 있다. 영국은 대표적인 불문헌법국가로 분류되는데 내각책임제의 많은 사항과 왕이 선포할 때 대신조언제도와 같은 사항은 통치조직과 통치작용에 관한 사항으로 불문법으로서 관습법으로 있든 조리로 있든 상관없이 헌법적 내용을 가진 규범이라면 모두 실질적 의미의 헌법인 것이다.

### 2. 형식적 의미의 헌법

성문헌법, 특히 헌법전이라는 특별한 형식으로 성문화된 법규범을 형식적 의미의 헌법이라 한다. 근대국가의 헌법은 헌법전과 같은 성문헌법임을 원칙으로 하는바, 이는 개인의 자유를 위한 합리주의적 개인주의 이데올로기의 산물이다. 성문헌법의 최초의 것은 1776년부터 1789년 사이에 제정된 미국 각 주의 헌법 및 1787년 미합중국 헌법과 1791년 프랑스 헌법이다. 이러한 의미의 헌법은 일반 법률보다 개정이 곤란하다는 특성이 그 본질적인 법적 징표로 간주된다. 요컨대 형식적 의미의 헌법이라 함은 한 나라의 법질서에 있어서 최고의 형식적 효력을 가진 법, 즉 헌법전이라는 법전의 형식을 가진 것만을 가리켜 하는 말이다.

### 3. 양자의 관계

형식적 의미의 헌법과 실질적 의미의 헌법은 반드시 일치하는 것은 아니다. 즉 실질적 의미의 헌법은 형식적 의미의 헌법에 대부분 통합되고 있지만, 헌법전 이외에 법률·명령·관습법으로 존재하기도 하여 형식적 의미의 헌법이 실질적 의미의 헌법에 해당하지 아니하는 것을 규정하고 있는 경우도 있다. 예를 들면, 지금은 폐지된 스위스 헌법상 '마취하지 아니한 식육동물의 도살금지' 조항은 실질적 의미의 헌법이라 할 수 없다. 그 이유는 그 규정이 헌법전에 담겨있으므로 형식적 헌법이긴 하지만 실질적 의미의 헌법은 아닌 것이다. 현실적으로 실질적 의미의 헌법을 전부 형식적 의미의 헌법에 포함시키는 것은 입법기술상 불가능하며, 변천하는 헌정(憲政)에 유연성을 보장하는 의미에서도 부적당하다. 어떤 사항이 실질적 의미의 헌법에 해당하는 사항이냐 하는 것은 때와 장소에 따라 변천될 수 있기 때문이다.

## IV. 헌법의 분류

### 1. 법형식에 따른 분류

법형식에 따른 분류로는 성문헌법과 불문헌법이 있다. 헌법규범이 문장으로 명시되어 있는 헌법을 성문헌법이라 하고 문장으로 명시되지 않고 관습 등으로 존재할 때 불문헌법이라고 한다.

### 2. 개정절차에 따른 분류

개정절차에 따른 분류로는 경성헌법과 연성헌법이 있다. 경성헌법은 일반적인 법률 등에 대한 개정의 절차에 비하여 보다 가중되고 엄격한 절차를 거쳐야만 개정이 가능한 헌법을 말한다. 연성헌법은 일반적인 법률과 같은 정도의 절차로 개정이 가능한 헌법을 지칭한다.

### 3. 제정주체에 따른 분류

제정주체에 따른 분류로는 흠정헌법(군정헌법), 민정(民定)헌법(민약헌법), 협약(協約)헌법, 국약(國約)헌법 등이 있다. 흠정헌법은 군주가 제정한 헌법으로서 1814년 루이 18세의 프랑스 헌법을 들 수 있다. 민정헌법은 국민이 헌법제정권력자로서 제정한 헌법을 말한다. 그 예로 미연방헌법을 비롯하여 모든 공화국헌법을 들 수 있다. 협약헌법은 군주의 권력이 약화되어 국민과 협의하여 제정한 헌법을 말하는데 그 예로는 1830년 프랑스 헌법을 들 수 있다. 국약헌법은 둘 이상의 국가가 국가연합을 구성하는 경우에 국가 간의 합의에 의해 제정되는 헌법을 지칭하며 그 예로 1871년 독일제국헌법과 1992년 독립국가연합(CIS) 헌법 등을 들 수 있다.

### 4. 독창성여부에 따른 분류

독창성여부에 따른 분류로는 독창적 헌법과 모방적 헌법이 있다. 칼 뢰벤슈타인의 분류에 의한 것으로, 어느 국가의 헌법이 전혀 새로운 내용으로 제정된 것이면 독창적 헌법이라고 하고 다른 국가의 헌법이나 다른 시대에 존재했던 과거 헌법에 따라 유사하게 제정되었거나 본뜬 헌법을 모방적 헌법이라 한다.

### 5. 헌법의 존재론적 분류(헌법의 효력에 따른 분류)

헌법의 존재론적 분류로는 규범적 헌법, 명목적 헌법, 가식적 헌법을 들 수 있다. 칼 뢰벤슈타인의 분류에 따른 것으로서, 규범적 헌법이란 헌법규범이 헌법현실을 제대로 규율하여 헌법규범과 헌법현실 간에 괴리가 없는 헌법을 말한다. 명목적 헌법은 헌법규범이 이상적인 내용으로 이루어져 있으나 현실을 제대로 규율하지 못하는 명실상부하지 못한 헌법규범을 말한다. 가식적 헌법은 헌법현실을 규율하고자 하는 의지 없이 다만 겉으로 다른 국가들에 대해 헌법을 보유하고 있음을 나타내려고 제정된 전시효과적 헌법을 말한다.

## 제2항 헌법의 특성

한 나라의 헌법현상은 그 밖의 사회현상에 비하여 어떠한 특수성을 가지고 있으며, 헌법적 규범은 그 밖의 법규범에 비하여 어떠한 특수성을 가지고 있는가가 문제되고 있다. 헌법의 특질 여하는 이것을 헌법사회학적 관점(사실적 측면)과 헌법규범학적 관점(규범적 측면)의 두 방향에서 고찰할 수 있다. 헌법사회학적 관점에서 볼 때 헌법현상은 정치적인 성격, 이념적인 성격, 역사적인 성격 등을 가지고 있고, 헌법규범학적 관점에서 볼 때 헌법규범은 최고규범성, 기본권보장규범성, 수권적(授權的) 조직규범성, 권력제한규범성, 자기보장규범성 등을 가지고 있다.

## Ⅰ. 헌법사회학적 특성

### 1. 헌법의 정치성

헌법규범은 그 근저에 있어서 실력적인 지배관계가 밀접불가분한 관계에 있기 때문에 정치성을 띠고 있다. 헌법은 정치의 소산이다. 헌법의 제정행위는 한 정치세력의 승리의 결과이건, 여러 가지 정치세력의 타협의 결과이건 간에 정치투쟁의 소산이다.

신생국가 건국시, 혁명 발생시, 쿠데타 발생시, 정치격동기 이후 헌법을 통해 정치이념·정치희망·정치적 요소를 기본적으로 정립한다. 헌법에는 정치적 근본결단을 요청하는 요소가 많다. 정치적 근본결단의 표현이므로 정치성을 가진다. 이러한 측면에 대해 칼 슈미트는 "헌법은 결과적으로 정치투쟁 결론의 문서화이다"라고 말한 바가 있다.

규범적으로 보지 않고 정치적 사실 그 자체로 볼 때 이렇게 표현할 수 있다. 헌법의 정치성은 정치적으로 안정된 시기에도 상실되지 않는다. 안정된 법질서하에서도 정치적 대립이 헌법규정의 테두리 안에서 통합되고 정책결정도 평화적인 토의를 거쳐 국민적 합의를 얻어 합법적으로 행해지는 것이 보통이다.

## 2. 헌법의 이데올로기성(이념성)

헌법은 각기 그 특유의 이념과 가치질서를 그 내용으로 한다. 일정한 이념과 가치질서를 구현하려고 하는 점에 헌법의 속성이 있다. 사실 헌법의 가치는 그에 내재하는 이념 또는 가치질서에 의하여 결정된다.

헌법투쟁이라는 것도 결국 이데올로기 내지 가치질서에 대한 공방전(攻防戰)이라 볼 수 있다. 헌법이 계급적 타협 위에 성립한 경우에는 헌법의 이념 내지 가치질서에 불만을 가진 계층과 그것을 지지하는 계층 간에 헌법을 둘러싼 대립이 있게 마련이다. 헌법해석이 순수한 논리해석만으로 그칠 수 없는 이유도 바로 그 이념적 성격 때문이다. 혁명과 같은 격동기 후 가치질서를 추구하면서 그 정치의 당위성이 대두된다. 대두되는 이유는 국가 또는 정치의 목적·이념 없이는 국가통일성·국민지배상황을 이루기 곤란한 상황이 되기 때문이다.

## 3. 헌법의 역사성

헌법의 가치는 헌법이 지향하는 이념 또는 가치질서가 무엇인가에 따라 결정된다고 하지만 그와 같은 이념 또는 가치질서는 현실의 역사적 조건과 지배상황에 의하여 제약을 받는 역사적인 이념이고 가치인 것이다. 역사의 일정한 단계의 헌법적 가치는 그 사회의 특유한 경제관계 즉 생산 및 분배관계, 그 위에 선 정치적인 지배권력의 상황 및 이에 대응한 치자(治者)와 피치자(被治者)의 법의식과 상호불가분의 의존관계에 있다.

## II. 헌법규범학적 특성(정치통제규범성)

헌법은 정치적 산물로서 성립되나 일단 성립이 되고 나면 다시 정치권력을 규제·통제하게 되는 정치통제규범으로서의 성격을 가지게 된다. 헌법은 통치의 기본을 정한 법규범이 되므로 이 단계에 있어서는 이미 단순한 실력관계만을 의미하게 되지 않는다. 당위성과 약속성과 강행성의 성질을 내포하게 된다. 규범성에는 5가지 요소가 있다.

### 1. 최고규범성(최고법성)

미연방헌법 제6조 제2항, 일본헌법 제98조 등은 이 법이 최고법임을 직접 규정하고 있다. 우리나라는 헌법의 최고규범성에 관하여 명문의 규정을 두고 있지 않지만 헌법의 최고규범성을 보장하거나 그것을 시사하는 규정은 적지 않다. 예를 들면, 헌법 제10장의 헌법개정조항에서 헌법의 개정(헌법 제130조 제1항 후단의 "… 국회의 의결은 재적의원 3분의 2 이상의 찬성을 얻어야 한다")을 일반법률의 개정(헌법 제49조의 "국회는 헌법 또는 법률에 특별한 규정이 없는 한 재적의원 과반수의 출석과 출석의원 과반수의 찬성으로 의결한다"는 규정)에 비하여 보다 곤란하게 하고 있다든가, 헌법 제107조와 제111조 제1항 등에서 위헌법령심사제도를 규정하고 있는 것 등이다. 특히 헌법과 조약과의 관계에서 독일헌법학설상 선법과 후법의 관계에서 내용이 다른 경우 후법이 우위이고 따라서 조약이 헌법보다 우위라고 보고 있는 데 반하여, 우리 헌법 제6조에 대한 헌법해석상 논의에서 다수의견은 조약은 헌법의 하위에 있다고 보고 있다.

### 2. 기본권보장 규범성

헌법은 기본권을 보장하기 위한 규범이다. 근대헌법과 현대헌법은 기본권보장을 위해 존재한다. 국가권력의 한계와 제한을 규정하는 최고규범인 헌법이 기본권을 선언하고 그 불가침성을 보장할 때에만 국민은 그 자유와 권리를 향유할 수 있기 때문이다.

### 3. 수권적 조직규범성(수권적 기초법)

헌법은 통치의 기본구조를 정하는 조직규범이다. 헌법은 국가권력을 조직하는 규범으로서, 국회에는 입법권을 부여하고 정부에는 행정권을 부여하며 법원에는 사법권을 부여하는 수권규범이다. 모든 국가기관은 헌법에서 위임된 권한만을 행사할 수 있을 뿐이며 헌법에서 수권하지 않은 권한은 이를 행사할 수 없다.

우리 헌법 제40조는 "입법권은 국회에 속한다", 제66조 제4항에서 "행정권은 대통령을 수반으로 하는 정부에 속한다", 제101조 제1항에서 "사법권은 법관으로 구성된 법원에 속한다"라고 규정하고 있다. 이것은 입법권, 행정권, 사법권이 각각 어느 기관에게 귀속하는 것인가를 정한 것이다. 헌법은 국가통치권력을 조직하고 통치질서에 있어서 구성적 적극적 기능을 가진다.

### 4. 권력제한 규범성(제한적 기초법)

헌법의 또 하나의 기능은 국가행위의 내용을 규율하고, 그것에 방향을 부여하고 그 한계를 확정한다. 헌법 제37조 제2항은 기본권의 제한 기준을 명시하고 있다. 수권규범으로서의 헌법의 기능은 적극적인 데 대하여, 제한규범으로서의 헌법의 기능은 소극적이다. 근대 입헌주의 이후 헌법의 특성으로 나타난 것으로 중요시되고 있다.

### 5. 자기보장 규범성

헌법은 법률과 명령 등 하위규범과는 달리 규범력을 확보하거나 헌법규정 내용을 직접 강제할 수 있는 기관이나 수단을 가지고 있지 않다. 헌법은 국가권력 상호간의 통제와 권력적 균형을 통해 그 실효성을 확보한다. 이 점에서 헌법은 그 밖의 법규범과 다르다. 헌법에도 그 최고규범성과 실효성을 확보하기 위한 기관과 절차에 관한 규정이 있긴 하지만 헌법재판기관은 어떠한 법률이나 특정기관의 행위가 헌법에 위반된다는 판단만을 할 수 있을 뿐 그 결정을 강제집행할 수 있는 권한이나 수단은 구비하지 않고 있다.

# 제2절  헌법의 해석

## 제1항 의  의

헌법해석학이란 성문헌법규범을 논리적·체계적으로 해석하여 헌법규범의 원리·원칙을 연구하는 법해석학의 한 분야이다.[1] 헌법해석이란 "헌법규범의 객관적 의미를 밝히는 일"이다.[2] 헌법해석이란 헌법규범의 진정한 의미내용이 무엇인지를 규명하고 구체적인 헌법문제와 쟁점들을 해결하려는 헌법인식작용을 뜻한다.[3]

헌법학연구의 기본적인 출발점은 헌법의 해석으로부터 비롯된다. 일반적인 법해석론을 떠나서 헌법해석이 특히 문제되는 것은 헌법만이 가지는 헌법규범 특유의 성격 때문이다. 일반법률의 기술법적 성격과는 달리 가치법적 내지 이념법적 성격을 가지는 헌법을 해석하여 정치현실에 실현시킨다는 것은 어느 특정한 분쟁사건을 해결하기 위한 일반법률의 해석과는 여러 가지 면에서 그 성질을 달리한다. 헌법은 정치규범이기 때문에 그 해석에 있어서도 규범적 관점 이외에 제한된 범위 내에서 정치적 관점이 작용할 필요성과 가능성이 있다고 보아야 한다. 또한 헌법의 해석은 헌법이 실현되는 수단이기 때문에 직접적으로 사회공동체의 조직·형성과 직결된다. 또한 헌법은 그 구조적인 면에서 다의성·추상

---

1) 성낙인, 헌법학, 법문사, 2013, 32면.
2) 최대권, 헌법학, 박영사, 2001, 109면.
3) 권영성, 헌법학원론, 법문사, 2010, 23면.

성·개방성 등의 특성이 있기 때문에, 헌법해석에 의한 보충 내지 형성작용이 처음부터 전제되어 있다고 할 수 있다.

　이처럼 해석의 기준적인 면에서, 해석의 기능적인 면에서, 또 규범의 구조적인 면에서 헌법의 해석은 일반 법률의 해석과 다른 특질을 가지고 있기 때문에 일반적인 법해석방법을 그대로 헌법해석에 적용하는 것은 부적절하다. 헌법해석에 있어서는 헌법의 특성을 적극적으로 반영할 수 있는 해석론이 전개되어야 한다.

> [판례] 구 국회의원선거법 제33조, 제34조의 위헌심판(헌법불합치, 잠정적용), 헌재
> 　1989.9.8. 88헌가6
> "헌법의 해석은 헌법이 담고 추구하는 이상과 이념에 따른 역사적, 사회적 요구를 올바르게 수용하여 헌법적 방향을 제시하는 헌법의 창조적 기능을 수행하여 국민적 욕구와 의식에 알맞은 실질적 국민주권의 실현을 보장하는 것이어야 한다. 그러므로 헌법의 해석과 헌법의 적용이 우리 헌법이 지향하고 추구하는 방향에 부합하는 것이 아닐 때에는, 헌법적용의 방향제시와 헌법적 지도로써 정치적 불안과 사회적 혼란을 막는 가치관을 설정하여야 한다."

## 제2항  헌법해석의 방법

### Ⅰ. 고전적 해석방법

　사비니(F. K. v. Savigny, 1779-1861)에 의하여 제시된 고전적 해석법학방법에 따르면, 법해석은 법조문을 절대적인 바탕으로 해야 하고 법조문의 뜻이 분명하지 않은 경우에는 그 진정한 의미를 알아내기 위해 문리적, 논리적, 역사적, 체계적 해석방법을 차례로 동원해야 한다고 한다.

　사비니의 4단계 해석방법론은 그 후 많은 사람들에 의하여 세분되고 보완되면서 7단계 해석방법론으로까지 발전하여 왔다. 7단계이론은 헌법을 해석하는데 반드시 다음과 같은 일곱 가지 과정을 차례로 거쳐야 된다고 한다. 첫째,

법조문의 문구, 문법적 구조, 개념의 어학적 어의 등을 중심으로 한 해석(어학적 해석), 둘째, 일반조리에 입각해서 법조문의 의미를 찾아내는 해석(논리적 해석), 셋째, 법체계를 지배하는 통일적인 원리에 입각한 조문해석(체계적 해석), 넷째, 법제도 · 법규범의 성립 또는 발전적인 요인을 고려한 법조문의 해석(역사적 해석), 다섯째, 다른 여러 나라의 법제도를 비교 · 검토함으로써 법조문의 의미를 찾아내는 해석(비교법적 해석), 여섯째, 입법자의 입법취지 · 동기 · 입법과정에서 나타난 견해 등을 고려한 해석(입법자의 주관적 해석), 일곱째, 법제도가 목표하고 있는 일정한 목적에 근거한 조문의 해석(목적론적 해석)이다.

사비니의 해석법학적 사상을 근간으로 한 헌법해석 방법론은 헌법과 일반적 법률이 구조적으로 동일하다는 사고에 근거하여 헌법해석이 일반적 법률 해석과 크게 다르지 않다는 전제하에서 출발하고 있다. 이러한 고전적 헌법해석방법은 사법(私法)의 해석에 관한 사비니의 이론을 규범구조가 전혀 다른 헌법의 해석에 그대로 적용시키려고 하는 데 문제가 있다. 또한 헌법은 일반적 법률과 상당히 상이한 구조적 특성을 지니고 있기 때문에 헌법과 일반적 법률을 구조적으로 동일시하려는 사고는 그 출발점부터 일종의 의제에 불과하다고 보아야 한다.

헌법해석에 있어서 철저히 실정법을 중심으로 그 실정법의 의미를 우선 언어학적 방법에 의해서 찾아내려는 이러한 입장은 사상적으로 법실증주의와 상통하는 점이 있다고 볼 수 있다. 헌법과 법률은 구조적인 면이나 규범적인 측면에서 동일하다는 전제에서 출발하여 헌법조문의 의미와 내용을 구체적 사건에 연역적으로 적용하려는 방법이므로, 이것은 헌법의 구조적 · 규범적 · 정치적 특질들을 외면한 법실증주의적 해석방법이라는 비판을 받고 있다.[4]

결단주의입장에서는 법규범을 법을 제정하는 의지적 명령으로 보기 때문에 법규범을 해석함에 있어서 일차적으로 법규범을 관찰하여 법제정자의 의지를 찾아내려고 한다. 따라서 결단주의적 관점에서 볼 때 고전적 해석방법은 법규범의 형식으로 나타난 입법자의 명령적 의지를 찾아내기 위한 하나의 방법인 것이다. 더욱이 4단계 내지 7단계 해석방법에 의한 헌법해석의 과정에서 법조문에 내포된 객관적 의미가 아닌, 법조문에 담겨진 입법자의 주관적 의사인 법제정자

---

4) 권영성, 앞의 책(주 3), 25면.

의 의지를 우선시하는 주관주의에 치우치게 되는 경우 결단주의적 입장에 접근하게 된다는 지적이 있다.[5]

## II. 현대적 해석방법

현대적 해석방법은 현재 헌법과 법률과의 구조적·기능적 특성을 고려하지 않는 고전적인 법실증주의적 해석방법론을 비판하면서 헌법에 고유한 해석방법론을 확립하려고 한다. 헌법과 일반적 법률이 구조적으로 동일하다는 전제하에서 출발하는 고전적 해석방법과는 달리, 헌법의 해석에 있어서 헌법이 가지는 규범구조적·기능적 특성을 충분히 고려할 것을 강조하는 입장이다. 하지만 구체적으로 어떤 방법에 의해서 헌법의 특성을 헌법해석에 고려할 것인가에 대해서는 많은 견해 차이가 있다.

예컨대 스멘트의 현실기준적 해석방법(헌법을 해석함에 있어 헌법조문의 문구와 개념에 구애될 것이 아니라 헌법의 목적 또는 헌법적 현실이 해석의 바탕 내지 기준이 되어야 한다는 해석론), 엠케(H. Ehmke), 크릴레(M. Kriele), 콘라드 헷세(K. Hesse) 등의 헌법이념합치적 해석방법(모든 국민이 확신할 수 있고 수긍할 수 있는 가치추구적 관점에서 헌법상 정의를 구현해야 한다는 해석론), 뵈켄피르데(Ernst-Wolfgang Böckenförde)의 절충적 해석방법(고전적 해석방법과 현대적 해석방법을 절충하여 헌법의 가치규범적 성격과 헌법의 가치형성적 규범기능이 동시에 발현될 수 있도록 하는 해석론)[6] 등이 그것이다.

## 제3항 합헌적 법률해석(헌법합치적 법률해석)

헌법해석에는 고전적·현대적 헌법해석방법 이외에 합헌적 법률해석이라

---

5) 허영, 한국헌법론, 박영사, 2013, 67면.
6) 권영성, 앞의 책(주 3), 25면.

는 것이 있다. 그러나 합헌적 법률해석은 해석의 주요 대상이 법률이므로 헌법 자체를 해석의 주요 대상으로 하는 헌법해석과는 구별되어야 한다.

## I. 합헌적 법률해석의 의의와 근거

### 1. 의 의

합헌적 법률해석이란 법률에 일응 위헌의 의심이 있더라도 합헌적 해석이 가능한 한 위헌선언해서는 안 된다는 법률해석의 원칙이다. 즉, 법률문언이 다 의적이어서 위헌적으로도 합헌적으로도 해석될 가능성이 있는 경우, 합헌적으 로 해석될 여지가 있는 한 이를 쉽게 위헌이라고 판단해서는 안 되고 헌법에 합 치되는 쪽으로 해석해야 한다는 법률의 해석원칙이다.

합헌적 법률해석은 법률의 해석지침을 말하는 것으로 헌법규범의 의미·내 용을 찾아내는 헌법해석과 구별된다. 그러나 합헌적 법률해석이 헌법적 시각에 서 법률을 살펴보는 것이기 때문에 그 기준이 되어야 할 헌법의 내용에 대한 해 석의 문제가 항상 뒤따른다는 점에서 헌법해석과 무관한 것은 아니다. 헌법재판 소도 법률에 대한 합헌적 해석의 당위성을 강조한다. 따라서 합헌적 법률해석은 헌법해석의 문제라기보다는 법률해석의 문제라고 할 것이다.

[판례 1] 상속세법 제32조의2의 위헌여부에 관한 헌법소원, 헌재 1989.7.21. 89헌
　　　마38(한정합헌)

"일반적으로 어떤 법률에 대한 여러 갈래의 해석이 가능할 때에는 원칙적으로 헌법
에 합치되는 해석 즉 합헌해석을 하여야 한다. 왜냐하면 국가의 법질서는 헌법을
최고법규로 하여 그 가치질서에 의하여 지배되는 통일체를 형성하는 것이며 그러
한 통일체 내에서 상위규범은 하위규범의 효력근거가 되는 동시에 해석근거가 되
는 것이므로, 헌법은 법률에 대하여 형식적인 효력의 근거가 될 뿐만 아니라 내용
적인 합치를 요구하고 있기 때문이다."

[판례 2] 국가보안법 제7조에 대한 위헌심판, 헌재 1990.4.2. 89헌가113(한정합헌)

"어떤 법률의 개념이 다의적이고 그 어의의 테두리 안에서 여러 가지 해석이 가능할 때 헌법을 그 최고법규로 하는 통일적인 법질서의 형성을 위하여 헌법에 합치되는 해석 즉 합헌적인 해석을 택하여야 하며, 이에 의하여 위헌적인 결과가 될 해석은 배제하면서 합헌적이고 긍정적인 면은 살려야 한다는 것이 헌법의 일반법리이다. 이러한 합헌적 제한해석과 주문예는 헌법재판제도가 정착된 여러 나라에 있어서 널리 활용되는 통례인 것으로서 법률에 일부합헌적 요소가 있음에도 불구하고 위헌적 요소 때문에 전면위헌을 선언할 때 생길 수 있는 큰 충격을 완화하기 위한 방안이기도 하다."

## 2. 합헌적 법률해석의 연혁과 이론적 근거

합헌적 법률해석은 미국 연방대법원에서 판례를 통해 법률의 합헌성추정의 원칙이 제시된 이후 세계 각국에서 활용되고 있다. 미 연방대법원은 Ogden v. Saunder(1827) 사건에서 "입법부가 의결한 법률은 그 위헌성이 명백한 것으로 판명될 때까지는 일단 그 유효성을 추정하여야 한다. 그렇게 하는 것이 입법부의 지혜·성실, 그 애국심에 대하여 경의를 표하는 것이 된다"라고 판시했다.

독일 연방헌법재판소는 미국에서의 법률의 합헌성추정의 원칙을 수용하여 이를 합헌적 법률해석론으로 발전시켰다. 독일 연방헌법재판소는 "법률이 헌법에 조화되는 것으로 해석될 수 있는 한 그것이 무효로 선언될 수 없다는 기본원리가 이미 일반적 지지를 받고 있다"고 판단한 이래 합헌적 법률해석을 공식화된 일반적 원리로 채택했다.

합헌적 법률해석의 이론적 근거로는 헌법의 최고규범성과 법질서의 통일성(한 나라의 법질서는 헌법을 정점으로 하는 통일적인 법체계를 유지해야 하므로 모든 법규범은 헌법에 합치되는 것이어야 함), 권력분립 원리와 입법부의 입법기능 존중의 요청, 법적 안정성의 요청과 법률의 합헌성 추정의 원칙 내지 법률의 규범력 유지의 요청, 국가 간의 신뢰유지에 따른 조약의 규범력 유지의 요청 등을 들 수 있다.

## II. 합헌적 법률해석의 요건과 한계

합헌적 법률해석은 법률문언의 뜻이 분명치 아니하여 다의적으로 해석할 여지가 있을 경우에만 가능한 것이지, 법률문언이 뚜렷하여 한 가지 뜻으로 분명히 해석되는 경우에는 불가능하다.

문언의 다의적 해석이 가능하더라도 합헌적 법률해석은 첫째, 법조문의 문구의 의미가 변질되지 않는 범위 내에서만 가능하다는 문의적 한계가 있고, 둘째, 입법목적과 완전히 다른 새로운 목적·내용을 가지게 하는 해석이 되어서는 안 된다는 법목적적 한계가 있으며, 셋째, 법률의 효력유지를 위하여 거꾸로 헌법을 법률에 합치시키는 식의 해석이 되어서는 안 된다는 헌법수용적 한계를 준수하는 한도 내에서만 이루어져야 한다. 법률에 대한 합헌적 해석은 헌법규범의 내용을 지나치게 확대해석함으로써 헌법규범이 정상적으로 허용 또는 수용할 수 있는 한계를 넘어서는 안 된다. 법률의 합헌적 해석이 헌법의 합법률적 해석으로 주객이 전도되어서는 안 된다.

## III. 합헌적 법률해석의 방법

합헌적 법률해석의 방법과 관련해서 주로 문제되는 것은 법률내용에 대한 일정한 제한 또는 보완 없이는 그 합헌성이 인정되기 어려운 경우에 어떻게 해석할 것인가의 문제이다.

### 1. 법률의 제한적 해석과 변형결정

법률조문이 해석 당시의 상태로는 합헌이라고 볼 수 없지만, 그 내용을 일부 제한하는 경우 합헌적이 되는 경우가 있다. 이러한 때에는 입법자의 입법취지나 법목적이 본질적으로 침해되지 않는 한 제한적인 법률해석에 의해서 그 합헌성을 인정하는 것이 법률의 추정적 효력의 원칙에도 적합하다고 할 것이다.

합헌적 법률해석을 하는 대부분의 경우가 여기에 해당된다. 우리 헌법재판소는 법률조문의 제한적인 해석을 통해서 그 법률조문의 효력을 지속시키려는 경우에 한정합헌결정 및 한정위헌결정과 일부위헌결정의 주문형식을 채용하고 있다. 이러한 변형 결정은 합헌적인 법률해석의 기술적인 결과물이라고 볼 수 있지만 그 형식은 합리성이 있어야 하고 그 활용도 불가피한 경우에 한정되어야 한다. 우리 헌법재판소가 채용하는 일부위헌결정의 주문형식을 한정위헌결정으로 통일하고, 한정위헌결정보다는 한정합헌결정을 활용하는 것이 합헌적인 법률해석의 원칙에 적합하다고 할 것이다.

## 2. 법률의 보완적 해석과 헌법불합치결정

법률조문이 해석 당시의 현재 상태로는 합헌이라고 볼 수 없지만 그 내용을 일부 보완하는 경우에 합헌으로 볼 수 있는 경우가 있다. 이러한 때에 법률해석에 의해서 그 내용을 일부 보완하는 것에 그치지 않고 확대해석한다면 대부분의 경우 입법권의 침해로 간주되어 당해 법률의 무효를 선언할 수밖에 없는 상황이 될 것이다. 경우에 따라서는 입법자에게 일정한 유예기간을 주고 법률의 내용을 합헌적으로 수정·보완하게 함으로써 그 효력을 지속시키는 방법이 고려될 수 있는데 그 방법이 바로 헌법불합치결정이다. 현실적으로 보면 대부분의 경우 헌법불합치결정은 합헌적인 법률해석의 결과라기보다는 사법자제의 결과물이라고 할 수 있다.

# 제3절  헌법의 제정

## 제1항  헌법제정권력사상의 유래

근대헌법이론에서 헌법제정권력의 문제는 바로 국민주권의 사상에서 출발하고 있다. 헌법제정권력사상은 국민주권사상과 근본법(根本法)사상에서 유래한 것이다. 입법권과 다른 헌법제정권력 개념이 성립하기 위하여서는 헌법이 입법권을 포함한 모든 국가권력을 구속하는 최고법규라는 사상이 존재하지 않으면 안 된다.

헌법제정권력사상은 중세의 근본법사상[7](법우위 사상)에 의하여 준비되고, 시민혁명기에 사회계약설에 의해 구체화되었다. 즉, 국가는 국민의 사회계약으로 조직되고 그 계약을 구체화한 것이 헌법(근본법)이며 이 헌법은 국민의 자연권 보장을 가장 중요한 목적으로 하고 있었으므로 헌법에 존립기반을 가지는 입법권은 헌법을 제정하거나 변경·폐지하는 자격을 가질 수 없다는 고찰방법으로 구체화되었다.

이러한 근본법사상은 국민을 일체의 정치권력의 연원이라는 로크(Locke)의 국민주권설 및 루소(Rousseau)의 인민주권설과 결합하여 입법권과 구별되는 '국민의 헌법제정권력'의 관념을 탄생시켰다. 근본법인 헌법의 제정권력의 정당성은 주권의 연원은 국민이라는 국민주권이론이 등장하게 되어 당시 절대국가의 항의적 이데올로기로서 성립된 것으로 헌법제정권력의 주체는 국민이라는 사상이 성립되었다.

헌법제정권력이란 용어는 근대국가 이전에는 없었으며 국민주권론의 사상이 들어오면서 성립되었다. 따라서 발생적으로 볼 때 이념적인 것이었으며 헌법제정권력이란 용어는 근대국가 이후에 성립된 것이다.

## 제2항  헌법제정권력론

현대에 있어서 헌법제정권력이란 국민이 국법질서 최고단계에 있는 최고법

---

7) 헌법제정권력사상의 성립을 보면 프랑스 근본법사상이 그 근저에 있다. 프랑스에서는 14C경부터 국법과 왕법개념이 成立되었다. 국법사항에 속하는 것은 왕법으로도 군주도 이를 변경 개정할 수 없었다. 조세부과·화폐주조·영토할양·선전포고·여자왕위계승권과 같이 국법사항에 속하는 것은 근본법에 해당하는 것으로 보았다.

이며, 기초법인 헌법을 창조하는 정치의사임과 동시에 법적 권능을 말한다고 할 수 있다. 헌법제정권력(제헌권)이라 함은 헌법을 시원적으로 창조하는 힘을 말한다. 그러나 헌법제정권력은 사실상의 힘을 뜻하는 것이 아니라 정치적 통일체에 있어서 국민적 합의를 규범체계화하는 정치적 권력인 동시에 헌법에 정당성을 부여하는 권위라고 하는 이중성을 가진다. 헌법제정권력은 사실적인 힘만이 아니고 헌법을 정당화시키는 권위 또는 가치를 아울러 가지지 않으면 아니 된다. 뷔르도(G. Burdeau)는 "헌법제정권력이란 정치가 헌법(근본법)으로 전화하는 교차점에 위치하고 있는 권력이다"라고 했다. 칼 슈미트는 "헌법제정권력이란 고유의 정치적 실존의 종류와 형태에 관하여 구체적인 근본결단을 내릴 수 있는 권력이나 권위를 가진 정치적 의사"라고 한다. 마운츠(Th. Maunz)는 "헌법제정권력이란 국민의 정치적 존재에 관한 근본결단을 내릴 정치적 의사이며 그 권한이다"라고 한다.

헌법제정권력의 관념은 역사적으로 본다면 국민주권의 원리와 결합한 이데올로기로서 역사적인 헌법제정의 사실이나 법적 의미의 권한과는 무관계한 것이라고 할 수 있다.


## Ⅰ. 시에예스의 이론

헌법제정권력론은 원래 헌법이론이나 국가이론으로서 주창된 것이 아니라 이데올로기적 요청에 따라 생성된 것으로, 프랑스 혁명기의 시에예스(Emmanuel Joseph Sieyès, 1748-1836)에 의해 체계화된 것으로 알려지고 있다. 헌법제정권력이라는 관념을 처음으로 체계화한 이는 시에예스이다. 헌법제정의 주체, 즉 누가 헌법을 제정할 수 있느냐의 문제와 관련해서 18세기 후반에 그가 정립한 헌법제정권력의 이론이 아직까지도 그 영향을 미치고 있음을 주목할 필요가 있다. 그는 프랑스혁명전야에 발간한 「제3신분이란 무엇인가」라는 팸플릿 중에서 헌법제정권력의 이론을 다음과 같이 전개하고 있다. 즉, 공권력은 헌법에 의해 규제되고 조직되며, 이러한 헌법은 입법권이 아니라 헌법제정권력에 의해 창조되고, 이러한 헌법제정권력의 주체는 국민이라는 논리를 전개하였다.[8]

　"헌법은 그 어느 것이나 헌법제정권력의 작품이다 … 헌법제정권력은 국민만이 가지며, 국민은 어떠한 법적 제한에도 따르지 아니하고 무슨 법이든 만들 수 있다 …

　헌법은 어떠한 부분에 있어서도 … 이 헌법제정권력의 작품이다. 그리하여 '헌법에 의해 만들어진 권력', 환언하면 어떠한 종류의 위임된 권력도 결코 그 위임의 조건을 변경시킬 수는 없으며, 어떠한 방법에 의해서도 일반적인 입법권으로 헌법제정권력의 행사에 개입할 수 없다…

　이러한 헌법제정권력을 가지고 있는 것은 제3신분인 '국민'만이다. 국민이 보유하는 헌법제정권력은 단일불가분이며 절차면에서 일체의 법적 제한을 받지 않는다고 하였다.

　이것은 실정법 위에 있는 자연법에 의하여 인정된 원칙이다"라고 하였다.

　그는 이 팸플릿에서 헌법제정권력을 국민의 자연법적 권리로 주장하면서 이른바 헌법제정권력이라는 용어를 사용하였다. 그 이전에도 계몽사상과 사회계약론의 영향 하에서 국민이 국가공동체의 주체가 되어야 한다는 주장은 다양하게 전개되어 왔고, 이러한 주장들은 국민주권이라는 사상으로 결집되어 나타났다. 그러나 이러한 국민주권론은 국민이 주권자라는 것을 막연히 선언했을 뿐 구체적으로 국민이 무엇을 어떻게 할 수 있는지를 말하지 못하는 문제점이 있었다.

　그런데 시에예스는 국민주권의 또 다른 표현으로서 헌법제정권력이라는 용어를 사용함으로써 국민의 주권이 현실적인 의미를 갖고 작용할 수 있는 부분을 분명히 하고 있다. 그는 헌법제정권력을 국민의 자연법적 권리로 주장하면서, 시원적인 헌법제정권력과 이에 바탕하고 있는 국가권력을 구별함으로써 군주의 국가권력을 부정하는 시민혁명을 이론적으로 정당화시켰던 것이다. 이러한 시에예스의 이론은 근대적 헌법제정권력이론의 출발점으로 인정되고 있다.9) 이와 같이 시에예스는 오로지 제3신분인 국민(시민계급)만이 헌법을 제정할 수 있는 권력을 가진다고 함으로써 국민주권론의 헌법적 기초를 제공하였다.

　시에예스는 헌법제정권력이 마땅히 제3신분, 즉 시민계급(국민)에 속하는 것이라고 주장하면서도 그 당시의 정치적인 상황으로 보아서 국민투표에 의한

---

8) 정재황, 신헌법입문, 박영사, 2012, 30-31면.
9) 장영수, 헌법학, 홍문사, 2007, 46면.

헌법제정이 불가능하다는 것을 알아차리고 귀족(제2신분)·교회대표(제1신분, 승려)·시민계급의 대표(제3신분의 대표)로 구성되는 제헌의회를 소집할 것을 왕에게 요구하기에 이르렀다. 루소가 그의 유명한 사회계약론, 총의론, 인민주권론 등을 통해서 직접민주주의의 형태를 찬양하고 헌법제정은 물론 되도록 입법가능까지도 전체 국민이 직접 맡을 것을 주장한 것과는 대조적으로, 시에예스는 국민에게 속하는 헌법제정권력도 국민이 선출하는 대의기관에 의해서 행사될 수 있음을 인정하였다. 이런 점에서 시에예스를 대의민주주의의 사상적 선구자라고도 한다.

어쨌든 시에예스에 의하면 국민에 속하는 헌법제정권력은 일종의 창조적 권력이기 때문에 시원성(始原性)에서 자기정당화의 힘이 나오는 것이라고 한다. 그는 아무런 선재적(先在的)인 실정법적 근거가 없이도 법창조적 효력을 발생하는 헌법제정권력의 시원성을 강조하기 위해서 헌법제정권력에 근거를 두고 그로부터 전래된 이른바 '전래된 헌법제정권력(헌법개정권력)'을 구별하고 있다. 이 전래된 헌법제정권력은 시원적인 헌법제정권력(창조적 권력)에 의해서 만들어진 헌법에 그 효력의 근거를 두고 있기 때문에 이른바 '창조된 권력'에 불과하다고 한다.

시에예스처럼 단순히 헌법제정권력의 시원성에서 그 정당성을 찾으려는 이른바 자기정당화이론(자율적 정당성이론)은 '시원성이 왜 정당성의 근거가 되느냐'에 대한 해답을 주지 못하는 한, 문제를 또 다른 문제로 대답했다는 비난을 면하기 어렵다.

## II. 독일 법실증주의자의 이론

시에예스류의 헌법제정권력이론은 그 후 독일에도 영향을 끼쳤으나, 19세기 중엽의 법실증주의적 국법학에서는 헌법제정권력을 헌법개정권력이나 일반 입법권과 구별하지 않음으로써 그 독자적 권력성을 부인하였다. 특히 안쉬츠(Gerhard Anschütz, 1867-1948), 라반트(Paul Laband, 1838-1918), 옐리네크(Georg Jellinek, 1851-1911) 등은 국가법인설[10]과 국가기능이론에 입각하여 헌법제정권

력과 헌법개정권력과 입법권 모두를 동위의 권력으로 보고, 헌법제정권력의 실
질적인 최고권력성을 부인함으로써 헌법의 최고법규성까지 부인하는 결과를 낳
았다. 헌법규정등가론에 따라 성문헌법의 규정은 동일한 효력을 가진다고 보았
기 때문에 헌법개정에는 한계가 없다고 한다. 독일법실증주의자들은 실정법 밖
에 존재하거나 실정법 안에 내재하고 있는 가치규범문제성을 무조건 배격하는
입장을 취한다. 주권론에 있어서는 국가주권설과 결합되어 있다. 국가주권설에
의하면 주권은 국가 그 자체에 있다. 따라서 국가주권설에 근거할 때 국가는 실
제 권한을 가지고 있고 실정법상 규정된 대표자인 국가의 대표자가 헌법제정권
력을 행사한다.

## III. 칼 슈미트의 이론

　법실증주의적 국법학에 의하여 헌법제정권력이론이 변용 내지 말살되었던
것이 칼 슈미트에 의하여 새로운 발전을 보게 되었다. 칼 슈미트는 그의 결단주
의적 헌법론에 기초하여 법실증주의자들이 부인한 헌법제정권력론을 부활시켰
다. 칼 슈미트는 헌법제정권력에 의해 정치적 통일체의 종류와 형태에 관한 근
본결단으로서의 헌법이 제정되고, 이 헌법을 기초로 하여 헌법률이 성립한다고
보았다. 그는 헌법의 정당성의 근거를 규범에서가 아니라, 정치적 결단에서 구
하고 있으므로 헌법제정권력을 제약하는 한계란 있을 수 없다고 한다.
　칼 슈미트는 결단주의에 근거하여, 헌법제정권력을 '정치적 통일체의 종류
와 형태에 관하여 구체적인 전체적 결단을 내리는 실력 또는 권위를 가진 정치
적 의사'라고 규정하고, 이 근본적인 결단의 소산을 '헌법(Verfassung)' 또는 '절대
적 헌법'이라고 하고, 이 '헌법'을 근거로 하여 효력이 발생하는 그 밖의 헌법규

---

10) 국가법인설은 알브레히트, 칼 폰 게르버(1823-1891), 옐리네크 등이 근거하고 있는 이론으
로서 이들 법학자들은 국가를 법인격을 가지고 있는 단체라고 규정하면서, 사법(私法)상
의 사단법인이 다수의 사원들로 구성되어 있지만 그들과는 상이한 독립된 법인격을 가지
고 있듯이, 국가도 개개의 국민을 그 구성요소로 하지만 개개의 국민과는 상이한 독립된
법인격을 가진 권리주체로서의 공법인이라고 한다.

정들의 집합을 '헌법률(Verfassungsgesetz)' 또는 '상대적 헌법'이라 한다.여기에 헌법제정권력 → 입법권이라는 시에예스의 도식과는 다른 '헌법제정권력(실력·근본규범으로 보지 않음) → 헌법 → 헌법률 → 헌법에 의하여 만들어진 권력(통치권)'이라는 위계질서가 형성된다. 그는 이러한 위계질서를 인정하여 헌법제정권력은 통일적이며 불가분적이며 모든 권력의 포괄적인 근거라고 보았다. 헌법제정권력에 의해 형성된 헌법규범을 헌법개정권력으로 개정할 수 없는 헌법과 헌법개정권력으로 개정할 수 있는 헌법률로 구별하여 헌법률은 헌법제정의사의 집행적인 규범화로 보았다.

따라서 그는 헌법제정권력과 헌법개정권력을 구별하였으며 헌법개정권력은 법적으로 규제된 권한이므로 그 근거를 이루는 헌법상의 규제의 범위, 즉 민주제·연방제·법치국가 등은 깨뜨릴 수 없다고 하여 헌법개정권력의 한계를 인정하고 헌법개정권력에 내용적 한계가 존재한다는 입장을 보였다. 이처럼 그는 헌법제정권력과 헌법개정권력을 구별하고 헌법개정권력은 모든 헌법률상의 권능과 마찬가지로 법적으로 규제된 권한이라고 하였다. 따라서 규제받고 있는 헌법개정권력은 '헌법률'의 여러 규정에 변경을 가하는 권한으로 법적으로 규제의 범위를 일탈하거나 파괴할 수 없다고 하여 헌법개정권력의 한계를 지적하였다.

그 외에도 그는 헌법제정권력의 주체를 국민에게만 한정하지 않고, 실력을 가지는 자는 누구나, 즉 군주도 소수자의 조직도 주체가 될 수 있다고 보았다. 칼 슈미트는 헌법전 중의 모든 규정을 동질의 것으로 보지 않고 정치통일체의 양태와 형식에 관한 전체적인 결단인 절대적 헌법과 이에 의하여 성립된 상대적 헌법률을 구별하여 헌법개정은 다만 이 상대적 헌법률에 대해서만 가능하고, 정체적 결단인 절대적 헌법은 비록 개정절차조항에 의하더라도 그 개정이 불가능하다고 한다. 바이마르공화국 헌법에 관하여 말한다면 민주제, 공화제, 연방제, 의회제, 기본권과 권력분립의 원칙을 가진 시민적 법치국가 등이 기본적인 정치적 결단이며, 이것이 바이마르공화국 헌법의 실체를 형성하여 전문 및 본문조항 중에 표현되어 있으며 헌법개정권도 여기에서 그 한계를 발견하게 된다고 한다.

이러한 결단주의적 헌법관에 입각한 헌법제정권력이론에 의하여 시민혁명기에 있어 자연권의 보장을 지향하는 근본법의 사상을 전제로 하여 국민주권과 불가분의 관계에서 생성된 이데올로기적 개념으로서의 헌법제정권력은 본래 역사적 의미를 상실하고 헌법제정권력은 결단주의 헌법론을 기초로 설명하는 기술개념으로 이용되었다.

칼 슈미트가 헌법제정행위에 일종의 혁명적 성격을 인정해서 헌법제정권력에 아무런 한계나 제약이 인정될 수 없는 것이라고 본 것은 상당한 근거를 내포하고 있는 것이 사실이다. 그러나 헌법제정권의 행사가 항상 그가 본 것처럼 위기적인 혁명적 상황 아래서만 이루어지는 것은 아니기 때문에 혁명의 이론을 원용해서 헌법제정권력을 정당화시키려는 시도는 보편성을 인정받을 수 없다고 할 것이다. 더욱이 헌법제정권자의 이른바 '혁명적 입헌의지'는 입헌의 원동력은 될 수 있을지 몰라도 스스로를 정당화시키거나 더 나아가서 헌법을 정당화시키는 힘이 있다고 보기는 어렵다.

## 제3항  헌법제정권력의 본질과 한계

### Ⅰ. 헌법제정권력의 본질

법실증주의자들이 헌법제정권력을 순수한 사회적 권력요소라고 보아 법학의 대상에서 추방한 것은 그 현실적 측면을 무시한 것이다. 그렇다고 하여 칼 슈미트가 헌법제정권력을 규범적 구속을 받지 않는 절대적 실력으로 보는 것처럼 헌법제정권력의 실존적 계기만을 보고 이를 순수한 사실력에 환원하게 되면 정치권력에 헌법을 방치하는 위험한 결과를 가져오게 된다. 그렇기 때문에 헌법제정권력을 규범적 구속에서 자유로운 결단을 내릴 수 있는 절대적 실력이라고 생각할 수 없다. 시에예스는 국민의 헌법제정권력은 순수한 실력이 아니고 그 발동 자체가 자연법에 적합하여야 합법적이라고 설명하는 데 반하여, 칼 슈미트는 헌법제정권력은 모든 법의 구속에서 자유로운 실력이라고 한다.

생각건대 헌법제정권력은 법질서를 유지할 수 있는 권위를 가지지 않으면 안 되며 여기에 헌법의 타당성의 근거는 규범적인 면에서 구해야 하는바, 헌법제정권력은 순수한 절대적 실력이 아니라, 예를 들면 법치국가적 근본가치 등에 구속을 받으며 일정한 규범적 제약을 받아야 하는 것으로 보아야 한다.

## II. 헌법제정권력의 특성

### 1. 시원적 창조성과 자율성

헌법제정권력은 무엇보다 그 시원적 창조성과 자율성을 가진다. 헌법제정권력은 헌법질서를 만드는 시원적인 힘인 이상, 헌법제정권을 합법화시키는 상위의 실정적 규범은 존재하지 않는다. 또한 헌법제정권력은 자기 자신에 의하여 자신을 정당화할 수밖에 없는 시원적인 권력이며, 따라서 그러한 자율성은 당연히 헌법제정권력에 의하여 만들어진 권력에 대한 본질적 우위를 의미한다. 또한 헌법제정권력은 자율성을 가지고 있어서 어떠한 법형식이나 절차에도 따르지 아니하는 권력으로서 스스로 의도하는 바에 따라 발동된다.

### 2. 통일성과 불가분성

헌법제정권력은 자기들의 정치적 존재의 양태와 형식에 관한 전체적 결단을 내리는 정치적 사상이기 때문에 단일불가분이며, 헌법에 의하여 조직된 권력인 입법권·행정권과 병존하는 별개의 권한이 아니고 그 모든 권력의 포괄적인 기초를 형성한다. 이러한 의미에서 헌법제정권력은 국가법질서의 시원적 구성원리가 된다고 할 수 있다.

### 3. 항구성 문제

헌법제정권력은 한 번 행사되었다고 하여 소멸하는 것이 아니다. 헌법제정권력이 항구성을 가지는가 하는 문제에 대해서는 이를 긍정하는 입장과 부정하는 입장이 대립한다. 요컨대 헌법제정권력은 비상시에만 발동하는 권력이고, 일단 그 전체적 결단에 따라 헌법이 제정된 후에는 혁명의 방지를 위해 헌법개정권력에 의한 합법적인 개정만을 인정함이 타당하다고 생각된다.

## Ⅲ. 헌법제정권력의 한계

헌법제정권력은 한계가 없고 절대적인 것인지 또는 한계가 있는지에 대해서 학설의 대립이 있다. 이는 헌법제정권력과 근본규범·근본가치와의 관계에 관한 것이다. 근대헌법은 그 기본가치로서 일련의 인간의 기본권보장의 원리를 내포하고 있다. 이 근대헌법의 근본규범이 헌법제정권력을 규제하고 있다고 보는 것이 현재의 다수설이다. 헌법제정권력을 구속하는 초실정법적인 법원칙이 구체적으로 무엇을 말하는가는 논자에 따라 반드시 일치하지는 않는다. 그러나 현실적으로는 인격불가침의 기본가치, 법치국가원리, 민주주의 원리 등이 될 것이다.

초실정법적인 법원칙의 구체적인 내용은 역사와 환경에 의하여 다르고 시대에 따라 변천한다고는 하지만 그 기본원칙은 상호 모순하는 가치들을 내용으로 하는 것이 아니라 인간의 인격의 자유와 존엄이라는 여러 법문화에 공통하는 법원칙 중 가장 중요한 중핵적·보편적인 법원칙으로 귀착된다고 할 것이다. 이 법원칙을 중핵으로 하는 가치의 총체야말로 근대헌법의 근본규범이라고 할 것이다. 헌법제정권력의 발동은 이 근본규범에 의하여 내재적으로 제약되며, 그것에 입각하지 않는 새로운 법질서의 창설은 헌법제정권력의 발동이 아니고 현저한 사실력에 의한 파괴에 지나지 않는다고 할 것이다. 현대 입헌국가에 있어서 헌법제정권력의 발동을 구속하는 근본규범에는 인격불가침의 근본가치, 법치국가원리, 민주주의원리 등이 포함된다고 할 것이다. 입헌주의적 헌법에 있어서 근본규범은 헌법제정권력이 자기 존재를 주장할 수 있는 정당성의 근거인 동시에 그 활동을 구속하는 내재적 제약원리라고 할 것이다.

법실증주의 입장에서는 헌법제정권력의 한계를 인정하지 않았고 칼 슈미트도 헌법제정권력은 모든 규범적 구속에서 자유로운 절대적 실력이라고 하여 무제약설을 주장하였으나, 반면 케기(Kägi)와 마운츠는 헌법제정권력의 한계를 인정하였다.

## IV. 헌법제정권력과 타 권력과의 구별논의

### 1. 헌법제정권력과 헌법개정권력과의 구별

헌법제정권력은 헌법을 창조하는 '시원적 권력'인 데 반해, 헌법개정권력은 헌법제정권력에 의해 '조직화된 권력'인 점에서 양자는 구별된다. 뷔르도(G. Burdeau)도 헌법제정권력을 '시원적 제헌권'이라 하고, 헌법개정권력을 '제도화된 제헌권'이라 하여 구별하고 있다.

그런데 국민투표에 의해 제정된 헌법에서 그 개정도 국민투표에 의해 행해지는 경우 법형식상으로는 제헌권과 개헌권 사이에 차이가 없는 것 같으나, 헌법개정은 조직화된 개헌권의 발동이지 시원적 제헌권의 발동이 아니므로 법리상 양자는 구별되어야 한다. 헌법제정권력은 시원성·자율성이라는 본질적 속성 때문에 그 행사를 규율하는 법규범절차가 존재하지 않지만, 헌법개정권력은 헌법이 규정한 절차에 따라 행사되어야 하고 이에 반하는 헌법개정은 위헌무효가 된다.[11] 칼 슈미트에 의하면 정치적 결단의 소산인 헌법과 이를 전제로 한 헌법률의 구별을 전제로 하여 헌법개정권은 하위규범인 '헌법률'만을 개정할 수 있으며, 그 상위규범인 '헌법'은 그 대상이 되지 아니한다. 여기에 헌법개정의 한계가 발견된다.

### 2. 헌법제정권력과 주권 및 통치권과의 구별

여기에 헌법제정권력과 주권은 어떠한 관계에 있는가가 문제된다.

#### (1) 헌법제정권력과 주권을 동일한 권력으로 보는 입장[12]

칼슈미트는 주권과 헌법제정권력을 동일한 권력이라 보고 있다. 권영성 교수는 입법권·행정권·사법권 등의 총합을 의미하는 통치권은 주권에 의하여

---

11) 권영성, 앞의 책(주 3), 48면.
12) 권영성, 앞의 책(주 3), 48면.

만들어지고 주권에 종속하는 권력 즉 주권의 하위에 있는 권력이므로, 주권과 통치권은 동일한 권력이 아니라고 본다. 이러한 견해를 도식으로 표시하면 '주권 = 헌법제정권력, 주권에 종속하는 권력 → 통치권'으로 정리할 수 있다.

### (2) 주권은 헌법제정권력과 동일한 권력은 아니고, 헌법제정권력에 고유권을 더한 개념으로 보는 입장[13]

이 입장에서의 견해를 요약하면, 주권의 개념이 국가의사를 결정하는 최고의 원동력으로서도 파악되고, 국가형태의 최고결정권으로서도 인정되며, 국가권력 자체의 의미로도 간혹 사용되고, 국가권력의 최고독립성을 나타내는 것으로도 사용되는 등 다양하나, 주권이 국가통치형태의 최고결정권을 내포한다고 보면 헌법제정권력도 이에 속한다고 본다. 그러나 주권은 헌법제정권력 자체라고는 할 수 없을 것이고, 헌법제정권력에 고유권이 더해진 권력(헌법제정권력 + 고유권)으로 보고 있다.

이러한 견해에 따르면, 주권은 경우에 따라서는 국가권력을 말할 수도 있는 바, 이러한 경우 주권은 통치권을 의미한다. 통치권은 국가목적의 실현을 위한 지배권을 총괄적으로 말하는 것이다. 프랑스 제5공화국헌법이 "국가의 주권은 국민에게 속하며, 국민은 그들의 대표자에 의하여 그리고 국민투표수단을 통하여 이를 행사한다"라고 한 것은 주권을 통치권으로 파악한 것이다. 주권을 통치권과 완전히 구분하는 경우 주권은 공허한 것이 되고 만다. 따라서 이 입장에 따르면 헌법제정권력은 한 번 행사되면 새 헌법제정시까지 재행사가 가능하지 않는 데 대하여, 주권은 항존하여 항시 행사되는 것으로 본다.

---

13) 김철수, 헌법학개론, 박영사, 2006, 36-37면.

# 제4항 헌법제정권력의 주체와 행사방법

## Ⅰ. 주 체

헌법제정권력의 주체는 역사적으로 본다면 다양하게 존재해 있었다. 그러나 민주정치를 지향하고 있는 현대에 있어서는 헌법제정권력의 주체는 국민일 수밖에 없다.

## Ⅱ. 행사방법

### 1. 절 차

헌법제정권력은 그 창조성(創造性)·시원성(始原性) 때문에 행사방법에 관한 법규범적 절차는 존재하지 않는다. 따라서 여기에 선행하는 어떤 절차적 제약도 상정할 수 없다.

### 2. 요 건

그러나 비록 그 행사에 법규범적 절차를 요하지 않는다 하더라도 그 결단에는 최소한의 요건이 필요하다. 첫째, 그 결단은 단독인이나 소수자가 아닌 국민 다수에 의하여 민주적 방법으로 해야 한다. 둘째, 피치자가 그 결단에 반드시 참여하여야 한다. 그렇지 않다면 그것은 쿠데타이다. 셋째, 그 결단은 숙의의 결과 도달하여야 한다. 그 결단에 참여하는 사람은 자유로운 숙고와 판단과정을 거쳐 그 내용에 도달하여야 한다.

## 3. 방 법

제헌권의 행사는 국민 '총의'의 형식으로 이루어진다. 현재 민주적 제헌방법으로는 다음과 같은 두 형태가 있다. 첫째는 헌법회의의 승인으로 이는 헌법제정을 위해 국민대표들로 특별히 구성된 헌법회의에서 헌법이 제정되는 경우이다. 예를 들면 미국연방헌법, 1791년 프랑스헌법 등을 들 수 있다. 둘째로 국민투표의 실시를 들 수 있다. 이는 헌법제정시 반드시 국민투표에 회부하여 그 승인을 얻는 방법이다. 오늘날 대부분의 나라는 이 방식을 채택하고 있다. 예를 들면 프랑스 제5공화국헌법, 우리나라헌법 등을 들 수 있다.

## 4. 현행 헌법의 개정절차

### (1) 제    안
국회의원과 대통령이 헌법개정안을 발의할 수 있다. 대통령은 국무회의의 의결을 거쳐 제안하며, 국회의원은 재적 과반수의 찬성으로 발의한다(제128조 제1항).

### (2) 공    고
국민적 합의를 형성하기 위해 대통령이 20일 이상 이를 공고해야 한다(제129조). 공고제도는 헌법개정안의 내용을 국민에게 널리 알림으로써 국민의 자유로운 의견교환을 통한 국민적 합의를 형성하게 하는 절차이다.

### (3) 국회의 의결
대통령이 헌법개정안을 공고한 날로부터 60일 이내에 국회는 헌법개정안을 의결해야 한다. 여기에는 재적의원 3분의 2 이상의 찬성이 있어야 한다(제130조 제1항).

### (4) 국민투표에 의한 확정
국회의 의결을 거친 헌법개정안은 그 의결 후 30일 이내에 국민투표에 회부하여야 한다. 회부된 국민투표에서는 국회의원선거권자 과반수의 투표와 투표자 과반수의 찬성을 얻어 확정된다(제130조 제2항).

### (5) 공포와 효력 발생

헌법개정이 확정되면 대통령은 이를 즉시 공포하여야 한다(제130조 제3항). 헌법개정의 발효시기에 관해서는 견해가 대립된다. 공포한 날로부터 효력이 발생한다는 견해와 특별한 규정이 없으면 제53조 제7항을 준용하여 공포한 날로부터 20일이 경과함으로써 효력이 발생한다는 견해가 있다. 현행 헌법은 1987년 10월 9일에 확정되었으나 개정 당시의 정치적 합의에 따라 부칙 제1조에서 1988년 2월 25일부터 효력을 발생한다고 규정하고 있다.


# 제4절  헌법의 개정과 유사개념


## 제1항  헌법개정의 개념


헌법개정(Verfassungsänderung)이란 헌법에 정하여진 개정절차에 따라 전체로서의 헌법의 기본적 동일성을 유지하면서 성문헌법의 어떤 조항을 수정, 삭제 또는 새로운 조항을 추가하는 것에 의하여 헌법을 의식적으로 변경하는 행위이다. 여기에 헌법개정이란 일반법률보다 개정절차가 엄격한 성문헌법, 즉 경성헌법에서만 문제가 된다. 연성헌법에 있어서는 그 개정에 있어서 언제나 법률과 동일한 절차를 밟게 되기 때문에 헌법적 문제가 되지 않는다. 그러나 이러한 경우에도 개정의 한계는 문제가 될 수 있다.

## 제2항 헌법개정과 유사개념

### Ⅰ. 헌법파괴(헌법파기)

　　헌법파괴는 헌법제정권력의 변화를 가져오는 것으로 헌법자동성이 파괴된 경우라고 할 것이다. 헌법파괴 후의 헌법 상태를 헌법이 제정되었다고 평가한다. 예를 들면, 루이 16세 군주제 헌법이 파괴되고 1789년 프랑스헌법이 제정된 경우, 1917년 러시아혁명 이후 제정러시아헌법이 파괴되고 1918년 볼세비키헌법이 제정된 경우, 1947년 일본 군주제의 구헌법(명치헌법)을 소멸시키고 국민주권의 신헌법(일본국헌법)을 제정한 경우 등을 들 수 있다.

　　일반적으로 헌법파괴는 주로 혁명, 평화적·비평화적 혁명에 의해 일어난다. 헌법파괴시에는 국가자동성(국가통일적 계속성)의 문제가 일어날 수 있다. 예를 들면, 1922년 소비에트 러시아가 제노바회의에서 제정러시아의 채무변제를 거부한 경우를 들 수 있는데 이러한 경우 국제법상 국가의 승인문제가 발생할 수 있다.

### Ⅱ. 헌법폐지(헌법폐제)

　　헌법폐지란 헌법제정권력의 주체는 동일하나 헌법개정절차에 의하지 아니한 헌법의 변경을 말한다. 헌법폐지의 경우 일반적으로 국가는 동일하나 신·구 헌법간의 동일성은 지속되지 않는 특징이 있다. 한편 헌법폐지는 헌법제정권력의 주체에 변경이 없는 점에서 헌법의 파괴와 다르다. 예를 들면, 1958년 드골헌법의 성립, 우리나라의 제7차 개헌(유신헌법)도 이 범주에 속한다. 쿠데타의 경우에 대부분 폐지가 있게 되고 우리나라 제3공화국 헌법, 제5공화국 헌법도 이 범주에 속한다고 볼 수 있다.

　　헌법폐지의 경우 헌법폐지 후의 헌법 성립이 제정인가 개정인가 하는 것에

대해 의문이 있다. 이것에 대해 한편에서는 형식적으로 보면 헌법폐지 후의헌법
은 제정된 것이지만, 다른 한편에서는 헌법제정은 기본적으로 헌법근본결단사
항에 변화를 가져올 경우만 의미하므로 실질적 의미에서 헌법폐지 후의 헌법 변
동이라고 보고, 구 헌법의 폐지에 따른 헌법전의 재편성 또는 헌법전의 교체인
것이다.[14]

## III. 헌법침해[헌법파훼(破毁)]

헌법침해란 개개의 경우에 위헌임을 알면서 예외적으로 헌법의 일부조항의
적용을 배제하거나 또는 그 조항에 위배되는 명령을 발하거나 하여, 헌법의 조
항은 그대로 두고 다른 조치에 의하여 그 규정을 침해하는 경우이다. 헌법의 규
정을 그대로 둔다는 점에서 헌법의 개정과 구별된다.

예를 들면, 제3공화국 1971년 12월 27일 「국가보위에 관한 특별조치법」은
헌법 제73조 제2항, 제3항(긴급명령)의 내용(법률과 같은 효력, 사후적 조치)을 초월
한 것이었다. 동 헌법규정은 긴급명령의 내용이었으나 동 특별조치법은 헌법적
내용의 긴급명령을 발한 것으로 사전적 긴급조치의 형태를 띠고 있기 때문에 헌
법사항에 대한 침해내용이 있었다.

## IV. 헌법정지

헌법정지란 헌법의 어떤 조항의 효력을 일시적으로 정지(중단)시키는 경우
를 말한다. 여기에는 헌법 그 자체에 명문의 규정이 있는 경우(바이마르공화국 헌
법 제48조 제2항)의 이른바 헌법존중적 헌법정지(합헌적 정지)와 헌법에 규정이 없
을 경우의 헌법무시적 헌법정지(위헌적·초헌법적 정지)로 구별된다. 이러한 헌법
정지에 있어서는 그 헌법정지의 원인이 제거되면, 그 효력이 다시 살아난다는

---

14) 권영성, 앞의 책(주 3), 50면.

점에서 그것은 헌법의 개정과 구별된다.

예를 들면, 우리나라 헌법의 실제에 있어서 헌법존중적 헌법정지의 경우는 제5공화국 헌법 제51조의 비상조치를 들 수 있고, 헌법무시적 헌법정지의 경우로는 5·16 군사쿠데타 이후 국가비상조치에 의한 헌법정지를 들 수 있다. 그 당시 제정된 국가재건비상조치법은 헌법일부를 폐기·배제하지 않고 헌법의 일부조항에 대해 비상조치를 단행하였다. 헌법침해와 위헌적·초헌법적 정지는 명확하게 구분되는 개념이 아니다.

## V. 헌법변천(헌법변질, 암묵적인 헌법변동)

헌법변천은 헌법개정절차에 의하지 아니하고 시대의 변천에 따라 관행이나 해석에 의해 개정의식 없이 타당한 적용을 위해 헌법적용 내용이 달라지는 경우를 말한다. 예를 들면, 미연방에서 연방대법원의 위헌심사제가 확립된 경우, 영국에서 국왕의 실질적 권한이 상실되면서 수상에 의한 내각의 지배가 성립되는 과정의 경우를 들 수 있다.

## 제3항  헌법개정의 형식

헌법개정의 형식에는 미국과 같이 이미 있는 조항을 그대로 두고 개정조항을 추가하는 증보의 형식을 가지는 것(additional amendment)과 이미 있는 조항을 수정·삭제하거나 새로운 조항을 삽입하는 형식을 취하는 것(revision)의 두 가지가 있다. 대개 헌법개정은 후자의 형식을 취한다.

# 제4항  헌법개정의 한계

헌법개정의 한계란 헌법개정의 방법으로서 모든 조항을 개정할 수 있느냐의 여부로 무한계설과 한계설이 대립한다.

## I. 무한계설

헌법소정의 개정절차에 따른다면 헌법의 어떠한 조항도 개정할 수 있기 때문에 개정에 한계는 없다. 그 이유로는 헌법규범에는 상하의 위계질서는 존재하지 않기 때문에 기본적 원리를 포함하는 조항도 모두 역사의 진보·발전에 수반하여 이를 특히 진보된 방향으로 개정할 수 없다는 법리는 있을 수 없기 때문에 개정은 무한이다. 그리고 현재의 규범·가치에 의하여 장래의 세대를 구속한다는 것은 부당하다고 한다. 또한 한계를 넘는 개헌을 무효로 선언하는 기관이 없고, 한계에 객관적 기준이 없으며, 헌법개정과 헌법제정권에 법적 차이가 없으며, 헌법에 개정금지조항이 있으면 이것부터 개정해 들어가면 개정할 수 있다고 한다.

한계부정론자들은 국가성립과 동시에 헌법이 제정되어 일단 헌법이 성립한 후에는 폐기되는 일은 없고 개정될 뿐이라고 한다. 따라서 이 한계부정론에 의하면 헌법의 파기나 폐지 등도 어디까지나 헌법의 개정에 불과하다고 한다. 또 한계부정론은 헌법규정에 효력의 차이를 두는 것은 인정할 수 없다고 한다. 왜냐하면 동일 헌법전 중에 효력을 달리하는 두 종류의 규정이 존재한다는 법적 근거를 발견하는 것은 불가능하며, 어느 것이나 최고법규이기 때문에 한계설을 인정할 수 없다고 한다.

헌법제정권과 헌법개정권의 구별에 대하여는 제정권을 법외(法外)의 실력에 불과하기 때문에 그것에 의하여 헌법에 규정된 헌법개정권을 제한하려는 것은 법적으로 불가능하다고 한다. 따라서 한계부정론은 헌법의 운명을 결정할 수 있는 국가 최고의 법적 권력은 헌법개정권 이외에는 존재하지 않는 것이며, 그 때문에 헌법개정권의 행사에 한계가 있다고 하는 것은 불가능하다는 것이다.

## II. 한계설

헌법조항에 관하여, 예컨대 헌법소정의 개정절차에 따라 내용적으로 개정할 수 없는 일정한 한계가 있다. 그 이유로는 헌법상의 규정이 된 법정사실도 모두 평면적으로 똑같은 헌법규범으로서 평가를 받는다고 고찰하는 것은 극단적인 법실증주의이고 헌법규범에는 근본적 헌법규범과 일반적 헌법규범이 있으며, 근본적 헌법규범은 개정할 수 없다고 한다. 헌법규범의 위계질서를 인정하고 있고, 제도화된 개정권으로 헌법제정권력의 소재 등 근본결단은 개정할 수 없다는 것이다.

헌법에 개정금지규정이 있든 없든 헌법개정에는 법이론상 일정한 한계가 있다고 보는 개정한계설이 타당하다. 개정무한계설은 법실증주의적 입장에서 법규정의 실질적 성격을 외면한 채, 헌법개정에 있어서 형식적 합법성만을 절대시할 뿐 실질적 합리성이나 정당성을 무시하고 있을 뿐 아니라, 자연법의 존재까지도 부인하고 있다.

[판례] 헌법 제29조 제2항 등 위헌소원, 헌재 1996.6.13. 94헌바20(위헌, 각하)
헌법 개별규정 간의 논리적 우열관계와 효력상 차등에 관하여
"헌법은 전문과 각 개별조항이 서로 밀접한 관련을 맺으면서 하나의 통일된 가치체계를 이루고 있는 것으로서, 헌법의 제규정 가운데는 헌법의 근본가치를 보다 추상적으로 선언한 것도 있고, 이를 보다 구체적으로 표현한 것도 있으므로 이념적·논리적으로는 헌법규범 상호간의 우열을 인정할 수 있는 것이 사실이다. 그러나 이때 인정되는 헌법규범 상호간의 우열은 추상적 가치규범의 구체화에 따른 것으로서 헌법의 통일적 해석에 있어서는 유용할 것이지만, 그것이 헌법의 어느 특정규정이 다른 규정의 효력을 전면적으로 부인할 수 있을 정도의 개별적 헌법규정 상호간에 효력상의 차등을 의미하는 것이라고는 볼 수 없다."

## Ⅲ. 헌법개정의 한계요인

### 1. 실정법상의 한계

헌법 자체가 명문으로 특정조항의 개정을 금지하는 경우, 이와 같이 명문으로 개정을 금지하고 있는 특정조항이나 사항을 개정의 대상으로 할 수 있는가에 관해서는 세 가지 견해가 대립되고 있다. 예를 들면 프랑스 제4공화국 헌법 제95조, 프랑스 제5공화국 헌법 제89조 제5항(프랑스 공화정체), 독일기본법 제79조 제3항(연방제), 제1조(인간의 존엄·가치 불가침권), 제20조(민주적 사회적 연방국가선언), 국민주권 규정 등이 이에 해당된다.

제1설은 개정금지조항은 법적으로 의미가 없는 것이기 때문에 헌법개정절차에 따라 언제나 개정이 가능하다는 견해이다. 제2설은 개정금지조항부터 개정하면 어떠한 조항이나 내용도 개정할 수 있다는 견해이다. 제3설은 개정금지조항을 직접 개정하는 것은 물론 이중의 절차에 의한 개정도 불가능하다는 견해이다(통설). 요컨대 헌법에 명문의 규정이 있는 이상 그것은 헌법제정권력자의 의사를 존중하여야 하므로 개정이 금지된다고 해석하는 제3설이 타당하다.

### 2. 헌법내재적 한계(논리적 한계)

명문의 규정이 없더라도 당연히 헌법의 기본원리와 근본사항에 대하여는 개정할 수 없다.

#### (1) 내용상의 한계

헌법전문, 국민주권원리, 민주공화국의 국가형태, 최고정치질서로서의 자유민주적 기본질서, 권력분립제, 복수정당제, 법치주의 등이 이에 해당되고, 국제평화주의까지 포함시키는 견해가 있다

### (2) 시기상의 한계

비상사태에 있는 경우나 외국군대점령의 경우와 같이 公正한 개정을 기할 수 없는 시기에는 헌법개정실시를 금지한다.

### (3) 헌법개정절차조항의 개정문제

헌법개정절차규정의 개정이 허용되는가. 일설은 개정권자에 의한 개정규정의 자유로운 개정을 인정하는 것은 헌법제정권과 헌법개정권의 혼동이며, 헌법제정권의 의의를 상실시키는 결과로 되므로 헌법개정규정의 불가침성을 주장한다(칼 슈미트). 그러나 연성헌법의 경성도를 가중시키기 위한 개정은 할 수 있으며, 그 한계를 확정함에 있어서는 항상 공동체의 사회적·정치적 구조를 고려해야 할 것이고, 특히 개정의 요건을 완화하는 방향의 개정규정의 개정은 부정된다 할 것이다.

## 3. 헌법초월적 한계(외재적 한계)

자연법상의 원리(자연법적 한계), 국제법상의 일반원칙(국제법적 한계)에 관한 사항은 개정할 수 없다. 제2차 세계대전 이후 중요성이 그리 크지 않다. 자연법사상이 부활·인정됨으로 인해 내재적 한계로 해결되고 있기 때문이다.

## 4. 개정의 한계를 일탈한 헌법개정의 효력

한계를 무시한 헌법개정행위에 관하여 그것은 혹은 정상적인 개정작용이 아니므로 법적으로 무효라고 할 수 있지만 실제적으로 적용된다면 법적 해결은 불가능하고 이미 헌법개정론의 영역을 벗어난 경우로서, 그것은 헌법보장제도 내지 저항권 행사의 문제로서 다루어져야 할 것이다.

# 제5절 저항권

## 제1항 저항권의 의의

### Ⅰ. 저항권의 개념

저항권이라 함은 민주적·법치국가적 기본질서 또는 기본권보장체계를 위협하거나 침해하는 공권력에 대하여 더 이상의 합법적인 대응수단이 없는 경우에, 주권자로서의 국민이 민주적·법치국가적 기본질서를 유지·회복하고 기본권을 수호하기 위하여 공권력에 저항할 수 있는 최후의 비상수단적 권리를 말한다.

> [판례] 노동조합 및 노동관계법 등 위헌제청, 헌재 1997.9.25. 97헌가4(각하)
> "저항권은 국가권력에 의하여 헌법의 기본원리에 대한 중대한 침해가 행하여지고 그 침해가 헌법의 존재 자체를 부인하는 경우 다른 합법적인 구제수단으로는 목적을 달성할 수 없을 때에 국민이 자기의 권리·자유를 지키기 위하여 실력으로 저항하는 권리이다."

국민은 일반적으로 공권력에 복종할 의무가 있다. 그러므로 공권력이 위헌 또는 위법하게 행사되거나 그로 말미암아 자신의 기본권이 침해된 경우에도, 국민은 실정법이 규정하고 있는 구제방법을 활용하거나 선거 또는 언론을 통하여 그 과오를 시정하게 하는 것이 통상적으로 택해야 하는 방법이다. 그러나 공권력의 담당자가 민주적·법치국가적 기본질서나 기본권보장체계를 전면적으로 부인하고 명백히 정의에 반하여 공권력을 행사하는 경우에는 국민이 실력을 행사하여 공권력에 저항하는 것이 용인되는가 하는 문제가 제기된다.

## II. 저항권과 인접개념

저항권과 구별되어야 할 개념들은 시민불복종, 혁명권, 국가긴급권 등이다.

첫째, 시민불복종권은 헌법적 질서가 부정되거나 위협받는 경우는 물론이고 단순히 정의에 반하는 내용의 개별법령이나 정책이 시행되는 경우에도 행사할 수 있는 권리임에 반하여, 저항권은 민주적·법치국가적 기본질서 또는 기본권보장체계가 근본적으로 부정되거나 위협받는 경우에만 행사할 수 있는 권리이다. 시민불복종권은 비폭력적 방법으로 행사하는 것을 예정하고 있지만, 저항권은 폭력적 방법으로 행사되는 경우도 예정하고 있다. 시민불복종권은 정의에 반하는 법령이나 정책이 시행되는 경우에 특별한 제약조건 없이 행사할 수 있으나, 저항권은 다른 법적 구제수단이 더 이상 유효한 수단이 될 수 없는 예외적인 경우에만 보충적으로 행사될 수 있을 뿐이다.

둘째, 혁명권은 기존의 헌법적 질서를 폭력적 수단으로 파괴하고 새로운 헌법적 질서를 수립하려는 것을 목적으로 한다는 점에서 기존의 헌법적 질서를 전제로 하여 이를 유지하고 회복하려는 목적으로 행사되는 보수적 의미의 저항권과는 구별된다.

셋째, 국가긴급권은 국가의 존립과 안전이 위협을 받는 국가적 위기상황에서 발동되는 국가의 자구행위임에 반하여, 저항권은 민주적·법치국가적 위기 또는 기본권보장체계에 대한 위기가 발생한 경우에 국민이 행사하는 국민의 권리라는 점에서 구별된다.

## 제2항  저항권의 성질

## I. 저항권의 본질

저항권의 본질 여하에 관해서는 저항권을 기본권의 일종이라고 보는 견해와 헌법수호를 위한 수단이라고 보는 견해(헌법수호수단설)가 갈리고 있다. 저항권은 기본권의 일종이면서 헌법수호를 위한 수단이라는 성격을 아울러 가지고 있는 권리로 보아야 할 것이다(양면설).

## II. 저항권의 법적 성격

저항권을 기본권의 일종으로 이해하는 경우에도 그 법적 성격에 관해서는 자연권설과 실정권설이 대립되고 있다. 하지만 저항권은 자연법상의 권리로 이해하는 것이 타당하다. 헌법이 저항권을 인정하고 있는 경우에도 그것은 자연법상의 권리를 단지 재확인한 것에 불과한 것으로 보아야 한다. 저항권을 자연법상의 권리로 이해하는 이론적 근거는 인간의 존엄성존중을 중심가치로 하는 민주주의를 부정하고 법치국가적 질서를 유린하는 데 대한 저항은 바로 인간의 존엄과 가치를 유지하고 민주적·법치국가적 질서를 최후의 단계에서 수호하기 위하여 행사하는 부득이한 수단으로 볼 수 있기 때문이다.

## 제3항 저항권행사의 요건

저항권에 관해서는 어떤 경우에, 어떤 방법으로 저항권을 행사할 수 있는가가 문제된다. 실력에 의한 저항을 법적으로 미리 규정하는 것은 곤란하지만, 저항권은 남용되기 쉬우며 저항권을 빙자하여 혁명권을 행사할 가능성도 없지 아니하다. 따라서 저항권의 행사요건은 엄격하게 해석해야 한다.

## I. 저항권행사의 주체와 객체

민주국가에서 저항권행사의 주체는 궁극적으로 주권자인 국민이다. 이때의 국민 중에는 개개인으로서의 국민은 물론이고 단체 · 정당 등도 포함된다. 저항권행사의 객체는 위헌적인 공권력행사를 통하여 민주적 · 법치국가적 기본질서 또는 기본권보장체계를 파괴하거나 위협하는 모든 공권력담당자가 될 것이다.

## II. 저항권을 행사할 수 있는 상황

### 1. 민주적 · 법치국가적 기본질서 또는 기본권보장체계의 전면적 부정

저항권의 행사는 공권력에 대한 실력에 의한 저항이기 때문에 질서교란의 위험을 수반한다. 따라서 저항권의 행사는 개별헌법조항에 대한 단순한 위반이 아니라 민주적 · 법치국가적 기본질서나 기본권보장체계에 대한 중대한 침해가 행해짐으로써 그 질서 또는 체계 자체가 부인되는 경우라야 한다. 공권력의 발동이 단순히 헌법의 특정조항에 위반되는 것에 그치는 경우에는 헌법재판 등의 방법에 의하여 시정 또는 구제되어야 하고, 또 국민의 정치적 통제에 의하여 해결되어야 한다.

### 2. 공권력행사의 불법성이 객관적으로 명백할 것

저항권을 행사할 수 있기 위해서는 공권력의 행사가 불법적인 것임이 객관적으로 명백한 경우라야 한다.

### 3. 최후의 수단일 것

저항권을 행사할 수 있기 위해서는 헌법이나 법률에 규정된 일체의 법적 구제수단이 이미 유효한 수단이 될 수 없으며(저항권의 보충성 내지 예비성), 민주적 · 법치국가적 기본질서를 재건하거나 기본권보장체계를 복구하기 위한 최후의 수단으로서 저항권의 행사만이 남아 있다고 판단되는 경우라야 한다.

## III. 저항권행사의 목적

저항권행사의 궁극적 목적은 인간의 존엄성존중을 이념으로 하는 민주주의적 헌법체제와 법치국가적 기본질서 그리고 기본권보장체계를 유지하고 수호하는 것이라야 한다. 민주국가에서 저항권의 행사는 민주주의와 법치국가적 질서 또는 기본권보장체계를 유지 또는 재건한다는 보수적 의미에서의 헌법수호수단으로서만 인정되고, 사회경제적 체제를 개혁하기 위한 수단으로는 이용될 수 없다.

## IV. 저항권행사의 방법

저항권의 행사방법은 실정법으로 미리 규정할 수 없지만 평화적인 방법을 선택해야 한다. 평화적인 방법에 의해서는 공권력행사의 위헌·불법을 시정할 수 없다고 판단될 때에 한하여 불법권력을 배제하고 민주적·법치국가적 기본질서 또는 기본권보장체계를 유지 또는 재건하기 위하여 필요한 모든 실력을 행사할 수 있다. 이 경우에도 실력의 행사는 과잉금지의 원칙을 존중하여 목적달성에 필요한 최소한의 정도에 머물러야 하고 필요 이상의 실력행사는 자제되어야 한다(최소성의 원칙).

## 제4항  현행 헌법의 저항권조항과 판례

근대의 저항권이론은 로크에 의하여 체계화되었다. 우리 현행헌법에는 저항권에 관한 직접적인 규정이 없어서 우리 헌법상 저항권을 인정할 수 있는지 여부가 문제된다. 이에 대해서는 긍정설과 부정설이 있다. 종래 저항권을 인정하는 견해는 주로 자연법에 근거하여 자연법에 위배되는 악법에 대한 저항을 인정하는 견해가 지배적이었지만 유물론자들의 경우 역사의 발전법칙에서 저항권

의 근거를 발견하기도 하였고, 존 로크의 혁명이론처럼 국민주권이론이나 지배
복종관계의 신뢰성에서 발견하기도 하고 근래에는 실정법에서 근거를 발견하기
도 한다. 우리 헌법해석론을 중심으로 저항권을 인정하는 주장의 논거를 들면
다음과 같다.

## Ⅰ. 긍정설

법적 근거로 첫째, 헌법 제10조와 제37조 제1항은 인간의 존엄성과 기본권
의 전(前) 국가성을 선언함으로써 저항권을 간접적으로 인정하고 있고 둘째, 헌
법전문이 저항권의 표현이라 할 수 있는 3·1운동과 4·19민주이념의 계승에
대해 규정하고 있는 것은 우리 헌법이 저항권을 인정하고 있는 것을 의미하며,
기본권은 본질적으로 저항권을 포함하고 있으며 자유권은 그 자체가 저항권이
라 할 수 있고, 이념적으로 저항권은 본질적으로 제도화할 수 없는 권리로서 자
연권성을 가지므로 헌법규정의 존부와 관계없이 인정되는 것이라고 본다. 또한
헌법상 국민주권원리는 민주적 기본질서 침해시 그를 수호하기 위하여 저항권
을 인정하는 것을 포함한다고 한다.

대법원 임항준 대법관 등은 김재규사건에서 "인권과 민주적 헌법의 기본질
서의 옹호를 위한 최후의 수단으로서 저항권은 헌법에 명문화되어 있지 않더라
도 일종의 자연법상의 권리로서 이를 인정하는 것이 타당하다 할 것이고, 이러
한 저항권이 인정된다면 재판규범으로서의 기능을 배제할 근거가 없다 할 것"이
라는 소수의견을 개진한 바 있다.15)

## Ⅱ. 부정설

저항권을 부정하는 견해는 첫째, 저항권은 본질적으로 정치적 이데올로기

---

15) 대판 1980.5.20. 80도306.

적 개념이지 실정법적 개념이 아니므로 그것이 헌법에 규정되든, 아니되든 실정법상의 권리로 인정될 수 없으며, 둘째, 법실증주의적 관점에서 악법도 법이며 자연법에 근거한 저항권은 인정될 수 없고, 셋째, 국가권력의 남용은 제도적으로 국민의 기본권보장과 권력분립을 통해 방지 가능한 것이며 법적 안정성을 파괴할 위험이 있는 저항권은 인정할 필요가 없으며, 넷째, 헌법이 저항권을 인정하는 명문의 규정을 두고 있지 않다는 점 등을 논거로 든다.

이러한 입장에서 10·26사태(1979년 박정희 대통령 살해사건) 당시 김재규사건 재판[16]에서 대법원은 "저항권이 실정법상 근거를 두지 못하고 오직 자연법에만 근거하고 있는 한 법관은 그것을 재판규범으로 원용할 수 없다. 더구나 오늘날 저항권의 존재를 긍정하는 학자 사이에서도 그 구체적 개념의 의의, 내용이나 성립요건에 관해서는 견해가 구구하여 일치한다 할 수 없어 결국 막연하고 추상적인 개념임을 면할 수 없고 이미 저항권의 존재를 선언한 몇 개의 입법례도 그 구체적 요건은 서로 다르다 할 것이니 헌법 및 법률에 저항권에 관하여 아무런 규정이 없는 우리나라의 현 단계에서는 더욱이 이 저항권이론을 재판의 준거규범으로 채용하기를 주저하지 않을 수 없다"고 판시하였다. 같은 취지의 판결은 유신헌법 당시 긴급조치위반사건인 민청학련사건 재판[17]에서 피고인측이 "유신헌법 제53조에 근거하는 긴급조치 등은 국민의 천부적 인권을 침해한 것으로 유효한 조치라고 할 수 없으므로, 긴급조치 등에 위반한 행위는 저항권의 행사로서 위법성이 조각된다"라고 주장한 데 대하여, 대법원은 "소위 저항권에 의한 행위이므로 위법성이 조각된다고 하는 주장은 그 저항권 자체의 개념이 막연할 뿐 아니라 … 실존하는 헌법적 질서를 무시하고 초법규적인 권리개념으로써 현행실정법에 위배된 행위의 정당화를 주장하는 것은 이를 받아들일 수 없는 것"이라고 판시하였다.

---

16) 대판 1980.5.20. 80도306.
17) 대판 1975.4.8. 74도3323.

## Ⅲ. 대법원의 태도와 헌법재판소의 태도

대법원은 "현대 입헌 자유민주주의국가의 헌법이론상 자연법에서 우러나온 자연권으로서의 소위 저항권은 헌법 기타 실정법에 규정되어 있든 없든 간에 엄존하는 권리로 인정되어야 한다는 논지가 시인된다 하더라도 그 저항권이 실정법에 근거를 두지 못하고 오직 자연법에만 근거하고 있는 한 법관은 이를 재판규범으로 원용할 수 없다고 할 것인바, 헌법 및 법률에 저항권에 관하여 아무런 규정이 없는 우리나라의 현 단계에서는 저항권이론을 재판의 근거규범으로 채용 적용할 수 없다"[18]고 판시하고 실정법에 규정이 없는 한 저항권을 인정할 수 없다는 입장을 취하면서 박정희 전 대통령을 암살한 김재규의 저항권행사 주장을 배척하였다.

헌법재판소는 국회의 노동법 날치기와 관련한 사건에서 "저항권이 헌법이나 실정법에 규정이 있는지 여부를 가려볼 필요도 없이 입법과정의 하자는 저항권의 대상이 되지 아니한다. 왜냐하면 저항권은 국가권력에 의하여 헌법의 기본원리에 대한 중대한 침해가 행하여지고 그 침해가 헌법의 존재 자체를 부인하는 경우 다른 합법적인 구제수단으로는 목적을 달성할 수 없을 때에 국민이 자기의 권리·자유를 지키기 위하여 실력으로 저항하는 권리이기 때문이다"[19]라고 하여 저항권을 인정하는 듯한 판시를 하고 있다.

---

18) 대판 1980.5.20. 80도306.
19) 노동조합 및 노동관계 조정법 등 위헌제청, 헌재 1997.9.25. 97헌가4(각하).

## 제1절 대한민국헌정사

### 제1항 대한민국헌법의 성립과정

## Ⅰ. 건국헌법의 제정

1945년 8월 15일 일본식민지로부터 해방된 후 1948년 5월 10일에 한국헌정
사상 초유의 국회의원총선거가 실시되었다. 5·10총선거로 지칭되는 이 선거는
'단독선거·단독정부 반대'라는 명분으로, 남북협상에 참가한 상해임시정부계의
김구·김규식 등 민족진영의 일부 인사들에 의하여 거부되고, 공산당을 비롯한
좌익계열의 반대가 있었음에도 불구하고, 6개 선거구를 제외하고 진행되었다.
제헌국회는 이 총선거에서 선출된 198명의 의원들로 구성되었다. 제헌국회의
가장 중요한 임무는 대한민국의 법적 기틀을 마련하는 헌법의 제정이었으므로,
제헌국회는 국회의 조직을 완료하자 곧 바로 헌법기초위원회를 구성하고 헌법
제정작업에 착수하였다.

헌법기초위원회는 1948년 6월 3일부터 유진오의 헌법초안을 원안으로 하
고, 권승렬의 초안을 참고로 하여 논의를 진행하였다. 두 개의 초안은 모두 정부
형태는 의원내각제로 하고, 국회의 구성은 양원제로 하며, 위헌법률심사권은 대

법원에 부여하는 것이었다. 그러나 헌법기초위원회에서 최종적인 논의와 검토를 마친 초안이 국회본회의에 상정될 단계에 이르러서 이에 대해 강력한 반대의견이 제시되었다. 그 반대의견의 핵심내용은 "정부형태는 대통령제로 하고, 국회의 구성은 단원제로 하며, 위헌법률심사권은 헌법위원회에 부여해야 한다"는 것이었고 이러한 의견은 바로 이승만의 견해와 미군정당국의 의도를 그대로 반영한 내용이었다. 결국 이승만의 주장대로 대통령제와 단원제를 채택하였고 한편 한국민주당의 주장인 의원내각제 중에서 국무원제와 국무총리제를 반영하였다. 헌법기초위원회에서 작성된 헌법안은 1948년 6월 23일 국회 제16차 본회의에 상정되고, 7월 12일 제3독회를 마치게 됨으로써 마침내 대한민국건국헌법이 국회를 통과하였다. 동 헌법은 7월 17일 국회의장 이승만이 서명한 후 공포되었다. 건국헌법은 부칙의 규정에 따라 공포일로부터 시행되었다.


## II. 건국헌법의 내용

건국헌법은 전문·10장·103조로 구성되었다. 제1장 총강에서는 국가형태로서 민주공화국 외에 국민주권의 원리, 국가의 영역, 국제평화주의 등을 규정하였다. 제2장 국민의 권리·의무에서는 평등권과 신체의 자유 등 다양한 기본권을 보장하는 반면에 법률유보에 의한 그 제한을 규정하였다. 그 밖에 노동3권과 사기업에 있어서 근로자의 이익분배균점권, 생활무능력자의 보호, 가족의 건강보호 등 사회적 기본권이 규정되었다. 제3장 국회에서는 단원제국회가 규정되고, 제4장 정부에서는 국가원수이며 집행부수반인 대통령과 부통령을 4년 임기로 국회가 선출하도록 하였다. 대통령은 법률안거부권과 법률안제출권을 가지며, 계엄선포권과 긴급명령권을 가지게 되었다. 대통령과 국무총리·국무위원들로 구성된 국무원은 대통령의 권한에 속하는 국가중요정책을 의결하도록 하였다. 국무총리는 대통령이 임명하되 국회의 승인을 얻도록 하였다. 제5장 법원은 10년 임기의 법관들로 구성되며, 대법원장은 국회의 승인을 얻어 대통령에 의해 임명되도록 하였다. 제6장 경제질서에서는 사회화의 경향이 강하게 보이는 경제질서를 규정하였다. 통제경제 내지 계획경제를 주축으로 하여 자연자원의 원칙적인 국유화와 공공성을 띤 기업의 원칙적인 국·공영제, 공공필요에 의한 사기업의 국·공유화와 경자유전의 원칙에 입각한 농지개혁을 규정하였다. 제7장 재정에서는 조세법률주의와 일년예산주의가 규정되었다. 제8장 지방자치에서는 지방자치단체의 사무범위와 지방자치단체의 조직과 운영을 규정하였다. 제9장 헌법개정에서는 대통령 또는 국회 재적의원 3분의 1 이상의 찬성으로 헌법개정을 제안할 수 있게 하고, 그 의결은 국회에서 재적의원 3분의 2 이상의 찬성으로써 하게 하였다. 또한 헌법수호를 위한 기구로서 위헌법률심사권을 가진 헌법위원회와 탄핵심판을 담당하는 탄핵재판소를 규정하였다.

## 제2항 헌법의 개정과정

### Ⅰ. 1952.7.4. 제1차 발췌(拔萃)개헌

한국헌법사상 최초의 개헌을 의미하는 제1차 개헌은 1952년 7월 4일 발췌개헌의 형태로 이루어졌다. 이 개헌은 일사부재의의 원칙을 위배했고 공고되지 않은 개헌안이 의결되었으며, 토론의 자유가 보장되지 않고 의결이 강제되었다는 점에서 위헌적인 것이었다. 발췌개헌의 골자는 대통령과 부통령의 직선제, 양원제 국회, 국회의 국무원 불신임제, 국무위원 임명에 있어서 국무총리의 제청권 등이었다.

### Ⅱ. 1954.11.27. 제2차 사사오입(四捨五入)개헌

1954년 5월에 실시된 제3대 민의원의원 총선거에서 승리한 자유당정부는 동년 8월 6일 소속의원 136명의 찬성을 얻어 새로운 개헌안을 제출하였으나 1표가 부족하여 부결로 선언되었다. 그러나 여당 측은 사사오입이라는 수학상의 원리를 적용하여 203의 3분의 2는 135라 주장하면서 전날의 부결선언을 취소번복하고 통과를 결정하였다. 이것이 세칭 사사오입개헌이다. 이 개헌은 초대대통령에 한하여 중임제한을 철폐함으로써 평등의 원칙에 위배되고, 국회에서의 표결이 가부동수인 경우에는 부결로 간주해야 함에도 가결로 처리하였다는 점에서 위헌적인 개헌이라 하겠다.

사사오입개헌의 내용을 보면 초대대통령에 한하여 삼선제한을 철폐하고 무제한입후보를 허용한다. 주권의 제약·영토변경을 위한 개헌은 국민투표에 부친다. 국무총리제를 폐지하고 국무위원에 대한 개별적 불신임제를 채택한다. 대통령 궐위시에는 부통령이 그 지위를 계승한다. 경제체제를 자유시장체제로 전환한다는 것 등이 주요 골자였다.

## III. 1960.6.15. 제3차 개헌과 1960년 헌법의 성립

1960년 3월 15일 실시된 정·부통령선거는 이승만의 4기 집권을 강행하기 위한 철저한 부정선거였다. 그 결과 3·15부정선거에 항의하는 학생들 데모가 전국적으로 확산되어 4·19 혁명으로 발전하였다. 이로써 이승만의 독재정권은 무너지고, 동년 5월 2일 허정을 내각수반으로 하는 과도정부가 구성되었으며 국회에는 개헌을 위한 헌법개정기초위원회가 구성되었다. 동 기초위원회에서 기초한 개헌안은 동년 6월 15일 국회본회의에서 압도적 다수로써 통과되고 같은 일자로 공포되었다.

3차 개헌은 본문 55개 조항과 부칙 15개 항목에 걸친 전면 개정이었으므로 규모면에서는 거의 새로운 헌법의 제정에 가까웠다. 이 개헌안의 특징은 기본권의 확대·강화였다. 언론·출판·집회·결사 등의 자유에 대해서는 사전허가나 검열제를 금지하고, 법률에 의하여 기본권을 제한하는 경우에도 자유와 권리의 본질적 내용은 침해하지 못하도록 하였다. 권력구조를 대통령제에서 의원내각제로 변경하였다. 복수정당제의 보장과 정당의 헌법상 지위를 확고히 하였다. 법관의 선출을 법관선거인단에 의하도록 하였다. 탄핵재판소와 헌법위원회를 폐지하는 대신 헌법재판소를 설치하였다. 중앙선거관리위원회를 헌법기관으로 하였고, 경찰의 중립성을 보장하였다. 지방자치단체의 장을 직선하게 한 것 등이 주요 골자였다.


## IV. 1960.11.29. 제4차 개헌

제4차 개헌은 3·15부정선거의 주모자들과 부정선거에 항의하는 군중을 살상한 자들을 처벌할 헌법적 근거를 마련하기 위한 것이었다. 이 개헌으로 부정선거관련자처벌법, 반민주행위자공민권제한법, 부정축재특별처리법, 특별재판소 및 특별검찰부조직법 등 일련의 소급특별법이 제정되었다.


## V. 1962.12.26. 제5차 개헌과 1962년 헌법의 성립

1961년 5월 16일 일부 군인들이 군사 쿠데타를 감행하여 군사혁명위원회를 조직하고 3권을 장악한 후, 대한민국 전역에 비상계엄령을 선포하였다. 다음날 군사혁명위원회는 국가재건최고회의로 명칭을 변경하고 내각을 조직하였다. 동년 6월 6일 국가재건최고회의는 4장 24개조로 구성된 국가재건비상조치법을 공포하였다.

군사정부는 군정실시 1년 만에 민정이양을 위한 헌법개정작업에 착수하여, 국가재건최고회의의 특별위원회로서 헌법심의위원회를 발족하였다. 군사정부는 동 위원회가 기초한 신헌법요강을 1962년 12월 6일 국가재건최고회의의 의결을 거쳐, 12월 17일 국민투표에 부의하였다. 같은 해 12월 26일에는 확정된 개정헌법이 공포되었다. 이 개정헌법은 다음해인 1963년 12월 17일자로 발효하였다. 제5차개헌은 헌법상의 개정절차를 따르지 아니하고 국가비상조치법이 규정한 국민투표에 의하여 개정되었다는 점에서 법리상 중대한 문제가 있다.

1962년 헌법의 골자는 다음과 같다. 인간의 존엄성존중조항이 신설된 반면에 국가안전보장을 이유로 기본권보장이 약화되었다. 극단적인 정당제국가를 지향하였다. 국회의 구성을 단원제로 환원하였다. 정부형태로서 대통령제를 채택하였다. 헌법재판소를 폐지하고 위헌법률심사권을 법원의 권한으로 하였다.

법관의 임명은 법관추천회의의 제청에 따르도록 하였다. 헌법개정은 국회의 의결을 거쳐 국민투표로써 확정하도록 하였다.

## VI. 1969.10.21. 제6차 개헌

1969년 8월 7일에 여당인 민주공화당 소속의원 122명은 대통령의 연임횟수 연장을 골자로 하는 개헌안을 제출하였다. 동 개헌안은 동년 10월 17일 국민투표에 회부되어 확정되고 10월 21일에 공포되었다. 제6차 개헌은 대통령의 삼선 금지규정을 완화함으로써 박정희 대통령의 12년 계속연임을 가능하게 하고 대통령에 대한 탄핵소추의 의결정족수를 가중시켰으며 국회의원의 정수를 늘리는 것이었다.

## VII. 1972.12.27. 제7차 개헌과 1972년 헌법의 성립

1972년 12월 27일 박정희 대통령은 전국에 비상계엄을 선포하고 10·17비상조치를 단행하였다. 단행된 비상조치의 내용은 다음과 같다.

1972년 10월 17일 19시를 기하여 국회를 해산하고 정당의 정치활동을 중지시키는 등 헌법의 일부조항의 효력을 정지시킨다. 효력이 정지된 일부 헌법조항의 기능은 비상국무회의가 수행하여, 비상국무회의의 기능은 현재의 국무회의가 담당한다. 비상국무회의는 1972년 10월 27일까지 헌법개정안을 공고하며 헌법개정안은 국민투표로써 확정한다. 헌법개정안이 확정되면, 금년말 이전에 헌법질서를 정상화시킨다. 같은 해 10월 27일에 공고된 개헌안은 11월 21일 국민투표에 부의되어 확정되고, 같은 해 12월 27일에 공포되었다. 이것이 유신헌법이다.

유신헌법의 골자는 다음과 같다. 기본권제한의 사유로서 국가안전보장이 추가되고 "자유와 권리의 본질적 내용을 침해할 수 없다"는 조항이 삭제되었다. 자유권적 기본권이 약화되고 노동3권의 주체와 범위가 대폭 제한되었다. 통일주체국민회의가 설치되고, 이 회의로 하여금 대통령을 선출하고 국회의원정수의 3분의 1에 해당하는 국회의원을 선출하게 하였다. 대통령은 국회의 동의나 승인을 필요로 하지 아니하는 사전적·사후적 긴급조치권을 비롯하여 국회해산권, 국회의원정수의 3분의 1의 추천권 등 절대권력을 행사할 수 있게 하였다. 대통령의 중임이나 연임제한에 관한 규정을 두지 아니함으로써 1인장기집권을 가능하게 하였다. 회기의 단축과 국정감사권의 부인 등으로 국회의 권능이 대폭 축소되었다. 대법원장을 비롯한 모든 법관을 대통령이 임명 또는 보직하거나 파면할 수 있게 함으로써 사법부의 독립을 훼손하였다. 헌법위원회를 설치하였고, 동 위원회는 위헌법률심사권·위헌정당해산결정권·탄핵심판권 등 헌법재판권을 가졌다.

## VIII. 1980.10.27. 제8차 개헌과 1980년 헌법의 성립

1979년 10월 26일 18년간 장기집권한 박정희 대통령이 살해되고 난 후 헌법개정이 이루어졌다. 국회가 헌법개정심의 특별위원회를 구성하여 공청회를 개최한 것을 시작으로 정부도 1980년 3월 14일에 69인으로 구성된 헌법개정심의위원회를 발족시켰다. 곧이어 전두환 국가보위비상대책위원회 상임위원회 위원장이 통일주체국민회의에서 대통령으로 선출되어 9월 1일 대통령으로 취임하고, 개헌작업을 서둘러 9월 9일에는 제11차 정부개헌심의위원회 전체회의가 헌법개정안을 의결하였다. 이 개헌안은 동년 10월 22일 국민투표에 회부되어 확정되었다. 개정헌법은 부칙 제1조에 따라 공포일인 1980년 10월 27일부터 시행되었다. 1980년헌법은 전문, 10장 131조, 부칙 10조로 구성되었다.

헌법전문에서는 제5민주공화국의 출범을 명시하고 조국의 평화적 통일의 추진 등을 선언하였다. 제1장 총강에서는 재외국민보호조항과 국군의 국가안전보장의무조항 그리고 정당운영자금의 국고보조조항을 신설하였다. 제2장 국민의 권리와 의무에서는 행복추구권을 신설하고, 기본적 인권의 불가침성을 강조함으로써 기본적 인권의 자연권성을 명확히 하였다. 형사피고인의 무죄추정·연좌제폐지를 규정하였고, 사생활의 비밀과 자유의 불가침, 환경권 등 현대적 기본권들을 새로이 추가 규정하였다.

통치구조와 관련하여 제3·4·5장에서는 통일주체국민회의를 폐지하고 대통령선거방식을 선거인단에 의한 간선제로 변경하였으며, 대통령의 임기를 7년 단임제로 하고, 임기연장이나 중임변경을 위한 헌법개정은 그 헌법개정제안 당시의 대통령에 대해서는 적용될 수 없게 하였다. 국회의 국정조사권을 신설하였다. 일반법관의 임명권을 대법원장에게 부여하고 징계처분에 의한 법관의 파면을 배제하였으며, 위헌법률심사제청권을 법원에 부여하였다. 정부형태는 대통령제를 기본구조로 하되, 국회에 대한 대통령의 절대적 우위성을 보장하였다. 제9장 경제질서에서는 자유시장경제질서를 근간으로 하면서도, 경제에 관한 규제와 조정을 할 수 있게 하고, 광범위한 통제경제·관리경제까지 규정함으로써 사회적 시장경제질서를 표방하였다.


## IX. 1987.10.27. 제9차 개헌과 1987년 헌법의 성립

1987년 6·10 민주항쟁(시민항쟁)이 일어났고, 국민적 개헌요구를 민정당의 노태우 대표위원이 6·29민주화선언의 형태로 수용하였다. 국민적 여망을 헌법개정안에 최대한으로 수용하기 위해 여·야 대표로 구성된 8인정치회담이 개최되고, 이 회담에서 마련된 단일개헌안이 국회개헌특별위원회에서 채택되어, 동년 10월 12일에는 국회가 이를 의결하고, 10월 27일에 실시된 국민투표에서는 투표자의 무려 93.1%에 해당하는 유권자가 헌법개정안에 찬성함으로써 제9차 헌법개정이 확정되었다. 이 헌법은 제9차개헌에 해당하는 것으로 1987년 헌법이라 불리는 것이다. 1987년 헌법은 부칙 제1조의 규정에 따라 1988년 2월 25일부터 시행되었다. 현행헌법은 헌법전문, 본문 10장 130조 그리고 부칙 6조로 구성되어 있다.

# 제2절  대한민국의 국가형태와 구성요소

## 제1항  대한민국의 국가형태

### Ⅰ. 국가형태의 의의와 분류

국가의 형태(Staatsform)라 함은 국가의 전체적 성격 내지 그 기본질서가 어떤 것인가 하는 것을 기준으로 하는 국가의 유형을 말한다. 헌법 제1조 제1항은 "대한민국은 민주공화국이다"라고 규정하여 우리나라의 국호가 '대한민국'이며, 국가형태는 '민주공화국'임을 선언하고 있다. 국가형태란 정치적 통일의 양태와 그 형식의 여하를 말하는바, 이것은 헌법제정권자의 전체적 결단의 결과이며, 또한 국가의 모든 정치질서가 여기에 의하여 형성되어야 할 가장 기본적인 지도원리를 의미하고 있다.

그런데 종래 이 민주공화국이 어떠한 국가형태인가에 대하여 국가형태의 분류기준의 차이에 따라 학설이 나누어져 있다.

#### 1. 고전적 국가형태론

종래 국가형태에 관하여 고대 그리스의 Aristoteles는 지배자의 수와 지배의 윤리적 성격을 기준으로 하여 군주국·귀족국 및 민주국의 3종으로 분류하고, 중세 이탈리아의 마키아벨리(Machiavelli)는 「군주론」에서 권력 보유자의 수에 따라 국가를 군주제·공화제의 2종으로 분류하고 있다. 군주제·공화제의 이분론은 19세기에 이르기까지 지배적인 국가형태론이 되었다. 플라톤은 이상국가론의 입장에서 지배자의 수와 지배자의 윤리적 특성에 따라 국가형태를 군주국과 민주국으로 이분하였다. 그러나 최근에는 국가형태를 하나의 표준에 의하여 분류하는 방법과 두 개의 표준에 의하여 분류하는 견해가 대립한다.

## 2. 근대적 국가형태론

### (1) 옐리네크의 분류방법

옐리네크는 '국가의사구성의 방법'이라는 단일의 표준에서 구하고 있다. 즉 국가의사가 1개의 자연적 의사에 의하여 결정되는가, 또는 다수인에 의한 기술적 방법으로 결정되는가에 따라서 국가형태를 군주국과 공화국으로 분류한다. 그는 다시 통치형태와 통치방식에 따라 군주국을 세습군주국과 선거군주국, 전제군주국과 제한군주국으로 나누고, 공화국도 귀족공호국과 민주공화국으로 분류한다.

### (2) 렘(Rehm)의 분류방법(병존하는 2개의 기준, 복수기준)

렘은 국가형태와 통치형태로 분류하고, 국가형태는 국가권력의 최고담당자에 의한 분류이고, 통치형태는 국가권력의 최고행사자에 의한 분류이다. 렘은 국가주권설을 주장하였다. 그는 국체를 군주국, 귀족국, 계급국, 민주국으로 분류하고, 정체는 민주정과 공화정, 간접민주정과 직접민주정, 연방제와 단일제, 입헌정과 비입헌정으로 분류하였다.

### (3) 국체와 정체의 구분론

이 설에서는 주권의 보유자(소재)를 표준으로 한 국체와 국가권력의 행사방법을 표준으로 한 정체로 분류하고 있다. 민주공화국의 '민주'는 정체를 '공화국'은 국체를 밝힌 것으로 본다. 일본에서는 주권소재여부를 기준으로 국체, 행사방법을 기준으로 정체로 분류하였다.

## 3. 현대적 국가형태론

### (1) 지펠리우스(R. Zippelius)의 분류방법

지펠리우스는 통치권의 행사방법만을 기준으로 하여 국가형태를 일원체제·과두체제·민주체제로 3분하고, 일원체제를 다시 군주제와 독재체제로, 민주체제를 순수한 직접민주체제와 대의민주체제로 나눈다.

### (2) 뢰벤슈타인(K. Löwenstein)의 분류방법

뢰벤슈타인은 정부는 주권이 권력분립주의에 의하여 행사되느냐, 권력겸병주의에 의하여 행사되느냐에 따라 입헌정부와 전제정부로 구분된다고 하고, 이 정체의 변화는 있을 수 있으나 국체는 국가의 본질을 구성하고 있기 때문에 변화될 수 없다고 한다.

뢰벤슈타인은 2가지 기준으로 분류하는 것은 적합하지 않다고 한다.고전국가형태론은 국가조직형태를 기준으로 분류(형식적 국가형태론)하고 있으나, 국가형태는 국가조직형태는 물론이고 국가를 지배하는 이데올로기·헌법현실을 종합해서 보아야 하고 이렇게 볼 때 전체적 성격·체제를 파악할 수 있다고 한다.

생각건대 오늘날 주권재민의 사상이 보편화되었을 뿐만 아니라 상징적인 군주제도를 가진 이른바 입헌군주제의 헌법조차도 국민주권의 원칙을 인정하고 있는 오늘날에는 주권의 소재 내지는 국가권력의 보유자를 기준으로 하는 국체의 분류는 무의미하다. 즉 국민주권하에서는 국체라든가 정체라든가 하는 분류는 이젠 중요하지 않고, 뢰벤슈타인이나 지펠리우스에서처럼 통치국법을 중심으로 하여 국가형태를 논하여야 할 것이다

## II. 대한민국의 국가형태

### 1. 민주공화국의 근본 성격

#### (1) 민주공화국의 법적 성격

헌법 제1조 제1항은 "대한민국은 민주공화국이다", 헌법 제1조 제2항은 "대한민국의 주권은 국민에게 있고, 모든 권력은 국민으로부터 나온다"라고 규정하고 있다. 헌법 제1조 제1항에 있어서 '민주공화국'이란, 첫째로, 대한민국은 군주제의 모든 원리를 부정한다는 의미이다. 둘째로, 우리나라는 공화국 중에서 귀족공화국도 아니고 계급공화국도 아니고 민주공화국임을 선언한다. 즉 대한민국의 주권이 국민에게 있다는 의미이며, 이것은 헌법 제1조 제2항에서 선언하는 바이다. 셋째로, 적극적으로 국민의 자유와 책임에 의한 국민의 국가라는 의미

이다. 따라서 대한민국은 절대국가나 독재국가를 부정할 뿐만 아니라, 나아가 공산주의적 질서의 이른바 인민공화국을 부정하는 이데올로기적 의미를 가진다. 넷째로, 헌법 제1조 제1항은 공화국이라고만 하지 않고 민주공화국이라고 한 것은 공화국의 정치적 질서가 민주주의적으로 형성될 것을 요구하는, 말하자면 공화국에 있어서의 정치적 질서에 관한 규정을 의미한다. 유진오 교수는 민주공화국의 '민주'는 정체를, '공화국'은 국체를 규정한 것으로 보았다.[1] 공화국이라 함은 군주국에 대칭되는 국가형태로서 군주제를 부정하는 비군주국을 말한다. 현재는 민주공화국 자체를 국가형태로 이해하는 것이 다수설이다.

① 제1설

민주공화국은 국가형태를 공화국으로 규정한 것이고 '민주'라는 말은 공화국의 내용에 관한 것이다. 민주공화국이란 규정 자체를 우리나라의 국가형태에 관한 규정으로 보는 견해이다.[2]

② 제2설

민주공화국은 국가형태이다. 민주공화국은 군주제를 부정하고 독재공화국이나 전제공화국을 부인한다.[3] 이 점에서 군주제의 배제, 국민주권주의의 실현 등을 그 내용으로 한다.

③ 제3설

국가형태는 현행헌법의 구조적 원리 내지 통치질서가 사회의 국가에 대한 영향(input)을 어느 정도 허용하며, 국가의 사회에 대한 영향(output)이 사회질서에 얼마만큼의 영향을 미치는가를 거시적인 헌법해석의 안목에서 파악하는 것이 타당하다고 한다. 즉, 국가와 사회의 상호 영향 관계가 어떻게 형성되어 있느냐에 따라 국가형태가 결정되어야 한다고 한다.[4] 사회의 국가에 대한 input로는 선거, 국민투표, 복수정당, 정당정치 등을, 국가의 사회에 대한 output로는 기본권제한, 정당해산, 국가긴급권 등을 들 수 있다.

요컨대 국민주권사상이 일반화된 오늘날에는 주권의 소재(국체)를 기준으

---

1) 유진오, 헌법해의, 명세당, 단기 4284, 19면.
2) 권영성, 헌법학원론, 법문사, 2010, 111면.
3) 김철수, 헌법학개론, 박영사, 2006, 123면.
4) 허영, 한국헌법론, 박영사, 2013, 203-204면.

로 한 국가형태를 논할 실익이 없다. 따라서 민주공화국 자체를 국가형태로 이해하는 것이 타당하다.

### (2) 민주공화국의 근본규범성

헌법 제1조 제1항은 대한민국의 기본적 국가형태를 선언한 것이므로 근본규범적 효력을 가지며, 이른바 '헌법의 헌법'으로서의 성격을 가진다. 따라서 헌법개정절차에 따르더라도 개정할 수 없다. 그리고 '민주공화국'으로서의 성격을 보장하기 위해 헌법 제8조 제4항에서 정당의 목적이나 활동이 민주적 기본질서에 위배될 때에는 정당을 해산할 수 있도록 규정하고 있다.

## 2. 우리나라의 국가형태의 특색

### (1) 간접민주제의 채택

우리 헌법은 원칙적으로 간접민주제를 채택하고 있다. 즉 헌법은 의회제도(제3장), 국회의원과 대통령을 선출케 하고 있다(제41조 제1항, 제67조 제1항).

### (2) 직접민주정의 가미

한편 간접민주정의 폐단을 시정하고 대통령의 권한행사에 국민적 정당성을 부여하기 위해 민주투표제(헌법 제72조는 대통령은 필요하다고 인정할 때에는 외교·국방·통일 기타 국가안위에 관한 중요정책을 국민투표에 붙일 수 있다고 규정하고 있음, 임의적 국민투표제)를 도입하고 있고, 또 헌법개정안에 대한 국민표결제(제130조 제2항, 필수적 국민투표제)를 규정한다.

1) 레퍼렌덤은 대체로 헌법상 제도화되어 있는 헌법규범적인 것으로 국민이 일정한 중요사항을 직접 투표로써 최종적으로 확정하는 국민표결을 말한다.

2) 플레비시트는 대체로 헌법상 제도화되어 있지 아니한 헌법 현실적인 것으로 통치권자가 이미 결정하고 확정한 사안에 대해 국민의 의사를 묻거나 새로운 통치질서의 정당성이나 집권자의 계속집권여부에 관해 신임을 묻는 국민결정이다. 영토의 귀속이나 집권자에 대한 신임투표 등이 그 전형적인 예인데, 예를 들면 나폴레옹 1세 황제 취임(1804), 나폴레옹 3세 황제 취임(1851), 히틀러

총통 취임(1934) 등을 들 수 있다.

### (3) 평화통일주의의 채택

헌법전문에서 "조국의 … 평화적 통일의 사명에 입각하여", 제66조 제3항에는 대통령에게 조국의 평화적 통일을 위한 성실한 의무를 지우고, 또 평화통일정책의 수립에 관한 대통령의 자문에 응하기 위하여 민주평화통일자문회의를 둘수 있게 하여(제92조) 국가의 통치형태에서 평화통일의 의지를 천명하고 있다.

### (4) 정당제의 헌법에의 편입

정치의 평판화과정에 따라서 국민의 정치적 행동을 조직화하기 위한 필요성으로 헌법 제8조에 정당에 관한 일반조항을 규정하여 정당을 헌법에 편입시켰다.

### (5) 사회적 법치국가로의 경향

우리 헌법은 전문에 "안으로 국민생활의 균등한 향상을 기하고"라고 규정함으로써 사회국가적 원리에 입각하고 있음을 천명하고, 제2장의 사회권적 기본권과 제9장의 경제조항에 의하여 이를 실천하고 있다.

## 제2항 대한민국의 구성요소

### Ⅰ. 국 민

#### 1. 국민의 의의

국민이라 함은 국가에 소속하는 개개의 자연인을 말하며, 이들 개개인은 전체로써 국민을 구성한다. 국민은 인민과 구별된다. 국민은 국가적 공동체를 전제로 한 개념으로서 국가의 구성원, 즉 국적을 가진 개개인의 집합을 의미하는 데 대하여. 인민은 국가적 공동체와는 무관한 사회적 개념인 사회의 구성원을 의미하기 때문이다.

## 2. 국적(국민의 요건)

국적이라 함은 국민으로서의 신분 또는 국민이 되는 자격을 말한다. 국적을 헌법 자체에 규정하는 경우도 있고, 헌법이 법률로 정하도록 위임하는 경우도 있으며, 특히 민법으로 국적을 정하는 경우도 있다. 우리 헌법은 "대한민국의 국민이 되는 요건은 법률로 정한다"(제2조 제1항)라고 규정함으로써 국적법정주의를 채택하고 있다. 이 원칙에 따라 국적의 취득·상실 및 회복 등을 규정한 법률이 국적법이다. 한국의 국적법은 단일국적주의, 속인주의(부모양계혈통주의) 등을 원칙으로 하고 있다.

## 3. 국적의 취득과 상실 및 회복

### (1) 국적의 취득
### 1) 선천적 취득
① 혈통주의 – 출생에 의한 선천적 국적취득도 부모의 혈통에 따라 국적을 취득하는 혈통주의(일명 속인주의)와 출생한 지역에 따라 국적이 부여되는 출생지주의(일명 속지주의)로 구별된다. 우리나라 국적법은 혈통주의를 원칙으로 하며 예외적으로 출생지주의를 채택하고 있다. 출생 당시에 부 또는 모가 대한민국의 국민인 자는 출생과 동시에 대한민국 국적을 취득한다(국적법 제2조 제1항). 그러나 부모가 모두 분명하지 아니한 경우나 국적이 없는 경우에는 대한민국에서 출생한 자에게 우리 국적을 부여한다. 대한민국에서 발견된 기아는 대한민국에서 출생한 것으로 추정하여 우리 국적을 부여한다(동법 제2조 제2항).

② 부모양계 혈통주의 – 부모양계 혈통주의를 채택하고 있다(동법 제2조 제1항 제1호). 출생당시에 부 또는 모가 대한민국인 자는 출생한 때 대한민국 국적을 취득한다. 외국인 부의 자의 경우, 모의 성과 본을 따르고 모의 호적에 입적할 수 있다.

2) 후천적 취득

① 인지 - 인지란 혼인 외에 출생한 자를 자신의 자녀로 인정하는 의사표시를 말한다. 외국인이 대한민국 국민인 부 또는 모에 의하여 인지될 때, 다음 조건을 충족한 경우 법무부장관에게 신고하면 대한민국 국적을 취득할 수 있다. 인지 상대방이 대한민국 민법상 미성년자이며 출생한 당시 부 또는 모가 대한민국 국민이었어야 한다(국적법 제3조).

② 귀화 - 귀화란 외국인으로서 대한민국 국적을 취득하는 것을 말한다. 국적취득에는 법무부장관의 허가가 있어야 한다(국적법 제4조). 국적법상 귀화에는 일반귀화, 간이귀화, 특별귀화가 있다.

③ 수반국적취득 - 수반국적취득이란 타인의 국적취득에 수반되어 국적을 취득하는 것을 말한다. 외국인이 우리 국적을 취득하는 경우 대한민국 민법상 미성년자인 자는 부 또는 모의 국적취득에 수반되어 우리 국적을 취득할 수 있다. 단 미성년자인 자는 부 또는 모의 귀화신청시 함께 국적취득을 신청하여야 한다(국적법 제8조). 미성년자가 우리 국적을 원하지 않는 경우 이를 제외할 수 있도록 함으로써 미성년자에 대한 국적변경의제의 문제점을 보완하였다. 과거에 존재하였던 처의 수반취득 역시 삭제되었다.

(2) 국적의 선택

1) 국적선택

현행 국적법은 원칙적으로 단일국적주의를 취하여 복수국적의 보유를 인정하지 않고 있다. 그러나 2010년 국적법의 개정으로 예외적으로 복수국적의 보유를 인정하고 있다. 만 20세가 되기 전에 복수국적자가 된 자는 만 22세가 되기 전까지, 만 20세가 된 후에 복수국적자가 된 자는 그 때부터 2년 내에 하나의 국적을 선택하여야 한다(국적법 제12조 제1항). 현행 국적법은 복수국적자의 병역의무의 기피를 막기 위하여 한국 국적의 이탈을 제한하고 있다(동조 제2항). 병역법 제8조에 의하여 제1국민역에 편입된 자는 편입된 때부터 3개월 이내에 또는 직계존속이 외국에서 영주할 목적 없이 체류한 상태에서 출생한 자는 현역·상근예비역 또는 보충역으로 복무를 마치거나 마친 것으로 보게 되는 경우, 병역면제처분을 받은 경우, 제2국민역에 편입된 경우에 해당하게 되면 그때부터 2년 이내에 국적을 선택하여야 한다(국적법 제12조 제2항).

2010년 5월 개정된 국적법은 혼인관계를 유지하고 있는 결혼이민자, 대한민국에 특별한 공로가 있거나, 우수 외국인재로서 특별 귀화한 자, 국적회복허가를 받은 자로서 특별한 공로가 있거나, 우수 외국인재로 인정되는 자 등은 대한민국 국적을 취득한 후 외국 국적을 포기하지 아니하고 국내에서 외국 국적을 행사하지 아니하겠다는 서약만 하면 대한민국 국적이 상실되지 아니하고 복수국적을 가질 수 있도록 하였다(국적불행사서약제도, 동법 제10조 제2항). 복수국적자는 대한민국의 법령 적용에서 대한민국 국민으로만 처우한다(동법 제11조의2 제1항). 복수국적자가 관계 법령에 따라 외국 국적을 보유한 상태에서 직무를 수행할 수 없는 분야에 종사하려는 경우에는 외국 국적을 포기하여야 한다(동조 제2항). 또한 자동국적상실제도를 개선하여 선택명령제도를 신설하였다. 법무부장관은 복수국적자로서 법이 정한 기간 내에 국적을 선택하지 아니한 자에게 1년 내에 하나의 국적을 선택할 것을 명하여야 한다(동법 제14조의2).

이른바 '원정출산'을 막기 위하여 출생 당시에 모가 자녀에게 외국 국적을 취득하게 할 목적으로 외국에 체류중이었던 사실이 인정되는 자는 외국 국적을 포기한 경우에만 대한민국 국적을 선택한다는 뜻을 신고할 수 있다(국적법 제13조 제3항).

### 2) 국적이탈

현행 국적법은 외국에 주소가 있을 경우에만 재외공관을 통해 국적이탈을 신고하도록 하여 이탈요건 및 절차를 강화하였다(동법 제14조).

### (3) 국적의 상실

한국 국적 상실의 경우로는 외국인의 외국 국적 취득에 의한 상실(동법 제15조 제1항), 국적선택명령제도에 의한 상실(동법 제14조의2 제1항 내지 제4항), 복수국적자의 한국 국적 자진이탈 또는 강제상실결정에 의한 상실(동법 제14조 제1항 본문·제2항, 제14조의3 제1항), 한국 국적 취득 외국인의 외국 국적 불포기에 따른 상실(동법 제10조 제1·3항) 등이 있다.

대한민국 국적을 상실한 자는 국적을 상실한 때부터 대한민국의 국민만이 누릴 수 있는 권리를 누릴 수 없다(동법 제18조 제1항). 이러한 한국 국민만이 누릴 수 있는 권리 중 한국 국민이었을 때 취득한 것으로서 양도할 수 있는 것은 그 권리와 관련된 법령에서 따로 정한 바가 없으면 3년 내에 대한민국의 국민에게 양도하여야 한다(동법 제18조 제2항).

### (4) 국적의 회복과 재취득

국적 회복은 과거 우리 국민이었던 자를 대상으로 한다는 점에서 우리 국적을 취득한 적이 없는 순수 외국인을 대상으로 하는 귀화와 구별된다. 대한민국의 국민이었던 외국인은 법무부장관의 국적회복허가를 받아 대한민국 국적을 취득할 수 있다(국적법 제9조).

대한민국 국적을 취득한 외국인은 대한민국 국적을 취득한 날부터 1년 이내에 외국 국적을 포기하거나 외국 국적을 불행사할 것을 법무부장관에게 서약하여야 한다(국적법 제10조 제1항, 제2항). 이를 이행하지 아니한 자는 그 기간이 지난 때에 대한민국 국적을 상실한다(동조 제3항). 1년 내에 외국 국적을 포기하지 않거나 국적 불행사 서약을 하지 않아 대한민국 국적을 상실한 자는 그 후 1년 내에 그 외국 국적을 포기하면 법무부장관에게 신고함으로써 대한민국 국적을 재취득할 수 있다(국적법 제11조).

### 4. 북한 주민의 법적 지위

영토조항의 해석은 북한주민이 대한민국국민인지 외국인인지 여부 문제와 연결되어 있으며 북한주민이 대한민국으로 귀순한 경우 어떻게 처우해야 할 것인지 하는 문제로 나타난다. 이에 관해서는 헌법 제2조는 국민의 요건을 법률로 정하도록 하고 있으나 국적법 등 법률은 북한주민이 국민인지 여부에 대한 명문의 규정을 두고 있지 않다. 북한이탈주민의 보호에 관해서는「북한이탈주민의 보호 및 정착지원에 관한 법률」이 제정되어 대한민국의 보호를 받고자 하는 북한이탈주민의 보호와 지원에 관해 규정하고 있다. 동 법률은 북한이탈주민의 국적문제에 관해서 명문의 규정은 두고 있지 않지만 사실상 대한민국국민으로 인정하는 것을 전제로 하고 있는 것으로 보인다.

### (1) 북한주민을 대한민국국민으로 보는 견해

북한주민이 귀순하는 경우 별도의 조치 없이 당연히 대한민국국적을 취득한다고 보는 견해는 대법원판례와 북한지역도 대한민국의 영토에 속한다고 보는 학자들이 취하고 있는 입장이다. 즉 북한지역도 대한민국의 영토라 보는 입장에서는 북한주민도 당연히 대한민국국민이며 북한주민이 남한으로 이주하는 경우 국적변경조치 없이도 당연히 대한민국국민이 된다고 한다.

### (2) 북한주민을 외국인으로 보는 견해

북한주민을 외국인 또는 무국적자로 보는 견해는 북한지역은 대한민국의 영토가 아니며 대한민국의 영토고권과 대인고권이 미치지 아니하므로 북한주민은 대한민국국민은 아니라고 한다. 즉, 북한은 국제사회에서 일반적으로 법적 승인을 받고 있는 국제법적 주권국가이고, 적어도 남북한이 UN에 동시 가입한 이후부터는 북한지역에 대해서는 '조선민주주의인민공화국'이 영토고권과 대인고권을 정당하고 적법하게 행사하고 있는 것으로 국제사회에서 받아들여지고 있으므로 북한주민은 '조선민주주의인민공화국'의 국민으로서 북한의 국적을 갖는 외국인으로 보아야 한다는 것이다. 이러한 관점에서 북한주민이 남한으로 망명 또는 귀순하는 경우 당연히 대한민국의 국적을 회복하는 것으로 볼 수는 없고 망명 또는 귀화 등의 일정한 절차가 필요하다고 한다.

### (3) 특수한 지위를 인정하는 견해

남북한의 특수관계에 비추어 탈북자의 법적 지위를 판단함에 있어 한반도에는 상이한 국제법주체인 남한과 북한이라는 두 개의 국가가 존재함에 따라 두 개의 국적이 존재함을 부인할 수는 없으나 남북한 간에는 단순한 국제법만이 적용되지 않는 특수관계를 형성하고 있다고 할 것이므로 북한주민은 국내법상 남한국민이면서 국제법상 사실상 북한국적을 갖는 특수한 지위로 보아야 한다는 견해가 있다. 이러한 입장에 따르면 영토조항은 북한주민에게 당연히 한국국적을 취득하게 하는 법적 근거는 될 수 없고 오히려 북한을 외국으로 보지 않는 남북한의 특수관계성을 인정하고 북한주민을 외국인으로서가 아닌 내국인으로 대우할 수 있는 근거규정이 될 수 있다고 한다. 또한 남북기본합의서 제1조에 따라 서로 상대방의 체제를 인정한다고 하고 있으므로 북한국적법을 부인할 수 없고 국제사회에서 국제법주체로 활동하는 북한의 입장을 고려하여야 한다고 하고 그래서 북한주민이 제3국으로 탈출하는 경우 난민으로서 국제법적 보호를 받을 수 있도록 하여야 하고 북한주민이 남한으로 귀순하는 경우 당연히 한국국적을 회복한다고 볼 수 없으며 일정한 국적 취득절차를 거쳐야 한국국민으로서의 국적이 부여될 수 있다고 한다. 한편 북한주민이 북한국적을 포기하고 한국국적을 취득하기를 원하는 경우 북한주민을 외국인으로 보지 않는다고 한다.

## 5. 재외국민의 보호

헌법 제2조 제2항은 "국가는 법률이 정하는 바에 의하여 재외국민을 보호할 의무를 진다"라고 명시적으로 규정하고 있다. 따라서 국가는 재외국민에 대한 보호의무를 진다. 재외국민이라 함은 외국에서 그 나라의 영주권을 가지고 생활하거나 또는 장기간 체류하면서 생활하고 있는 대한민국의 국적을 그대로 보유하고 있는 사람들을 뜻한다. 재외국민은 보다 넓은 개념인 재외동포와 구별된다. 재외동포는 재외국민뿐만 아니라 대한민국국민이었다가 외국 국적을 취득한 사람까지도 포함하는 개념이다.

재외국민에 대한 보호의 내용으로는 거류국에서의 안전을 보장하고, 그 국가에서 최대한의 권리가 보장되도록 하며, 재외국민에게도 여러 영역에서 가능한 한 국내거주 국민에 대한 보호에 준하는 보호가 이루어지도록 하여야 한다.

[판례 1] 1980년 해직공무원의 보상 등에 관한 특별조치법에 대한 헌법소원, 헌재 1993.12.23. 89헌마189(기각)

"헌법 제2조 제2항에서 규정한 재외국민을 보호할 국가의 의무에 의하여 재외국민이 받는 조약 기타 일반적으로 승인된 국제법규와 해당 거류국(居留國)의 법령에 의하여 누릴 수 있는 모든 분야에서의 정당한 대우를 받도록 거류국과의 관계에서 국가가 하는 외교적 보호와 국외거주 국민에 대하여 정치적인 고려에서 특별히 법률로써 정하여 베푸는 각종 지원을 뜻하는 것으로 해직공직자에 대하여 국가가 사회보장적 목적의 보상을 위하여 제정한 위 특조법(特措法)의 보호법익과는 다른 차원의 것이라 할 것이므로, 위 특조법에서 이민 간 이후의 보상을 배제하는 규정을 두었다고 하여도 국가가 헌법 제2조 제2항에 규정한 재외국민을 보호할 의무를 행하지 않은 경우라 할 수 없다."

[판례 2] 헌재 2011.8.30. 2006헌마788, 헌재 2011.8.30. 2008헌마648[인용(위헌
　　　확인)]

* 청구인들이 일본국에 대하여 가지는 일본군위안부로서의 배상청구권이 '대한민국과 일본국 간의 재산 및 청구권에 관한 문제의 해결과 경제협력에 관한 협정'(이하 '이 사건 협정'이라 한다) 제2조 제1항에 의하여 소멸되었는지 여부에 관한 한·일 양국 간 해석상 분쟁을 위 협정 제3조가 정한 절차에 따라 해결하지 아니하고 있는 피청구인의 부작위가 위헌인지 여부(적극)

* 청구인들이 일본국에 대하여 가지는 원폭피해자로서의 배상청구권이 '대한민국과 일본국 간의 재산 및 청구권에 관한 문제의 해결과 경제협력에 관한 협정'(이하 '이 사건 협정'이라 한다) 제2조 제1항에 의하여 소멸되었는지 여부에 관한 한·일 양국 간 해석상 분쟁을 위 협정 제3조가 정한 절차에 따라 해결하지 아니하고 있는 피청구인의 부작위가 위헌인지 여부(적극)

헌재는 일본국에 대하여 가지는 일본군위안부, 원폭피해자로서의 배상청구권이 '대한민국과 일본국 간의 재산 및 청구권에 관한 문제의 해결과 경제협력에 관한 협정' 제2조 제1항에 의하여 소멸되었는지 여부에 관한 한·일 양국 간 해석상 분쟁을 위 협정 제3조가 정한 절차에 따라 해결할 의무가 헌법 제2조 제2항에 비추어 볼 때 헌법적 의무이고 이 의무를 이행하지 아니하고 있는 피청구인(외교통상부장관)의 부작위가 위헌이라고 확인하였다.

[판례 3] 헌재 2010.7.29. 2009헌가13(합헌)—국제협력요원으로 근무한 공익근무
　　　요원을 국가유공자법에 의한 보상에서 제외한 것이 헌법 제2조 제2항의 재
　　　외국민보호의무에 위반되는지 여부

" 헌법 제2조 제2항의 재외국민 보호의무위반에 대한 판단

'재외국민'이라 함은 우리 국적을 가지고 있으면서 외국에서 영주하거나 장기간 외국에서 체류하며 생활하는 사람을 말하는바, 헌법 제2조 제2항은 '국가는 법률이 정하는 바에 의하여 재외국민을 보호할 의무를 진다'고 규정하고 있다.

헌법 제2조 제2항에서 정한 국가의 재외국민 보호의무에 의하여 재외국민이 거류국에 있는 동안 받게 되는 보호는, 조약 기타 일반적으로 승인된 국제법규와 당해 거류국의 법령에 의하여 누릴 수 있는 모든 분야에서 정당한 대우를 받도록 거류국과의 관계에서 국가가 하는 외교적 보호와 국외 거주 국민에 대하여 정치적인 고려

에서 특별히 법률로써 정하여 베푸는 법률·문화·교육 기타 제반영역에서의 지원을 뜻하는 것이다(헌재 1993.12.23. 89헌마189, 판례집 5-2, 622, 646; 헌재 2001. 12.20. 2001헌바25, 판례집 13-2, 863, 887 등 참조).

그런데 이 사건은 국제협력요원이 파견된 국가 내에서 해당 국가의 법령에 의하여 정당한 대우를 받지 못하는 불이익이 존재하여 국가의 외교적 보호가 필요하거나, 파견된 국가에 거주하는 국제협력요원에 대하여 정치적인 고려에서 특별히 법률로써 법률·문화·교육 기타 제반영역에서의 지원이 필요한 것에 관련된 것이 아니라, 국제협력요원이 병역의무를 이행하기 위하여 개발도상국 등에 파견되어 일정한 봉사업무에 종사하던 중 사망한 경우에 대한민국 내에서 위와 같은 사망자를 국가유공자법에 의하여 보상하여야 하는지에 관련된 것이다.

따라서 국가의 재외국민 보호의무를 규정하고 있는 헌법 제2조 제2항의 보호법익이 이 사건에 그대로 적용된다고 보기 어려우므로 이 사건 조항이 국제협력요원이 복무 중 사망한 경우에 국가유공자법에 의한 보상을 하지 않는다고 하여 국가가 헌법 제2조 제2항에 규정한 재외국민을 보호할 의무를 행하지 않은 경우라고는 볼 수 없다(헌재 1993.12.23. 89헌마189, 판례집 5-2, 622, 646 참조; 헌재 2001.12.20. 2001헌바25, 판례집 13-2, 863, 887 등 참조)."

## 6. 재외동포의 보호

재외국민이 아닌 외국국적동포에 대해서도 한국 내에서 그 법적 보호를 하는 것이 바람직하다. 재외동포체류자격을 가진 외국국적동포의 대한민국에의 출입국과 대한민국 안에서의 법적 지위를 보장하기 위하여「재외동포의 출입국과 대한민국 안에서의 법적 지위에 관한 법률」이 제정되어 있다. 재외동포의 출입국과 대한민국 안에서의 법적 지위에 관한 법률은 그 제정 직후 그 적용대상에서 대한민국정부 수립 이전에 국외로 이주한 동포(중국·구 소련 지역 동포)를 제외하여 평등원칙을 위반하였다는 이유로 헌법불합치결정을 선고받았다(헌재 2001.11.29. 99헌마494). 그 뒤 법을 개정하여 정부 수립 이전 국외이주동포들도 그 대상으로 하고 있다. 재외동포의 출입국과 대한민국 안에서의 법적 지위에 관한 법률은 외국국적동포의 출입국에서의 보호뿐만 아니라 국내에서의 부동산 거래, 금융거래 등에서 한국인과 같은 보호를 받도록 하고 있고 건강보험의 적용 등을 받을 수 있게 하고 있다.

헌법재판소는 헌재 2007.6.28. 2004헌마644 등 결정에서 재외국민에게 선거권과 부재자투표를 허용하지 않는 것이 합헌이라는 종전의 결정[5]을 뒤집고 헌법불합치결정을 내렸다.

## II. 국가의 영역

영역은 영토·영해·영공으로 구성된다. 영역을 자유로이 사용·수익·처분하고 영역 내의 인(人과) 물(物)을 독점적·배타적으로 지배할 수 있는 국가권력을 영역권 또는 영토고권이라 한다.

### 1. 영 토

영토라 함은 국가영역의 기초가 되는 일정한 범위의 육지를 말한다. 입법례로서는 영토의 범위를 헌법에 규정하는 국가와 규정하지 아니하는 국가가 있다. 우리나라는 "대한민국의 영토는 한반도와 그 부속도서로 한다"(헌법 제3조)라고 하여 헌법에서 이를 규정하고 있다.

### 2. 영 해

영해라 함은 영토에 접속한 일정한 범위의 해역을 말한다. 영해의 범위는 착탄거리설에 따라 영토로부터 3해리로 하는 것이 원칙이었지만, 최근에는 6해리·12해리·200해리 등이 주장되고 있다. 우리나라는 「영해 및 접속수역법」에 따라 한반도와 그 부속도서에 접속한 12해리까지를 영해로 하고 있다. 다만, 대한해협은 예외이다. 접속수역은 기선으로부터 측정하여 그 외측 24해리의 선까

---

5) 구 공직선거 및 선거부정방지법 제16조 제3항이 헌법에 위반되지 않는다고 판시한 헌재 1996.6.26. 96헌마200 결정, 위 법 제37조 제1항이 헌법에 위반되지 않는다고 판시한 헌재 1999.1.28. 97헌마253·270(병합) 결정, 위 법 제38조 제1항이 헌법에 위반되지 않는다고 판시한 헌재 1999.3.25. 97헌마99 결정 등이다.

지에 이르는 수역에서 대한민국의 영해를 제외한 수역으로 하고(동법 제3조의2), 관세·출입국관리·위생에 관한 법규위반행위를 단속할 수 있다. 또한 연안국은 「대륙붕에 관한 제네바조약」에 의거하여 연안으로부터 수심 200m까지의 해저 구역인 대륙붕에서 어업이나 지하자원을 개발할 수 있으며 지배권으로서의 관리권이 인정된다. 영해에 대하여 원칙적으로 어떠한 권능도 행사할 수 있다. 배타적 어업통제권, 경찰권행사, 해저광물자원의 채굴에 대한 독점권 행사 등이다.

한편 「배타적 경제수역법」의 제정을 통하여 「해양법에 관한 국제연합 협약」에 규정된 배타적 경제수역을 설정하고 배타적 경제수역의 범위를 동 협약에 따라 영해 및 접속수역법 제2조에 따른 기선으로부터 그 바깥쪽 200해리의 선까지에 이르는 수역 중 대한민국의 영해를 제외한 수역으로 정하고 있다(배타적 경제수역법 제1조, 제2조).

## 3. 영 공

영공은 영토와 영해의 상공으로서 그 범위는 무한대인가 아니면 지배가능한 상공에 한하는가에 대하여 학설이 통일되어 있지 않으며 국제조약으로 해결되어야 할 것이나, 일반적으로 지배가능한 상공에 한정하고 있다.

## Ⅲ. 현행 헌법상 영토조항(제3조)과 평화통일조항(제4조)의 관계

### 1. 문제의 소재

헌법은 제3조(영토조항)에서 "대한민국의 영토는 한반도와 그 부속도서로 한다"고 규정하고 있다. 이 조항은 대한민국이 한반도 내의 유일한 합법정부임을 선언한 것으로 군사분계선 이북지역은 미수복지역임을 근거짓는 규정으로 해석되고 있었다. 이러한 규정에 근거하여 북한은 국가를 참칭하는 반국가단체로 규정되게 되는데, 한편 헌법 제4조(평화통일조항)는 "대한민국은 통일을 지향하며, 자유민주적 기본질서에 입각한 평화적 통일정책을 수립하고 이를 추진한다"라고 평화적 통일을 규정하고 있어 양 조문의 규정내용이 서로 갈등·저촉하는 것은 아닌지에 대해 논란이 있고 그 해결방안이 무엇인지에 대해 여러 논의들이 있다. 헌법해석론적 시도로서 여러 학설들이 있고, 이외에도 영토조항의 의미내용이 오랜 분단현실에 있어서 통일정책을 통하여 최초의 의미내용이 변하였을 것이라고 하여 헌법변천을 주장하는 견해와 현실에 맞지 않는 영토조항을 삭제하거나 현실에 맞게 영토의 범위를 축소 개정하자는 헌법입법론적 해결을 주장하는 견해도 있다.

### 2. 학  설

**(1) 제3조와 제4조가 모순·충돌된다고 보고 해결책을 찾는 입장**

**1) 영토조항우위론(유일합법정부론, 흡수통일론 등)**

대법원판례와 종래의 다수설의 입장으로 헌법 제3조에 따라 북한지역도 대한민국영토의 일부이며 대한민국만이 한반도의 유일한 합법정부이며 북한지역은 이른바 인민공화국이 불법적으로 점령한 미수복지역이라고 본다.

이 설에 의하면 헌법 제3조가 "대한민국의 영토는 한반도와 부속도서"라고 한 것은 첫째, 대한민국헌법이 남한은 물론 북한에도 효력이 미침을 선언한 것으로 대한민국의 주권은 북한지역에도 미침을 인정한 것이고, 둘째, 대한민국이 한반도에서 유일한 정통성을 가진 국가이고, 따라서 북한은 대한민국 영토의 일부를 불법적으로 점령하고 있는 불법단체여서 북한이 점령하고 있는 지역은 미수복지역이라고 보며, 셋째, 통일 이후에는 원칙적으로 대한민국헌법이 당연히 북한지역에도 미치게 됨을 의미하고, 넷째, 영토조항은 북한지역에 대하여 주권적 권력을 실현할 책무를 대한민국정부에 부과하는 것이라고 한다.

[판례 1] 대판 1996.11.12. 96누1221

"남조선과도정부법률 제11호 국적에 관한 임시조례 제2조 제1호는 조선인을 부친으로 하여 출생한 자는 조선의 국적을 가지는 것으로 규정하고 있고, 제헌헌법은 제3조에서 대한민국의 국민되는 요건을 법률로써 정한다고 규정하면서 제100조에서 현행 법령은 이 헌법에 저촉되지 아니하는 한 효력을 가진다고 규정하고 있는바, 원고는 조선인인 위 ○○○를 부친으로 하여 출생함으로써 위 임시조례의 규정에 따라 조선국적을 취득하였다가 1948.7.17. 제헌헌법의 공포와 동시에 대한민국 국적을 취득하였다 할 것이고, 설사 원고가 북한법의 규정에 따라 북한국적을 취득하여 1977.8.25. 중국 주재 북한대사관으로부터 북한의 해외공민증을 발급받은 자라 하더라도 북한지역 역시 대한민국의 영토에 속하는 한반도의 일부를 이루는 것이어서 대한민국의 주권이 미칠 뿐이고, 대한민국의 주권과 부딪치는 어떠한 국가단체나 주권을 법리상 인정할 수 없는 점에 비추어 볼 때 이러한 사정은 원고가 대한민국 국적을 취득하고, 이를 유지함에 있어 아무런 영향을 끼칠 수 없다."

**[판례 2] 대판 1997.5.16. 96도2696**

"우리 헌법이 전문과 제4조, 제5조에서 천명한 국제평화주의와 평화통일의 원칙은 자유민주적 기본질서라는 우리 헌법의 대전제를 해치지 않는 것을 전제로 하는 것이므로, 아직도 북한이 막강한 군사력으로 우리와 대치하면서 우리 사회의 자유민주적 기본질서를 전복할 것을 포기하였다는 명백한 징후는 보이지 않고 있어 우리의 자유민주적 기본질서에 대한 위협이 되고 있음이 분명한 상황에서 국가의 안전을 위태롭게 하는 반국가활동을 규제함으로써 국가의 안전과 국민의 생존 및 자유를 확보함을 목적으로 하는 국가보안법이 헌법에 위배되는 법률이라고 할 수 없고…"라고 하여 대법원은 헌법 제3조와 제4조가 모순된다는 전통적 견해와 입장을 같이 하고 있다.

**[판례 3] 국가보안법 위헌소원, 헌재 1997.1.16. 92헌바6 등(한정합헌, 합헌)**

"북한이 남·북한의 유엔동시가입, 소위 남북합의서의 채택·발효 및 남북교류협력에 관한 법률 등의 시행 후에도 적화통일의 목표를 버리지 않고 각종 도발을 자행하고 있으며 남·북한의 정치, 군사적 대결이나 긴장관계가 조금도 해소되고 있지 않음이 현실인 이상, 국가의 존립·안전과 국민의 생존 및 자유를 수호하기 위하여 신·구 국가보안법의 해석·적용상 북한을 반국가단체로 보고 이에 동조하는 반국가활동을 규제하는 것 자체가 헌법이 규정하는 국제평화주의나 평화통일의 원칙에 위반된다고 할 수 없다"라고 하여 대법원과 원칙적으로 같은 입장을 취하고 있다.

### 2) 평화통일조항우위론

① 상하위관계로서 통일조항이 영토조항에 우선한다는 견해

헌법이념상으로나 헌법정책상으로 통일조항이 우선하는 효력을 갖는다고 하는 견해로서 이에 대해서는 정책에 의한 우열관계 인정은 법적 논거로 허용될

수 없고, 양조항의 이념상 우열관계는 분명치 않으며, 국가를 확정하는 조항이 통일정책조항보다 하위에 들어가는 것은 사리에 맞지 않으며, 헌법조항간 가치 서열을 인정한다 하더라도 그것이 조항간의 효력관계에 영향을 주지는 않는다는 비판이 가능하다.

② 신법 또는 현실인 통일조항이 구법 또는 비현실인 영토조항보다 우선한다는 견해(국제정치적 현실론, 신법우선론)

이에 대하여는 현행헌법은 부칙 제1조에 정한 대로 1988년 2월 25일부터 동시에 효력을 발생하는 것이고, 신법우선의 원칙은 동위의 효력을 갖는 2개의 법 사이에서 적용되는 원칙으로서 단일한 헌법 내의 2개의 조항 사이에서는 적용될 수 없다는 비판과, 국제법상의 원칙은 남북관계가 국가상호간의 관계임을 전제로 한 것인데 이는 남북관계의 특수성을 외면한 것이며, 당위질서의 법규범은 언제나 비현실로서 오히려 현실을 지도하는 원칙으로 가능한 것이므로 현실에 부합한다고 하여 우선시될 수 없다는 비판이 가능하다. 실제로 이 학설은 이미 포기되었다.

③ 일반-특수의 관계로 보아 통일조항이 특별조항으로서 일반조항인 영토조항에 우선한다는 견해(특별법우선의 원칙)

이에 대하여는 특별법 우선의 원칙이 적용되려면 일정한 범위에서 적용범위가 중복되어 좁은 범위의 법이 우선 적용되어야 하는데 영토조항과 통일조항은 광협의 다른 적용범위를 가진 법규가 아니라는 비판이 가능하다.

(2) 제3조와 제4조의 조화로운 해석을 모색하는 견해

이처럼 헌법 제3조와 제4조가 모순·충돌된다고 보고 해결책을 찾는 견해들을 보면, 규정의 위치나 성질 등에 비추어 볼 때 헌법 제4조가 헌법 제3조에 무조건 우선하는 것이라고 보기 어려울 뿐만 아니라 헌법 제4조의 우위를 인정하는 것은 결과적으로 헌법 제3조를 사문화시키는 것이 되므로 곤란한 측면이 있다. 그렇기 때문에 영토조항과 평화통일조항의 관계를 어느 한쪽의 일방적 우위로 해석하여 다른 쪽을 사문화시키기보다는 양자를 조화롭게 해석하는 방법이 모색되어야 한다는 주장이 제기되었다.

1) 영토조항이 역사성의 표현이라면 통일조항은 하나의 가치지향적 개념으

로서 상충되지 않는다는 견해가 있는데 이러한 논의는 법리적 해석으로 보기 곤란하다.

2) 통일의 의미를 지리적으로 읽지 않고 정부의 통일이라고 이해하는 견해가 있는데 이러한 견해에 따르면 영토조항에서 도출되는 통일의 의미와 통일조항에서의 통일의 의미가 다르게 이해될 여지가 있다.

3) 영토조항을 프로그램적 규정으로, 통일조항을 현실적·구체적·법적 규정으로 보아 영토조항의 현실적인 법적 효력을 부인하는 견해가 있는데, 이에 대하여는 헌법의 규범력을 제고하는 방향으로 해석해야 하는 헌법해석 원칙에 반하고 영토조항의 규범력을 부인함으로써 현행법 질서에 대해 재해석을 요구하게 된다는 문제가 제기될 수 있다.

4) 영토조항과 통일조항은 남북한관계의 대내적 측면과 대외적 측면을 각기 다른 차원에서 규정한 것이라는 견해가 있는데, 이러한 견해는 남북한 관계가 단순한 국내관계도 아니고 국제관계도 아니라는 특수성에 기인한다고 본다. 이를 위하여는 먼저 남북한관계의 특수성이 인정되어야 한다. 남북한의 관계는 일반적인 국내관계와도 다르지만 그렇다고 해서 일반적인 국제관계라고 단순히 볼 수 없는 즉, 현재 분단된 상태지만 통일을 지향하고 있는 특수한 상황에 놓여 있다는 것이다. 그렇기 때문에 남북한은 대내적 관계와 대외적 관계에서 미묘한 관계에 놓여 있다. 헌법 제3조의 규정에 따라 대내적으로는, 즉 대한민국의 국내법상 북한이 독립된 주권국가가 아닌 불법단체가 된다. 그렇게 보지 않으면 북한과의 접촉 등을 강력하게 통제·처벌하는 국가보안법 등이 헌법적 근거를 상실하게 된다. 그러나 대외적으로 북한이 국제법주체로 활동하고 있다는 현실을 부정할 수 없기 때문에 적어도 대외적으로는 북한의 실체를 인정해야 하는 상황에 놓이게 된다.[6]

5) 북한정권의 이중적 성격론

헌법상 영토조항과 통일조항의 양 규정을 동시에 둔 헌법제정권자의 의사를 살펴볼 때 양 규정은 구조상 상반되는 입법으로 볼 수 있다. 즉 남북관계의 특수성인 이중적 성격을 고려하여 영토조항과 통일조항의 양축 사이에서 어느

---

6) 장영수, 헌법학, 홍문사, 2007, 124면.

한 조항이 완전히 무시되지 않도록 하면서 동시에 그 밖의 일정한 헌법적 한계 내에서 그때그때의 규율대상 영역 즉 남북한 관계의 현실에 대응하여 입법이 형성될 경우 헌법에 위반되지 않는다고 보는 것이 타당하다는 입장이다.

[판례 1] 남북교류협력에 관한 법률 제3조 위헌소원, 헌재 1993.7.29 92헌바48 (각하)

"구 국가보안법 제6조 제1항과 남북교류협력에 관한 법률 제27조 제2항 제1호(같은 조 제1항 제1호 전단의 경우도 같다)가 동일한 행위를 대상으로 한 것으로서 형법 제1조 제2항의 적용을 받는 구법과 신법의 관계에 있는지의 여부에 관하여 보기로 한다.

국가보안법은 국가의 안정을 위태롭게 하는 반국가활동을 규제함으로써 국가의 안전과 국민의 생존 및 자유를 확보함을 목적으로 하여(그 법률 제1조) 제정된 법률이고 남북교류협력에 관한 법률은 남한과 북한과의 상호교류와 협력을 촉진하기 위하여 필요한 사항을 규정함을 목적으로 하여(그 법률 제1조) 제정된 법률로서 상호 그 입법취지와 규제대상을 달리하고 있을 뿐만 아니라, 구 국가보안법 제6조 제1항의 잠입·탈출죄는 국가의 존립·안전을 위태롭게 하거나 자유민주적 기본질서에 위해를 준다는 정을 알면서 반국가단체의 지배하에 있는 지역으로부터 "잠입"하거나 그 지역으로 "탈출"하는 경우에 성립한다고 해석되고(현행 국가보안법 제6조 제1항, 당재판소 1990.4.2. 선고, 89헌가113 결정 각 참조), 남북교류협력에 관한 법률 제27조 제2항 제1호의 죄는 재외국민이 재외공관의 장에게 신고하지 아니하고 외국에서 북한을 "왕래"한 경우에 성립하며 여기서 말하는 "왕래"라 함은 남한과 북한간의 상호교류 및 협력을 목적으로 하는 왕래에 한한다고 해석되므로(위 법률 제3조 참조) 양자는 그 구성요건을 달리한다.

이는 현 단계에 있어서의 북한은 조국의 평화적 통일을 위한 대화와 협력의 동반자임과 동시에 대남적화노선을 고수하면서 우리자유민주체제의 전복을 획책하고 있는 반국가단체라는 성격도 함께 갖고 있음이 엄연한 현실인 점에 비추어, 헌법 제4조가 천명하는 자유민주적 기본질서에 입각한 평화적 통일정책을 수립하고 이를 추진하는 한편 국가의 안전을 위태롭게 하는 반국가활동을 규제하기 위한 법적 장치로서, 전자를 위하여는 남북교류협력에 관한 법률 등의 시행으로써 이에 대처하고 후자를 위하여는 국가보안법의 시행으로써 이에 대처하고 있는 것이다.

이와 같이 국가보안법(1991.5.31. 개정의 전후를 막론하고)과 남북교류협력에 관한 법률은 상호 그 입법목적과 규제대상을 달리하고 있으며 따라서 구 국가보안법 제6조 제1항 소정의 잠입·탈출죄와 남북교류협력에 관한 법률 제27조 제2항 제1호 소정의 죄(같은 조 제1항 제1호 전단 소정의 죄도 같다)는 각기 그 구성요건을 달리하고 있는 것이므로 위 두 법률조항에 관하여 형법 제1조 제2항이 적용될 수 없고, 청구인에 대한 공소장기재의 공소사실을 보면 청구인의 행위에 관하여는 남북교류협력에 관한 법률은 적용될 여지가 없다고 할 것이므로 그 법률 제3조의 위헌 여부가 당해 형사사건에 관한 재판의 전제가 된 경우라고 할 수 없다." 헌법재판소는 헌법 제3조와 제4조의 동시규정이 남북관계의 이중성을 드러내고 있음을 전제로 하고 있다.

**[판례 2] 국가보안법 위헌소원, 헌재 1997.1.16. 92헌바6 등(한정합헌, 합헌)**
"국가보안법은 구법이건 신법이건 모두 북한을 바로 '반국가단체'로 규정하고 있지는 아니하다(구법 제2조, 신법 제2조 참조). 따라서 국가보안법이 북한을 반국가단체로 규정하고 있음을 전제로 한 위헌주장은 형사절차상의 사실인정 내지 법적용의 문제를 헌법문제로 오해한 것이어서, 이러한 주장은 남·북한관계의 변화여부에 불구하고 이유 없는 것이다.
청구인들의 주장과 같이 비록 남·북한이 유엔(UN)에 동시가입하였다고 하더라도, 이는 '유엔헌장'이라는 다변조약(多邊條約)에의 가입을 의미하는 것으로서 유엔헌장 제4조 제1항의 해석상 신규가맹국이 '유엔(UN)'이라는 국제기구에 의하여 국가로 승인받는 효과가 발생하는 것은 별론으로 하고, 그것만으로 곧 다른 가맹국과의 관계에 있어서도 당연히 상호간에 국가승인이 있었다고는 볼 수 없다는 것이 현실 국제정치상의 관례이고 국제법상의 통설적인 입장이다.
또 소위 남북합의서는 남북관계를 '나라와 나라 사이의 관계가 아닌 통일을 지향하는 과정에서 잠정적으로 형성되는 특수관계'(전문 참조)임을 전제로 하여 이루어진 합의문서인바, 이는 한민족공동체 내부의 특수관계를 바탕으로 한 당국간의 합의로서 남북당국의 성의있는 이행을 상호 약속하는 일종의 공동성명 또는 신사협정에 준하는 성격을 가짐에 불과하다. 따라서 남북합의서의 채택·발효 후에도 북한이 여전히 적화통일의 목표를 버리지 않고 각종 도발을 자행하고 있으며 남·북한의 정치, 군사적 대결이나 긴장관계가 조금도 해소되지 않고 있음이 엄연한 현실인 이상, 북한의 반국가단체성이나 국가보안법의 필요성에 관하여는 아무런 상황변화가 있었다고 할 수 없다.
또 1990.8.1. 법률 제4239호로 「남북교류협력에 관한 법률」이 공포·시행된 바 있으나, 이 법률은 남·북한간의 상호교류와 협력을 촉진하기 위하여 필요한 사항을 규정할 목적으로 제정된 것인데 (제1조) 남·북한간의 왕래·교역·협력사업 및 통신역무의 제공 등 남북교류와 협력을 목적으로 하는 행위에 관하여는 정당하다고 인정되는 범위 안에서 다른 법률에 우선하여 이 법을 적용하도록 되어 있어 (제3조) 이 요건을 충족하지 아니하는 경우에는 이 법률의 적용은 배제된다고 할 것이므로 국가보안법이 이 법률과 상충되는 것이라고는 볼 수 없다. 요컨대, 현단계에 있어서의 북한은 조국의 평화적 통일을 위한 대화와 협력의 동반자임과 동시에 대남적화노선을 고수하면서 우리 자유민주주의체제의 전복을 획책하고 있는 반국가단체라는 성격도 함께 갖고 있음이 엄연한 현실인 점에 비추어, 헌법의 전문과 제4조가 천명하는 자유민주적 기본질서에 입각한 평화적 통일정책을 수립하고 이를 추진하는 법적 장치로서 남북교류협력에 관한 법률 등을 제정·시행하는 한편, 국가의 안전을 위태롭게 하는 반국가활동을 규제하기 위한 법적 장치로서 국가보안법을 제정·시행하고 있는 것으로서, 위 두 법률은 상호 그 입법목적과 규제대상을 달리하고 있는 것이므로 남북교류협력에 관한 법률 등이 공포·시행되었다 하여 국가보안법의 필요성이 소멸되었다거나 북한의 반국가단체성이 소멸되었다고는 할 수 없다(헌법재판소 1993.7.29. 선고, 92헌바48 결정 참조).

그러므로 국가의 존립·안전과 국민의 생존 및 자유를 수호하기 위하여 국가보안법의 해석·적용상 북한을 반국가단체로 보고 이에 동조하는 반국가활동을 규제하는 것 자체가 헌법이 규정하는 국제평화주의나 평화통일의 원칙에 위반된다고 할 수 없다."

이 판결에서 헌법재판소는 양 측면을 동시에 고려하려는 태도를 보이고 있다.

# 제3장 | 헌법의 기본원리

## 제1절 개 관

헌법학에 있어서 어떤 것을 원리라고 부를 수 있는지, 그리고 수많은 헌법 원리들 가운데서 기본원리라고 부를 수 있는 것은 또 어떤 것인지에 대해서는 견해의 대립이 있다. 예컨대 국내의 헌법학자들은 헌법의 기본원리에 대해 '헌법질서의 전체적 형성에 있어서 그 기초 내지 지주가 되는 원리',[1] '헌법의 이념적 기초가 되는 것이면서 헌법을 총체적으로 지배하는 지도원리'[2] 등으로 정의하고 있으며, 구체적으로 헌법의 기본원리에 속하는 것이 무엇인가에 대해서도 차이를 보이고 있다. 이러한 다양한 견해들 중에서 헌법의 기본원리를 바르게 이해하고 이들을 중심으로 헌법의 전체질서를 체계적으로 정립하기 위해서는 먼저 헌법의 이념 내지 헌법의 기본적 과제를 명백히 규명해야 한다. 그리고 이러한 헌법이념을 실현시키고 과제를 수행하기 위해서는 헌법의 개별규정들을 연결시키고 이를 통해 전체로서의 헌법을 하나의 일관된 체계 속에서 파악하여야 한다. 헌법의 기본원리는 헌법의 이념을 중심으로 개별헌법규정들을 해석함에 있어서 일정한 방향, 일정한 지침과 기준을 제공하는 역할을 하기 때문이다.[3]

---

1) 계희열, 헌법학(상), 박영사, 2005, 194면.
2) 권영성, 헌법학원론, 법문사, 2010, 125면.
3) 장영수, 헌법총론, 홍문사, 2002, 193-194면.

　　우리 헌법의 전문과 본문을 보면 거기에는 우리 헌법의 기본원리 내지 지도원리라고 할 수 있는 것이 규정되어 있다. 헌법의 기본원리는 첫째, 헌법조항을 비롯한 모든 법령의 해석의 기준을 제공할 뿐 아니라 헌법조항 내지 법령의 흠결 시 이를 보완하는 원리가 되며, 둘째, 입법이나 정책결정의 방향을 제시하며 공무원을 비롯한 모든 국민·국가기관이 헌법을 존중하고 수호하도록 하는 행동지침이 되며, 셋째, 헌법의 개정에 있어서 헌법의 기본원리는 개정의 한계를 이룬다고 볼 것이다.

　　[판례] 축산업협동조합법 제99조 제2항 위헌소원, 헌재 1996.4.25. 92헌바47(위헌)
　　"헌법의 기본원리는 헌법의 이념적 기초인 동시에 헌법을 지배하는 지도원리로서 입법이나 정책결정의 방향을 제시하며 공무원을 비롯한 모든 국민·국가기관이 헌법을 존중하고 수호하도록 하는 지침이 되며, 구체적 기본권을 도출하는 근거로 될 수는 없으나 기본권의 해석 및 기본권 제한입법의 합헌성 심사에 있어 해석기준의 하나로서 작용한다."

　　구체적으로 헌법의 기본원리는 헌법이 직접 기본원리임을 밝히지 않는 한 헌법의 전문이나 본문에서 추론할 수밖에 없는데, 우리 헌법의 기본원리는 어떠한 것이며 어떻게 이를 분류하느냐에 대하여 학자들간의 견해 차이가 있다.4) 이처럼 학자에 따라 견해 차이를 보이고 있기 때문에 현행 헌법의 기본원리를 어떻게 정리할 것인가 하는 문제가 제기된다. 이처럼 다양한 이해 가운데서 현행 헌법의 기본원리가 무엇인지를 정확하게 정리하는 것은 그리 쉬운 일이 아니다. 하지만 적어도 국민주권 원리, 민주주의, 법치주의, 사회국가원리가 헌법의 기

---

4) 김철수 교수는 국민주권주의, 자유민주주의와 권력분립주의, 평화통일주의, 문화국가주의, 국제평화주의, 군의 정치적 중립성 보장, 기본권존중주의, 복지국가주의, 사회적 시장경제주의 등을 들고 있다. 권영성 교수는 국민주권의 원리, 자유민주주의, 사회국가의 원리, 문화국가의 원리, 법치국가의 원리, 평화국가의 원리 등을 들고 있다. 허영 교수는 근본이념과 기본원리로서 국민주권의 이념, 정의사회의 이념, 문화민족의 이념, 평화추구의 이념 등을 들고 그 실현원리로서 자유민주주의원리, 법치주의원리, 사회국가원리, 문화국가원리, 혼인·가족제도, 평화통일의 원칙, 국제법 존중의 원칙 등을 들고 있다. 계희열 교수는 국내질서와 관련하여 민주주의의 원리, 법치주의의 원리, 사회국가의 원리, 문화국가의 원리를, 국제질서와 관련하여서는 국제평화주의를 들고 있다.

본원리가 되어야 한다는 점에 대해서는 비교적 견해가 일치되어 있는 만큼 이를 중심으로 헌법의 기본원리를 정리하는 것은 가능하다.

우리 헌법의 기본원리는 헌법전문에서 개괄적으로 선언되어 있고, 그 외에도 헌법총강과 경제조항 등에서 헌법의 기본원리를 표명하고 있다. 현행 헌법은 국민주권주의, 민주주의에 대해서 전문과 본문의 다수규정들 가운데서 직접·간접으로 민주주의를 표방하고 있다. 하지만 법치주의나 사회국가원리를 직접 선언하고 있는 규정은 찾아볼 수 없다. 그럼에도 불구하고 국민주권주의와 민주주의와 더불어 법치주의, 사회국가 원리도 헌법의 기본원리로 인정되어야 한다는 점에 대해서는 대체로 의견이 일치되고 있다. 그것은 명시적 선언이 없더라도 우리 헌법이 법치주의를 전제로 하고 있으며, 사회국가성을 인정하고 있다는 점이 헌법의 전체적 맥락에서 용이하게 확인될 수 있기 때문이다.

또한 국민주권주의, 민주주의, 법치주의, 사회국가원리는 헌법의 특정의 영역에서만 적용되는 것이 아니라 국가질서 전체의 구조와 성격을 좌우하는 중요한 요소로서 헌법의 기본원리로 인정되기에 충분하다. 그러나 그 밖에 어떤 것들이 헌법의 기본원리로 추가될 수 있을 것인가에 대한 논의에서 최근 헌법의 기본원리로 점차 폭넓게 인정되는 것으로는 문화국가 원리, 국제평화주의를 들 수 있다.

## 제2절  헌법 전문

### 제1항  헌법전문의 의의

#### Ⅰ. 의  의

헌법전문은 헌법전의 본문 앞에 있는 서문을 말하며, 법령 등의 공포에 따

르는 공포문과는 달리 형식상 헌법이란 표제 다음 본문 앞에 위치하고 헌법 제
정·개정절차에 따라 본문과 함께 제정·개정되기 때문에 헌법전의 일부를 구
성한다. 또한 헌법전문은 성문헌법의 필수적 구성요소는 아니다.

그러나 오늘날 대부분의 성문헌법은 그 형식에 다소 차이가 있긴 하지만 전
문을 두고 있으며, 헌법전문을 둔 헌법질서에서 바로 헌법전문이란 모든 헌법규
정에 나타나는 규범적 내용의 연혁적·이념적 기초로서의 의의를 가지며, 헌법
을 이념적으로 지배하는 기능을 가진다. 이렇게 볼 때 헌법전문은 성문헌법규정
에 들어있는 규범적 내용의 연혁적·이념적 기초로서 헌법전체를 이념적으로
지배하는 성문헌법의 구성부분이다.


## II. 내용과 형식

헌법전문의 형식에는 그 내용에 따라 네 가지로 구분할 수 있다. 첫째, 헌법
제정의 역사적 경위를 밝힌 간단한 전문으로 1871년 독일제국헌법을 그 예로 들
수 있다. 둘째, 헌법제정의 목적이나 취지를 간단히 선언하고 있는 전문으로
1874년 스위스헌법이 이에 해당한다. 셋째, 헌법의 기본이념이나 기본원리까지
를 언급하고 있는 전문으로 우리 헌법전문이 여기에 속한다. 넷째, 기본권보장
까지를 선언하고 있는 장문의 전문으로 아주 예외적인 경우로서 1946년 프랑스
제4공화국헌법이 그 예이다.

우리 헌법전문은 대한민국헌법이 성립된 유래와 대한민국이 대한민국 임시
정부의 법통을 계승하고 민주적 정당성을 가지고 있음을 밝히고 있고, 한반도를
생존기반으로 하는 한민족공동체가 국가를 구성하고 헌법을 제정하는 목적을
밝히고 있으며, 헌법이 정당한 절차에 따라 제정되고 개정되었음을 선언하고 있
다. 또한 헌법전문은 자유민주주의의 원리를 선언하고 있고 간접적으로 법치주
의 원리와 사회국가원리를 실현할 것을 선언하고 있으며 문화국가의 원리와 평
화추구의 이념을 선언하고 있다.

## 제2항 헌법전문의 법적 성격

헌법전문의 성격과 규범적 효력에 대한 평가가 처음으로 문제된 것은 바이마르공화국 헌법의 전문과 관련해서이다. 바이마르공화국 헌법은 전문에서 "독일 국민은 … 국가를 자유와 정의에 따라 새롭게 하고 공고히 하며 국내 및 국외의 평화에 이바지하고 사회의 진보를 촉진하기 위하여 이 헌법을 제정하였다"고 선언하였다. 이에 대한 해석을 둘러싸고 헌법전문의 법적 성격이 이론적으로 문제되기 시작했다.

## Ⅰ. 헌법관에 따른 헌법전문의 법적 성격 인정여부

법실증주의자들은 헌법에 포함되어 있는 이념적·가치적 요소를 무시하기 때문에 헌법전문은 법적 구속력을 가진 규정이 아니라 단지 선언적이며 구속력이 없다고 한다. 안쉬츠(G. Anschutz), 마이어(G. Meyer) 등 19세기 독일의 공법학자들, 위어(K. C. Weare), 코윈(E. S. Corwin) 등 영미법학자들은 효력부인설을 취하고 있다. 미연방대법원은 판결에서 헌법전문은 "엄밀하게 말해서 그것은 헌법은 아니고 다만 헌법에 앞서 위치할 뿐이다. 헌법전문은 이것을 근거로 정부권력의 근거로 될 수 없을 뿐만 아니라 기본권보장의 근거도 될 수 없다"라고 판시하고 있다.[5]

또한 독일의 판례는 헌법전문의 규범적 효력을 인정하고 있으며, 칼 슈미트는 헌법전문이 헌법제정권력의 소재를 밝히고 있기 때문에 법적 효력을 인정하고, 루돌프 스멘트는 헌법의 전문에는 통합의 방향과 목표 및 헌법을 정당화시켜주는 최고의 정치적 가치가 포함되어 있기 때문에 헌법전문의 법적 효력을 인정한다.

---

5) Jacobson v. Com. of Mass. 197 U.S. 11(1905).

## II. 우리 헌법전문의 법적 성격

우리 헌법전문에는 헌법의 성립유래와 대한민국의 정통성, 헌법제정의 목적, 헌법이 정당한 절차를 밟아 제정되었고 개정되었다는 것 외에도 우리 헌법의 기본원리에 해당되는 사항들이 선언되어 있기 때문에 법적 효력을 갖는다. 원론적으로 헌법전문이 규범적 가치를 갖는다는 의미와 헌법전문에 담고 있는 내용이 모두 구체적이고 현실적으로 규범적 가치를 갖는다는 의미는 구별할 필요가 있다는 지적이 있다.6) 이와 관련하여 독일연방헌법재판소가 "헌법전문으로부터 현행법에 관한 해석규칙과 장래의 입법기준을 얻을 수는 있지만 그 이상의 것을 도출할 수 있을지는 확실하지 않다"라고 판시하고 있음은 하나의 시사점이 될 수 있다.

> [판례 1] 국회의원선거법 제33조, 제34조의 위헌심판, 헌재 1989.9.8. 88헌가6(헌법불합치)
>
> "우리 헌법의 전문과 본문의 전체에 담겨 있는 최고 이념은 국민주권주의와 자유민주주의에 입각한 입헌민주헌법의 본질적 기본원리에 기초하고 있다. 기타 헌법상의 제 원칙도 여기에서 연유되는 것이므로 이는 헌법전을 비롯한 모든 법령해석의 기준이 되고, 입법형성권 행사의 한계와 정책결정의 방향을 제시하며, 나아가 모든 국가기관과 국민이 존중하고 지켜가야 하는 최고의 가치규범이다."

> [판례 2] 대한민국과 일본국간의 어업에 관한 협정비준 등 위헌확인, 헌재 2001.3.21. 99헌마139(각하)
>
> "'헌법전문에 기재된 3 · 1정신'은 우리나라 헌법의 연혁적 · 이념적 기초로서 헌법이나 법률해석에서의 해석기준으로 작용한다고 할 수 있지만, 그에 기하여 곧바로 국민의 개별적 기본권성을 도출해낼 수는 없다고 할 것이므로, 헌법소원의 대상인 '헌법상 보장된 기본권'에 해당하지 아니한다."

---

6) 성낙인, 헌법학, 법문사, 2014, 128면.

[판례 3] 서훈추천부작위 등 위헌확인, 헌재 2005.6.30. 2004헌마859(각하)

"헌법은 국가유공자 인정에 관하여 명문 규정을 두고 있지 않다. 그러나 헌법은 전문(前文)에서 '3·1운동으로 건립된 대한민국임시정부의 법통을 계승'한다고 선언하고 있다. 이는 대한민국이 일제에 항거한 독립운동가의 공헌과 희생을 바탕으로 이룩된 것임을 선언한 것이고, 그렇다면 국가는 일제로부터 조국의 자주독립을 위하여 공헌한 독립유공자와 그 유족에 대하여는 응분의 예우를 하여야 할 헌법적 의무를 지닌다고 보아야 할 것이다."

## 제3항  헌법전문의 기능

법적 성격을 가지는 헌법전문의 내용은 헌법전의 구성부분이므로 최고법규범으로 존재한다. 또한 국가와 국민이 준수하여야 하는 행위규범으로 작용하고, 법원이나 헌법재판소의 재판에서 재판규범으로 작용하며, 헌법의 동일성과 핵을 이루는 가치와 제도들에 해당하는 내용은 헌법개정의 한계로 작용한다.

## 제4항  헌법전문과 본문의 관계

전문의 내용이 본문에서 정하고 있는 내용을 확인하거나 이를 추상적으로 요약하거나 가치지향에서 동일한 것이면 본문이 법적 성격을 가지므로 전문도 당연히 법적 성격을 가지며, 이 경우 전문은 본문과 중첩적으로 판단의 기준과 근거로 인용되고 적용된다.

우선 헌법의 본문에는 규정되지 아니한 내용으로서 전문에만 존재하는 내용이 있는 경우, 그 내용이 법적 성격을 가지는 것이고 본문과 충돌하지 않는다면, 이는 재판규범으로 작용하고, 그 성질에 따라 헌법개정의 한계로도 작용한다. 다음으로 통상 헌법전문과 본문의 내용이 충돌하는 경우는 거의 없으나 예외적으로 그러한 경우에는 그 내용에 따라 달리 판단하여야 한다. 헌법의 기본이념이나 근본원리가 전문에 정해져 있고 본문의 구체적 내용이 이와 충돌하는 경우에는 전문의 내용이 우선한다. 그러나 개별·구체적인 내용에서 전문과 본문이 충돌하는 경우 특별한 사정이 없는 한 원칙적으로 전문의 내용이 효력을 갖지 못한다고 볼 것이다.

헌법재판소 판례 중에는 헌법전문의 "3·1운동으로 건립된 대한민국임시정부의 법통을 계승"부분에서 일본의 지배로부터 조국의 자주독립을 위하여 공헌한 독립유공자와 그 유족에 대하여 국가가 응분의 예우를 하여야 할 헌법적 의무가 도출된다[7]고 하여, 본문에는 없고 전문에만 있는 독자적 내용도 헌법적 효력을 지니는 것으로 인정한 바 있다.


# 제3절 국민주권의 원리

## 제1항 국민주권의 이념

우리 헌법은 국민주권의 이념을 기초로 하고 있다. 헌법전문에 헌법제정의 주체로서 '국민'을 명백히 하고 있는 것과, "대한민국은 민주공화국이다. 대한민국의 주권은 국민에게 있고, 모든 권력은 국민으로부터 나온다"라고 헌법 제1조에서 천명한 것은 국민주권의 이념이 우리 헌법의 바탕임을 보여 주고 있다. 따라서 '군주주권'이나 '국가주권', '법주권'[8] 등의 고전적인 사상은 우리 헌법질서에서는 적용될 여지가 없다. 사실상 오늘날 이러한 고전적인 주권론은 하나의 역사적인 의미밖에 갖지 못한다. 보댕(J. Bodin)과 홉스(Th. Hobbes)의 군주주권

---

7) 서훈추천부작위 등 위헌확인, 헌재 2005.6.30. 2004헌마859(각하).

8) 법주권론이란 사회 내에서 집행력을 갖고 통용되는 권력은 오직 법적 권력뿐이고, 모든 자연인 또는 법인과 마찬가지로 국가도 실정법질서의 테두리 내에서만 그 권위를 발하고 유지할 수 있다는 관점에서 법에 주권이 있다고 보는 것이다.

론이 크라베(H. Krabbe)의 법주권론과 옐리네크(G. Jellinek)의 국가주권론을 거쳐 루소(J. J. Rousseau)의 인민주권론과 로크(J. Locke)의 국민주권론으로 발전하였다.

국가주권론 또는 법주권론은 현실적으로 당시 전제군주와 귀족, 시민세력 간의 타협의 시도라는 제한된 의의를 가지고 있었을 뿐, 주권의 본래의 의미, 즉 한계상황에 있어서의 최종적인 결정권이라는 의미에 비추어 보면 단지 문제의 회피 내지 우회에 불과다고 하겠다. 물론 이러한 국가주권론이 주권과 국가권력의 구별을 명확히 하고 법치국가사상의 발전에 긍정적인 영향을 끼쳤다는 평가도 있다. 그러나 국가주권론이나 법주권론은 '누가 주권자인가'라는 주권문제의 핵심적 쟁점을 우회함으로써 군주와 귀족, 시민세력 간의 대립에 대한 본질적 해결은 제시하지 못했고, 결국 국가주권론에 기초하여 발달된 법치국가의 실제 적용도 그때그때의 세력관계에 따라 좌우되었다. 다만, 국민주권의 본질에 대한 이해를 둘러싸고 헌법관과 이데올로기에 따른 의견대립이 있을 뿐이다.

## 제2항  국민주권의 본질

### Ⅰ. 국민주권의 본질에 관한 고전적 설명

#### 1. 주권개념실체설

이 학설은 고전적이고 전통적인 논의로서 국민주권이 구체적으로 무엇을 뜻하는가에 대해서 주권이라는 개념에 주된 비중을 두고 주권론적 시각에서 본질을 설명한다. 이 설명에 따르면 주권의 주체가 국민이어야 한다는 요구가 국민주권이고, 여기서 주권이란 국가의사를 결정하는 최고의 독립적이고 불가분적이고 불가양적인 권력을 뜻한다고 한다. 따라서 국민주권이란 주권의 귀속주체가 군주도 국가도 아닌, 국민이라는 점을 강조한다.

이 입장은 주권이라는 개념 자체를 하나의 실체적인 개념으로 이해하고 있

다는 데 그 특징이 있다. 주권을 이처럼 하나의 실체적 개념으로 이해하는 입장
에서는 '주권'과 '국가권력'과 '통치권'과 '헌법제정권력'을 어떻게 구별할 것인가
에 관해서 견해가 나누어진다.

## 2. 국민개념이분설

이 학설은 국민주권이 구체적으로 무엇을 뜻하는가에 대해서 '국민'이라는
개념을 국민(nation)과 인민(people)으로 이분하여 국민주권과 인민주권의 논리
로 국민주권의 본질을 설명하려는 고전적이고 전통적인 입장이다. 이 입장은 프
랑스혁명과정에서 나타난 주권투쟁을 이데올로기 투쟁으로 파악하는 이론이다.
이 경우 국민은 '전체로서의 국민'을 뜻하기 때문에 국민주권은 전체 국민에게
있지만, 인민은 '유권자의 전체'만을 뜻하기 때문에 인민주권은 유권자전체에게
있고 유권자개인은 총유권자수를 분모로 하는 하나만큼의 주권을 가지게 된다
고 한다.

## II. 국민주권의 본질에 관한 현대적 설명

국민주권이 구체적으로 무엇을 뜻하는가에 대해서 고전적인 주권론이나 관
념적인 국민의 개념에서 출발하는 것이 아니고, 국민주권을 국가권력의 정당화
원리로 이해함으로써 진부한 주권논쟁이나 국민의 이분논쟁에서 탈피하려는 현
대적인 입장이 있다.

그에 따르면 고전적인 주권이론이 본래 군주의 절대권력을 정당화시키기
위해서 탄생되었던 것이고 그것이 이데올로기적인 투쟁과정을 거쳐 오늘의 국
민주권론으로 발전한 것이기 때문에 이미 고전적인 주권론과 현대적인 국민주
권론 사이에는 이념적인 동질성을 찾을 수 없다는 것이다.

## Ⅲ. 고전적 국민주권이론의 문제점

국민주권의 본질을 고전적인 시각에서 설명하려는 입장은 모두 문제점이 있다고 할 것이다. 주권개념실체설은 선재하는 주권을 전제로 해서 국민이 이를 쟁취한 정치형태를 국민주권이라고 이해하고 있지만, 오늘날 국민을 떠나서 선재하는 주권이라는 실체가 과연 존재할 수 있는 것인지 의문이다. 국민개념이분설도 전체로서의 국민이건 유권자의 전체이건 간에 국민은 하나의 통일된 행동을 할 수 있는 실체라고 이해하는 데서 출발하고 있지만, 국민은 다양한 개성과 이해관계를 가지는 무수한 인간의 집단을 상징적으로 표현하기 위한 관념적인 존재에 지나지 않기 때문에 현실적으로 하나의 기관으로서 통일된 행동을 할 수 있는 속성을 가지고 있지 않다. 따라서 국민이 최고의 독립성을 가지고 국가의사를 불가분적으로 결정한다는 논리는 하나의 의제인 것이다.

## 제3항 현대민주주의 헌법에 있어서 국민주권의 의의와 한계

주권 이론들 간의 혼란과 대립은 정치현실에서 나타났던 여러 세력들의 대립과 갈등을 반영하는 것이기도 하다. 주권개념은 그 출발에서부터 법이론 체계 내에서만 사용되는 형식논리적 개념이 아니라 역사적으로 정치적 논쟁 과정 속에서 형성 발전되어 온 투쟁적이며 이데올로기적 개념인 것이다. 따라서 주권의 문제는 법과 정치가 혼재되어 규범과 현실의 한계 상황의 문제라고 할 수 있다. 군주주권론과 국민주권론을 중심으로 전개되어 오던 여러 세력들 간의 대립과 갈등은 근대의 정치적 발전을 통해 최종적으로 국민주권원리로 귀결된다.

국민주권개념의 보편화로 인하여 주권은 과거 주권이론의 본질적 성격이었던 투쟁적 개념으로서의 가치를 상실하게 되었으며, 그 결과 주권개념 내지 주권이론의 해체 또는 변천이 논의되고 있다.

군주주권이 인정될 경우 군주는 구체적이고 사실적인 결정권력을 보유하게 되고, 군주 개인의 의사를 중심으로 구체적인 국가질서의 형성이 가능해진다. 이때 군주는 최종적 결정권자로서 주권자라고 할 수 있다. 그러나 국민주권이 관철된 경우에도 주권자로서의 국민은 구체적 행동체로서의 개개인 또는 그들 중의 일정범위의 집합이 아니라 추상적·이념적 통일체인 전체로서의 국민이다. 따라서 국민주권이 국민에게 실제로 의미하는 바는 군주주권이 군주에게서 의미하는 것과는 차원이 다르다.

그렇다고 오늘날 국민주권이 더 이상 아무런 실질적인 의미도 갖지 못하는 장식물은 아니다. 근대민주주의의 발전과정에 있어서 국민주권이 민주주의와 동일시되고 또 국민주권이 관철·보편화되는 과정이 민주주의의 실현과정과 동일시될 수 있었던 것은 양자가 동일한 이념에 의해 인도되고 있었기 때문이다. 국민주권이론은 인간의 이성에 기초하는 모든 개인의 인격적 평등을 전제로 하고, 개인의 최대한의 자율성의 보장에 그 정당성의 근거를 두고 있다. 국민주권이 관철된다고 하여 구체적인 국가질서가 바로 민주적으로 형성되는 것은 아니다. 국민주권은 국가질서의 정당성에 대한 근거 내지 기준으로 작용하며, 국가질서가 지향해야 할 방향을 제시한다.

## 제4항  국민주권규정의 의미

우리 현행 헌법이 헌법전문에서 헌법제정의 주체로서 국민을 내세우고 우리나라가 민주공화국임을 선언하면서 "대한민국의 주권은 국민에게 있고, 모든 권력은 국민으로부터 나온다"고 규정하고 있는 것은 국민주권을 선언한 것이다. 하지만 이 규정은 우리나라 국가권력의 정당성이 국민에게 있고, 모든 통치권력의 행사를 최후적으로 국민의 의사에 귀착시킬 수 있다는 뜻이지, 국민이 직접 통치권을 행사한다는 의미는 아니다.

요컨대 이 헌법규정은 주권의 소재와 통치권의 담당자가 언제나 같아야 한다는 의미는 아니며, 국민이 국민투표에 의해서 직접 주권을 행사하는 경우 외에는 통치권의 담당자가 국민의 주권행사에 의해서 결정되기 때문에 통치권의 행사도 궁극적으로 국민의 의사에 의해 정당화된다는 것을 명백히 한 것이다. "모든 권력은 국민으로부터 나온다"는 후단의 규정이 이를 명백히 하고 있다.

# 제4절 법치국가의 원리

## 제1항 법치주의의 의의와 이론적 전개

### Ⅰ. 법치주의의 의의

우리 헌법은 국민주권의 이념에 따라 통치권을 기본권에 기속시킴으로써 국민의 정치적인 합의에 바탕을 두고 창설된 국가권력이 악용 내지 남용되는 일이 없도록 법치주의원리를 헌법상의 기본원리로 삼고 있다. 그런데 우리헌법이 채택하고 있는 법치주의원리는 법률의 형식만을 중요시하는 형식적 법치주의 내지 법률만능주의가 아니라, 자유와 평등과 정의를 실현하는 실질적인 법치주의 내지 법의 국가이다. 오늘날 법치주의원리를 국가의 구조적 원리로 이해하면서 법치국가원리에 의해서 국가의 정치질서가 비로소 자유·평등·정의의 실현형태로 창설 내지 형성될 수 있다고 보는 이유도 그 때문이다.

법치주의는 비록 헌법상 명시된 원리는 아니지만 오늘날 헌법의 기본원리의 하나로 보는 데 이론이 없다. 그러나 법치주의란 무엇인가라는 물음에 대한 해답은 각국에서 발전된 특유의 법문화와 전통에 따라서 다소의 차이가 있다.

일반적으로 법치주의는 법이 국가·국가작용 및 국가 내의 전체생활 등에 기준을 제공하는 국가의 구조적 원리라고 정의할 수 있는데 이것은 독일의 통설적인 입장이다. 법치주의란 인간에 대한 불신을 근거로 자의적·폭력적 지배를 배제하고 국민의 의사에 따라 제정된 법에 의한 이성적 지배를 요구하는 통치원리로 이해되고 있다.9) 법치주의는 법우선의 원칙에 따라 국가공동생활에서 지켜야 할 법규범을 설정하고 국가작용을 이에 따르게 함으로써 인간생활의 기초가 되는 자유·평등·정의를 실현하려는 국가의 구조적 원리를 뜻한다.[10] 즉 법치주의는 인간의 존엄과 자유를 존중하고 평화로운 인간공동생활의 전제가 되는 정의로운 생활환경을 조성하고 국가의 권력작용을 순화시킴으로써 국가존립의 기초를 다지기 위한 것이다. 오늘날 법치주의의 핵심적 과제는 합법성의 근거가 되는 법률과 정당성의 근거가 되는 법을 조화시키는 것이다.


## II. 법치주의 사상의 전개

근대적 법치주의의 발전은 영국에서 시작되었다. 영국에서 보통법이 발전되면서, 법의 객관성과 공정성에 대한 신뢰가 형성되었고, 이를 기초로 정규법원에 의한 법적용이 다른 국가작용, 특히 국왕의 권력행사에 우선하여야 한다는 사상이 발전되었던 것이다. 이러한 사상은 영국에서 '법의 지배'라는 이름으로 점차 영향력을 확대하게 되었으며, 영국의 법의 지배는 세계 각국의 법치주의 발전에 큰 영향을 미치게 되었다. 영국의 공법에 있어서 법의 지배라는 관념은 중심적인 위치를 차지하고 있다. 영국법은 13세기 말 사법제도의 정비와 더불어 판례법을 중심으로 보통법의 발전을 보이게 되었으며, 이러한 보통법이 국왕까지도 구속한다는 사상이 발전하면서 보통법의 지배라는 의미로 '법의 지배'가 구성되었던 것이다. 이러한 '보통법의 지배' 또는 '보통법의 우위'라는 사상은 제임스 1세와의 투쟁을 통해 왕도 보통법에 구속된다는 것을 주장하였던 에드워드 코크에 의해 특히 강조되었으며 그는 Dr. Bonham 사건에서 "국회의 제정법이 보편적 정의와 이성에 반하거나 보통법[11]에 반하는 경우 또는 그 자체가 모순되거나 집행이 불가능할 경우, 보통법은 그것을 억제하고 이러한 법률을 무효라고 판단할 수 있다"고 주장하였다.

---

9) 성낙인, 헌법학, 법문사, 2013, 252면.
10) 허영, 한국헌법론, 박영사, 2010, 151면.
11) 여기서 보통법은 왕권행위와 의회제정법률에 대한 보통법 법원의 사법심사를 뜻하는 것이었다.

그러나 17세기 이래 영국에서는 군주세력의 약화와 더불어 의회권한의 강화가 두드러지게 되었다. 이러한 정치적 발전의 결과는 의회가 입법에 있어서 절대적인 권한을 인정받는 의회주권의 형태로 나타났으며, 국가권력의 행사는 의회제정 법률에 근거하도록 요청되었다. 보통법의 우위에 대신하는 의회제정법의 우위라는 사상이 대두 관철된 것이다. 법의 지배를 보통법의 지배로 이해하였던 코크 등에 의해 주장되던 자연법적 논거[12]는 의회주권의 관철과 더불어 의미를 상실하였고, 선거권의 확대 등과 더불어 의회가 민주화되면서 법의 지배의 현실은 곧 의회의 활동에 좌우되었던 것이다.

19세기 말에는 다이시에 의하여 자유방임적 자유주의사상과의 관련 속에서 법의 지배의 의미가 정리되었다. 그는 법의 지배의 의미를 정규법의 우위,[13] 법 앞의 평등, 영국헌법의 특수성[14]으로 정리하였다. 그가 법의 지배에 대해 가지고 있던 생각은 비록 오늘날 행정국가화 경향에 따라 상당부분 비현실적인 것이 되었지만 영국의 법학과 법실무에 지속적인 영향을 미쳐 왔다. 오늘날 영국의 법의 지배는 다이시의 전통에 따라 절차적인 것을 중심으로 이해되고 있다.[15]

미국의 법치주의는 영국의 직접적인 영향하에서 발전되었으나, 무엇보다 성문헌법의 존재와 권력분립의 새로운 구조인 대통령제 정부형태, 연방제의 도입 등으로 인하여 새로운 모습을 갖게 되었으며, 이를 미국연방헌법에 규정되어 있는 적법절차의 해석과 적용을 중심으로 발전시켰다.

---

12) 헨리8세 10년 국왕의 특허(Charter)에 의해 왕립의사협회가 설립되었고, 의료를 행하려는 자는 협회에 가입한 후 의료업에 종사하도록 하고 있었다. 의료업을 하기 위해 협회에 등록할 것을 의무화한 것에 따르지 않고 등록 없이 의료업을 행해서 제재를 받게 된 닥터 본 함이 제기한 소송에서 코크판사는 "어느 누구도 자기가 이해관계 당사자인 사건의 심판자가 될 수 없다"는 자연법적 논거가 된 보통법의 원칙을 확인하였다.

13) 전제적 권력을 배척하고 정규의 법의 절대적 우위성을 의미한다. 즉 정부가 남용하기 쉬운 특권 또는 광범위한 재량권을 배척하는 것이다. 법위반에 대해서만 처벌하고, 정규법에 따라야 하고 정규법원의 관할권에 복종하는 의무를 진다는 것이다.

14) 헌법전의 제정에서 유래된 것이 아니라 법원에 제기된 구체적 사건을 심리한 사법적 판결의 결과에 지나지 않으므로, 헌법은 일반법의 결과에 지나지 않는다고 보는 것이다.

15) 이에 대해서는 이보 에닝스(Ivor Jennings)의 비판이 있다. 영국헌법의 특수성에 대해서는 헌법이 법의 결과이기도 하지만 법이 헌법의 결과이기도 하다는 점을 강조하면서, 특히 의회주권이나 그 밖의 국정의 기본원칙은 의회와 국왕과의 오랜 정치적 투쟁의 결과로 나타난 것이지 보통법의 발전에 의해 그 결과로 형성된 것은 아니라는 점을 지적하였다.

또한 독일의 경우에는 영국의 법치주의를 독자적인 맥락에서 재구성하여 법치국가의 형태로 발전시켰으며, 독일의 법치국가이론은 우리 헌법에 매우 큰 영향을 미쳤다. 독일에서 법치국가는 형식적·실질적 요소를 포괄하는 국가원리 내지 국가유형으로 관념되었으며, 비록 법치국가가 민주주의와 동일시되거나 영국에서 법의 지배의 발전이 보인 것과 같이, 양자간의 결합이 분명히 인식되지는 않았으나 적어도 내용상의 관련성은 인식되고 있었으며, 양자의 관련성이 명시적으로 부정되지 않고 있다. 그러나 독일의 법치국가사상은 현실정치의 영역에서 자유주의적 세력이 좌절하게 됨에 따라 내용적인 축소와 형식화의 경향을 보이게 되었다. 국가질서의 광범위한 개편의 요구를 포기하고 기존질서의 기본틀을 유지하는 가운데 관헌적 군주세력과 시민사회의 한계를 설정하는 것만이 문제되었으며, 이는 주로 개인의 자유와 권리의 침해에 대한 법률유보의 문제로 다루어졌다. 즉 19세기 후반의 독일의 법치국가의 발전은 민주주의와 법치주의의 결합이라는 요소의 결여를 특징으로 하게 되었다. 이러한 경향은 슈탈(Julius Stahl)의 "법치국가는 국가의 목적과 내용이 아니라, 국가가 스스로를 실현시키는 방식과 성격을 의미하는 것이다"라는 말에서 분명하게 나타난다. 나아가 실증주의가 헌법의 영역을 지배하게 되면서 법치국가성은 곧 사법적 권리구제를 통해 확보되는 합법성과 동일시되는 경향을 보이게 되었다.

이러한 형식적 법치국가이해를 비판하고 국가활동의 단순한 형식의 합법률성만이 아니라 국가질서의 내용적 정당성까지도 묻는 실질적 법치국가를 구성하려는 노력은 입헌군주제가 붕괴되고 독일 최초의 민주공화국으로 수립된 바이마르공화국 하에서 법실증주의 헌법학에 대한 비판을 중심으로 다양한 방향으로 전개되었다. 전체주의의 경험은 민주주의 이해의 변화를 가져왔을 뿐만 아니라 법치주의 이해에 있어서도 필연적인 변화를 가져왔다. 단순히 형식적으로 실정법에 따른 국가질서의 형성만이 아니라 내용적으로 정당한 법, 정의로운 법에 대한 요청이 높아진 것이다. 이러한 요청은 곧 종래의 형식적 요소로만 구성되었던 법치주의가 실질적 요청까지도 포함하는 것으로 다시금 확대되는 결과를 가져왔다. 법률의 형식만으로써 모든 것이 정당화되는 것이 아니라 그러한 법률의 바탕에 깔려 있는 기본적 이념, 자유와 평등 및 그 구체화로서의 개별기본권의 보장이 법치주의의 원래의 출발점이라는 점이 다시금 확실하게 인식된 것이다. 이와 같이 실질적인 면까지를 고려하는 법치주의는 역시 자유와 평등의 실현 내지 기본권보장이라는 공동의 목적을 지향하고 있는 민주주의와 불가분의 관계에 설 수밖에 없다.

## Ⅲ. 형식적 법치국가와 실질적 법치국가의 구별

형식적 법치주의는 행정과 재판이 법률에 적합하도록 행해질 것을 요청할 뿐 그 법률의 목적이나 내용을 문제삼지 아니하는 형식적 통치원리를 의미하는 것이었다. 형식적 법치주의에서는 독재권력이 법률을 개인의 권익보호를 위한 장치로서가 아니라 개인을 억압하기 위한 수단으로 악용하는 사례가 드물지 않았다. 이런 경우에 법치주의는 법률을 도구로 이용한 합법적 지배 즉, 외형적 법률주의를 의미할 뿐이었다.

제2차 세계대전으로 독일 등 파시즘제국이 패망하자 형식적 법치주의는 자취를 감추고 실질적 법치주의가 그것을 대신하게 되었다. 오늘날에는 법치주의가 법률에 의거한 공권력의 행사라는 의미만을 가지는 것이 아니라, 법률의 목적과 내용도 정의에 합치하는 정당한 것이어야 한다는 실질적 법치주의로 발전하고 있다. 실질적 법치국가라 함은 인간의 존엄성존중과 실질적 평등 그리고 법적 안정성의 유지와 같은 '정의의 실현을 그 내용으로 하는 법'에 의거한 통치원리를 기반으로 하는 국가를 말한다. 환언하면 과거의 형식적 법치국가가 통치의 형식적 합법성을 특징으로 하는 국가였다면, 오늘날의 실질적 법치국가는 통치의 정당성을 특징으로 하는 국가라고 할 수 있다. 오늘날의 법치주의는 법이라는 형식에 의한 통치가 내용적으로 정당한 법을 통하여 이루어질 것을 요청하고 있다. 곧 법률이 자유와 평등을 통한 인간의 존엄성보장에 이바지할 것을 요구하고 있다. 그러므로 오늘날의 법치주의는 단순한 법률의 우위가 아닌 헌법의 우위로 나타나며, 그 핵심과제는 합법성의 근거가 되는 법률과 정당성의 근거가 되는 법을 조화시키는 데 있다.

[판례] 상속세법 제32조의2의 위헌여부에 관한 헌법소원, 헌재 1989.7.21. 89헌마
38(일부인용)

"오늘날의 복지국가는 국민의 권리·의무에 관한 사항을 법률로써 정해야 한다는
형식적 법치국가가 아니라 비록 국회에서 제정한 법률이라 할지라도 그 법률의 목
적과 내용이 헌법이념에 부합하는 등 정의에 합치되는 것이어야 한다는 실질적 법
치국가를 의미한다."

## 제2항 우리 헌법에 구체화된 법치주의

법치주의는 국가권력을 법에 기속시켜 국민의 자유와 평등의 기본가치를
실현하는 원리이고, 우리 헌법에 구체화된 법치주의는 기본권의 보장, 권력분립
원리, 위헌법률심사제, 행정의 합법률성 확보와 포괄적 위임입법의 금지, 공권
력행사의 예측가능성 보장 등이다.

## Ⅰ. 기본권의 보장

법치주의는 국민의 기본권을 국가가 자의로 제한할 수 없도록 하기 위하여
법률에 의한 국가작용을 원칙으로 하는 것으로서 궁극적으로는 국민의 기본권
보장을 위한 기능을 한다. 법치주의는 생명, 신체, 자유, 재산 등 기본권을 보장
한다. 현행 헌법의 경우 모든 영역에서 기회균등과 자유의 보장을 규정한 헌법
전문, 인간으로서의 존엄과 기본권의 불가침성을 규정한 헌법 제10조, 법앞에서
의 평등을 규정한 제11조, 신체의 자유와 적법절차를 규정한 제12조 제1항, 인
간다운 생활을 할 권리를 보장하고 있는 제34조 제1항 등은 실질적 법치국가의
내용을 규정한 것이다. 헌법 제37조 제2항이 기본권제한에 관한 일반원칙을 명
시하여 자유와 권리의 제한은 과잉금지의 원칙에 따라야 하고 자유와 권리의 본
질적 내용을 침해하지 못하게 하고 있다.

## II. 권력분립원리의 확립

헌법은 법치국가의 제도적 기반이 되는 권력분립의 원리를 채택하여 입법권은 국회에, 행정권은 대통령을 수반으로 하는 정부에, 사법권은 법원에 배분하고 있을 뿐 아니라 권력 상호간의 억제와 균형을 제도화하고 있다. 현재권력분립을 기능적으로 이해하는 경향이 있어서 국가의 다양한 과제수행을 위해 권한의 적절한 분배를 통해 이를 담당하기에 적합한 기관이 국가의 과제를 수행하는 것을 가능하도록 한다.

## III. 위헌법률심사제

법치주의는 법률의 내용이 헌법에 부합하는 것을 전제로 한다. 헌법 제107조 제1항은 "법률이 헌법에 위반되는 여부가 재판의 전제가 된 경우에는 법원은 헌법재판소에 제청하여 그 심판에 의하여 재판한다"라고 규정하여 위헌법률심사권을 헌법재판소에 부여하고 있다. 입법자가 입법형성권을 행사함에 있어서 헌법의 모든 규정과 헌법의 기본원리에 기속된다. 헌법우위의 결과로 헌법을 위배한 법률은 무효이다. 헌법재판소는 위헌인 법률의 무효를 선언함으로써 법률에 대한 헌법의 우위를 보장하고 있다.

## IV. 행정의 합법률성 확보와 포괄적 위임입법의 금지

헌법은 제107조 제2항에서 "명령·규칙 또는 처분이 헌법이나 법률에 위반되는 여부가 재판의 전제가 된 경우에는 대법원은 이를 최종적으로 심사할 권한을 가진다"라고 하여, 독립적 지위를 가진 법원이 행정입법과 행정처분의 합헌성과 합법률성을 심사함으로써 행정을 통제하도록 하고 있다.

현대국가가 행정국가화 경향을 띠게 됨으로써 야기되는 입법권의 형해화현상을 방지하기 위하여 입법기관인 국회에서 제정한 '법률에서 구체적으로 범위를 정하여 위임받은 사항'만이 정부의 행정입법영역(헌법 제75조)이고 법치국가원리에 위반되는 포괄적 위임입법은 금지된다.

> [판례] 복표발행, 현상 기타 사행행위 단속법 제9조 및 제5조에 관한 위헌심판, 헌재 1991.7.8. 91헌가4(위헌)
>
> "법률의 위임은 반드시 구체적이고 개별적으로 한정된 사항에 대하여 행해져야 한다. 그렇지 아니하고 일반적으로 포괄적인 위임을 한다면 이는 사실상 입법권을 백지위임하는 것이나 다름없어 의회입법의 원칙이나 법치주의를 부인하는 것이 되고 행정권의 부당한 자의와 기본권행사에 대한 무제한적 침해를 초래할 위험이 있기 때문이다."

## V. 공권력행사의 예측가능성 보장

공권력행사의 주체는 물론이고 공권력행사의 방법과 범위도 성문법규로 규정되어야만 국민은 공권력행사에 관하여 예측할 수 있다. 이러한 예측가능성의 보장은 법적 안정성을 위해 필수적이다. 헌법 제96조는 "행정각부의 설치·조직과 직무범위는 법률로 정한다"라고 하고, 제89조에서는 국무회의의 심의사항에 대해 규정하고 있는데 행정부의 주요 소관 사무를 열거하고 있으며, 제102조 제3항은 "대법원과 각급법원의 조직은 법률로 정한다"라고 함으로써 행정권과 사법권의 발동에 대한 예측을 어느 정도 가능하게 하고 있다.

# 제3항  신뢰보호의 원칙

## I. 신뢰보호의 원칙

### 1. 의  의

공권력행사에 있어서 예측가능성의 보호 내지 신뢰보호의 원칙은 법적 안정성을 추구하는 법치국가 헌법의 기본원칙이다. 헌법은 집행권과 사법권의 조직에 대한 법률주의를 규정함으로써 간접적으로 공권력행사의 예측가능성을 담보하고 있으며, 형벌불소급과 일사부재리의 원칙을 규정하여 국민의 신뢰를 보호하고 있다. 또한 신뢰보호의 원칙은 법령의 개정에 있어서도 적용된다.

> [판례] 종합생활기록부제도개선보완시행지침 위헌확인, 헌재 1997.7.16. 97헌마 38(기각)
> "헌법상의 법치국가원리의 파생원칙인 신뢰보호의 원칙은 국민이 법률적 규율이나 제도가 장래에도 지속할 것이라는 합리적인 신뢰를 바탕으로 이에 적응하여 개인의 법적 지위를 형성해 왔을 때에는 국가로 하여금 그와 같은 국민의 신뢰를 되도록 보호할 것을 요구한다.
> 이 원칙은 법률이나 그 하위법규뿐만 아니라 국가관리의 입시제도와 같이 국·공립대학의 입시전형을 구속하여 국민의 권리에 직접 영향을 미치는 제도운영지침의 개폐에도 적용되는 것이다."

### 2. 심사기준

법률의 제정이나 개정 당시 구법질서에 대한 당사자의 신뢰가 합리적이고도 정당하여 그러한 당사자의 신뢰에 대한 파괴가 정당화될 수 없다면 그러한 새로운 입법은 허용되지 않는다. 반면 경제적 여건 또는 사회적 환경의 변화에 따른 필요에 의하여 법률은 이러한 변화에 신축적으로 대응할 수밖에 없고 변경된 새로운 법질서의 기존의 법질서 사이에는 이해관계의 충돌이 불가피하다. 따라서 국민이 가지는 모든 신뢰가 헌법상 보호되는 것은 아니며 기존의 법질서에 대한 국민의 신뢰가 합리적이어서 보호할 필요성이 인정되어야 한다.

> [판례] 농어촌특별세법 부칙 제3조 제3항 위헌소원, 헌재 1998.11.26. 97헌바58
> (합헌)
>
> "신뢰보호의 위반여부는 한편으로는 침해받는 신뢰이익의 보호가치, 침해의 중한
> 정도, 신뢰침해의 방법 등과 다른 한편으로는 새 입법을 통해 실현하고자 하는 공
> 익목적을 종합적으로 비교형량하여 판단하여야 한다."

### 3. 한  계

신뢰보호의 원칙은 "사회환경이나 경제여건의 변화에 따른 정책적인 필요에 의하여 공권력행사의 내용은 신축적으로 바뀔 수밖에 없고, 그 바뀐 공권력행사에 의하여 발생된 새로운 법질서와 기존의 법질서와의 사이에는 어느 정도 이해관계의 상충이 불가피하므로 국민들이 국가의 공권력행사에 관하여 가지는 모든 기대 내지 신뢰가 절대적인 권리로서 보호되는 것은 아니다."[16]


## II. 진정소급입법과 부진정소급입법에서의 신뢰보호

### 1. 진정소급입법과 부진정소급입법

진정소급입법은 이미 완성된 과거의 사실관계 또는 법률관계를 규율대상으로 하며, 부진정소급입법은 과거에 개시되었지만 아직 완결되지 않고 진행 중에 있는 사실관계·법률관계를 규율대상으로 하는 것으로서 개인의 신뢰보호의 정도는 동일하지 않다.

진정소급효 법률은 개인의 신뢰를 현저히 침해하는 것으로서 원칙적으로

---

16) 대학입시기본계획일부변경처분 위헌확인, 헌재 1996.4.25. 94헌마119(기각).

인정되지 아니한다. 예외적으로 기존의 법을 변경해야만 하는 공익적 필요는 심히 중대한 반면에, 그 법적 지위에 대한 개인의 신뢰를 보호해야할 필요가 상대적으로 적어 국민이 소급입법예상이 가능하거나 법적 상태가 불확실, 혼란하고 소급입법에 의한 당사자손실이 없거나 경미한 경우에 허용될 수 있다.

　　부진정소급효 법률은 당사자의 신뢰보호의 정도가 낮기 때문에 원칙적으로 허용된다. 다만 법률의 개정으로 야기되는 당사자의 손해가 극심하여 새로운 입법으로 달성하고자 하는 공익적 목적이 당사자의 신뢰의 파괴를 정당화할 수 없다면 그러한 새 입법은 허용될 수 없다.

## 2. 신뢰보호원칙 위배의 판단기준

　　신뢰보호원칙에 위배되기 위해서는 우선 법령의 개정으로 인한 신뢰이익의 침해가 있어야 하고, 다음으로 신뢰이익의 상실로 인한 손해의 정도와 법률개정을 통해 달성하고자 하는 공익을 비교 형량하여 사익이 공익보다 커야 한다. 그리고 설령 보호되는 공익이 침해되는 사익보다 크더라도 사익을 최소침해하는 방식을 채택하지 않는다면 신뢰보호원칙에 위배된다. 사익을 최소한 침해하는 방식으로 통상 경과규정을 두는데, 따라서 경과규정을 둘 수 있음에도 경과규정을 두지 아니한 경우에는 신뢰보호원칙에 위배된다.

## 3. 시혜적 소급입법에 대한 입법형성권

　　"개정된 신법이 피적용자에게 유리한 경우에 이른바 소급입법을 하여야 한다는 입법자의 의무가 헌법상의 원칙들로부터 도출되지는 아니한다. 따라서 이러한 시혜적 소급입법을 할 것인지의 여부는 입법재량의 문제로서 그 판단은 일차적으로 입법기관에 맡겨져 있는 것이므로 이와 같은 시혜적 조치를 할 것인가를 결정함에 있어서는 국민의 권리를 제한하거나 새로운 의무를 부과하는 경우와는 달리 입법자에게 보다 광범위한 입법형성의 자유가 인정된다."[17]

---

17) 구 관세법 부칙 제4조 등 위헌소원, 헌재 1998.11.26. 97헌바67(합헌).

## III. 과잉금지의 원칙과의 관계

신뢰보호의 원칙은 과잉금지의 원칙과는 별개의 기본권 또는 신뢰이익 침해여부를 심사하는 독자적인 헌법원칙이다. 과잉금지의 원칙이 개정법률의 기본권제한에 대한 위헌판단기준이라면 신뢰보호의 원칙은 개정법률을 과거에 대해 적용하는 것에 대한 위헌판단기준이 된다. 과잉금지원칙은 개정법률에 대해 기본권제한의 비례성을 충족할 것을 요구하지만, 신뢰보호원칙은 개정전 법률상태에서 성립한 신뢰에 대한 보호를 요구한다. 개정법률의 위헌여부는 개정법률내용의 위헌여부와 개정전 법률에 의해 형성된 법적 지위에 대한 침해여부이다. 헌법재판소는 일반적으로 과잉금지원칙을 적용하면서 동시에 신뢰보호원칙의 위반여부를 별개로 판단하는 것[18]이 주류적 입장이지만, 과잉금지원칙을 적용하면서 신뢰보호원칙의 위배여부를 함께 판단한 경우[19]가 있고, 신뢰보호위반여부만 판단한 경우[20]도 있다.

---

18) 부천시 담배자동판매기설치금지조례 제4조 등 위헌확인, 강남구 담배자동판매기설치금지조례 제4조 등 위헌확인, 헌재 1995.4.20. 92헌마264, 279(병합)(기각); 건설기술관리법 시행령 [별표 1] 제1호 위헌확인, 헌재 2008.11.27. 2007헌마389(기각).

19) 자동차관리법 시행규칙 제120조 제1항 제1호 삭제 위헌확인, 헌재 2006.1.26. 2005헌마424(기각, 법익균형성); 학교급식법 제2조 등 위헌확인, 헌재 2008.2.28. 2006헌마1028(기각, 각하, 피해의 최소성).

20) 조세감면규제법 부칙 제13조 등 위헌소원, 헌재 1995.10.26. 94헌바12(한정위헌); 장사 등에 관한 법률 제17조 위헌확인, 헌재 2009.9.24. 2007헌마872(기각).

# 제5절  문화국가의 원리

## 제1항  문화국가원리의 의의

### Ⅰ. 문화국가의 개념

　　문화국가라 함은 국가로부터 문화활동의 자유가 보장되고 국가에 의하여 문화가 공급되어야 하는 국가, 즉 문화에 대한 국가적 보호 · 지원 · 조정 등이 이루어져야 하는 국가를 말한다.[21] 문화국가란 국가가 개인의 문화적 자유와 자율을 보장함과 더불어, 국가가 적극적으로 개인의 문화적 생활을 구현하기 위하여 노력하는 국가라고 말한다.[22] 문화국가란 문화의 자율성을 존중하면서 건전한 문화육성이라는 적극적 과제의 수행을 통하여 실질적인 문화적 평등을 실현시키려는 국가라고 말하기도 한다.[23]

### Ⅱ. 문화의 개념

　　문화는 '경작하다'라는 뜻을 가진 라틴어 cultura에 그 어원을 두고 있는 culture를 번역한 말로 인류의 지식 · 신념 · 행위 등을 총체적으로 뜻하는 용어이다. 문화란 사회 내의 전형적인 생활양식, 가치관 및 행위양식의 총체라고 할 수 있다. 문화의 법적 개념을 보면 법학적으로 문화는 '국가와 특별한 관계를 가지고 있는 인간의 정신적 · 창조적 활동영역'으로 정의된다.[24]

---

21) 권영성, 앞의 책(주 2), 143면.
22) 성낙인, 앞의 책(주 6), 290면.
23) 홍성방, 헌법학(상), 박영사, 2013, 230면.
24) 홍성방, 앞의 책(주 23), 227면.

## III. 문화와 국가의 관계

국가가 문화정책을 추진하는 데 있어서는 연혁적으로 세 가지 서로 다른 사상에 의해서 지배되어 왔다. 초기자유주의사상이 지배하던 시대에는 국가의 문화불간섭정책을 가장 이상적인 문화정책으로 생각했다(W. v. Humboldt). 그 반대로 국가절대주의사상이나 헤겔의 국가관이 지배하던 시대에는 국가의 적극적인 문화간섭정책만을 오히려 당연한 것으로 인식했다. 그러나 오늘날에는 국가가 모든 문화현상에 대해서 철저하게 '불편부당의 원칙(Prinzip der Nichtidentität)'[25]을 지켜서 어떤 문화현상도 이를 우대하거나 선호하는 경향을 보이지 않는 것이 가장 바람직한 문화정책으로 평가되고 있다.

대부분의 현대국가는 문화현상의 자율성은 존중하면서도 문화국가를 위한 문화정책을 하나의 문화복지정책의 차원에서 파악한다. 모든 문화현상에 대해서 국민에게 균등한 참여기회를 보장해 주기 위해서 문화·교육단체의 조직과 활동이 민주적으로 이루어질 수 있도록 최소한의 규제와 간섭은 하되 결코 문화현상 그 자체의 방향이나 문화가치를 정해주기 위한 것이어서는 안 된다고 하는 것에 문화국가에서의 문화정책의 한계가 있다. 문화국가에서의 문화정책은 그 초점이 '문화' 그 자체에 있는 것이 아니고 문화가 생겨날 수 있는 '문화풍토'를 조성하는 데 두어야 한다.

[판례] 학교보건법 제6조 제1항 제2호 위헌제청 등, 헌재 2004.5.27. 2003헌가1 등
    (위헌, 헌법불합치)
"문화국가의 원리의 이러한 특성은 문화의 개방성 내지 다원성의 표지와 연결되는데, 국가의 문화육성의 대상에는 원칙적으로 모든 사람에게 문화창조의 기회를 부여한다는 의미에서 모든 문화가 포함된다. 따라서 엘리트문화뿐만 아니라 서민문화, 대중문화도 그 가치를 인정하고 정책적인 배려의 대상으로 하여야 한다."

---

25) 불편부당의 원칙이란 국가가 그 어떤 문화현상도 국가 스스로의 입장인 것처럼 표현해서는 아니되고, 국가는 객관적이고 불편부당한 입장에서 모든 문화현상으로부터 일정한 거리를 유지 해나가야 한다는 원칙으로서 H. Krüger에 의해서 처음 사용된 개념이다. 허영, 한국헌법론, 박영사, 2013, 171-172면, 각주 2).

## 제2항  문화국가원리의 등장

1919년 바이마르공화국 헌법이 처음으로 문화에 대한 규정을 두었다. 양차 세계대전 이후 문화국가의 원리는 국제법적인 차원에서뿐만 아니라 각국의 헌법에도 보편적으로 수용되기 시작하였다. 제2차 세계대전 후 1948년 세계인권선언 제27조 제1항은 "모든 인간은 사회·문화적 활동에 참가하고 예술을 감상하며 과학의 진보와 그 응용의 혜택을 누릴 권리를 가진다"라고 규정하고, 1966년 「경제적·사회적·문화적 권리에 관한 규약」 등에서 문화적 권리의 인권성을 국제적 차원에서 선언하였으며, 헌법에 문화국가조항을 명문화하고 있는 국가도 생겨났다.

우리나라는 건국헌법 이래 문화국가의 원리를 헌법 차원의 기본원리로 채택하고 있다. 제8차 개헌으로 헌법에 명문으로 국가가 전통문화의 계승발전과 민족문화의 창달에 노력할 것을 규정하였고, 현행 헌법 제9조도 동일한 내용을 문화국가원리로 규정하고 있다. 문화국가적 성격은 헌법규정의 유무와 관계없이 민주헌법 자체에 내재하는 헌법적 원리라고 할 수 있다.

## 제3항  문화국가의 내용

헌법은 문화국가의 원리를 기본원리로 채택하여 문화의 보호·육성·진흥·전수를 국가의 중요한 과제로서 부여하고 있다. 문화국가란 문화의 자유와 평등이 보장되고, 국가의 적극적 과제로서 문화의 보호와 육성이 실현되는 국가를 말한다. 문화의 특성이 자율성과 창조성에 있다고 할 때, 헌법을 통해 구체화되는 문화국가원리는 자율적 문화활동의 보장과 문화적 평등의 확보를 핵심 내용으로 한다.[26]

국가의 문화에 대한 보호·육성·진흥·전수는 지도적(후견적)·공리적·

간섭적인 것이어서는 안 되고 문화의 자율성을 고려한 지원의 방식으로 행해져야 한다. 문화적 평등의 확보는 누구든지 문화활동에 참여할 수 있는 기회를 요구할 수 있다는 것과 그러한 기회를 국가와 타인에 의해서 방해받지 아니할 것 및 이미 존재하는 문화활동의 결과를 평등하게 향유하는 것을 내용으로 한다.

## 제4항  현행 헌법과 문화국가의 원리

현행 헌법은 문화국가원리를 여러 문화관련 규정을 통하여 나타내고 있다. 먼저 헌법전문은 '문화의 영역에서 각인의 기회를 균등히 하고 능력을 최고도로 발휘하게 하며'라고 규정하여 문화국가원리를 선언하고 있다. 헌법 제10조는 인간의 존엄과 가치를 규정하고 있으며, 제34조 제1항에서는 인간다운 생활을 할 권리를 규정하여 일정 수준의 문화생활까지 보장하고 있다.[27] 또한 전통문화의 계승발전과 민족문화의 창달을 위하여 헌법 제9조에서 규정하고 있다. 헌법 제69조의 규정에 의하여 민족문화의 창달에 노력할 대통령의 책무와 평생교육을 진흥할 국가적 의무를 규정하고 있다. 특히 제9조는 민족문화의 창달과 전통문화의 계승·발전을 국가목표로 한다는 문화국가에 관한 기본원리를 규정한 것이고, 문화국가의 실현을 위하여 양심의 자유, 언론·출판 및 집회·결사의 자유, 학문과 예술의 자유 등을 헌법 제19조 내지 제22조에 걸쳐 보장하고 있다. 또한 문화국가의 이념을 실현하는 방법의 기초로서 교육을 받을 권리와 교육제도를 규정하고 있다. 이처럼 문화국가의 실현을 위한 현행 헌법 규정의 범주는 첫째 문화국가를 실현하기 위한 국가적 의무를 규정한 조항이고 둘째는 헌법상 문화의 범주에 포함되는 기본 내용을 규정한 기본권조항으로 학문·예술·사

---

26) 장영수, 헌법학, 홍문사, 2007, 232면.

27) 헌재 1997.5.29. 94헌마33. 헌법재판소는 보건복지부장관의 '1994년 생계보호기준'에 대한 위헌소송에서 헌법상의 인간다운 생활권의 의미는 "국가소득, 국가의 재정능력과 정책 등을 고려하여 가능한 범위 안에서 최대한으로 모든 국민이 물질적인 최저생활을 넘어서 인간의 존엄성에 맞는 건강하고 문화적인 생활권"이라고 보고 있다.

상·교육·언론·출판 등의 자유에 관한 조항이다.

이처럼 현행 헌법은 문화국가건설을 위해 국가가 반드시 존중하고 또 그 문화정책의 가치기준으로 삼아야 되는 여러 가지 기본권을 보장하고 있다. 문화적 자율성의 기초가 되는 양심의 자유, 종교의 자유, 학문과 예술의 자유 등을 보장하고 있다. 양심의 자유와 종교의 자유는 사상의 다원성을 그 본질로 하는 문화국가의 불가결한 활력소를 뜻하고, 학문과 예술의 자유는 문화국가를 건설하기 위한 필수적인 전제조건이다.

[판례 1] 동성동본금혼규정에 대한 위헌제청 등, 헌재 1997.7.16. 95헌가6 등 병합
   (헌법불합치)

헌법재판소는 동성동본금혼제의 위헌성을 논하면서 "사회의 미풍양속과 전통문화에 어긋나는 것이어서 사회질서의 혼란과 가족제도의 파괴를 초래한다는 주장에 대하여 보건대, 특정의 인간행위에 대하여 이를 국가가 법규범을 통하여 규제할 것인가, 아니면 단순히 관습이나 도덕에 맡길 것인가의 문제는 인간과 인간, 인간과 사회의 상호관계를 함수로 하여 시대와 장소에 따라 그 결과를 달리할 수밖에 없는 것이고 결국은 그 사회의 시대적 상황과 사회구성원들의 의식 등에 의하여 결정될 수밖에 없다고 본다. 혼인관계의 강한 사회성으로 인하여 혼인에 관한 각종 규범 중 중요한 원칙들은 법이 이를 뒷받침하여야만 혼인에 의한 가족관계가 안정될 수 있으므로 전통적인 관습으로 이어온 금혼의 범위를 법으로 명백히 함으로써 사회질서를 유지하기 위하여서도 동성동본금혼제가 필요하다는 것은, 이미 위에서 본 바와 같은 이 제도의 사회적 기반 내지 현실적 타당성에 관한 고찰을 결여하고 윤리나 도덕관념도 시대에 따라 변천되고 역사의 발전법칙에 따라 발전한다는 것을 도외시한 주장이다. 동성동본금혼제 역시 만고불변의 진리로서 우리의 혼인제도에 정착된 것이 아니라 시대의 윤리나 도덕관념의 변화에 따라 나타나서 그 시대의 제반 사회·경제적 환경을 반영한 것에 지나지 않는다는 점을 감안할 때, 이미 위에서 본 바와 같은 이유로 이 제도는 이제 더 이상 법적으로 규제되어야 할 이 시대의 보편타당한 윤리 내지 도덕관념으로서의 기준성을 상실하였다고 볼 수밖에 없고, 헌법 제9조의 정신에 따라 우리가 진정으로 계승·발전시켜야 할 전통문화는 이 시대의 제반 사회·경제적 환경에 맞고 또 오늘날에 있어서도 보편타당한 전통윤리 내지 도덕관념이라 할 것이다.
끝으로, 이 사건 동성동본금혼의 법률조항을 위헌이라고 하는 것은 그것이 우리 헌법의 이념이나 규정에 명백히 반하기 때문이며, 이를 위헌으로 본다 하여 헌법재판

소가 동성동본인 혈족 사이의 혼인을 권장한다거나 기존의 보편타당한 윤리 내지 도덕관념을 모두 부정하는 것은 결코 아니라는 점을 분명히 밝혀 둔다"라고 강조했다.

**[판례 2] 민법 제781조 제1항 본문 후단 부분(호주제규정) 위헌제청 등, 헌재 2005.**
**2.3. 2001헌가9, 10, 11, 12, 13, 14, 15, 2004헌가5(병합)(헌법불합치)**

헌법재판소는 당해 판결에서 호주제도가 위헌임을 선언하면서 헌법과 전통에 관해 논하고 전통문화의 헌법적 의미에 관해 표명하고 있다.

"호주제를 비롯한 가족제도에 관하여는 그것이 민족의 역사와 문화에 뿌리박은 전통이므로 이를 함부로 합리성의 잣대로 평가하거나 남녀평등의 도식으로 재단하여서는 아니 되고, 그와 같이 하였을 경우 규범과 국민들의 의식 간에 괴리만 부채질하게 된다는 논리가 있을 수 있다. 그러므로 헌법과 전통, 헌법과 가족법 간의 관계에 관하여 살펴본다.

(1) 헌법과 가족법

헌법은 모든 국가질서의 바탕이 되고 한 국가사회의 최고의 가치체계이므로 다른 모든 법적 규범이나 가치보다 우선하는 효력을 가진다는 점에 대하여는 이론이 있을 수 없다. 헌법은 한 국가의 최고규범으로서 입법·행정·사법과 같은 모든 공권력의 행사가 헌법에 의한 제약을 받는 것은 물론, 사법(私法)상의 법률관계도 직·간접적으로 헌법의 영향을 받게 된다. 헌법재판소는 일찍이 "헌법은 국민적 합의에 의해 제정된 국민생활의 최고 도덕규범이며 정치생활의 가치규범으로서 정치와 사회질서의 지침을 제공하고 있기 때문에 민주사회에서는 헌법의 규범을 준수하고 그 권위를 보존하는 것을 기본으로 한다."고 설파한 바 있다(헌재 1989.9.8. 88헌가6, 판례집 1, 199, 205).

가족제도는 민족의 역사와 더불어 생성되고 발전된 역사적·사회적 산물이라는 특성을 지니고 있기는 하나, 그렇다고 하여 가족제도나 가족법이 헌법의 우위로부터 벗어날 수 있는 특권을 누릴 수 없다. 만약 이것이 허용된다면 민법의 친족상속편에 관한 한 입법권은 헌법에 기속되지 않으며, 가족관계의 가치질서는 헌법의 가치체계로부터 분리될 수 있다는 결론에 이르게 되는데 이것이 입헌민주주의에서 용납될 수는 없다.

만약 헌법이 가족생활이나 가족제도에 관하여 중립적인 태도를 취하고 있다면 다른 헌법규정과 저촉되지 않는 한 전통적 가족제도는 가급적 존중함이 바람직할 것이다. 그러나 헌법이 가족생활에 관하여 중립을 지키지 않고 스스로 어떤 이념·가치, 제도를 채택하고 있다면 그것이 가족생활·가족제도에 관한 최고규범이 되어야 함은 물론이다. 오늘날 헌법은 가족생활관계도 이를 단순히 사인간의 사적 문제로만 파악하지 않고 그것이 국민생활 내지 국가생활의 한 요소가 될 수 있다는 것을 인정하고 이를 헌법사항에 포함시키기에 이르렀다. 그리하여 오늘날 많은 국가의 헌법에서 가족생활관계에 대해서도 그 근본이 되는 원칙을 헌법의 한 내용으로 다루고 있다. 우리 헌법도 제36조 제1항에서 혼인과 가족생활에 관한 규정을 두고 있다.

특히 정치·사회적 변혁기에 새로운 정치·사회질서, 새로운 가치와 이념을 지향하면서 제정된 헌법(우리의 제헌헌법이 이에 해당한다)의 경우, 헌법에 부합하지 않는 전래의 제도를 헌법에 맞게 고쳐나가라는 헌법제정권자의 의사가 표출되기도 한다. 물론 이 과정에서 국민의 법감정이나 정서와 헌법규범 간의 괴리현상이 나타날 수 있다. 새로운 헌법이념의 채택에도 불구하고 고래로부터 이어져 온 의식은 쉽게 변하지 않을 수 있기 때문이다. 그러나 가족법의 역할은 사회현상이나 국민의 법감정을 단순히 반영하는 데 그치는 것이 아니다. 공동체의 최고가치질서인 헌법이념을 적극적으로 계도하고 확산시키는 역할 또한 가족법의 몫이다. 그런데 가족법이 이러한 역할을 수행하기는커녕 헌법이념의 확산에 장애를 초래하고, 헌법규범과 현실과의 괴리를 고착시키는 데 일조하고 있다면 그러한 가족법은 수정되어야 한다.

(2) 전통과 민주적 가족제도: 헌법 제9조와 제36조 제1항의 관계

헌법 전문은 "유구한 역사와 전통에 빛나는 우리 대한국민"을 강조하고 있으며, 헌법 제9조는 "국가는 전통문화의 계승·발전과 민족문화의 창달에 노력하여야 한다."고 규정하고 있다. 한편 헌법 제36조 제1항은 "혼인과 가족생활은 개인의 존엄과 양성의 평등을 기초로 성립되고 유지되어야 하며, 국가는 이를 보장한다."고 규정하고 있다. 여기서 헌법 제9조와 제36조 제1항 간의 관계를 어떻게 설정할 것인지, 어떻게 조화롭게 해석할 것인지 문제되는바, 그 해답의 단초는 헌법 제36조 제1항의 특별한 입헌취지에 더하여 전통 내지 전통문화의 헌법적 의미를 조명하는 데에서 찾을 수 있다.

헌법 제36조 제1항의 연혁을 살펴보면, 제헌헌법 제20조에서 "혼인은 남녀동권(男女同權)을 기본으로 하며, 혼인의 순결과 가족의 건강은 국가의 특별한 보호를 받는다."고 규정한 것이 그 시초로서, 헌법제정 당시부터 평등원칙과 남녀평등을 일반적으로 천명하는 것(제헌헌법 제8조)에 덧붙여 특별히 혼인의 남녀동권을 헌법적 혼인질서의 기초로 선언한 것은 우리 사회 전래의 혼인·가족제도는 인간의 존엄과 남녀평등을 기초로 하는 혼인·가족제도라고 보기 어렵다는 판단 하에 근대적·시민적 입헌국가를 건설하려는 마당에 종래의 가부장적인 봉건적 혼인질서를 더 이상 용인하지 않겠다는 헌법적 결단의 표현으로 보아야 할 것이다. 이러한 헌법의 의지는 1980년 헌법에서 더욱 강화되었다. 양성평등 명령이 혼인관계뿐만 아니라 모든 가족생활로 확장되었고, 양성평등에 더하여 개인의 존엄까지 요구하였다. 여기에 현행 헌법은 국가의 보장의무를 덧붙임으로써 이제 양성평등과 개인의

존엄은 혼인과 가족제도에 관한 최고의 가치규범으로 확고히 자리 잡았다.

한편, 헌법 전문과 헌법 제9조에서 말하는 '전통', '전통문화'란 역사성과 시대성을 띤 개념으로 이해하여야 한다. 과거의 어느 일정 시점에서 역사적으로 존재하였다는 사실만으로 모두 헌법의 보호를 받는 전통이 되는 것은 아니다. 전통이란 과거와 현재를 다 포함하고 있는 문화적 개념이다. 만약 전통의 근거를 과거에만 두는 복고주의적 전통개념을 취한다면 시대적으로 특수한 정치적·사회적 이해관계를 전통이라는 이름 하에 보편적인 문화양식으로 은폐·강요하는 부작용을 낳기 쉬우며, 현재의 사회구조에 걸맞는 규범 정립이나 미래지향적 사회발전을 가로막는 장애요소로 기능하기 쉽다. 헌법재판소는 이미 "헌법 제9조의 정신에 따라 우리가 진정으로 계승·발전시켜야 할 전통문화는 이 시대의 제반 사회·경제적 환경에 맞고 또 오늘날에 있어서도 보편타당한 전통윤리 내지 도덕관념이라 할 것이다."(헌재 1997.7.16. 95헌가6 등, 판례집 9-2, 1, 19)고 하여 전통의 이러한 역사성과 시대성을 확인한바 있다.

따라서 우리 헌법에서 말하는 '전통' '전통문화'란 오늘날의 의미로 재해석된 것이 되지 않으면 안 된다. 그리고 오늘날의 의미를 포착함에 있어서는 헌법이념과 헌법의 가치질서가 가장 중요한 척도의 하나가 되어야 할 것임은 두말할 나위가 없고 여기에 인류의 보편가치, 정의와 인도의 정신 같은 것이 아울러 고려되어야 할 것이다. 따라서 가족제도에 관한 전통·전통문화란 적어도 그것이 가족제도에 관한 헌법이념인 개인의 존엄과 양성의 평등에 반하는 것이어서는 안 된다는 자명한 한계가 도출된다. 역사적 전승으로서 오늘의 헌법이념에 반하는 것은 헌법 전문에서 타파의 대상으로 선언한 '사회적 폐습'이 될 수 있을지언정 헌법 제9조가 '계승·발전'시키라고 한 전통문화에는 해당하지 않는다고 보는 것이 우리 헌법의 자유민주주의원리, 전문, 제9조, 제36조 제1항을 아우르는 조화적 헌법해석이라 할 것이다. 결론적으로 전래의 어떤 가족제도가 헌법 제36조 제1항이 요구하는 개인의 존엄과 양성평등에 반한다면 헌법 제9조를 근거로 그 헌법적 정당성을 주장할 수는 없다"라고 판시했다.

[판례 3] 학교보건법 제6조 제1항 제2호 위헌 제청, 학교보건법 제19조 등 위헌제청, 헌재 2004.5.27. 2003헌가1, 2004헌가4(병합)(위헌, 헌법불합치)
"가. 우리 헌법상 문화국가원리와 그 실현
(1) 우리 헌법상 문화국가원리의 의의
우리나라는 건국헌법 이래 문화국가의 원리를 헌법의 기본원리로 채택하고 있다. 우리 현행 헌법은 전문에서 '문화의 … 영역에 있어서 각인의 기회를 균등히' 할 것을 선언하고 있을 뿐 아니라, 국가에게 전통문화의 계승 발전과 민족문화의 창달을 위하여 노력할 의무를 지우고 있다(제9조).

또한 헌법은 문화국가를 실현하기 위하여 보장되어야 할 정신적 기본권으로 양심과 사상의 자유, 종교의 자유, 언론·출판의 자유, 학문과 예술의 자유 등을 규정하고 있는바, 개별성·고유성·다양성으로 표현되는 문화는 사회의 자율영역을 바탕으로 한다고 할 것이고, 이들 기본권은 견해와 사상의 다양성을 그 본질로 하는 문화국가원리의 불가결의 조건이라고 할 것이다[헌재 2000.4.27. 98헌가16, 98헌마429(병합), 427, 445-446 참조].

(2) 문화국가원리의 실현과 문화정책

문화국가원리는 국가의 문화국가실현에 관한 과제 또는 책임을 통하여 실현되는바, 국가의 문화정책과 밀접 불가분의 관계를 맺고 있다. 과거 국가절대주의사상의 국가관이 지배하던 시대에는 국가의 적극적인 문화간섭정책이 당연한 것으로 여겨졌다. 그러나 오늘날에 와서는 국가가 어떤 문화현상에 대하여도 이를 선호하거나, 우대하는 경향을 보이지 않는 불편부당의 원칙이 가장 바람직한 정책으로 평가받고 있다. 오늘날 문화국가에서의 문화정책은 그 초점이 문화 그 자체에 있는 것이 아니라 문화가 생겨날 수 있는 문화풍토를 조성하는 데 두어야 한다.

문화국가원리의 이러한 특성은 문화의 개방성 내지 다원성의 표지와 연결되는데, 국가의 문화육성의 대상에는 원칙적으로 모든 사람에게 문화창조의 기회를 부여한다는 의미에서 모든 문화가 포함된다. 따라서 엘리트문화뿐만 아니라 서민문화, 대중문화도 그 가치를 인정하고 정책적인 배려의 대상으로 하여야 한다"라고 판시했다.

# 제6절  평화국가의 원리

## 제1항  평화국가의 의의

## Ⅰ. 평화국가의 개념

국제적 평화를 달성하는 것은 각국이 자국에 불이익이 되더라도 국제법상의 여러 법규를 정당한 것으로 존중하는가 여부에 달려 있고, 국제적 평화를 구축하기 위해서는 모든 국가가 원칙적인 평등과 독립, 즉 대외적 주권인 국제법상의 주권을 상호 존중하여야 한다. 평화국가란 국제법상의 여러 법규를 존중하고 국제적 차원에서 평화를 달성하려고 하는 국가이다.

## II. 평화국가의 전개

전쟁의 참혹함을 방지하기 위하여 오래전에 그로티우스(H. Grotius), 칸트(I. Kant) 등이 국제평화론을 주창하였으나, 국제평화주의 이념은 제도적으로 실현되지 못했다. 현대적 국제회의의 시초라 할 수 있는 제2차 헤이그 국제평화회의가 1907년에 개최되어 계약상 의무이행강제를 위한 전쟁금지를 결의하였다. 특히 제1·2차 세계대전을 거치면서 비참한 전쟁이 남긴 상처를 치유하고 극복하는 과정에서 국제평화주의 이념은 국제적으로 더욱 확산되었다.

제1차 세계대전 이후 국제연맹이 창설되었다. 제1차 세계대전 직후에 성립한 국제연맹규약은 전쟁일반의 금지와 전쟁의 국제적 관리를 목표로 하였고, 1924년 「제네바의정서」와 1928년 「전쟁포기에 관한 조약(이른바 不戰條約)」이 체결되었으나 그 위반에 대한 제재수단이 결여되어 있어서 실효성을 거두지는 못했다. 제2차 세계대전 이후 국제연합(UN)이 탄생되었고 1945년 국제연합헌장은 국제평화유지를 위하여 침략전쟁의 금지, 무력행사 또는 무력에 의한 위협의 금지, 분쟁해결의 수단으로서 전쟁 또는 무력에 호소하는 행위를 금지하고, 이를 집단안전보장체제로 구축하였다.

## III. 국제평화주의의 헌법적 보장

제2차 세계대전 이후 국제평화주의이념은 헌법에 명시되었고 각국 헌법에서 국제평화주의의 선언은 다양하게 전개되었다. 1949년 서독기본법은 강력한 평화조항을 규정하였는데, 즉, 침략전쟁의 거부, 평화교란행위의 금지, 군수물

자의 생산·수송·유통의 통제, 통치권의 제한, 양심적 병역거부권, 국제법규의 국내법에 대한 우월 등을 규정하고 있다. 전범국가인 일본은 1946년 헌법에서 교전권의 포기와 전력 보유의 금지를 규정하고 있다. 스위스는 이미 1815년 비인회의의 결과 영세중립국이 되었고 헌법에서 영세중립을 선언하고 있으며, 오스트리아헌법 제1조 제1항은 영세중립국임을 선언하고 있다. 1931년 스페인헌법은 국제분쟁의 평화적 해결의무를 국가의 의무로 규정하기도 하였다.

## 제2항 우리 헌법에 구체화된 평화국가원리

### Ⅰ. 헌법규정

헌법 전문에서 '평화적 통일의 사명'을 강조하고, '밖으로는 항구적인 세계평화와 인류공영에 이바지'하겠다는 평화추구의 이념을 선언하고 있다. 전문에서 국제평화주의를 일반적으로 선언하고 있다. 헌법 제5조 제1항에서는 "대한민국은 국제평화의 유지에 노력하고 침략적 전쟁을 부인한다"라고 하여 국제평화의 구체적 실현방법을 제시하고 있다. 헌법 제6조 제1항에서는 "헌법에 의하여 체결·공포된 조약과 일반적으로 승인된 국제법규는 국내법과 같은 효력을 가진다"라고 규정하여 평화국가의 핵심인 국제법존중주의를 선언하고 있다. 헌법 제6조 제2항에서는 "외국인은 국제법과 조약이 정하는 바에 의하여 그 지위가 보장된다"라고 규정함으로써 호혜주의(상호주의)에 따라 외국인을 법적으로 보호하겠다는 것을 분명히 하고 있다.

### Ⅱ. 침략전쟁의 부인

헌법 제5조 제1항에서 침략전쟁을 부인하고 있다. 침략전쟁은 적의 직접적 공격을 격퇴하기 위한 전쟁에 대응하는 개념으로서, 영토의 확장·국가이익의 실현·국제분쟁의 해결을 위한 수단으로서 행하는 무력행사를 말한다. 한국헌법은 침략적 전쟁을 부인한다는 점에서 교전권 자체를 부인하는 일본헌법과 구별된다.

헌법 제5조 제2항에서 "국군은 국가의 안전보장과 국토방위의 신성한 의무를 수행함을 사명으로 하며, 그 정치적 중립성은 준수된다"라고 규정하고 있다. 그 밖에도 대통령의 국군통수권, 국군의 조직과 편성의 법정주의, 국민의 국방의무, 국가안전보장회의, 군사법원, 군사에 관한 주요사항에 대한 국무회의 필수적 동의, 선전포고 등 군사행동에 대한 국회의 동의 등의 군사관련규정은 침략전쟁에 대응하는 자위전쟁에 대비하기 위한 것이다. 곧 외국으로부터의 공격을 격퇴하여 국민과 영토를 보호하기 위한 자위전쟁까지를 금지한 것은 아니다.


## III. 국제법존중주의

### 1. 헌법규정

평화국가의 핵심은 국제법의 존중이다. 우리 헌법은 제6조 제1항에서 "헌법에 의하여 체결·공포된 조약과 일반적으로 승인된 국제법규는 국내법과 같은 효력을 가진다"라고 규정함으로써 국제법존중주의를 직접적인 방법으로 선언하고 있다.

### 2. 국제법과 국내법의 관계

국제법과 국내법의 관계에 관하여는 양자를 별개의 법체계로 파악하는 입장(이원론)과 동일한 법체계에 속하는 것으로 보는 입장(일원론)이 대립하고 있다. 우리 헌법의 해석상 양자는 동일한 법체계에 속하는 것으로 보는 것이 타당하다. 국제법의 국내법적 효력에 관해서는 국제법우위론과 국내법우위론이 대립되어 있다. 하지만 적어도 국내법질서체계상으로는 국제법도 헌법의 하위규범일 수밖에 없다. 우리 학계는 일원론과 헌법우위론이 다수설이다.

## 3. 국제법의 국내법적 효력

### (1) 조      약

#### 1) 조약의 개념과 체결절차

조약이란 그 명칭과 관계없이 법률상의 권리·의무를 창설·변경·소멸시키는 2개국 이상의 성문의 합의·약속을 말한다. 조약의 체결권은 대통령에게 있으나(헌법 제73조), 그 체결·비준에 앞서 국무회의 심의를 거쳐야 하며(헌법 제89조 제3호), 특히 중요한 사항에 관한 조약은 사전에 국회의 동의를 얻어야 한다(헌법 제60조 제1항). 그러나 비자협정과 문화교류를 내용으로 하는 협정 등과 같이 헌법에 열거되지 아니한 단순한 행정협조적·기술적 사항에 관한 조약의 체결·비준에는 국회의 동의가 필요 없다.

#### 2) 조약의 국내법상 위치

조약은 원칙적으로 국내법과 같은 효력을 갖는다. 다만 순수한 행정협정과 같은 것은 명령·규칙과 같은 효력을 가지는 것으로 이해되고 있다. 법률과 동일한 효력을 가지는 조약과 법률이 저촉할 경우에는 신법우선의 원칙과 특별법우선의 원칙이 적용된다.

#### 3) 위헌인 조약

위헌인 조약은 위헌인 법률과 마찬가지로 국내법적 효력을 가질 수 없다. 조약의 위헌여부의 결정방법과 관련하여 견해의 대립이 있다. 다수설은 법률의 효력을 가지는 조약은 헌법재판소가, 명령·규칙의 효력을 가지는 조약은 대법원이 최종적으로 그 위헌여부를 심사해야 한다고 본다.[28] 한편 소수설은 여기에 규범통제제도가 원용될 수 없다고 본다.[29]

논리적으로는 다수설이 타당하다. 하지만 다수설은 조약의 국제정치성과 조약무효로 인한 국가의 체면손상 등 조약의 특수성을 간과한 측면이 있다. 더욱이 오늘날 통치행위이론이 상당히 수정되고 있음을 감안한다고 하더라도 전통적으로 조약체결은 통치행위의 핵심부분을 구성한다는 사실에 주의를 기울일 필요가 있다. 따라서 위헌성의 의심이 가는 조약은 현실적으로 체결·비준되는

---

28) 김철수, 헌법학개론, 박영사, 2006, 250면; 권영성, 헌법학원론, 법문사, 2010, 177면.
29) 허영, 앞의 책(주 25), 184-185면.

과정에서 정치적으로 해결되는 것이 바람직하다고 할 것이다.

### (2) 일반적으로 승인된 국제법규

#### 1) 개념과 효력

일반적으로 승인된 국제법규란 성문·불문에 관계없이 또한 우리나라에 의하여 승인되었는지의 여부와는 관계없이 세계 대다수 국가에 의하여 승인된 국제법규를 말한다. 성문의 국제법규 외에 국제관습법과, 일반적으로 규범력이 인정되고 있는 조약이 포함된다. 일반적으로 승인된 국제법규는 특별한 수용절차를 거치지 않고 국내법과 동등한 효력을 갖게 된다(헌법 제6조 제1항).

#### 2) 국내법상의 효력

일반적으로 승인된 국제법규의 국내법상의 효력에 대해서는 세 가지 설로 정리할 수 있다. 법률로서의 효력을 갖는다는 설,[30] 획일적으로 판단하기 어렵다는 설,[31] 대체로 헌법보다는 하위이지만 법률보다는 상위에 있다고 보는 설[32] 등이 있다. 일반적으로 승인된 국제법규는 국제사회에서 장기간에 걸쳐 세계양심화되어 온 것으로 전체 국제법질서에서 핵심을 이루는 것이기 때문에 그러한 국제법규들을 국내법률로써 부인할 수 있도록 한다면 우리 헌법이 선언한 평화국가원리가 유명무실한 것이 될 수가 있기 때문에 대체로 헌법보다 하위이지만 법률보다는 상위에 있다고 보는 것이 타당하다고 생각된다.


## IV. 외국인의 법적 지위보장

### 1. 상호주의원칙의 선언

외국인의 법적 지위에 관한 입법례로는 상호주의(=호혜주의)와 평등주의가 있으나 상호주의가 일반적이다. 우리 헌법도 제6조 제2항에서 "외국인은 국제법

---

30) 권영성, 앞의 책(주 2), 175면.
31) 김철수, 앞의 책(주 28), 247면; 허영, 한국헌법론, 앞의 책(주 25), 186-187면.
32) 계희열, 앞의 책(주 1), 217면.

과 조약이 정하는 바에 의하여 그 지위가 보장된다"라고 함으로써 상호주의원칙을 선언하였다. 그런데 오늘날 국제화추세에 따라, 헌법상으로는 종래 상호주의를 채택하고 있던 국가들도 개별 입법에서는 평등주의로 이행하는 예가 많다.

## 2. 외국인의 기본권주체성

현재의 헌법규정과 국제법상의 상호주의에 따르면 어떻든 외국인은 내국인에 비하여 제한된 범위 내에서만 기본권의 주체가 된다고 해석할 수밖에 없다.

# 제3항  평화적 통일지향

## Ⅰ. 헌법규정

헌법전문은 "조국의 … 평화적 통일의 사명"을 선언하고 있다. 헌법 제4조는 "대한민국은 통일을 지향하며, 자유민주적 기본질서에 입각한 평화적 통일정책을 수립하고 이를 추진한다"고 규정하고 있다. 헌법 제69조는 국가원수인 대통령으로 하여금 취임시에 "조국의 평화적 통일 … 에 노력"할 것을 선언하게 함과 동시에 헌법 제66조 제3항은 대통령에게 "조국의 평화적 통일을 위한 성실한 의무"를 지우고 있다. 헌법 제92조 제1항은 "평화통일정책의 수립에 관한 대통령의 자문에 응하기 위하여 민주평화통일자문회의를 둘 수 있"도록 하였다.

## Ⅱ. 남북한통일의 기본원칙선언

헌법상의 이러한 규정들은 평화적 방법에 의한 통일, 곧 무력이나 강압을 배제한 통일을 추구하면서도 자유민주적 기본질서에 입각한 통일을 추구한다는 남북한통일의 기본원칙을 선언한 것이다. 여기서 자유민주적 기본질서에 입각한 통일이란 정치이념의 측면에서는 자유와 평등을 추구하고, 정치원리로서는 특히 국민주권의 원리가 존중되는 통치질서에 입각한 통일을 뜻한다.


## III. 현행 헌법상 남북관계

1991년 9월 17일의 남북한유엔동시가입과 남북합의서의 효력발생으로 남북한관계는 비록 외국과의 관계는 아니지만 사실상 외국과의 관계와 유사하게 되었다고 할 것이다.

### 1. 남북한 국제연합동시가입의 법적 해석

#### (1) 남북한과 국제연합의 관계
국제연합헌장 제4조에는 국가만이 국제연합에 가입할 수 있도록 규정되어 있다. 따라서 남한과 북한이 국제연합에 동시 가입한 것은 각각 국제연합과의 관계에서는 국가로 승인된 것으로 보아야 한다. 따라서 국제연합과의 관계에서 남한만이 한반도 내에서 정통성을 갖춘 유일한 합법정부라고 주장할 수 있는 법적 근거는 상실되었다고 할 것이다.

#### (2) 남북한 상호간의 관계
남북한의 국제연합동시가입은 대한민국과 국제연합, 북한과 국제연합의 세계에서만 법적 의미를 가질 뿐 남북한 상호간의 관계에서 국가승인이 있었다고 볼 수 없다는 것이 통설적 견해이다. 헌법재판소는 "남북한이 유엔에 동시 가입하였다 하더라도 유엔이라는 국제기구에 의하여 국가로 승인받는 효과는 별론으로 하고, 다른 가맹국과의 관계에 있어서도 당연히 상호간에 국가승인이 있었다고 볼 수 없다"[33]고 하여 통설과 동일한 입장이다. 대법원도 "남북한이 유엔에 동시가입하였다고 하더라도 북한이 국가보안법상의 반국가단체가 아니라고 할

---

33) 국가보위입법회의법, 국가보안법의 위헌여부에 관한 헌법소원, 헌재 1997.1.16. 89헌마 240(한정합헌, 각하).

수 없다"34)고 하여 동일한 입장이다.

## 2. 남북기본합의서의 법적 성격

남북기본합의서의 법적 성격에 관해서는 두 가지 견해가 대립되고 있는데, 조약으로 보는 견해와 조약으로 보지 않는 견해이다. 조약으로 보는 견해에 의하면 동 합의서는 헌법 제60조가 규정하는 '국민에게 중대한 재정적 부담을 지우는 조약'이므로 조약의 발효에 준하여 국회의 동의를 얻어야 한다는 견해이다. 조약으로 보지 않는 견해는 대법원 판례35)와 헌법재판소 판례36)에서 취하고 있는 입장이다. 대법원은 남북한 당국이 각기 정치적 책임지고 상호간의 성의 있는 이행 약속하는 것이지만 법적 구속력은 없으며 국가 간의 조약 또는 이에 준하는 것으로 볼 수 없다고 한다. 헌법재판소는 남북교류협력에 관한 법률제9조 제3항 위헌소원에서 평화통일을 선언한 헌법전문과 헌법 제4조, 제66조 제3항에 반하지 않으며, 헌법 제37조 제2항에 의한 국가안전보장을 위한 제한으로 과잉금지 원칙에 반하지 않는다고 한다. 헌법상 통일조항은 국가의 통일의무를 선언한 것이지만 그로부터 국민 개개인의 통일에 대한 기본권 즉 국가기관에 대하여 통일관련 구체적 행위를 요구할 권리가 도출되지 않고, 남북합의서는 남북관계를 나라와 나라 사이의 관계가 아닌 통일을 지향하는 과정에서 잠정적으로 형성되는 특수관계임을 전제로 하여 이루어진 합의문서인바, 일종의 공동성명 또는 신사협정이라 보는 견해를 취하고 있다.

[판례] 북한주민접촉신청불허처분취소, 대판 1999.7.23. 98두14525
대한적십자사를 통하지 아니한 민간 차원의 대북지원을 위한 북한주민접촉신청을 불허한 것이 재량권의 범위를 일탈·남용한 것이 아니라고 한 사례
"남북 사이의 화해와 불가침 및 교류협력에 관한 합의서는 남북관계가 '나라와 나라 사이의 관계가 아닌 통일을 지향하는 과정에서 잠정적으로 형성되는 특수관계'임

---

34) 구 국가보안법위반, 국가보안법위반, 폭력행위 등 처벌에 관한 법률위반, 집회 및 시위에 관한 법률 위반, 공문서위조, 감금, 대판 1992.8.14. 92도1211.
35) 북한주민접촉신청불허처분취소, 대판 1999.7.23. 98두14525.
36) 국가보안법 위헌소원, 헌재 1997.1.16. 92헌바6(한정합헌, 합헌).

을 전제로, 조국의 평화적 통일을 이룩해야 할 공동의 정치적 책무를 지는 남북한 당국이 특수관계인 남북관계에 관하여 채택한 합의문서로서, 남북한 당국이 각기 정치적인 책임을 지고 상호간에 그 성의 있는 이행을 약속한 것이기는 하나 법적 구속력이 있는 것은 아니어서 이를 국가 간의 조약 또는 이에 준하는 것으로 볼 수 없고, 따라서 국내법과 동일한 효력이 인정되는 것도 아니다.

남북교류협력에 관한 법률은 남북 간의 교류협력이 헌법 전문과 제4조 등의 통일조항이 천명하는 자유민주적 기본질서에 입각한 평화적 통일을 이룩하는 데 가장 현실적이고 효과적인 수단이라는 인식하에 그 추진을 위한 법적 장치로 마련된 법률로서, 그 제정·시행으로 모든 국민에게 남북 간의 왕래·교역·협력사업 및 통신역무의 제공 등 남북교류와 협력을 목적으로 하는 행위를 다른 법규정과 달리 긍정적으로 보장하기에 이르렀으나, 북한이 아직 우리의 자유민주적 기본질서에 위협이 되고 있음이 부인할 수 없는 현실인 이상 자유민주적 기본질서에 입각한 평화적 통일을 추진할 책무를 부담하고 있는 정부로서는 남북 간의 교류협력이 자유민주적 기본질서를 해치지 않는 범위 내에서 평화적 통일에 도움이 되는 방향으로 행하여지도록 조정할 필요가 있고, 남북교류협력에 관한 법률 제9조 제3항이 북한주민의 접촉에 정부의 승인을 얻도록 한 것은 북한주민과의 접촉이 위와 같이 남북교류와 협력을 위하여 정당하다고 인정되는 범위 내에서 행하여지도록 조정함으로써 자유민주적 기본질서에 입각한 평화적 통일을 이룩하고자 함에 그 목적이 있는 것이므로 위 조항을 들어 헌법상의 통일원칙에 위배되는 위헌조항이라고 할 수 없고, 한편 헌법상 보장된 국민의 자유와 권리도 무제한적으로 향유할 수 있는 것은 아니고, 국가의 안전보장이나 질서유지 또는 공공복리를 위하여 필요한 경우에는 그 본질적인 내용을 침해하지 아니하는 한도 내에서 제한될 수 있는 것이므로, 위 조항이 북한주민의 접촉에 정부의 승인을 얻도록 한 것은 국민이 북한주민과 접촉하는 것을 원천적으로 금지하고자 함에 있는 것이 아니라 북한이 우리의 자유민주적 기본질서에 현실적인 위협이 되고 있음을 고려하여 북한주민과의 접촉이 남북교류와 협력을 위하여 정당하다고 인정되는 범위 내에서 행하여지도록 조정하기 위한 것에 지나지 아니하므로, 남북교류와 협력을 위하여 정당하다고 인정되는 범위 내의 북한주민의 접촉은 이를 승인하여야 할 것이지만, 그 승인과정에서 국민의 자유와 권리가 다소 제한될 수 있다 하더라도 그러한 제한은 어디까지나 국가의 안전보장이나 질서유지를 위하여 필요한 최소한의 것이라 아니할 수 없고, 위 조항의 의미를 위와 같이 한정적으로 해석하는 한 그와 같은 제한이 국민의 자유와 권리의 본질적인 내용을 침해하는 것이라고 할 수도 없으므로, 위 조항은 언론·출판·집회·결사의 자유를 규정한 헌법 제21조, 통신의 자유를 규정한 헌법 제18조, 헌법 제37조 제1항의 헌법에 열거되지 아니한 자유와 권리의 보장조항, 헌법 제37조 제2

항의 과잉금지 및 기본권의 본질적 내용 침해금지 조항, 헌법상의 포괄위임금지 원칙 및 법치주의 원칙 등에 위반되지 아니한다."

### 3. 국가보안법과 남북교류협력에 관한 법률

남북교류협력에 관한 법률 제3조는 "남한과 북한과의 왕래·교역·협력사업 및 통신역무의 제공 등 남북교류와 협력을 목적으로 하는 행위에 관하여는 정당하다고 인정되는 범위 안에서 다른 법률에 우선하여 이 법을 적용한다"고 규정하고 있다. 남북교류협력에 관한 법률과 국가보안법의 관계에 대해서는 두 가지 견해가 있다. 별개의 법체계로 보는 입장과 일반법과 특별법의 관계로 보는 입장이다. 별개의 법체계로 보는 입장은 헌법재판소의 다수의견[37]에서 볼 수 있는데, 동 다수의견은 "현 단계에 있어서의 북한은 조국의 평화적 통일을 위한 대화와 협력의 동반자임과 동시에 대남적화노선을 고수하면서 우리 자유민주체제의 전복을 획책하고 있는 반국가단체라는 성격도 함께 가지고 있어 국가보안법과 남북교류협력에 관한 법률은 상호 그 입법 목적과 규제대상을 달리하고 있다"고 본다. 일반법과 특별법의 관계로 보는 입장은 헌법재판소의 소수의견[38]인데 동 소수의견에서는 남북교류협력에 관한 법률과 국가보안법은 법체계상 특별법과 일반법의 관계에 있다고 한다.

[판례] 국가보안법 제7조에 대한 위헌심판, 헌재 1990.4.2. 89헌가113(한정합헌)
"제6공화국헌법이 지향하는 통일은 평화적 통일이기 때문에 마치 냉전시대처럼 빙탄불상용의 적대관계에서 접촉·대화를 무조건 피하는 것으로 일관할 수는 없는 것이고 자유민주적 기본질서에 입각한 통일을 위하여 때로는 북한을 정치적 실체로 인정함도 불가피하게 된다. 북한집단과 접촉·대화 및 타협하는 과정에서 자유민주적 기본질서에 위해를 주지 않는 범위 내에서 때로는 그들의 주장을 일부수용하여야 할 경우도 나타날 수 있다."

---

37) 남북교류협력에 관한 법률 제3조 위헌소원, 헌재 1993.7.29. 92헌바48(각하). 조규광, 김진우, 한병채, 최광률, 김문희, 황도연 재판관.
38) 남북교류협력에 관한 법률 제3조 위헌소원, 헌재 1993.7.29. 92헌바48(각하). 이시윤, 김양균, 변정수 재판관.

# 제7절  사회국가의 원리

## 제1항  사회국가 원리의 의의와 내용

사회국가개념의 성립에 처음으로 영향을 준 것은 초기사회주의자인 생시몽 (Saint-Simon)으로 알려져 있다. 원래의 의미에서 '사회적'이란 개념은 계몽주의 와 프랑스혁명의 산물로서 이 개념을 처음으로 사용한 생시몽은 이 개념을 재화 분배에 대한 논쟁개념으로 사용하였다.[39)

슈타인(L. v. Stein)은 사회적 문제는 사회행정의 형태로 해결되는 국가의사 와 행위의 대상이라고 하면서, 사회국가를 시대적응적인 행정활동에 의하여 실 현될 수 있는 것으로 보았다.

행정법적 차원에 있었던 사회국가 문제를 헌법적 차원으로 올린 헤르만 헬 러는 1930년 최초로 사회적 법치국가라는 개념을 사용하면서 시민적 법치국가 를 비판하고 실질적 법치국가사상을 노동질서와 재화질서에 확장시킬 것을 주 장함으로써 사회국가를 국가의 구조적 측면에서 다루기 시작했다.[40)

사회국가의 원리란 모든 국민에게 생활의 기본적 수요를 충족시켜 줌으로 써 건강하고 문화적인 생활을 영위할 수 있도록 하는 것이 국가의 책임인 동시 에 그러한 것을 요구할 수 있는 권리가 국민에게 인정된 국가를 의미한다. 사회 국가의 원리는 사회정의를 구현하기 위하여 법치국가적 방법으로 모든 국민의 복지를 실현하려는 국가적 원리를 말한다.[41) 사회국가를 구체화시키는 일차적 인 책임은 입법자에게 있으며, 입법자에게는 광범위한 형성의 자유가 주어진다.

헌법재판소는 "사회국가란 한 마디로, 사회정의의 이념을 헌법에 수용한 국 가, 사회현상에 대하여 방관적인 국가가 아니라 경제·사회·문화의 모든 영역

---

39) 홍성방, 앞의 책(주 23), 203면.
40) 홍성방, 앞의 책(주 23), 203면 각주 242).
41) 권영성, 앞의 책(주 2), 139-140면.

에서 정의로운 사회질서의 형성을 위하여 사회현상에 관여하고 간섭하고 분배하고 조정하는 국가이며, 궁극적으로는 국민 각자가 실제로 자유를 행사할 수 있는 그 실질적 조건을 마련해 줄 의무가 있는 국가이다"[42]라고 정의하고 있다.

## 제2항  민주주의 및 법치주의원리와의 상호관계, 사회국가와 복지국가의 구분

### Ⅰ. 민주주의 및 법치주의원리와의 상호관계

민주주의가 국가의 통치활동에 참여할 수 있는 정치적인 자유와 평등을 그 내용으로 하는 것이라면, 사회국가는 국민 각자가 자율적으로 일상생활을 꾸려나갈 수 있도록 사회적인 생활환경을 조성하는 것을 그 내용으로 한다. 이렇게 볼 때, 민주주의와 법치국가원리 그리고 사회국가원리는 자유와 평등을 실현하기 위한 삼면경(三面鏡)과도 같다고 할 것이다. 민주주의가 자유와 평등이 통치형태적 실현수단이고, 법치국가가 자유와 평등의 국가기능적 실현수단이라면, 사회국가는 자유와 평등이 국민 스스로의 자율적인 생활설계에 의해서 실현될 수 있도록 생활여건을 조성해주는 것, 즉 사회국가의 핵심적 과제는 사회구조의 골격적인 윤곽을 실질적인 자유와 평등의 실현에 적합하도록 형성하는 것이다.

### Ⅱ. 사회국가와 복지국가의 구분

우리나라에서는 사회국가와 복지국가에 관하여 양 개념을 구분하는 입장과 양자를 명확히 구분하지 않는 입장이 있다.

"국민 스스로의 생활설계에 의한 실질적인 자유와 평등이 가능하도록 사회

---

42) 저상버스 도입의무 불이행 위헌확인, 헌재 2002.12.18. 2002헌마52(각하).

구조의 골격적인 테두리를 형성하는 것이 바로 사회국가라면, 사회국가는 결코 모든 생활수단을 국가가 일일이 급여해주는 '공산주의적 배급국가'일 수도 없고, 또 국민소득의 균등한 재분배를 그 본질로 하는 '분배국가'일 수도 없다. 또 국민의 일상생활이 하나에서 열까지 철저히 국가의 사회보장제도에 의해서 규율되는 것을 내용으로 하는 이른바 '복지국가'는 국민 각자의 자율적인 생활설계를 그 근본으로 하는 진정한 의미에서의 사회국가와는 거리가 있다고 할 것이다. 스스로의 생활질서를 스스로의 책임 아래 결정할 수 있는 것이야말로 모든 자유의 핵심을 뜻하기 때문에 '자유의 조건'을 뜻하는 사회국가는 결코 복지국가와 같을 수는 없다"는 견해[43]가 있다.

이처럼 복지국가원리와 사회국가원리의 차별성을 강조하면서 복지국가는 개인의 안전과 복지를 국가가 전적으로 책임지는 데 반하여, 사회국가는 개인의 생활을 스스로 설계하고 형성하도록 하여 스스로 책임지는 자유의 범위를 확대한다는 점에서 차별성을 강조하는 견해가 있다. 그러나 두 원리는 이념·목표·내용 등이 유사하기 때문에 이들을 동일한 개념범주에 포함시키거나 사회복지국가라는 합성어로 사용하여도 무방하다는 견해[44]도 있다.

생각건대 복지국가원리가 "국민의 일상생활 전부가 철저하게 국가의 사회보장제도에 의해서 규율되는 것을 내용으로" 한다는 지적은 과도한 것이다. 요컨대 한국헌법을 이해함에 있어서 사회국가원리와 복지국가원리를 군이 구별할 필요는 없고 혼용해서 사용해도 무방하다. 헌법재판소도 사회국가,[45] 사회복지국가,[46] 복지국가,[47] 민주복지국가[48]라는 표현을 동시에 사용하고 있다.

---

43) 허영, 앞의 책(주 25), 162-163면.

44) 성낙인, 앞의 책(주 6), 267면.

45) 자동차손해배상보장법 제3조 단서 제2호 위헌제청, 헌재 1998.5.28. 96헌가4 등 (합헌)헌법재판소는 우리 헌법이 특히 제119조 제2항을 통해서 사회국가원리를 수용하고 있다고 판시하였다; 저상버스도입의무 불이행 위헌확인, 헌재 2002.12.18. 2002헌마52(각하).

46) 노동조합법 제12조의2 등에 대한 헌법소원, 헌재 1993.3.11. 92헌바33 등(합헌).

47) 공공용지의 취득 및 손실보상에 관한 특례법 제4조 위헌제청, 헌재 1995.11.30. 94헌가2(위헌).

48) 국토이용관리법 제21조의3 제1항, 제31조의2의 위헌심판, 헌재 1989.12.22. 88헌가13(합헌).

## 제3항  현행헌법과 사회국가의 원리

사회국가원리를 헌법상의 기본원리로 수용하는 방법에는 첫째, 독일기본법처럼 사회적 기본권을 규정하는 대신 사회국가원리를 명문으로 수용하는 방법 둘째, 이탈리아헌법처럼 사회적 기본권에 관한 규정과 사회국가원리를 함께 두는 방법 셋째, 우리나라헌법과 바이마르공화국 헌법처럼 사회적 기본권만을 규정하고 사회국가원리를 명문화하지 않는 방법 등이 있다.

헌법은 전문에서 "모든 영역에 있어서 각인의 기회를 균등히 하고 … 안으로는 국민생활의 균등한 향상을 기하고"라고 하고 있고, 제10조에서는 "모든 국민은 인간으로서의 존엄과 가치를 가지며, 행복을 추구할 권리를 가진다"라고 하고 있으며, 제119조 제2항에서는 "국가는 균형 있는 국민경제의 성장 및 안정과 적정한 소득의 분배를 유지하고, 시장의 지배와 경제력의 남용을 방지하며, 경제주체 간의 조화를 통한 경제의 민주화를 위하여 경제에 관한 규제와 조정을 할 수 있다"라고 하고 있다.

헌법재판소는 헌법 제10조와 제119조 제2항 등은 "… 국민 모두가 호혜공영하는 실질적인 사회정의가 보장되는 국가, 환언하면 자본주의적 생산양식이라든가 시장메커니즘의 자동조절기능이라는 골격은 유지하되 저소득층의 인간다운 생활을 보장하기 위한 소득의 재분배, 투자의 유도와 조정, 실업자구제 내지 완전고용, 광범위한 사회보장 등을 책임있게 추구하는 국가, 즉 민주복지국가의 이상을 추구하고 있음을 의미하는 것이다"[49]라고 판시하였다.

헌법재판소는 "우리 헌법은 사회국가원리를 명문으로 규정하고 있지는 않지만, 헌법의 전문, 사회적 기본권의 보장(헌법 제31조 내지 제36조), 경제영역에서 적극적으로 계획하고 유도하고 재분배하여야 할 국가의 의무를 규정하는 경제에 관한 조항(헌법 제119조 제2항 이하) 등과 같이 사회국가원리의 구체화된 여러 표현을 통하여 사회국가원리를 수용하였다"[50]고 판시하였다.

---

49) 국토이용관리법 제21조의3 제1항, 제31조의2의 위헌심판, 헌재 1989. 12. 22. 88헌가13(합헌).
50) 저상버스도입의무 불이행 위헌확인, 헌재 2002. 12. 18. 2002헌마52(각하).

# 제4장 | 헌법의 기본질서

## 제1절 헌법상 경제질서(사회적 시장경제질서)

### 제1항 헌법과 경제

경제에 관한 헌법조항들을 총칭하여 경제헌법이라 하고, 한 국가의 기본적인 경제구조를 경제질서라고 한다. 18세기와 19세기는 개인의 경제활동과 관련하여 개인주의와 자유방임주의의 시대로 경제적 생활영역에서 지배적인 원칙은 근대사법의 3대원칙인 소유권절대의 원칙, 사적 자치의 원칙, 과실책임의 원칙이었고 경제에 관한 헌법규정의 전형적인 내용은 재산권의 불가침성을 규정하고 있는 조항 정도였다. 19세기 말에서 20세기 초를 지나면서 자유시장경제원리와 소유권절대사상이 지배하던 자본주의체제는 여러 결함과 사회내재적 모순을 표출하였고 그러한 문제들을 해결하기 위한 조치를 취하지 않을 수 없게 되었다. 기존의 자본주의적 경제질서를 유지하면서 그 결함과 모순을 점진적으로 개혁하고 수정해나가는 경제체제를 채택하게 되었는바 그것이 사회적 시장경제질서이다. 헌법의 차원에서 경제질서의 전체적인 전개상황을 보면 근대자본주의적 자유시장 경제질서로부터 획기적으로 사회주의적 계획경제질서로 변혁되거나 한편으로는 수정자본주의적 경제질서를 의미하는 사회적 시장경제질서로 나아간 것을 볼 수 있다.

## 제2항  사회적 시장경제질서

### Ⅰ. 사회적 시장경제질서의 의의

사회적 시장경제질서는 사회국가라는 국가적 유형에 대응하는 경제질서라고 할 수 있다. 사회적 시장경제질서라 함은 사유재산제의 보장과 자유경쟁을 기본원리로 하는 시장경제질서를 바탕으로 하면서 그 근간 위에 사회복지, 사회정의, 경제민주화를 실현하기 위하여 국가가 부분적으로 경제에 대한 규제와 조정을 광범위하게 행하는 것을 인정하는 경제질서이다. 사회적 시장경제는 경제적 자유주의와 사회주의 간의 제3의 길로서 새로운 방식의 종합이라 불리며 사회주의적 시대정신의 표현, 또는 시장에서의 자유의 원리를 사회적 조정의 원리와 결합시키려는 원리라고 일컬어지기도 한다.

### Ⅱ. 사회적 시장경제질서의 구성요소

사회적 시장경제질서의 구성요소를 보면, 첫째 국가는 시장경제의 조건을 보장하는 기능을 한다. 사회적 시장경제는 시장경제를 의미한다. 시장경제는 자유경쟁을 원칙으로 하고, 계약의 자유, 직업선택의 자유, 거주이전의 자유, 생산수단을 포함한 자원에 대한 사적 소유를 전제로 한다. 그러나 강력한 국가의 경쟁정책이 없는 자유방임에서는 시장의 권력화를 가져오고, 자유방임적 시장 하에서는 기업은 자유경쟁보다는 독과점에 의한 보다 큰 이익을 추구하고 이는 경쟁의 자연스러운 흐름을 막고 경제적 권력을 창출한다. 이렇게 되면 경쟁구조가 무너지고 권력구조가 고착화되어 기업이 경쟁을 통하여 본연의 기능을 수행할 수 없고 경제적으로 비효율적이 된다. 그런 점에서 국가는 시장이 기능하지 못하고 경쟁이 왜곡되는 현상을 막고 경쟁질서가 이루어지도록 이를 보호해야 할 책임을 지게 된다. 둘째, 사회적 시장경제질서는 사회국가와 밀접한 관련을 가지고 있으며 사회적 요소의 실현에는 사회국가원리로부터의 요청이 중요한 의미를 갖는다. 사회적 약자의 보호, 사회간접자본의 공급, 환경보호 등과 같이 시장과 경쟁만으로는 해결할 수 없는 사회적 과제의 해결도 국가가 수행해야 할 기능이다. 셋째, 시장경제와 사회적 요소는 어느 한쪽이 우월적 지위를 가진다고 볼 수 없고 또한 상호 충돌관계에 있는 것도 아니며 오히려 상호 보완적인 관계에 있다. 즉 효율적인 시장경제 없이는 사회구성원의 인간다운 삶을 보장하기 위해 드는 막대한 비용을 확보할 수 없고, 또한 시장경제적 효율성은 사회적 안정과 분배의 정의, 구성원의 사회적 책임을 전제하는 경우에만 확보될 수 있다.

## 제3항  우리 헌법상 경제질서의 성격

우리 헌법상 경제질서의 성격을 이해하는 데에는 사회적 시장경제질서로 파악하는 견해와 이에 대해 비판적인 견해가 있다.

### Ⅰ. 헌법상 경제질서를 사회적 시장경제질서로 이해하는 견해[1]

종래 우리 헌법상 경제질서는 사회적 시장경제질서라는 틀로 설명하는 것이 지배적인 견해가 되어 왔다. 이러한 견해는 첫째, 사회적 시장경제질서는 독일의 특수한 경제질서라기보다 자본주의적 자유시장경제질서, 사회주의적 계획경제질서에 대비되는 제3의 경제질서로서 인식되고, 둘째, 사회적 시장경제질서는 시장경제질서를 근간으로 하되 사회정의실현을 위해 경제에 대한 국가의 통제가 인정되는 경제질서를 의미하는 것으로 이해되며, 셋째, 수정자본주의원리를 구체화한 경제질서가 바로 사회적 시장경제질서라는 점 등에 근거하고 있다. 헌법재판소도 이러한 견해를 취하고 있다.

---

1) 권영성, 헌법학원론, 법문사, 2010, 167면; 김철수, 헌법학개론, 박영사, 2006, 220면.

[판례] 축산업협동조합법 제99조 제2항 위헌소원, 헌재 1996.4.25. 92헌바47(위헌)

"우리나라 헌법상의 경제질서는 사유재산제를 바탕으로 하고 자유경쟁을 존중하는 자유시장경제질서를 기본으로 하면서도 이에 수반되는 갖가지 모순을 제거하고 사회복지·사회정의를 실현하기 위하여 국가적 규제와 조정을 용인하는 사회적 시장경제질서로서의 성격을 띠고 있다. 즉, 절대적 개인주의·자유주의를 근간으로 하는 자본주의사회에 있어서는 계약자유의 미명 아래 '있는 자, 가진 자'의 착취에 의하여 경제적인 지배종속관계가 성립하고 경쟁이 왜곡되게 되어 결국에는 빈부의 격차가 현격해지고, 사회계층 간의 분화와 대립갈등이 첨예화하는 사태에 이르게 됨에 따라 이를 대폭 수정하여 실질적인 자유와 공정을 확보함으로써 인간의 존엄과 가치를 보장하도록 하였는바(헌법재판소 1989.12.22. 선고, 88헌가13 결정 참조), 이러한 절대적 개인주의·자유주의를 근간으로 하는 초기 자본주의의 모순 속에서 소비자·농어민·중소기업자 등 경제적 종속자 내지는 약자가 그들의 경제적 생존권을 확보하고 사회경제적 지위의 향상을 도모하기 위하여 결성한 자조조직이 협동조합이고, 우리 헌법도 '국가는 농·어민과 중소기업의 자조조직을 육성하여야 하며, 그 자율적 활동과 발전을 보장한다'는 규정을 둠으로써(헌법 제123조 제5항) 국가가 자발적 협동조합을 육성하여야 함을 명문으로 규정하고 있다."

## II. 혼합경제질서로 보는 견해2)

최근 이렇게 독일의 특수한 역사적·경제적 맥락을 가지는 사회적 시장경제질서라는 틀로써 우리 헌법상 경제질서를 설명하는 것은 타당하지 않다고 보고 혼합경제질서로 보는 견해가 있다. 즉 우리 헌법상 경제조항은 특정분야에서는 단순한 사회적 정의의 실현을 넘는 내용으로, 사회조정적이고 계획적인 시장경제의 특징과 사회주의경제질서에 가까운 요소까지도 포함되고 있어 우리의 경제헌법은 사회적 시장경제질서라는 표현만으로는 수용하기 어려운 내용들을 포함하고 있으며, 따라서 정확한 표현은 아니라고 하면서 우리경제의 헌법적 기본질서는 혼합경제체제 또는 자유주의적 혼합경제체제로 보는 것이 보다 더 정확한 표현이라고 하거나 사회적 시장경제질서는 자유를 최우선적 가치로 보고 경제를 경제질서와 경제과정으로 구분하여 경제질서에 대한 간섭만을 인정하는

---

2) 김문현, 사례연구 헌법, 법원사, 2009, 120-125면.

질서를 의미하며 경제과정에 대한 직접·간접적인 조정방식은 배제된다는 점에서 우리 헌법상 경제질서를 사회적 시장경제질서라고 하기는 곤란하다는 견해와 우리 헌법은 원칙적으로 혼합경제체제를 택하고 있으나 보다 구체적인 경제체제에 관해서는 중립적인 입장을 택하고 있다는 견해가 있다.

## 제4항  우리 헌법상 경제질서의 내용

### Ⅰ. 우리 헌법상 경제질서의 성격

경제와 관련하여 우리나라 헌법의 핵심적인 내용은 시장경제, 사유재산제의 보장, 경제의 민주화라고 할 수 있다. 사회적 시장경제질서의 개념은 독일로부터 출현하기는 하였지만 자본주의경제질서에 근간을 두고 있는 국가에서 이제는 자유시장경제질서의 보완적 내용을 보편적으로 취하고 있기 때문에 독일의 특유한 경제질서라고만 볼 것은 아니다. 사회적 시장경제질서는 경제재의 생산과 분배가 자유경쟁원칙과 개인의 경제적 자유에 근거하여 행하여지되 사회정의실현과 경제적 약자를 보호하기 위하여 개입이 불가피한 경우 경제에 대한 국가의 규제와 조정을 광범위하게 허용하는 경제질서라고 할 것이다. 전체적으로 볼 때 우리 헌법상 경제질서는 사회적 시장경제질서의 성격을 가지고 있다고 할 것이다.

[판례] 여객자동차운수사업법 제73조의2 등 위헌확인, 헌재 2001.6.28. 2001헌마
132(기각, 각하)
"우리 헌법은 전문 및 제119조 이하의 경제에 관한 장에서 균형있는 국민경제의 성
장과 안정, 적정한 소득의 분배, 시장의 지배와 경제력남용의 방지, 경제주체 간의
조화를 통한 경제의 민주화, 균형있는 지역경제의 육성, 중소기업의 보호육성, 소
비자보호 등 경제영역에서의 국가목표를 명시적으로 규정함으로써, 우리 헌법의
경제질서는 사유재산제를 바탕으로 하고 자유경쟁을 존중하는 자유시장 경제질서
를 기본으로 하면서도 이에 수반되는 갖가지 모순을 제거하고 사회복지·사회정의

를 실현하기 위하여 국가적 규제와 조정을 용인하는 사회적 시장경제질서로서의 성격을 띠고 있다."


## II. 현행 헌법상 사회적 시장경제질서의 내용

우리 헌법은 재산권의 사회적 기속성을 전제로 경제조항(헌법 제9장)에서 재산권제한의 특수형태를 규정하면서 수정자본주의원리를 사회적 시장경제질서로 구체화하고 있다. 현행 헌법은 경제질서의 기본을 수정자본주의를 바탕으로 하여 국가가 개인과 기업의 경제상의 자유와 정의를 존중함을 원칙으로 하면서도 균형있는 국민경제의 성장 및 안정과 적정한 소득의 분배를 유지하고 시장의 지배와 경제력의 남용을 방지하며, 경제주체 간의 조화를 통한 경제의 민주화를 위하여 경제에 관한 규제와 조정을 할 수 있도록 했다(헌법 제119조). 이처럼 헌법은 경제적인 자유방임주의에 반대하고, 시장 및 경제메커니즘의 자율조정기능에 대한 전통적인 신뢰를 완화해서 제한적이나마 시장 및 경제현상을 국가적인 규제와 조정의 대상으로 삼고 있다. 경제질서에 관한 규정인 헌법 제9장에서는 사회적 시장경제질서의 원리를 구현하기 위하여 제120조의 천연자원 등의 국유화·사회화와 경제계획, 제121조의 농지제도, 제122조의 국토의 이용·개발, 제123조의 농·어민과 중소기업의 보호·육성, 제124조의 소비자보호운동의 보장, 제125조의 대외무역, 제126조의 사영기업의 국·공유화, 제127조의 과학기술의 혁신과 정보 및 인력의 개발을 통한 국민경제의 발전 등에 관해 규정하고 있다.


### 1. 사유재산제의 보장 및 제한

헌법 제23조는 생산수단의 사유재산제도를 보장하고 있다. 다만 사유재산은 사회공동체 생활과의 조화와 균형을 깨지 않는 범위 내에서 보장된다. 따라서 국토의 균형있는 이용·개발과 보전(제122조), 토지소유권의 제한(제120조 제2항, 제121조), 천연자원 등의 국·공유화(제120조 제1항), 사영기업의 국·공유화와 경영에 대한 통제·관리(제126조) 등에 관해 규정하고 있다. 헌법 제126조는 국방상 또는 국민경제상 긴절한 필요로 인하여 법률이 정하는 경우를 제외하고는, 사영기업을 국유 또는 공유로 이전하거나 그 경영을 통제 또는 관리할 수 없도록 규정하고 있다.

## 2. 자유시장경제의 채택과 그 제한

헌법 제119조 제2항 규정은 동조 제1항의 시장경제원리에 대한 제약적 규정으로서 국가의 경제에 대한 규제와 조정을 선언하고 있다. 헌법 제119조 제2항은 "국가는 균형있는 국민경제의 성장 및 안정과 적정한 소득의 분배를 유지하고, 시장의 지배와 경제력의 남용을 방지하며, 경제주체 간의 조화를 통한 경제의 민주화를 위하여, 경제에 관한 규제와 조정을 할 수 있다"라고 규정하고 있다. 헌법은 국가가 자본주의경제를 근간으로 하되 국민의 인간다운 생활의 확보를 위해, 또한 균형있는 국민경제의 발전을 위해 경제에 관한 규제와 조정을 할 수 있도록 규정한 것이다. 경제 계획, 경제력 남용의 방지, 소비자보호운동의 보장(제124조), 무역의 규제·조정(제125조) 규정 등이 그것이다.

## 3. 경제정의 실현과 경제민주화

헌법은 소유권의 자유, 기업의 자유, 자유경쟁과 자유노동계약에 근거하고 있으면서도, 일체의 경제적 부정의를 배척하고, 누구나 균등한 기회를 가지고 개성과 능력을 발휘하여 국민생활이 고르고 풍요롭게 되는 정의로운 사회를 지향한다. 따라서 헌법 제119조 제2항은 정당한 소득의 분배, 시장지배와 경제력 남용의 방지 및 경제주체 간의 조화를 통한 경제적 민주화를 규정하고 있다. 경제조항에서는 그 외에도 경제정의 실현을 국가가 적극적인 자세로 주도하게 하기 위해서 국가에게 국토의 종합적인 이용·개발계획의 수립의무(헌법 제120조 제2항), 농·어촌종합개발계획의 수립·시행의무(헌법 제123조 제1항), 농·어민의 이익보호에 도움이 되는 농수산물수급균형과 가격안정대책의 수립의무(헌법 제123조 제4항) 등을 지우고 있다.

## 4. 국가적 경제규제의 한계

우리 헌법은 경제정의와 경제민주화를 실현하기 위해서 수정자본주의원리에 입각한 사회적 시장경제질서를 마련하면서 국가의 시장·경제개입을 허용하고 있지만, 국가의 시장·경제개입은 필요한 최소한에 그쳐야 한다. 헌법재판소는 공권력에 의한 국제그룹해체의 위헌성을 확인한 판례에서 국가적 경제규제의 헌법적 한계를 밝히고 있다.

[판례 1] 공권력행사로 인한 재산권침해에 대한 헌법소원, 헌재 1993.7.29. 89헌마
        31[인용(위헌확인)]

"헌법 제119조 제1항(제5공화국 헌법 제120조 제1항)은 대한민국의 경제질서는 개인과 기업의 경제상의 자유와 창의를 존중함을 기본으로 한다고 하여 시장경제의 원리에 입각한 경제체제임을 천명하였는바, 이는 기업의 생성·발전·소멸은 어디까지나 기업의 자율에 맡긴다는 기업자유의 표현이며 국가의 공권력은 특단의 사정이 없는 한 이에 대한 불개입을 원칙으로 한다는 뜻이다. 나아가 헌법 제126조(제5공화국 헌법 제127조)는 국방상 또는 국민경제상 긴절한 필요로 인하여 법률이 정하는 경우를 제외하고는 사영기업을 국유 또는 공유로 이전하거나 그 경영을 통제 또는 관리할 수 없다고 규정하여 사영기업의 경영권에 대한 불간섭의 원칙을 보다 구체적으로 밝히고 있다. 따라서 국가의 공권력이 부실기업의 처분정리를 위하여 그 경영권에 개입코자 한다면 적어도 긴절한 필요 때문에 정한 법률상의 규정이 없이는 불가능한 일이고, 다만 근거법률은 없지만 부실기업의 정리에 개입하는 예외적인 길은 부실기업 때문에 국가가 중대한 재정·경제상의 위기에 처하게 된 경우 공공의 안녕질서의 유지상 부득이하다 하여 요건에 맞추어 긴급명령(제5공화국 헌법하에서는 비상조치)을 발하여 이를 근거로 할 것이고, 그렇게 하는 것만이 합헌적인 조치가 될 수 있는 것이다 … 사기업인 은행의 자율에 맡기지 않고 공권력이 가부장적·적극적으로 개입함은 기업 스스로의 문제해결능력 즉 자생력만 마비시키는 것이며, 시장경제원리에의 적응력을 위축시킬 뿐인 것이므로 기업의 경제상의 자유와 창의의 존중을 기본으로 하는 헌법 제119조 제1항의 규정과는 합치될 수 없는 것이다."

[판례 2] 특정경제범죄가중처벌 등에 관한 법률 제9조 제1항 등 위헌제청, 헌재 1999.7.22. 98헌가3(합헌)

금융기관에 저축하면서 부당한 이득을 얻은 자를 처벌하는 이 사건 법률조항이 입법목적 달성에 필요한 정도를 넘은 과잉제재인지 여부

금융기관의 임직원이 법정이율보다 높은 이자를 주고 고액예금자·사채업자 등을 유치한 경우 예금자도 함께 처벌하게 한 특경법에 대해 사적 자치권의 과잉제한이 아니라고 합헌결정하였다.

"헌법 제10조는 행복을 추구할 권리를 보장하고 있는바, 여기의 행복추구권 속에는 일반적 행동자유권이 들어 있고, 이 일반적 행동자유권으로부터 계약의 자유가 파생된다(헌재 1991.6.3. 89헌마204; 헌재 1998.10.29. 97헌마345). 또한 헌법 제23조 제1항은 국민의 재산권을 보장하고 있으며, 헌법 제119조 제1항은 대한민국의 경제질서는 개인과 기업의 경제상의 자유와 창의를 존중함을 기본으로 한다고 천명하고 있다. 그러므로 우리 헌법은 자유시장경제질서를 기본으로 하고서, 그 기초가 되는 사유재산제도와 경제에 관한 사적 자치를 원칙적으로 보장하고 있다. 그러나 다른 한편으로 헌법 제10조에 포함된 계약의 자유, 헌법 제23조가 보장하는 재산권은 헌법 제37조 제2항에 따라 공공복리 등을 위하여 제한될 수 있으며, 또한 헌법 제119조 제2항에 따라 국가는 국민경제의 성장 및 안정 등을 위하여 경제에 관한 규제와 조정을 할 수 있다. 그렇다면 계약의 자유 내지 경제에 관한 사적 자치는 공공복리를 위하여, 특히 국민경제의 성장 및 안정 등 경제에 관한 공익을 위하여 법률상 제한될 수 있다 할 것이다."

# 제2절  민주적 기본질서

## 제1항  헌법규정과 민주적 기본질서의 이념

### I. 헌법규정

헌법전문에서는 '4·19 민주이념', '조국의 민주개혁', '자유민주적 기본질서'

로 규정되어 있고, 헌법 제1조 제1항에서는 '민주공화국', 제4조에서는 '자유민주적 기본질서', 제8조 제2항에서는 '민주적', 제8조 제4항에서는 '민주적 기본질서'가 규정되어 있으며, 제32조 제2항에서는 '민주주의 원칙', 제119조 제2항에서는 '민주화'가 규정되어 있다.

## II. 민주적 기본질서의 이념과 형태

### 1. 민주적 기본질서의 이념

민주적 기본질서의 이념과 가치는 민주주의의 이념과 가치에 직결된다. 민주주의의 이념은 자유와 평등을 기초로 한다. 민주주의는 이념상 자유와 평등 중 어느 것을 우선시키느냐에 따라 다양성을 보이지만, 그러나 근대사에 있어서 자유주의와 민주주의는 그 대립세인 절대군주정에 대한 투쟁과정에서 필연적으로 결합되었고, 또한 이념적으로도 민주주의는 자유주의적 요소를 제거하고는 도저히 생각할 수 없으므로 민주주의는 오로지 자유주의적 요소를 가진 자유민주주의를 의미한다. 따라서 민주주의(또는 민주적 기본질서)가 그 본질에 있어서 자유민주주의를 의미하는 한 민주주의에 있어서의 자유는 개인의 자유, 정치질서형성에 참가하는 정치적 자유, 지배와 피지배의 일치에서 오는 국가적 자유를 의미하며, 평등에 있어서도 그 평등은 누구에게도 평등의 가능성을 부여할 수 있는 기회의 평등을 의미한다.

18세기와 19세기의 시민적 민주주의에서는 민주주의에 의하여 실현되어야할 이념 또는 목적은 주로 자유라고 인식하였다. 제1·2차 세계대전 이후의 사회주의국가에서는 주로 평등이라고 인식한다. 양차 대전 이후의 사회적 법치국가에서는 민주주의에 의하여 실현되어야 할 이념 또는 목적은 자유나 평등의 어느 하나만이 아니고 양자의 동시적·조화적 실현이라고 생각한다.

한편 민주주의는 처음부터 일정한 가치, 즉 자유·평등·정의로 그 내용이 채워져 있기 때문에 정의에 입각한 자유와 평등을 그 실질적인 요소로 한다. 따라서 민주주의는 사회정의를 강조하는 사회민주주의를 내포하는 개념으로 파악할 수 있다. 따라서 오늘날 민주주의의 과제는 이념으로서의 자유와 평등을 어떻게 조화하느냐 하는 데 있으며, 사실 자유와 평등은 서로 대립되는 개념을 의미하는 동시에 또한 서로가 서로를 전제하고 보완하는 관계를 의미한다. 정치적 영역에 있어서 평등의 실천은 자유의 보장 없이는 그것이 불가능한 것처럼(예로 선거의 자유), 또한 경제적 영역에 있어서는 평등의 실천 없이는 자유의 이념의 실천이 불가능하기 때문이다. 바로 그러한 까닭에 오늘의 민주주의국가에 있어서 일반화된 사회국가에의 경향은 민주주의에 있어서의 자유와 평등의 이념의 조화를 그 목적으로 한다.

## 2. 민주주의 본질에 관한 인식의 대립

민주주의 본질에 관한 인식은 크게 두 가지 방향으로 나눌 수 있는데, 즉 민주주의를 국민에 의한 통치라고 하는 특정한 정치형태 또는 정치방식으로 인식하는 견해와 민주주의를 실현되어야 할 특정한 정치적 이념 또는 목적으로 인식하는 견해라고 할 수 있다.

민주주의를 국민에 의한 통치라고 하는 특정한 정치형태 또는 정치방식으로 인식하는 견해가 있다. 이러한 견해에 따르면 국민에 의한 통치와 국민에 의한 지배이기만 하면 그 모두가 민주정치로 평가될 것이고 민주정치와 전제정치의 구별도 국민에 의한 정치냐 아니냐에 따라 결정될 것이다. 한편 민주주의를 실현되어야 할 특정한 정치적 이념 또는 목적으로 인식하는 견해는 특정한 이념 또는 목적을 실현하기 위하여 필요한 경우에는 어떠한 수단과 방법이 동원될지라도 그것은 민주주의로 규정해야 한다고 한다. 이러한 입장에서는 국민전체의 복지실현을 목적으로 한다든가 경제적 기회균등의 실현 등 공동선을 표방하는 것이면, 폭력적·자의적 지배일지라도 민주정치라고 해야 할 것이다. 그 이념이나 목적을 무엇으로 규정할 것이냐에 관해 자유라고 보는 견해(자유민주주의: 시민민주주의)와 평등이라고 보는 견해(평등민주주의: 사회민주주의)로 나뉠 수 있다.

## 제2항 민주적 기본질서의 내포

헌법제정권자의 근본결단으로서의 민주적 기본질서는 헌법전문에서 "자유민주적 기본질서를 더욱 확고히 하여…"라고 하여 자유민주적 기본질서를 선언하고 있고, 제1조의 '민주공화국'의 개념에 이미 형태개념으로서의 민주적 기본질서가 내포되어 있다 하겠으며, 제4조에서 자유민주적 기본질서에 입각한 평화적 통일을 강조하고, 제8조 제4항에서 민주적 기본질서에 위배되는 정당의 해산을 규정하고 있다. 민주적 기본질서와 자유민주적 기본질서의 두 가지 개념을 구분하고 있어 해석상 혼란이 야기되고 있다. 즉 민주적 기본질서와 자유민주적 기본질서의 상호관계에 대해 논란이 있다.

그러면 우리 헌법상 민주적 기본질서의 내포는 무엇인가. 독일기본법은 자유민주적 기본질서(자유로운 민주주의적 기본질서, Freiheitliche demokratische Grundordnung)를 제21조의 정당조항에서뿐만 아니라 기본권 남용에 의한 기본권상실을 규정한 제18조에서도 사용하고 있다. 따라서 독일기본법상에서는 제18조[3]에 의해서 자유민주적 기본질서가 기본권 행사에 있어서 헌법적 행위의 한계를 이루고 있다.

## Ⅰ. 자유민주적 기본질서에 대한 개념 정의

서독연방헌법재판소에 두 번의 위헌정당해산제소가 있었다. 그것은 사회주의국가(사회주의제국)당(=나치〈SRP〉후계당) 위헌정당해산제소와 독일공산당(KDP) 위헌정당해산제소이다. 사회주의제국당(SRP)에 대한 위헌정당해산제소에 대해 1952년 10월 23일 서독연방헌법재판소는 위헌정당으로 결정하여 정당해산명령을 내렸다. 동 판결에서 서독연방헌법재판소는 자유민주적 기본질서에 관한 정

---

3) 독일기본법 제18조 규정을 통해 자유민주적 기본질서를 공격하기 위하여 특정의 자유를 남용하는 자는 그 기본권을 상실하게 하고 있다.

의를 내리면서 그 핵심요소로서 인권의 존중, 생명과 인격권의 존중, 국민주권, 권력분립, 정부의 책임성, 행정의 합법률성, 사법부의 독립, 복수정당제, 반대당의 합헌적 결성권과 그 활동의 자유 그리고 모든 정당에 대한 기회균등을 들었다. 또한 독일공산당(KDP)에 대한 위헌정당해산제소에 대해 1956년 8월 17일 서독연방헌법재판소는 위헌정당으로 결정하여 정당해산명령을 내렸다.

우리 헌법재판소에는 위헌정당해산과 관련하여 최초로 통합진보당에 대해 정부가 위헌정당해산심판을 제기했고, 2014년 12월 19일 헌법재판소는 통합진보당 정당해산 심판청구사건 선고에서 재판관 8대 1 의견으로 정당해산과 의원직 상실을 결정했다. 연혁적으로 볼 때 간접적으로 자유민주적 기본질서에 관해 언급하고 있는 헌법재판소결정을 볼 수 있는데 그것은 국가보안법 제7조에 대한 위헌심판사건[4]이다. 이 판례는 다의적이고 광범성이 인정되는 법률과 죄형법정주의, 합헌적 해석의 요건, 국가보안법 제7조 제1항 및 제5항(1980.12.31. 법률 제3318호)의 위헌여부, 국가의 존립·안전을 위태롭게 한다는 것의 의미 등에 대해 판시하고 있다. 당해 결정에서 헌법재판소는 "자유민주적 기본질서에 위해를 준다 함은 모든 폭력적 지배와 자의적 지배, 즉 반국가단체의 1인독재 내지 1당독재를 배제하고 다수의 의사에 의한 국민의 자치·자유·평등의 기본원칙에 의한 법치국가적 통치질서의 유지를 어렵게 만드는 것이고, 이를 보다 구체적으로 말하면 기본적 인권의 존중, 권력분립, 의회제도, 복수정당제도, 선거제도, 사유재산과 시장경제를 골간으로 한 경제질서 및 사법권의 독립 등 우리의 내부체제를 파괴·변혁시키려는 것으로 풀이할 수 있을 것이다"라고 결정하였다.

헌법재판소는 2014년 12월 19일 통합진보당 해산과 그 소속 국회의원의 의원직 상실을 결정하면서 통합진보당의 목적·활동이 민주적 기본질서에 위배되는지 여부와 통합진보당 소속 국회의원의 의원직 상실여부에 대해 "통합진보당은 진보적 민주주의를 실현시키기 위해서는 전민항쟁이나 저항권 등 폭력을 행사하여 자유민주주의체계를 전복할 수 있다고 하는데, 이는 모든 폭력적·자의적 지배를 배제하고 다수를 존중하면서도 소수를 배려하는 민주적 의사결정을 기본원리로 하는 민주적 기본질서에 정면으로 저촉된다.

---

4) 헌재 1990.4.2. 89헌가113(한정합헌).

통합진보당 주도 세력의 북한추종성에 비추어 통합진보당의 여러 활동은 민주적 기본질서에 실질적 해악을 끼칠 구체적 위험성이 발현된 것으로 보인다. 특히 내란관련 사건에서 통합진보당 구성원들이 북한에 동조하여 대한민국의 존립에 위해를 가할 수 있는 방법을 구체적으로 논의한 것은 통합진보당의 진정한 목적을 단적으로 드러낸 것으로서 표현의 자유의 한계를 넘어 민주적 기본질서에 대한 구체적 위험성을 배가한 것이다.

위법행위가 확인된 개개인에 대한 형사처벌이 가능하지만 그것만으로 정당 자체의 위헌성이 제거되지 않으며, 통합진보당 주도 세력은 언제든 그들의 위헌적 목적을 정당의 정책으로 내걸어 곧바로 실현할 수 있는 상황에 있다. 따라서 합법정당을 가장하여 국민의 세금으로 상당한 액수의 정당보조금을 받아 활동하면서 민주적 기본질서를 파괴하려는 통합진보당의 고유한 위험성을 제거하기 위해서는 정당해산 결정 외에 다른 대안이 없다.

정당해산결정으로 민주적 기본질서를 수호해 얻는 법익이 정당해산결정으로 통합진보당의 정당활동의 자유의 근본적 제약이나 민주주의 일부 제한이라는 불이익에 비해 월등히 크고 중요하다. 통합진보당해산결정은 민주적 기본질서에 가해지는 위험성을 실효적으로 제거하기 위한 부득이한 해법으로서 비례의 원칙에 어긋나지 않는다.

국회의원은 국민 전체의 대표자이자 소속정당의 대표자로서 활동한다. 공직선거법 제192조 제4항은 비례대표국회의원에 대해 소속 정당의 해산 등 이외의 사유로 당적을 이탈하면 퇴직한다고 규정돼 있는데, 이는 정당이 자진 해산하는 겨우에만 적용된다. 엄격한 요건 아래 위헌정당으로 판단하여 정당해산을 명하는 비상상황에서는 국회의원의 국민 대표성은 부득이 희생될 수밖에 없다. 위헌정당소속 국회의원이 의원직을 유지한다면 그들의 활동을 허용함으로써 실질적으로는 그 정당이 계속 존속하는 것과 마찬가지의 결과를 가져온다. 의원직 상실은 위헌정당 해산제도의 본질로부터 인정되는 기본적 효력이다"라고 선고하였다.

## II. 민주적 기본질서와 자유민주적 기본질서의 상호관계

우리 헌법은 제8조 제4항에서 민주적 기본질서를 규정하고 있고, 헌법전문과 헌법 제4조에서는 자유민주적 기본질서라고 규정하여 혼용하여 규정하고 있다. 이런 연유로 양자의 관계를 어떻게 해석해야 할 것인지 그 범주를 놓고 견해가 나누어진다.

### 1. 양자를 상이한 것으로 보는 견해

이 견해는 민주적 기본질서의 이념을 평등과 자유, 복지의 셋으로 보고 민주적 기본질서와 자유민주적 기본질서를 구별하여 민주적 기본질서 중에서도 서구적 자유민주주의의 개념과 결부된 것만을 자유민주적 기본질서로 본 입장 (G. Leibholz)을 근거로 민주적 기본질서는 자유민주주의와 사회민주주의(자유민주주의에 사회적 정의·복지와 평화주의를 가미한 것) 등을 내포하는 개념이며, 그 공통개념이라고 한다.[5] 민주적 기본질서는 자유민주적 기본질서와 사회민주적 기본질서의 공통개념이지 자유민주적 기본질서와 동일한 개념이라고 할 수 없을 것이다. 사회민주적 기본질서의 내용은 민주정치의 요소에 사회적 정의·복지와 평화주의를 가미한 것이라고 할 수 있다. 여기서는 실질적 평등과 복지를 지향하는 민주정치는 자유민주주의가 아니라도 가능하다는 것이 일반적 견해이다. 사회민주적 기본질서는 자유주의를 배격하는 것이 아니고 사회적 정의 실현, 사회복지의 실현을 위하여 자유에 어느 정도의 제한을 과하는 것이다. 사회민주적 기본질서에서는 기본권보장에 있어서 사회적 기본권의 보장이 중시되고 법치주의에 있어서 사회적 법치주의의 원리가 강조되고 있다. 동일한 개념으로 보는 이론은 민주적 기본질서를 자유주의와의 결합만으로 보고 민주주의와 복지주의의 결합을 무시한 점에서 타당하다고 할 수 없다. 자유주의와 이질적인 복지주의적인 요소를 인정하는 한 민주적 기본질서와 자유민주적 기본질서를

---

[5] 김철수, 헌법학개론, 박영사, 2006, 138-139면.

동일한 것으로 볼 수는 없을 것이다.

## 2. 양자를 상이한 것으로 보면서도 예외를 인정하려는 견해

이 견해는 민주적 기본질서는 헌법질서의 하나로서 사회민주주의와 자유민주주의를 비롯하여 모든 민주주의를 그 내용으로 포괄하는 공통분모적 상위개념이며, 사회민주주의는 자유민주주의를 전제로 하여 실질적 평등을 지향하는 민주주의의 한 유형이기 때문에「헌법질서 〉 민주적 기본질서 〉 사회민주주의 〉 자유민주주의」라는 도식화가 가능하다고 한다. 그러나 제8조 제4항의 '민주적 기본질서'만은 '자유민주적 기본질서'로 한정해서 해석해야 한다고 한다.[6] 자유민주주의와 사회민주주의는 엄격한 의미에서는 상이한 개념이지만, 대한민국의 국가형태를 헌법이 '민주주의적'인 것으로 규정하고 있는 이상 자유민주주의와 더불어 또는 그와 나란히, 사회민주주의의 내용이 되는 사회국가적 원리, 복지국가적 원리를 국가질서의 내용으로 할 수 있음은 물론이다. 그러나 제8조 제4항의 민주적 기본질서는 곧 자유민주적 기본질서를 의미하는 것으로 보아야 한다는 입장이다. 이 견해에서는 복지국가·사회적 법치국가의 원리라든가 사회정의의 실현 또는 사회적 시장경제질서 등은 이미 다른 여러 헌법조항에서 규정하고 있으므로, 현행 헌법 제8조 제4항의 민주적 기본질서 중에 반드시 사회민주주의를 포함시켜야 할 필연적인 이유가 없다고 한다.

## 3. 양자를 동일한 것으로 보는 입장

이 설에 따르면 헌법의 통일성이라는 해석지침에 따를 때 헌법규정에 들어 있는 규범적 내용의 연혁적·이념적 기초로서 헌법전체를 이념적·원리적으로 지도하는 성문헌법의 핵이라 할 수 있는 헌법전문의 표현들(자유민주적 기본질서, 4·19민주이념, 조국의 민주개혁)과 그를 구체화한 헌법본문의 규정들의 표현(민주공화국, 자유민주적 기본질서, 민주적, 민주적 기본질서, 민주주의 원칙, 민주화)이 문

---

6) 권영성, 헌법학원론, 법문사, 2010, 195-196면.

언상 다르더라도 그 내용은 동일한 것으로 보아야 한다고 한다. 또한 과거에 사회민주주의의 내용으로 주장되거나 추구되던 사항들은 이제는 사회국가를 통하여 자유민주주의의 내용이 되었기 때문에 이제는 사회민주주의와 자유민주주의를 이념적으로 구별할 실익이 없으므로 우리 헌법에 문언상 달리 표현되어 있지만 민주적 기본질서와 자유민주적 기본질서는 같은 것으로 해석되어야 한다고 본다.[7)]

## 4. 평　가

현재 독일에서는 헌법상 자유민주적 기본질서라는 용어를 사용하고 있음에도 다수설은 이를 확장해석하여 사회국가의 원리를 이에 포함시키려고 하고 있다. 그런데 민주적 기본질서라고 규정하고 있는 우리 헌법에서 사회국가의 원리를 배격하고 자유민주적 기본질서로 국한하려는 것은 이해하기 힘들다. 자유민주주의와 사회민주주의의 복합개념인 민주적 기본질서는 자유주의나 보수주의를 배격하는 것이 아니라 부익부 빈익빈을 조장하는 경제적 자유와 독점자본주의를 배격하는 것이다.

민주적 기본질서가 곧 자유민주적 기본질서라고 하는 것은 민주주의의 이념을 자유와 평등만으로 국한하려는 사고이며, 복지와 사회정의의 요소를 무시한 이론이다. 우리 헌법의 현실은 자유민주주의에 대한 수정을 의미하고 있다. 그것은 경제적 자유에 대한 규제와 조정, 권력분립 원리에 대한 약간의 수정, 공공복지를 위한 자유와 권리의 제한 등에서 잘 나타나고 있다. 따라서 우리의 민주적 기본질서를 사회민주적 기본질서를 배격하는 것이 아님이 명백하다. 이 점에서 민주적 기본질서는 자유민주적 기본질서와 사회민주적 기본질서의 택일을 가능하게 하는 공개된 민주질서라고 하겠다.

---

7) 홍성방, 헌법학(상), 박영사, 2013, 116-118면.

# 제3항 민주적 기본질서의 내용과 법적 성격

## Ⅰ. 민주적 기본질서의 내용

우리 헌법상 민주적 기본질서의 내용으로는 다음과 같은 제도를 들 수 있다.

### 1. 국민주권의 원리

모든 국가권력의 정당성은 국민에게 있다. 따라서 우리 헌법 제1조 제2항에서 "대한민국의 주권은 국민에게 있고 모든 권력은 국민으로부터 나온다"고 규정하여 민주주의의 실질적 내용에 속하는 국민주권을 선언한 것이다.

### 2. 기본권의 존중

헌법 제2장에서 기본권을 보장하고 있다. 즉 제10조에서 인간의 존엄과 가치를 규정하고, 제11조에서 평등권, 제12조에서 제23조에 걸쳐 자유권을 규정하였으며, 특히 국민의 인간다운 생활을 보장하기 위하여 제31조에서 제36조에 걸쳐 사회권을 규정하여 오늘날 민주주의국가에 있어서 일반화된 사회국가에의 경향을 나타낸다.

### 3. 권력분립원리

현행 헌법은 입법권은 국회에(제40조), 행정권은 정부에(제66조 제4항), 사법권은 법원에 속한다(제101조 제1항)라고 규정하여 권력분립주의를 유지하고 있다. 특히 법원의 인적 · 물적 독립은 자유민주적 기본질서의 중요한 내용이다.

## 4. 법치주의 원리

시민적 법치주의의 주요 핵심 내용은 성문헌법주의, 권력분립제도, 법치행정주의, 기본권 보장과 기본권제한에 관한 헌법유보(헌법직접적 제한), 위헌법령심사제(헌법 제107조와 제111조 제1항), 법률유보(헌법 제37조 제2항), 포괄적 위임입법의 금지(백지위임의 금지. 헌법 제75조) 등이다. 현대 국가의 행정국가화 경향에 따라 집행부에 광범한 행정입법권을 부여하고 있지만, 그것은 '법률에서 구체적으로 범위를 정하여 위임받은 사항'에 관해서만 명령을 발하게 하는 것일 뿐, 법치주의 원칙에 반하는 포괄적 위임입법은 금지되고 있다. 또한 국가권력행사의 예측가능성의 보장도 중요한 요소이다. 모든 국가권력행사의 주체와 권력행사방법 및 그 범위가 성문법규로써 규정되어야만, 국민은 그 권력행사에 관하여 예측을 할 수 있다. 이 예측가능성이 민주사회에서는 법적 안정성을 위해 매우 중요하다. 헌법 제96조(행정각부의 설치·조직과 직무범위는 법률로 정한다), 제89조(국무회의 심의사항, 집행부의 권한사항), 제102조 제3항(대법원과 각급법원의 조직은 법률로 정한다)의 규정을 통해 집행권과 사법권의 발동에 관한 예측이 어느 정도 가능하다고 하겠다. 사회적 실질적 법치주의의 주요 핵심 내용은 헌법전문의 기회균등보장, 국민생활의 균등한 향상 선언, 사회적 기본권, 사회적 시장경제질서, 복지와 사회정의 요소로 이루어진다.

## 5. 정치활동의 자유와 복수정당제 보장(헌법 제8조 제1항)

자유민주주의적 정치질서의 유지와 정치이념의 실현은 표현의 자유와 정치적 자유가 보장될 때에만 가능하다. 대중적 민주주의에서 정치적 의사발표와 정치적 활동은 정당정치의 방식에 따르는 것이 일반적이기 때문에 복수정당제 보장과 정당의 존립 및 활동의 자유에 대한 보장은 중요하다.

## 6. 국제적 평화주의(헌법 제5조 제1항, 제6조 제1항, 제2항)

국제사회에서 민주주의가 달성되기 위해서는 국제평화주의가 요청된다. 헌법전문, 헌법 제5조에서 국제평화주의의 대원칙을 선언하고, 제4조에서는 국내적으로 무력에 의하지 않은 조국의 평화통일을 지향하며 평화적 통일정책을 수립·추진할 것을 규정하고 있다.

## II. 민주적 기본질서의 법적 성격

### 1. 민주적 기본질서와 헌법질서

민주적 기본질서는 헌법제정권자의 근본결정으로서 헌법 제1조에서 규정하고 있으므로 헌법질서를 이루고 있다. 그러나 민주적 기본질서는 단순한 헌법질서와 동일한 것이 아니라 헌법질서 중에서 중요한 자유·평등·복지에 관한 기본적인 질서만을 뜻한다. 여기서 유의할 점은 헌법질서와 민주적 기본질서는 같은 차원의 개념이 아니라는 점이다. 예컨대 민주적 기본질서에 대한 위배는 당연히 헌법질서에 대한 위반이 되지만, 헌법질서의 위반이 곧 민주적 기본질서의 위반이 되는 것은 아니다.

### 2. 민주적 기본질서와 기본권의 제한

우리 헌법에 있어서 민주적 기본질서는 헌법유보의 내용이 되는 것이고, 제37조 제2항의 국가안전보장·질서유지는 법률유보의 내용이 되는 것이므로 양 질서 개념은 그 차원을 달리하는 것이라는 견해가 있으나, 우리나라에서는 독일 기본법과 달리 민주적 기본질서를 기본권제한의 헌법유보로 보고 있지 않으며, 민주적 기본질서는 헌법 제37조 제2항의 국가안전보장·질서유지에 포함된다고 보는 것이 타당하다. 따라서 민주적 기본질서를 유지하기 위하여 부득이한 경우에는 법률에 의한 제한이 가능할 것이다.

민주적 기본질서와 헌법 제37조 제2항의 '질서'와의 관계에 관해서는 다양한 견해가 있지만, 제37조 제2항의 질서는 최상위의 질서개념이므로 이 질서는 민주적 기본질서를 포함한 질서를 의미한다. 따라서 민주적 기본질서도 제37조

제2항의 질서 중에 포함되고 그 질서의 핵심이 된다.

### 3. 민주적 기본질서와 기본권의 내재적 한계

민주적 기본질서를 기본권의 내재적 한계로 보아 민주적 기본질서에 위배되는 사상·양심까지도 헌법에 위배되므로 가질 수 없다는 견해[8]가 있으나 이는 타당하지 않다고 하겠다. 즉 내심의 자유는 절대적이기 때문에 민주적 기본질서에 위배했다고 하더라도 이를 처벌할 수는 없으며, 민주적 기본질서를 기본권의 내재적 한계로 보는 독일기본법의 태도와 달리 우리 헌법은 이보다 넓은 개념이 국가안전보장·질서유지로도 기본권을 제한할 수 있게 하고 있다. 이 점에서 양 국가의 입법례는 다르다고 하겠다.

## 제4항  민주적 기본질서의 위배와 그 효과

### Ⅰ. 민주적 기본질서의 위배의 의의

민주적 기본질서의 위배란 위에 든 민주적 기본질서의 내용을 비의회적인 방법에 의하여 폭력을 배제하는 것으로서, 특히 폭력지배와 자의 지배를 위한 정당활동을 말한다. 민주적 기본질서는 헌법질서 중에서 극히 중요한 자유·평등·복지에 관한 근본적인 질서만을 말하기 때문에 단순한 헌법질서의 침해는 민주적 기본질서의 침해가 되지 않는다.

---

8) 국가보안법 제7조에 대한 위헌심판, 헌재 1990.4.2. 89헌가113(한정합헌).

## II. 민주적 기본질서의 침해의 유형

민주적 기본질서를 침해하는 태양은 매우 다양하다. 즉 생명권의 박탈, 인격권의 경시 등과 같이 인간의 존엄을 침해하는 것, 국민의 다수에 의한 지배원칙을 배제하고 1인정치나 과두정치를 자행하는 것, 선거제도를 부정하거나 일당제도를 도입하거나 정치적 자유를 침해하려고 정치과정을 비공개로 하는 것, 권력집중적인 인민공화제를 채택하거나 정부의 독선, 법치주의의 배제, 사법권 독립의 침해, 경제적 자유를 절대시하고 부익부·빈익빈정책을 실시하려는 정당, 독점자본주의나 공산주의경제제도의 채택, 무력통일정책이나 침략전쟁의 수행 등이 민주적 기본질서를 침해하는 것이라고 하겠다.

## III. 민주적 기본질서 위배의 효과

민주적 기본질서에 위배되는 정당은 헌법재판소의 심판으로 해산될 수 있다.그러나 이때 정당의 목적과 활동은 엄격히 해석하여 민주적 기본질서에 위배하여 그 결과 국가의 존립에 위해를 초래하는 경우에 한정된다고 보아야 할 것이다.예를 들어 군주제도를 찬성하는 정당·권력융화적인 정강정책을 가진 정당·계획경제를 주장하는 정당이라고 하더라도 의회를 통한 합헌적인 활동을 하여 국가존립에 위해가 없는 경우에는 해산할 수 없을 것이다(정당법 제1조 참조). 그러나 이러한 견해에 반대하는 견해도 있다. 「집회 및 시위에 관한 법률」 제5조 제1항 제1호는 헌법재판소의 결정에 의하여 해산된 정당의 목적을 달성하기 위한 집회 또는 시위를 금지하고 있다.

## 제1절  제도적 보장

### 제1항  제도적 보장의 의의와 연혁

제도적 보장이라 함은 헌법이 주관적 공권이 아닌 일정한 기존의 제도 그 자체에 착안하여 그 제도의 핵심적 내용을 객관적으로 보장하는 것을 말한다. 우리 헌법상의 제도적 보장이라 할 수 있는 것으로는 직업공무원제도의 보장(제7조 제1항), 복수정당제의 보장(제8조 제1항), 자율적인 언론·출판제도(제21조), 재산권의 보장(제23조 제1항), 교육의 자주성과 중립성, 대학의 자치의 보장(제31조 제4항), 민주적 혼인제도와 가족제도의 보장(제36조), 민주적 선거제도의 보장(제41조 제1항·제67조 제1항), 지방자치제의 보장(제117조 제1항) 등을 들 수 있다.

이러한 제도적 보장이라는 개념은 1919년 바이마르공화국 헌법의 해석의 필요에서 나온 기술적 개념이다. 즉 바이마르공화국 헌법의 제2부의 표제는 '독일 국민의 기본권 및 기본의무'로 되어 있지만, 그 규정 중에는 개인의 권리·의무와 관련되지 않은 사항에 대해 규정하고 있는 것이 있다. 이러한 규정들로 지방자치제도의 보장(제127조)과 공무원제도의 보장(제129조 제1항)이 있었고, 이러한 규정의 헌법규범적 의미를 명백히 하기 위하여 해석기술적인 필요에서 생긴 것이 제도적 보장(Institutionelle Garantie, Einrichtungsgarantie)이라는 개념이다.

법학의 경우 제도적 보장이론은 특히 오류(M. Hauriou)에 의하여 시작되어 바이마르공화국 시대에 볼프(M. Wolff)가 재산권을 해석하는 데 도입하였고 칼 슈미트에 의하여 체계화되었다. 그의 저서인 「헌법이론(Verfassungslehre, 1928)」 속에서 제도적 보장의 특질과 그것이 기본권과 구별되지 않으면 안 된다는 것을 설명하고 있다. 그 후 「헌법의 자유권과 제도적 보장(Freiheitsrechte und institutionelle Garantien der Reichsverfassung, 1931)」이란 저서에서 이를 전개하여 공법상의 제도보장과 사법상 제도의 보장으로 이분한 외에 제도적 보장이론의 기본권보충기능을 강조하였다. 칼 슈미트에 의하면 기본권으로 규정된 사항이라 할지라도 자유의 보장을 위한 것이라기보다는 어떤 공법상 제도 그 자체를 헌법적으로 보장하기 위한 것이거나, 예를 들면 바이마르공화국 헌법상 지방자치제도, 직업공무원제도, 대학의 자치, 법관의 독립, 공법으로서의 종교단체, 신학대학제도 등 또는 전형적이고 전통적인 사법상 제도를 헌법적으로 보장하기 위한 것인 경우, 예컨대 사유재산제도, 상속제도, 혼인제도 등의 경우에는 기본권과 구별하는 의미에서 제도적 보장이라고 부르는 것이 옳고 자유권은 원칙적으로 초국가적이고 무제한한 성질의 것인데, 제도적 보장은 국가 내에서 국가법질서에 의하여 비로소 인정된 제도에 불과하기 때문에 양자는 구별되어야 한다고 한다. 칼 슈미트에 의해 형성된 제도적 보장이론은 이에 대한 부인론이 없는 것은 아니지만, 기본적으로 많은 학자들에 의해 승인되었다.

## 제2항 제도적 보장이론의 목적

독일에서 제도적 보장이론이 문제된 것은 혁명에 의하여 동요되지 않고 유지된 개인주의적인 법률·경제·사회·질서의 근간이 특히 사회주의적 사회질서로 전화되는 것을 막기 위함이었다. 이런 연유로 우선적으로 문제가 된 것은 사적 소유권을 중심으로 한 시민적 법질서였다. 문제는 각각 분리된 개개인의 입장을 강조하는 것이 아니고 서구문명의 기초인 제도 자체의 가치인 것이다. 자유주의적이고 개인주의적인 것으로서, 개인을 초월한 제도 자체의 가치를 강조하기 위한 논의 속에서 사법적 제도보장이론이 전통적인 자유주의와 개인주의가 겪는 위기에 대처하기 위한 역할과 목적을 가지고 성립되었다는 점이 제도적 보장이론의 특질의 중핵인 것이다.

다른 한편 이 이론은 제도의 중핵을 뺀 부분 및 그것에 결부된 구체적인 권리의 제약이나 침해를 인정하고 입법에 의한 규제의 범위를 확대하고 유연화하는 것이므로, 이러한 의미에서 '변화하는 것 중에서 존속하는 것'을 보장한다고 할 것이다.

## 제3항 제도적 보장의 특질

이렇게 성립되고 승인된 제도적 보장이 어떠한 내용을 가지는지에 대해 논자에 따라 반드시 세부적 내용에서 일치하지는 않으며, 더구나 보장의 대상인 제도의 종류와 범위에 관하여도 여러 견해가 대립되고 기본권과 관련하여서는 미묘한 견해의 차이도 있다. 그러나 대체로 제도적 보장이론의 핵심 그 자체에 관해서는 견해가 공통된다.

### Ⅰ. 보장의 대상

#### 1. 제도 그 자체

제도적 보장의 대상은 제도 그 자체이고 개인의 기본권은 아니다. 그러나 이러한 의미는 제도적 보장이 기본권과 전혀 무관계하다는 의미는 아니다. 제도적 보장의 직접 보장대상은 제도 그 자체이지만, 그 궁극적인 목적은 기본권의 강화에 있다. 또 제도적 보장이 제도 그 자체의 보장이라는 의미는 제도가 개인의 인격과 병행하여, 또는 개인의 기본권에 종속하여 같은 조항에서 보장되는 것을 방해하지 않는다. 그러나 제도적 보장의 대상이 직접적으로 어디까지나 제도 그 자체라는 것은 변하지 않는다.

## 2. 기존의 객관적 제도

제도적 보장의 대상인 제도는 역사적·전통적으로 형성된 기존의 객관적인 제도인 것이다. 따라서 헌법의 규정에 의하여 비로소 나타난 제도는 제도적 보장의 대상이 되지 않는다. 뢰벤슈타인은 국회나 대통령과 같은 헌법상의 기관을 넓은 의미에서 제도적 보장의 대상이라 부르지만, 이 설은 소수설에 지나지 않는다.이러한 헌법상의 기관은 헌법의 규정에 의하여 비로소 만들어진 제도로서 기존의 제도라 부를 수 없다.

## Ⅱ. 보장의 정도

제도적 보장은 기존제도의 현상을 동결하여 보장하고자 하는 것은 아니다. 순수한 현상의 보장과 다르다. 제도적 보장에 의하여 헌법이 보장하고자 하는 것은 어디까지나 그 제도의 핵심이고 본질이다. 따라서 통상의 법률로 그 제도를 폐지하거나 그 제도의 동일성을 상실시키는 것과 같은 변경은 허용되지 않지만, 그 밖의 변경은 제도적 보장에 저촉되지 않는다. 즉 제도적 보장은 실질적 내용의 침해금지만이 적용되는 최소한의 보장이다. 기본권은 최대한 보장이 요청되지만 제도적 보장은 최소한 보장으로 그 존립의 의의를 가질 수 있다.

## Ⅲ. 보장의 효과

제도적 보장은 행정권 및 사법권은 물론 입법권을 구속하는 보장효과를 가진다. 따라서 국회가 통상의 법률로 그 제도를 폐지하거나 그 제도의 핵심에 저촉하는 변경은 허용되지 않는다. 그 점에서 제도적 보장은 프로그램규정과 다르다. 프로그램규정은 입법의 지침만을 나타내고 정치적으로는 물론 법적으로도 입법자를 구속하지 않는다.

반면에 제도적 보장은 기본권과 달리 헌법개정권자를 구속하지 않는다. 따라서 헌법을 개정하는 것에 의하여 그 제도가 폐지되거나, 모든 제도의 동일성을 상실시키는 변경은 허용된다. 제도적 보장은 헌법률적 사항이다. 제도적 보장은 제도 그 자체의 객관적인 보장을 의미하지만, 그 궁극적인 목적은 어디까지나 기본권보장의 강화에 있다.

이상 본 바와 같은 제도적 보장이란 헌법이 기본권의 보장을 일층 강화하기 위하여 역사적·전통적으로 형성된 기존제도 그 자체에 주목하여 그 제도의 핵심부분을 보장하는 것에 의해 헌법을 개정하지 않는 한 통상의 법률로 그 제도를 폐지하거나 그 제도의 본질 같은 것을 변경할 수 없는 것을 말한다.

[판례] 구 지방공무원법 제2조 제3항 제2호 나목 등 위헌소원, 헌재 1997.4.24. 95
　　　 헌바48(합헌)

헌법재판소는 제도적 보장의 의의에 관하여

"헌법 제7조는 공무원의 공무수행의 독자성과 영속성을 유지하기 위하여 공직구조에 대하여 제도적 보장으로서의 직업공무원제도를 마련하도록 규정하고 있다. 제도적 보장은 객관적 제도를 헌법에 규정하여 당해 제도의 본질을 유지하려는 것으로서, 헌법제정권자가 특히 중요하고도 가치가 있다고 인정되고 헌법적으로 보장할 필요가 있다고 생각하는 국가제도를 헌법에 규정함으로써 장래의 법발전, 법형성의 방침과 범주를 미리 규율하려는 데 있다. 다시 말하면 이러한 제도적 보장은 주관적 권리가 아닌 객관적 법규범이라는 점에서 기본권과 구별되기는 하지만 헌법에 의하여 일정한 제도가 보장되면 입법자는 그 제도를 설정하고 유지할 입법의무를 지게 될 뿐만 아니라 헌법에 규정되어 있기 때문에 법률로써 이를 폐지할 수 없고, 비록 내용을 제한한다고 하더라도 그 본질적 내용을 침해할 수는 없다.

그러나 기본권의 보장은 헌법이 '국가는 개인이 가지는 불가침의 기본적 인권을 확인하고 이를 보장할 의무를 진다'(제10조), '국민의 자유와 권리는 헌법에 열거되지 아니한 이유로 경시되지 아니한다. 국민의 모든 자유와 권리는 국가안전보장·질서유지 또는 공공복리를 위하여 필요한 경우에 법률로써 제한할 수 있으며, 제한하는 경우에도 자유와 권리의 본질적인 내용을 침해할 수 없다'(제37조)고 규정하여 '최대한 보장의 원칙'이 적용되는 것임에 반하여, 제도적 보장은 기본권 보장의 경우와는 달리 그 본질적 내용을 침해하지 아니하는 범위 안에서 입법자에게 제도의 구체적인 내용과 형태의 형성권을 폭넓게 인정한다는 의미에서 '최소한 보장의 원칙'이 적용될 뿐인 것이다.

이 사건에서 문제된 직업공무원제도는 바로 헌법이 보장하는 제도적 보장 중의 하나임이 분명하므로 입법자는 직업공무원제도에 관하여 '최소한 보장'의 원칙의 한계 안에서 폭넓은 입법형성의 자유를 가진다.

따라서 청구인들의 주장과 같이 비록 동장이 주민에 대한 최근접 행정조직의 책임자로서 주민생활에 직접적이고 광범위한 영향을 미치는 공무원으로서 어느 공무원보다도 주민들과의 사이에 강한 근무관계가 있고 정치적 중립의 요청이 큰 한편, 그들에게 맡겨진 공무에 특별한 전문성이나 특수성을 찾아보기 어려울 뿐만 아니라 장기간 계속하여 그 직무를 담당하게 하는 것을 회피하여야 할 필요성이 있다거나 한시적인 기간동안만 그 직무를 담당할 것으로 예정되어 있는 것이 아니라고 할지라도 그러한 사정만으로 입법자가 동장의 임용의 방법이나 직무의 특성 등을 고려하여 공직상의 신분을 지방공무원법상 신분보장의 적용을 받지 아니하는 특수경력직공무원 중 별정직공무원의 범주에 넣었다 하여 바로 그 법률조항을 위헌이라고 할 수는 없는 것이다."

## 제4항  제도적 보장과 기본권과의 관계

제도적 보장은 본래 직접적으로는 제도 그 자체를 보장하는 것이고 개인의 주관적 권리를 보장하는 것은 아니다. 그러나 제도적 보장은 그 제도의 보장에 의하여 헌법에서 개인의 권리를 보장하는 것을 배척하지 않는다. 제도적 보장 중에는 기본권보장과 직접 관계가 없이 제도 그 자체만을 독자적으로 보장하는 경우, 예를 들면 직업공무원제도, 지방자체제도 등이다. 어떠한 자유를 확보하는 수단으로 제도보장이 되는 것이 아니다. 또한 본질상 기본권에 부수하여 제도가 보장되는 경우가 있다. 제도의 본질이 기본권에 의하여 규정되고, 제도가 기본권에 대하여 관련적 또는 보충적 보장의 의미를 가진다.

제도적 보장이 특정한 기본권보장과 일정한 관련을 가지고 있는 경우, 그 관련 형태에는 세 가지가 있다. 권리후속설, 보장병존설, 제도수반설 등이다.

권리후속설에 의하면 헌법규범에 의한 보장은 제도적 보장에 지나지 않고 개인의 권리가 헌법에 의해 보장되는 것은 당해 제도에 봉사하기 위한 것이며,

특정의 제도가 보장됨으로써 부수적 내지 간접적으로 특정의 기본권이 보호받는 경우로, 예컨대 복수정당제가 보장됨으로써 개인의 정당설립의 자유, 정당가입탈퇴의 자유가 보장된다. 보장병존설에 의하면 제도적 보장과 권리의 보장이 상호 배척함이 없이 병존한다는 경우로, 예컨대 재산권의 보장이 사유재산제의 보장을 의미한다. 제도수반설에 의하면 헌법규정은 제1차적으로 권리를 보장하기 위한 것이며, 제도는 기본권을 확보하기 위한 일종의 수단으로서 기본권에 수반하여 보장되는 경우로, 예컨대 정치적 기본권, 특히 투표권을 확보하기 위하여 민주적 선거제도의 보장이 필요한 경우이다.

제도적 보장규정과 동시에 어떤 권리보장을 헌법에서 규정하고 있는 경우는 모르지만, 헌법상의 객관적 법규범인 제도적 보장의 규정 그 자체에서는 개인의 주관적 권리는 발생하지 않는다고 보아야 할 것이다. 따라서 제도적 보장규정 그 자체를 직접적 근거로 하여 개인이 소송을 제기할 수는 없을 것이다.

# 제2절  정당제도

## 제1항  총  설

### Ⅰ. 의회민주주의에서 정당민주주의로

20세기에 있어서 보통선거의 실시는 선거권의 확대와 함께 근대국가의 민주주의는 고전적·귀족주의적 민주정에서 이른바 대중적 민주주의로 발전하게 된다. 이러한 대중적 민주주의 국가에서 정치적 의사형성에 있어서 국민의 의사를 형성하게 하기 위한 항구적 조직이 필요한바 이것이 정당이다. 이와 같이 정당은 오늘날 민주정치의 본질적 징표로 간주된다.

정당국가적 민주주의의 특색을 보면, 먼저 근대적 간접민주정의 직접민주정에로의 전환으로의 특성을 들 수 있다. 정당국가적 민주주의에서는 의회와 정부에 있어서는 다수당의 의사와 국민의 의사가 동일시되는 경향이 있다. 또한 국가의 의사형성에 있어서의 의회의 고유한 성격이 상실된다. 정당국가에서 의회는 의원부(議員部)를 통하여 이미 준비된 정당의 결정을 확인하는 장소이고, 그 토론도 정치적 문제에 대한 국민의 결단에 영향을 주는 정치적 선전의 성격으로 변질되기 때문이다. 또한 의원의 지위변화를 들 수 있는데, 정당국가에 있어서의 의원은 정당의 대표로서 정당의 지시에 따르는 정당의 전시인(展示人)에 지나지 않는다. 결국 선거의 성격도 변화하게 된다. 정당국가에 있어서는 선거의 성격이 대표의 선출에서 정당의 정책에 대한 국민투표적(plebiscitary) 성격으로 변질되고 있다.

## II. 정당에 대한 각국 헌법의 태도

역사적으로 보아 정당에 대한 헌법의 태도는 첫째 적대시하는 단계(미국헌법제정권자나 루소의 사상), 둘째 무시하는 소극적인 단계, 셋째 승인과 합법화의 단계, 넷째 헌법상 편입 내지 융합의 단계로 분류할 수 있는데,[1] 헌법상 정당조항이 등장하게 된 것은 제2차 세계대전 이후로 그 대표적 예로 서독기본법, 이탈리아헌법, 프랑스 제5공화국 헌법과 브라질·에콰도르 등 남미 여러 나라의 헌법을 들 수 있다.

정당이 헌법에 수용되는 단계를 보면 초기 시민적 정당은 역사적 사실 측면에서 보면 공공복리를 추구하기 위한 조직이 아니라 특수이익을 대변하기 위한 조직으로 출발하였다. 그렇기 때문에 초기에는 정당에 대한 국가의 태도는 적대적인 것이었다. 정당에 대한 국가의 태도는 이러한 적대시단계를 거쳐 무시단계와 승인과 합법화단계를 거쳐 헌법에 편입되게 되었다. 이러한 과정을 거쳐 제2차 세계대전 이후부터 헌법에 본격적으로 수용된 정당은 이제 민주주의국가에서는 없어서는 안 될 존재가 되었다. 그렇기 때문에 라이프홀츠는 현대의 민주

---

1) 트리펠(H. Triepel)은 정당에 대한 국가의 태도를 적대시단계, 무시단계, 승인과 합법화단계를 거쳐 헌법에 편입되는 단계로 나누고 있다.

주의를 정당국가적 민주주의라고 부른다.

　이러한 현대의 정당국가적 민주주의를 실현함에 있어서 복수정당제는 중요한 의미를 가진다. 헌법이 규정하고 있는 복수정당제는 오늘날은 다양한 정치노선 사이의 선택가능성, 곧 능동시민이 어떤 정치적 집단(정당)에게는 국가의 지도를 위임하고 다른 정치적 집단(정당)에게는 지배에 대한 정당성을 거부함을 뜻한다. 또한 민주국가에서 복수정당제는 국민의 경쟁적 의견과 이해관계와 필요의 표현이라고 할 수 있다.

## Ⅲ. 우리 헌법상 정당조항

　우리 헌법상 정당조항은 제2공화국 제3차 개헌 시에 비로소 등장하였으며 제3공화국 제5차 개헌 시에는 정당에 관한 일반조항(제7조)과 특수조항(제36조 제3항, 제64조 제3항, 제38조)을 규정하여 정당국가를 지향하였으나 제4공화국 헌법에서 다시 극단적인 정당국가적 경향을 완화하여 제7조의 일반조항만을 존치시켰으며, 제5공화국 헌법은 다시 정당조항을 추가하여 제4공화국에 비해 정당의 지위를 상당히 강화하였고, 제6공화국 제9차 개헌에서 제5공화국 헌법의 정당조항에다 정당의 목적의 민주성을 추가하였다.

## 제2항  정당의 정의

### Ⅰ. 정당의 법적 개념

　우리 헌법에서는 정당의 개념을 직접 규정하지 않고 제8조 제2항에서 "정당은 그 목적·조직과 활동이 민주적이어야 하며, 국민의 정치적 의사형성에 참여하는 데 필요한 조직을 가져야 한다"고 그 대강만을 정하고, 정당법 제2조는 이를 구체화하여 "정당이라 함은 국민의 이익을 위하여 책임 있는 정치적 주장이나 정책을 추진하고 공직선거의 후보자를 추천 또는 지지함으로써 국민의 정치적 의사형성에 참여함을 목적으로 하는 국민의 자발적 조직을 말한다"라고 정당의 정의를 내리고 있다.


## II. 정당의 특징

이와 같은 정당의 개념에 비추어 정당의 특징을 보면 먼저, 정당의 목적은 민주적이어야 한다. 따라서 민주적 기본질서를 긍정하여야 한다. 또한 정당은 국민의 정치적 의사형성에 참여하는 것을 목적으로 하는 단체이다. 따라서 국민의 정치적 의사형성에 참여하지 않는 사회적·경제적·종교적·학술적 단체 등은 정당이라 할 수 없다. 정당은 국민의 이익을 위하여 정치적 의사형성에 참여하는 단체이다. 따라서 일부특수계급이나 집단을 위한 것은 정당이 아니고 도당이다. 또한 정당은 책임 있는 정치적 주장이나 정책을 추진하고 공직선거의 후보자를 추천 또는 지지함으로써 정치적 의사형성에 참여하여야 한다. 따라서 정당은 실질적 내용을 가진 정강을 가져야 하며, 선거를 치를 수 있는 조직을 갖추어야 한다. 시간적으로 계속적이고 지역적으로 공고한 조직을 갖추어야 한다. 단순히 선거만을 위한 선거인단은 정당이 아니다. 정당은 항구성과 고정성을 가지는 자발적 조직이어야 한다. 따라서 정당의 존속이 당간부·당규칙 등에 의하여 항구성이 객관적으로 나타나야 하며, 자발적 조직이므로 관제정당은 정당이라 할 수 없고, 또 정당에의 가입과 탈퇴도 자유이다. 그리고 국민의 정치적 의사형성에 참여하여야 하므로 그 조직은 다소 전국적이어야 한다.


## III. 정당의 기능

정당은 국민의 정치적 의사형성에 참여하여 이를 촉진시키고 구심점으로 통합시킴으로써 상향식 국가의사형성의 중개자로 기능함은 물론 민주주의가 필요로 하는 권력행사의 정당성을 언제나 국민과 이어지게 하는 교량적 역할을 담당한다. 또한 정당은 국가를 이끌어 갈 지도급 정치인을 발굴·훈련·양성하는 민주국가의 인선기구적 기능을 가진다.

　　정당은 국민의 자발적 조직이며 정당의 행위의 효과가 국가에 귀속되는 것이 아니어서 국가기관이라 할 수는 없지만 그렇다고 순수한 사법적 결사로 볼 수도 없다. 정당은 국민의 정치적 의사를 형성, 조직하고 이를 국가에 전달하는 공적 기능을 가지며 그런 점에서 '국가적인 것'과 '비국가적인 것'의 접점에 있는 독특한 지위를 가진다고 할 수 있으며 그런 점에서 헌법이 다른 사적 단체와 달리 특별한 규율을 하고 있는 것이다.

## 제3항  정당의 헌법상 지위

### Ⅰ. 학  설

　　정당의 헌법상 지위에 관하여 학설이 대립한다. 먼저 헌법기관설이 있다. 이 학설에 의하면 정당이 헌법에 편입됨으로써 헌법적 제도에의 지위에 올랐으며 헌법기관과 같은 작용을 한다는 견해이다(Leibholz). 한편 서독연방헌법재판소는 정당에 대한 국가의 재정보조를 위헌이라 판시한 1966년의 이른바 정당재정보조에 관한 판례를 계기로 정당의 헌법기관설을 포기하였다. 둘째, 국가기관설이다. 이 설은 정당을 헌법기관은 아니나 법률에 의하여 설립되는 국가적 기관으로 보는 견해이다. 셋째, 중개적 기관설(중개적 권력설, 제도적 보장설)이다. 정당은 국민과 국가의 정치적 의사형성의 중개적 권력으로서, 비록 헌법상의 기관은 아니나 헌법의 영역으로 고양된 정치적·사회적 형태의 정당을 제도적으로 보장하는 것이라 본다. 헌법재판소가 취하고 있는 입장이며 우리나라 통설이다. 넷째, 사법적 결사설이다. 정당이 정치적 의사형성에 협조함으로써 그 중심적인 헌법기능의 행사를 인정하나 그 본질은 국가조직 외의 자유로운 구성인 동시에 그 본질로 보아 국가조직의 내부에 존재하는 자유로운 조직이고, 그 자유로운 사회적 성격은 부정되지 아니하므로 사법적 결사에 지나지 않는다.

정당은 직접 헌법규정에 따라 결성된 것이 아니고 시민의 자발적 조직체일 뿐이며 정당의 의사가 곧 국가의사가 되는 것도 아니기 때문에 헌법기관이라 할 수는 없다. 그리고 국가관계설의 경우를 보면 헌법상 국가기관은 그 설립이 엄격히 제한되어 있는데, 정당은 그 설립의 자유가 보장되어 있고 정당과 당원과의 관계는 국가와 공무원의 관계처럼 공법관계로 볼 수 없기 때문에 타당하지 않다. 그리고 사법적 결사설은 정당이 헌법생활에 참여하면서 정당의 순수한 사회적 성격에 변함이 없다고 하나, 헌법제도로서 보장을 받으려면 정당이 가지는 이익단체적인 기본성격을 그대로 유지할 수 없다는 점에서 타당하지 않다. 그러므로 정당은 순수한 국가기관으로 볼 수 없는 동시에 또 단순한 일반결사와 달리 국민과 국가의 중간에서 국민의 정치적 의사를 형성하여 이를 국가의사로까지 형성시키는 데 중개하는 중개적·정치적 결사이다. 정당의 헌법상 지위는 국민의 정치적 의사를 중개하는 헌법적 기능을 가진 정당제도가 헌법상 보장되는 제도보장이라고 하겠다.

[판례] 지방의회의원선거법 제36조 제1항에 대한 헌법소원, 헌재 1991.3.11. 91헌마21(헌법불합치, 일부각하)

법률에 대한 헌법소원에 있어서 청구기간과 "사유가 발생한 날"의 의미, 법률에 대한 헌법소원에 있어서 자기성, 직접성, 현재성이 인정되는 사례, 정당의 기본권 주체성이 인정되어 청구인적격을 인정한 사례, 지방의회의원선거법 제36조 제1항의 "시·도의회의원 후보자는 700만원의 기탁금" 부분의 위헌여부, 헌법불합치결정과 입법촉구결정의 의미

"헌법 제8조에 의하여 보장되는 정당제도에 있어서 정당이라 함은 국민의 이익을 위하여 책임있는 정치적 주장이나 정책을 추진하고 공직선거의 후보자를 추천 또는 지지함으로써 국민의 정치적 의사형성에 참여함을 목적으로 하는 국민의 자발적 조직을 의미하는 것이다. 정당은 자발적 조직이기는 하지만 다른 집단과는 달리 자유로운 지도력을 통하여 무정형적이고 무질서적인 개개인의 정치적 의사를 집약하여 정리하고 구체적인 진로와 방향을 제시하며 국정을 책임지는 공권으로까지 매개하는 중요한 공적 기능을 수행하기 때문에 헌법은 정당의 기능에 상응하는 지위와 권한을 보장함과 동시에 그 헌법질서를 존중해 줄 것을 요구하고 있는 것이다."

## II. 정당의 법적 형태

정당의 법적 형태에 대하여는 학설과 판례가 통일되어 있지 않다. 민법상의 법인격 없는 사법상의 사단,[2] 사적 정치결사,[3] 헌법제도와 사적 결사의 혼성체,[4] 사법상의 사단,[5] 정치활동을 목적으로 하는 자치적 정치단체,[6] 법인격 없는 사단[7] 등으로 견해가 분분하다.

정당의 법적 형태를 정함에 있어서는 정당의 법적 형태와 정당의 헌법상 지위를 구별하는 것이 중요하다. 곧 정당이 당원들에 의하여 자발적으로 구성된 단체라는 점과 정당에게 주어진 임무, 곧 국민의 정치적 의사형성에 적절하게 참여하기 위한 전제로서 주어지는 정당의 특수한 지위는 구별되어야 한다. 그러한 점에서 정당의 법적 형태는 법인격 없는 사단의 일종으로 보아야 할 것이다.

[판례] 불기소처분취소, 헌재 1993.7.29. 92헌마262(기각)

정당의 지구당의 부위원장이 그 지구당 소유물에 관한 재물손괴죄 또는 직권남용죄의 피해자로서 그 범죄에 대한 불기소처분에 관하여 헌법소원 청구인적격이 있는지 여부, 재정신청을 제기할 수 있는 범죄에 대한 불기소처분에 대하여 재정신청을 거치지 아니하고 검찰항고만을 거쳐서 청구한 헌법소원의 적법여부

"정당의 법적 지위는 적어도 그 소유재산의 귀속관계에 있어서는 법인격 없는 사단으로 보아야 하고, 중앙당과 지구당과의 복합적 구조에 비추어 정당의 지구당은 단순한 중앙당의 하부조직이 아니라 어느 정도의 독자성을 가진 단체로서 역시 법인격 없는 사단에 해당한다고 보아야 할 것이다. 그런데 민법은 법인이 아닌 사단의 재산은 그 구성원의 총유로 보고, 그 구성원은 정관 기타 규약에 쫓아 총유물을 사용·수익할 수 있다고 규정하고 있다."

---

2) 권영성, 헌법학원론, 법문사, 2010, 191면.
3) 문홍주, 제6공화국 한국헌법, 해암사, 1987, 168면.
4) 김철수, 헌법학개론, 박영사, 2006, 158면.
5) 신민당총재단 직무집행정지 가처분결정(서울민사지방법원 제16부 1979.9.8. 79카21709 판결).
6) 의장직무행사정지 가처분결정(서울민사지방법원 제16부 1987.7.30. 87카30864 판결).
7) 불기소처분, 헌재 1993.7.29. 92헌마262(기각).

## Ⅲ. 정당과 일반결사와의 관계

　　정당은 헌법 제8조에서 규정하고 있는 데 반하여, 일반결사는 제21조에서 규정하고 있으므로 양자의 관계가 문제된다. 그러나 정당은 역시 광의의 일반결사의 일종이며, 다른 일반결사와의 사이에 본질적인 차이는 없다. 따라서 정당은 헌법 또는 정당법이 규정하고 있는 외에는 일반결사에 관한 규정이 적용된다. 그러한 의미에서 정당조항은 일반결사에 관한 헌법 제21조의 특별규정이라 할 수 있다. 그러나 정당은 헌법 제8조 제4항에 의하여 특별한 지위가 보장되어 있으므로 일반결사보다 월등히 강한 보장을 받으며 헌법재판소의 심판에 의하여만 강제 해산시킬 수 있다는 점에서(제111조 제1항 제3호) 다른 결사와 구별된다.

[판례] 경찰법 제11조 제4항 등 위헌확인, 1999.12.23. 99헌마135(위헌, 각하)

"이 사건 법률조항은 '누구나 국가의 간섭을 받지 아니하고 자유롭게 정당을 설립하고 가입할 수 있는 자유'를 제한하는 규정이다. 정당에 관한 한, 헌법 제8조는 일반결사에 관한 헌법 제21조에 대한 특별규정이므로, 정당의 자유에 관하여는 헌법 제8조 제1항이 우선적으로 적용된다. 그러나 정당의 자유를 규정하는 헌법 제8조 제1항이 기본권의 규정형식을 취하고 있지 아니하고 또한 '국민의 기본권에 관한 장'인 제2장에 위치하고 있지 아니하므로, 이 사건 법률조항으로 말미암아 침해된 기본권은 '정당의 설립과 가입의 자유'의 근거규정으로서, '정당설립의 자유'를 규정한 헌법 제8조 제1항과 '결사의 자유'를 보장하는 제21조 제1항에 의하여 보장된 기본권이라 할 것이다.

민주적 의사형성과정의 개방성을 보장하기 위하여 정당설립의 자유를 최대한으로 보호하려는 헌법 제8조의 정신에 비추어, 정당의 설립 및 가입을 금지하는 법률조항은 이를 정당화하는 사유의 중대성에 있어서 적어도 '민주적 기본질서에 대한 위반'에 버금가는 것이어야 한다고 판단된다. 다시 말하면, 오늘날의 의회민주주의가 정당의 존재없이는 기능할 수 없다는 점에서 심지어 '위헌적인 정당을 금지해야 할 공익'도 정당설립의 자유에 대한 입법적 제한을 정당화하지 못하도록 규정한 것이 헌법의 객관적인 의사라면, 입법자가 그 외의 공익적 고려에 의하여 정당설립금지조항을 도입하는 것은 원칙적으로 헌법에 위반된다."

## 제4항　정당설립의 자유와 복수정당제의 보장

헌법 제8조 제1항은 "정당의 설립은 자유이며, 복수정당제는 보장된다"라고 규정하고 있다.

## Ⅰ. 정당설립의 자유

정당은 헌법상 국민의 정치적 의사형성에 참여하기 때문에 정당설립의 자유가 인정되어야 한다. 따라서 정당의 설립에는 사전에 국가권력에 의한 제한을 받을 수 없고, 그러한 점에서 승인·허가제는 위헌이다. 그러나 의회정치의 유지와 질서유지의 필요에서 부과하는 등록·신고와 같은 의무까지 면제하는 것은 아니다.

## Ⅱ. 복수정당제의 보장

정당설립의 자유의 필연적인 귀결인 동시에 다원적 사회의 필연적인 결실로 복수정당제가 보장되어야 한다. 이는 현대민주주의가 상대주의를 전제로 하는 데서 오는 것으로 자유민주적 기본질서의 한 중요한 요소이다. 이것은 또 헌법이 야당의 존재를 필수조건으로 하고 야당을 보호하는 것을 의미한다. 그리고 복수정당제의 보장에 관한 규정은 제1조의 민주공화국에 관한 규정과 함께 그것은 민주주의의 원리에 대한 불가침성의 대상이 되고 있다. 따라서 헌법개정의 한계를 의미한다.

[판례] 정당법 제3조 등 위헌확인, 헌재 2004.12.16. 2004헌마456(기각)

헌법 제8조 제1항이 정당조직의 자유를 포함한 정당의 자유를 보장하는지 여부(적

극), 헌법 제8조 제2항이 가지는 의미

"헌법 제8조 제1항이 명시하는 정당설립의 자유는 설립할 정당의 조직형태를 어떠한 내용으로 할 것인가에 관한 정당조직 선택의 자유 및 그와 같이 선택된 조직을 결성할 자유를 포괄하는 '정당조직의 자유'를 포함한다. 정당조직의 자유는 정당설립의 자유에 개념적으로 포괄될 뿐만 아니라 정당조직의 자유가 완전히 배제되거나 임의적으로 제한될 수 있다면 정당설립의 자유가 실질적으로 무의미해지기 때문이다. 또 헌법 제8조 제1항은 정당활동의 자유도 보장하고 있기 때문에 위 조항은 결국 정당설립의 자유, 정당조직의 자유, 정당활동의 자유 등을 포괄하는 정당의 자유를 보장하고 있다. 헌법 제8조 제2항은 "정당은 그 목적·조직과 활동이 민주적이어야 하며, 국민의 정치적 의사형성에 참여하는 데 필요한 조직을 가져야 한다."고 규정하고 있다. 이 규정은 헌법 제8조 제1항에 의하여 정당의 자유가 보장됨을 전제로 하여, 그러한 자유를 누리는 정당의 목적·조직·활동이 민주적이어야 한다는 요청, 그리고 그 조직이 국민의 정치적 의사형성에 참여하는 데 필요한 조직이어야 한다는 요청을 내용으로 하는 것으로서 정당에 대하여 정당의 자유의 한계를 부과한 것이다. 또 이 규정은 정당의 핵심적 기능과 임무를 '국민의 정치적 의사형성에 참여'하는 것으로 선언하면서 동시에 위 기능과 임무를 민주적인 내부질서를 통하여 수행할 수 있도록 그에 필요한 입법을 해야 할 의무를 입법자에게 부과하고 있다(헌재 1999.12.23. 99헌마135, 판례집 11-2, 800, 812-813 참조). 그러나 이에 나아가 헌법 제8조 제2항이 정당조직의 자유를 직접적으로 규정한 것이라고 보기는 어렵다. 앞에서 본 바와 같이 정당조직의 자유는 헌법 제8조 제1항이 보장하는 정당의 자유에 포괄되어 있어 이 규정에 의하여 이미 보장되는 것이기 때문이다. 헌법 제8조 제2항이 정당조직의 자유와 밀접한 관계를 가지고 있는 것은 사실이나, 이는 오히려 그 자유에 대한 한계를 긋는 기능을 하는 것이고, 그러한 한도에서 정당의 자유의 구체적인 내용을 제시한다고는 할 수 있으나, 정당의 자유의 헌법적 근거를 제공하는 근거규범으로서 기능한다고는 할 수 없다."

## 제5항 정당의 목적·활동과 조직

헌법 제8조 제2항은 "정당의 목적·조직과 활동이 민주적일 것과 정당이 국가의 정치적 의사를 형성하는 데 필요한 조직을 가져야 한다"라고 규정하고 있다.

## Ⅰ. 정당의 목적

정당의 목적은 민주적이어야 한다. 즉 민주적 기본질서를 긍정하여야 한다. 따라서 정당은 당헌과 강령 또는 기본정책을 공개하여야 한다(정당법 제28조).

## Ⅱ. 정당의 기능(활동)

정당의 기능은 국민의 정치적 의사형성에 참여하는 데 있다. 정당이 국민의 정치적 의사형성에 참여하는 데는 정당의 활동이 반드시 '민주적'이어야 하며, 헌법소정의 절차를 밟아서 정권장악을 기도해야 하고, 절대로 혁명과 같은 비헌법적 수단을 사용하여서는 안 된다.

## Ⅲ. 정당의 조직

정당의 조직이란 정당 그 자체의 의사형성에 필요한 모든 형태, 즉 강령의 정립, 당기관의 구성과 그 권한의 규정, 당원의 권리와 의무의 규정 등을 말한다. 정당의 조직은 '국민의 정치의사형성'에 참여하는 데 필요한 조직을 가져야 한다. 즉 정당은 일정한 정강과 당헌을 가져야 하고 이를 공개하여야 한다(정당법 제28조). 당의 대표기관, 집행기관 기타 일정한 내부기관, 당원의 총의를 반영할 수 있는 대의기관 및 집행기관과 소속 국회의원이 있는 경우에는 의원총회를 가져야 한다(정당법 제29조). 중앙당부와 일정수의 지방당부를 가져야 함은 물론 그 조직은 어느 정도 고정성과 항구성을 가지고 있어야 한다. 또한 정당의 조직은 '민주적'이어야 한다. 여기서 '민주적'이란 헌법 제1조의 민주공화국의 민주주의를 의미한다.

따라서 정당은 그 내부의 의사구성에 있어서 다수결의 원리에 의해야 하고, 당원의 권리의무에 있어서는 평등의 원칙에 의해야 하고, 정당가입·탈퇴의 자유가 인정되어야 하며, 또한 정당의 자금이 불공정한 사회단체 또는 외국정부로 유입되어서는 안 되며, 특히 정당의 공직후보자의 추천은 민주적 방식으로 행하여져야 한다.

## 제6항  정당과 정치자금

### Ⅰ. 정치자금의 의의

정치자금이라 함은 정치인·정당 또는 그 밖의 정치단체가 정치적 활동을 하는 데 필요한 재원을 말한다. 정치자금법 제3조 제1호는 정치자금이라 함은 "당비, 후원금, 기탁금, 보조금과 정당의 당헌·당규 등에서 정한 부대수입 그 밖에 정치활동을 위하여 정당, 공직선거에 의하여 당선된 자, 공직선거의 후보자 또는 후보자가 되고자 하는 자, 후원회·정당의 간부 또는 유급사무직원 그 밖에 정치활동을 하는 자에게 제공되는 금전이나 유가증권 그 밖의 물건과 그 자의 정치활동에 소요되는 비용"을 정치자금이라고 유권해석하고 있다.

정당이 자신에게 부여된 헌법적 과제를 담당하는 데에는 많은 경비가 소요된다. 정당의 조직이나 활동을 위한 경비는 원칙적으로 구성원의 당비나 후원금으로 마련되어야 한다. 그러나 당원의 당비만으로 이를 해결하는 것은 불가능에 가깝고, 개인이나 단체에 의한 후원금이나 기탁금 역시 기부문화가 정착되지 못한 환경에서는 규모도 작고 지속성도 불확실하여 정당의 재정안정성을 확보하기 어렵거니와 더 나아가 기부자의 이해에 종속될 우려가 있다. 국가의 재정지원 역시 국가로부터 자유로울 수 없다는 위험이 따르지만 예측가능하고 안정된 지원이 가능하고 정당이 담당하는 헌법적 과제를 감안할 때 정당에 대한 재정지원으로 국고보조는 차선책이지만 불가피한 제도로 여겨진다.

## II. 정치자금에 대한 규제의 필요성

정당이 책임 있는 정치적 주장이나 정책을 추진하고, 공직선거에 후보자를 추천 또는 지지함으로써 국민의 정치적 의사형성에 적극적으로 참여하기 위해서는 정치자금이 필요하다. 그러나 정당이 압력단체나 재벌들과 결탁하여 막대한 정치자금을 조달하고 사용하는 과정에서 심각한 부패문제가 파생한다. "피리 부는 자에게 돈을 낸 자는 곡목을 청할 권리가 있다"는 서양속담이 암시하듯이 정치자금을 제공한 자는 반대급부로서 자신에게 유리한 주문을 하게 마련이기 때문이다. 정당과 재벌의 결탁은 재벌의 정당지배·정치가지배를 초래하고, 종국에는 정당의 공공적 기능수행을 저해할 뿐 아니라 비공개로 조달된 악성배후자금은 국민경제에도 막대한 영향을 끼치게 된다. 이 때문에 각국은 정치자금의 조달을 원활히 하면서도 정치적 부패를 방지하기 위한 입법을 마련하고 있다.

[판례] 공직선거 및 선거부정방지법 제59조 등 위헌확인, 헌재 1995.11.30. 94헌마 97(기각)

장래에 발생할 기본권침해에 대하여 '현재성'요건을 인정한 사례. 선거운동기간을 제한하고 있는 공직선거 및 선거부정방지법 제59조의 위헌여부, 공직선거 및 선거부정방지법 제254조 제2항 제4호의 위헌여부, 공직선거 및 선거부정방지법 제112조 제2항 제3호가 의례적인 기부행위에 대하여 현직 국회의원 등의 입후보자와 그 밖의 입후보자를 합리적 이유없이 차별하는 것인지 여부, 정치자금에 관한 법률 제3조 제8호가 후원회의 기부대상자를 국회의원입후보등록자에 한정한 것이 위헌인지 여부

"정치자금법은 정치자금의 적정한 제공을 보장하고 그 수입과 지출상황을 공개함으로써 민주정치의 건전한 발전에 기여함을 목적으로 한다(제1조)로 되어 있는데, 이 법은 종래 정치자금의 수수가 부정과 부패에 연결되고 경제인에 대한 정치인의 보복이 있는 사례가 있었다는 반성에서 정치자금의 수수를 양성화하고 그 금액과 사용정도를 투명하게 하기 위해 제정된 것이다."

## III. 정치자금과 국고보조

### 1. 헌법과 국고보조

헌법 제8조 제3항 후단에서 "국가는 법률이 정하는 바에 의하여 정당의 운영에 필요한 자금을 보조할 수 있다"고 규정하고 있다. 헌법의 이러한 태도는 정당에 대한 국고보조금을 강제하고 있지 않으나 그렇다고 금지하지도 않는다. 국고보조금의 범위를 정당의 운영에 필요한 자금으로 제한하고 있을 뿐이다. 정당에 대한 재정지원으로 국가가 보조금을 지급하는 것이 정당한가는 그리 간단한 문제만은 아니다. 헌법적 시각에서 볼 때 정당에 대한 국고보조금이 허락되어야 하는지, 된다면 어떤 조건으로 어느 범위까지 허락되어야 하는지가 문제된다. 특히 정당 이외의 다른 단체와의 형평성과 관련하여 볼 때 어려운 문제가 아닐 수 없다. 또 어떤 기준으로 정당에게 분배될 수 있고, 되어야 하는지도 문제이다.

### 2. 독일에서의 정당에 대한 국고보조

독일의 경우 국고보조금에 관해 대표적인 3개의 독일연방헌법재판소 판례를 들 수 있다. 1958년 판례에서는 선거는 공적 과제이며 정당은 이러한 공적 과제를 담당해야 하므로 국가는 선거 그 자체에 대한 경비뿐만 아니라 정당 및 선거를 유지해야 하는 경비 모두를 정당에게 지원해야 한다는 입장을 보였다. 1966년 판례에서는 재판소의 입장을 변경하여 정당의 모든 활동에 대한 지속적인 보조금지급은 위헌이라는 결정을 내렸다. 선거에서 꼭 필요한 경비를 보상해주는 것은 헌법적으로 정당하다고 하였다. 이 결정이 있은 후 선거에 필요한 경비의 보상이 이루어지게 되는데, 정당이 얻은 표수마다 5마르크씩 계산하여 지급하였다. 1992년 판례에서 다시 새로운 결정을 내렸다. 국가는 정당의 모든 활동에 대한 포괄적 재정지원도 가능하지만 선거활동 외의 정당의 일상적인 활동에 대한 부분적 재정지원도 가능하다는 것이다. 그러면서 정당이 스스로 노력해야 할 수고를 면제해주는 정도의 국가에 의한 재정적 보조는 허락될 수 없다고 한다. 독일 정당법은 절대적 상한과 상대적 상한을 규정하고 있다. 독일의 정당법은 정당에게 지원되는 국고보조금의 절대액을 정하고 있다(절대적 상한제). 동시에 정당에게는 정당이 노력해서 얻은 당비, 후원금 등의 합계를 넘지 않는 범위 내의 보조금을 지급한다(상대적 상한제).


## IV. 정치자금의 종류

정치자금은 당비, 후원금, 기탁금, 국고보조금의 네 가지가 있다.

### 1. 당 비

당비는 명칭 여하를 불문하고 정당의 당헌 또는 당규에 의하여 정당의 당원이 부담하는 금전이나 유가증권 기타 물건을 말한다(정치자금법 제3조 제3호). 정당은 소속당원에게 일정액의 당비를 받을 수 있고, 당원은 이를 납부할 의무를 진다.

### 2. 정당후원회의 후원금

후원금은 후원회의 회원이 후원회에 납입하는 금전이나 유가증권 기타 물건을 말한다(동법 제3조 제4호). 후원회라 함은 정치자금법의 규정에 의하여 정치자금의 기부를 목적으로 설립·운영되는 단체로서 관할 선거관리위원회에 등록된 단체를 말한다(동법 제3조 제7호).

### 3. 기탁금

기탁금이라 함은 정치자금을 정당에 기부하고자 하는 개인이 정치자금법의 규정에 의하여 선거관리위원회에 기탁한 금전이나 유가증권 기타 물건을 말한다(동법 제3조 제5호). 정당에 정치자금을 기부하고자 하는 자는 기명으로 선거관리위원회에 직접 기탁하여야 한다(동법 제22조 제1항). 중앙선거관리위원회는 기탁된 정치자금을 기탁금의 모금에 직접 소요된 경비를 공제하고 지급 당시 제27조(보조금의 배분)의 규정에 의한 국고보조금 배분율에 따라 배분·지급한다(정치자금법 제23조 제1항).

## 4. 국고보조금

국고보조금이라 함은 정당의 보호·육성을 위하여 국가가 정당에 지급하는 금전이나 유가증권을 말한다(정치자금법 제3조 제6호). 국가는 정당에 대한 보조금으로 최근 실시한 임기만료에 의한 국회의원선거의 선거권자 총수에 보조금 계상단가를 곱한 금액을 매년 예산에 계상하여야 한다. 이 경우 임기만료에 의한 국회의원선거의 실시로 선거권자 총수에 변경이 있는 때에는 당해 선거가 종료된 이후에 지급되는 보조금은 변경된 선거권자 총수를 기준으로 계상하여야 한다(동법 제25조 제1항). 대통령선거, 임기만료에 의한 국회의원선거 또는 공직선거법 제203조(동시선거의 범위와 선거일) 제1항 규정에 의한 동시지방선거가 있는 연도에는 각 선거(동시지방선거는 하나의 선거로 본다)마다 보조금 계상단가를 추가한 금액을 제1항의 기준에 의하여 예산에 계상하여야 한다(동법 제25조 제2항). 중앙선거관리위원회는 제1항의 규정에 의한 보조금(경상보조금)은 매년 분기별로 균등분할하여 정당에 지급하고, 제2항의 규정에 의한 보조금(선거보조금)은 당해 선거의 후보자등록마감일 후 2일 이내에 정당에 지급한다(동법 제25조 제4항).

국고보조금은 기본비율, 의석비율, 득표비율에 따라 배분된다. 먼저 국고보조금은 동일정당의 의원으로 교섭단체를 구성한 정당에게 100분의 50을 정당별로 균분하고, 5석 이상의 의석을 가진 정당에게는 100분의 5씩 의석이 없거나 5석 미만의 의석을 가진 정당에 대하여는 일정한 조건 하에 100분의 2를 각각 배분 지급한다(기본비율). 나머지 잔여분 중 100분의 50은 정당의 의석수비율에 따라(의석비율), 나머지는 정당이 획득한 득표수비율(득표비율)에 따라 배분 지급한다(정치자금법 제27조 제1항-제3항).

여성추천보조금(정치자금법 제26조), 장애인추천보조금(정치자금법 제26조의

2)이 있다. 국회의원총선거, 지역구 지방의회의원선거에서 지역구 총수의 100분의 30 이상을 여성으로 추천한 정당에 대하여는 여성추천보조금총액의 100분의 50을 정당별 의석수비율에 따라 지급한다(정치자금법 제26조). 장애인추천보조금이 신설되었다.

　　그러나 현행의 국고보조금제도는 그동안 원칙 없이 증액되어 왔는데 보조금 총액의 상한을 법률로 규제할 필요가 있다. 국고보조금의 배분방법의 문제점으로 기본비율을 정함에 있어 교섭단체를 우대하고 있는데 교섭단체를 구성한 정당은 국회법이 이미 다양한 방법으로 우대하고 있기에 이중혜택이 된다. 또한 정당에 대한 경상비국고보조를 지급 당시의 국회의석수에 따라 배분할 경우 자칫하면 정당의 세력판도고정화를 초래할 위험이 있다. 또한 정당에 대하여 경상비를 국고에서 보조할 경우 정당이 자유로운 정치활동을 하지 못하고 정부·여당에 종속할 가능성이 없지 않다.

## V. 정치자금의 통제(정치자금법 제28조, 제34조, 제37조, 제40조 등)

　　정당은 정치자금을 공개하여야 한다[동법 제2조 제2항, 제42~제43조(회계보고서 등의 열람 및 사본교부, 자료제출요구 등)].

## 제7항　정당의 보호와 해산 및 등록취소

### I. 정당의 보호

　　헌법 제8조 제3항은 "정당은 법률이 정하는 바에 의하여 국가의 보호를 받으며 국가는 법률이 정하는 바에 의하여 정당의 운영에 필요한 자금을 보조할 수 있다"고 규정한다. 이는 국가에 대한 정당의 보호청구권인데, 중요한 것은 정당의 설립과 활동에 있어서의 평등, 국가의 재정원조를 받는 데 있어서의 평등,

선거선전 등에 있어서의 평등 등이 중시된다. 정당간에도 법 앞의 평등을 보장받을 권리가 있으며, 특히 선거에 있어서 다수당과 소수당의 평등(비례적 평등) 보장이 중요한 의미를 가지는데, 이 경우에만 정권의 평화적 교체가 실현될 수 있기 때문이다.

정당에 대한 국가의 보호는 정치면에서뿐 아니라 경제면에서도 중요한 의의를 가지는바, 선거에 관한 경비는 원칙적으로 정당 또는 후보자에게 부담시킬 수 없으며(제116조 제2항), 국가가 정당의 운영에 필요한 자금을 보조할 수 있도록 하고 있다(제8조 제3항 후단, 1980년 헌법에서 신설된 조항). 이를 실천하기 위하여 정치자금에 관한 법률이 제정되었다. 또한 선거경비의 공평한 부담을 위한 선거공영제(헌법 제116조 제1, 2항)와 정당이 수령하는 기부, 찬조 기타 재산상 출연에 대한 면세 등이 있다(정치자금법 제59조).

## II. 정당의 해산(정당의 특권)

정당의 해산에는 자진해산(정당법 제45조)과 강제해산(헌법 제8조 제4항)이 있다. 정당법 제45조(자진해산) 제1항에 의하면 정당은 그 대의기관의 결의로써 해산할 수 있다. 동법 제45조 제2항에 의하면 동법 제45조 제1항의 규정에 의하여 정당이 해산한 때에는 그 대표자는 지체없이 그 뜻을 관할선거관리위원회에 신고하여야 한다.

헌법 제8조 제4항은 "정당의 목적이나 활동이 민주적 기본질서에 위배될 때에는 정부는 헌법재판소에 그 해산을 제소할 수 있고, 정당은 헌법재판소의 심판에 의하여 해산된다"라고 규정하고 있다. 헌법 제8조 제4항은 반국가적·반민주적 정당의 활동을 사전에 방지하기 위한 헌법의 예방적 수호를 의미하는 동시에 일반결사보다 그 해산요건을 엄격히 한 이른바 정당의 특권을 의미한다.

### 1. 강제해산의 요건

정당의 강제해산과 관련하여 우리 헌법 제8조 제4항은 실질적 요건(정당의 목적이나 활동이 민주적 기본질서에 위배될 때)과 형식적 요건(정부의 제소와 헌법재판소의 해산결정)을 규정하고 있다.

## 2. 실질적 특권(실질적 요건)

강제해산의 대상이 되는 정당은 정당법상의 개념요건을 갖추고 등록을 마친 기성정당에 한한다. 정당은 그 목적이나 활동이 민주적 기본질서에 위배될 때에 한하여 해산된다. 정당을 해산하기 위해서는 정당이 민주적 기본질서에 투쟁하는 경향을 보이거나 이 투쟁이 계획적으로 추진되는 것을 인식할 수 있는 것으로는 부족하고 민주적 기본질서의 침해 또는 제거의 구체적 위험이 요구된다. 다음으로 정당을 해산할 수 있기 위해서는 정당이 헌법의 개별규정 또는 전체제도를 부인하는 것만으로는 충분하지 않고 정당의 목적과 당원 및 추종자들의 행태를 중심으로 해서 판단할 때 정당이 헌법의 기본원리에 적대적일 때이다.

실질적 요건으로 정당의 목적이나 활동이 민주적 기본질서에 위배될 경우이다. 여기서 민주적 기본질서란 헌법을 지배하고 있는 자유민주주의적 원리를 말하며, 이의 위배란 민주적 기본질서에 대한 침해 또는 폐제를 의미한다. 그리고 정당의 목적은 그 강령과 당헌에 의하여 규정되며, 정당활동의 반민주성 여부는 그 강령·선전 등을 통하여 전체적으로 판단해야 한다.

정당해산사유에 대한 해석은 헌법이 정당에게 인정하고 있는 실질적 특권의 의미하는 바를 충분히 되새겨야 한다. 따라서 민주적 기본질서에 위배된다고 결정하기 위해서는 정당의 정강정책에 나타나는 잠재적인 경향이 비민주적인 요소를 내포하고 있는 정도로는 부족하고 정당의 정강정책이 명문상 민주주의의 실질적 요소에 속하는 국민주권·자유·평등·정의의 이념을 부인하거나 민주주의의 실질적 요소를 실현시키기 위한 민주주의의 여러 가지 형식원리를 제거 내지 침해할 것을 목적으로 하는 경우에 한정되어야 할 것이다.

## 3. 절차적 특권(형식적 요건)

정당의 강제해산에 필요한 요건은 정부에 의한 제소(제8조 제4항)와 헌법재판소의 해산결정이다. 대통령은 정당해산의 제소에 앞서 국무회의의 심의를 거쳐야 한다(제89조 제14호). 정당해산의 결정권은 헌법재판소에 있으며, 정당해산의 결정에는 9인의 재판관 중 6인 이상의 찬성이 있어야 한다(제113조 제1항). 헌법재판소는 청구인의 신청 또는 직권으로 종국결정의 선고 시까지 피청구인의 활동을 정지하는 결정을 할 수 있으며(헌법재판소법 제57조), 위헌정당이 아니라는 결정이 내려진 경우에는 다시 제소할 수 없다(헌법재판소법 제39조). 정당해산심판에는 헌법재판소법에 특별한 규정이 있는 경우를 제외하고는 민사소송에 관한 법령과 행정소송법을 준용한다(헌법재판소법 제40조). 헌법재판소의 정당에 대한 해산결정은 창설적 효력을 가진다.

위의 실질적 요건을 갖추었을 때 정부의 제소에 의하여 헌법재판소의 심판으로 해산된다. 헌법재판소의 심판에 의한 정당의 해산은 정부의 탄압으로부터 정당의 보호를 의미하지만, 헌법재판소의 정치적 문제에 대한 간여를 의미한다. 정당해산의 제소권을 정부에 주는 것은 정부가 국가안위에 대한 책임자이기 때문이다. 또 정부의 제소 여부의 결정은 정부의 정치적 재량의 문제이다. 헌재의 해산결정이 있으면 그 결정서는 피청구인 외에도 국회·정부 및 중앙선거관리위원회에도 이를 송달해야 한다. 통지를 받은 당해 선거관리위원회는 해산결정은 받은 정당의 등록을 말소하고 그 뜻을 지체없이 공고해야 한다(정당법 제47조).

### 4. 정당해산의 효력

헌법재판소의 정당에 대한 해산결정은 창설적 효력을 가진다. 이 심판결정에 의하여 정당은 비로소 위헌정당으로 확정된다. 헌법재판소의 해산심판의 효력은, 첫째로, 이 심판에 의하여 정당은 자동적으로 해산되고 중앙선거관리위원회의 해산공고는 단순히 선언적·확인적 효력밖에 없고, 둘째로, 해산정당과 유사한 목적을 가진 이른바 대체정당의 설립이 금지되기 때문에 만약 그와 같은 대체정당이 설립된 경우에는 사법상 일반결사와 마찬가지로 행정처분에 의한 해산대상이 되고, 셋째로, 위헌정당의 해산심판에 따라 위헌정당에 소속되고 있던 의원의 자격이 문제되는바, 일설은 국회의원의 자격은 그대로 유지되고 무소속 의원으로 남는다고 한다.[8] 다수설은 자진해산의 경우와는 달리 정당제도에 내포하고 있는 방어적 민주주의의 정신에서나 또 자유위임관계에 바탕을 두는 대의민주정치정신이 정당국가의 원리보다 우선한다고 보는 경우에도 정당해산제도에 내포되고 있는 방어적 민주주의 정신을 살리려고 하는 한 의원직상실은 당연하다고 본다.[9] 헌법재판소도 통합진보당 해산결정에서 이러한 견해를 취했다. 이에 대해서는 반대견해가 있다.

## III. 정당의 등록 취소

### 1. 등록취소사유(정당법 제44조)

⑴ 정당은 정당법 제17조의 법정시·도당수(5 이상의 시·도당을 가져야 함) 및 제18조의 시·도당의 법정당원수(동조 제1항 시·도당은 1천인 이상의 당원을 가져야 한다. 동법 제18조 제2항의 규정에 의해 제1항의 규정에 의한 법정당원수에 해당하는 수의 당원은 당해 시·도당의 관할구역 안에 주소를 두어야 한다)의 요건을 구비하지 못하게 된 때(정당법 제44조 제1항 제1호)

⑵ 최근 4년간 임기만료에 의한 국회의원선거 또는 임기만료에 의한 지방자치단체의 장 선거나 시·도의회의원 선거에 참여하지 아니한 때(동법 제44조 제1항 제2호)

⑶ 임기만료에 의한 국회의원 선거에 참여하여 의석을 얻지 못하고 유효투표총수의 100분의 2 이상을 득표하지 못한 때에는(동법 제44조 제1항 제3호) 당해 선거관리위원회는 정당의 등록을 취소한다(동법 제44조 제1항). 헌법재판소는 정당법 제44조 제1항 제3호(정당등록취소조항)가 정당설립의 자유를 침해하는 위헌적 조항이라고 판시하였다.

[판례] 정당법 제41조 제4항 위헌확인 등, 헌재 2014.1.28. 2012헌마431 등(위헌)
  "실질적으로 국민의 정치적 의사형성에 참여할 의사나 능력이 없는 정당을 정치적

---

8) 김철수, 앞의 책(주 4), 172면.
9) 권영성, 앞의 책(주 2), 197면; 허영, 한국헌법론, 박영사, 2013, 884면.

의사형성과정에서 배제함으로써 정당제 민주주의 발전에 기여하고자 하는 한도에서 정당등록취소조항의 입법목적의 정당성과 수단의 적합성을 인정할 수 있다. 그러나 정당등록의 취소는 정당의 존속 자체를 박탈하여 모든 형태의 정당활동을 불가능하게 하므로, 그에 대한 입법은 필요최소한의 범위에서 엄격한 기준에 따라 이루어져야 한다. 그런데 일정기간 동안 공직선거에 참여할 기회를 수회 부여하고 그 결과에 따라 등록취소 여부를 결정하는 등 덜 기본권 제한적인 방법을 상정할 수 있고, 정당법에서 법정의 등록요건을 갖추지 못하게 된 정당이나 일정기간 국회의원선거 등에 참여하지 아니한 정당의 등록을 취소하도록 하는 등 현재의 법체계 아래에서도 입법목적을 실현할 수 있는 다른 장치가 마련되어 있으므로, 정당등록취소조항은 침해의 최소성 요건을 갖추지 못하였다. 나아가 정당등록취소조항은 어느 정당이 대통령선거나 지방자치선거에서 아무리 좋은 성과를 올리더라도 국회의원선거에서 일정 수준의 지지를 얻는 데 실패하면 등록이 취소될 수밖에 없어 불합리하고, 신생·군소정당으로 하여금 국회의원선거에의 참여 자체를 포기하게 할 우려도 있어 법익의 균형성 요건도 갖추지 못하였다. 따라서 정당등록취소조항은 과잉금지원칙에 위반되어 청구인들의 정당설립의 자유를 침해한다."

## 2. 등록취소된 정당의 잔여재산

등록이 취소된 정당의 잔여재산은 자진해산한 정당의 잔여재산과 마찬가지로 당헌이 정하는 바에 따르고, 당헌에 규정이 없으면 국고에 귀속된다(법 제48조 제1항~제2항). 정당은 조직기준(정당법 제17조, 제18조)을 충족해야 정당으로서 등록할 수 있는데, 일단 유효하게 등록된 정당은 사후에 위의 조직기준에 흠결이 생겼을 때에는 당해 선거관리위원회가 직권으로써 그 등록을 취소하여, 이에 따라 정당 자격이 상실된다. 당해 선관위가 조직기준 미달인 정당의 등록을 취소하려 한 것은 문제가 있다는 견해가 있으나 헌법 제8조 제2항의 "일정한 조직을 가져야 한다"는 규정에 비추어 합헌이라고 볼 것이다.

# 제3절  선거제도

## 제1항  선거제도의 총설

### Ⅰ. 선거의 의의와 법적 성격

#### 1. 선거의 의의

국민주권적 국가에 있어서 선거의 의미와 가치는 '합의에 의한 정치'를 실현하기 위하여 국민의 의사를 대표할 기관을 구성하는 데 있다. 선거는 일반적으로 유권자의 집합체인 선거인단이 의원이나 대통령과 같은 국민을 대표하는 국가기관의 구성원을 선임하는 합성행위로 보고 있다. 선거는 다수인이 하는 합성행위를 말하는 것이지 개개 선거인단의 구성분자의 투표행위를 말하는 것은 아니다. 국민의 의사는 국정의 기반이 되어야 하므로, 그 실현방법으로 선거제도가 기능하고 있다.

#### 2. 선거의 법적 성격

선거는 다수선거인에 의하여 공무원을 선임하는 합성행위이다. 그렇다면 선거인과 당선인(피선거인) 간에는 어떠한 법률관계가 있는지 문제된다. 대표개념에 대한 견해대립이 적용된다.

## II. 현대 선거제도의 원칙(선거의 원리와 선거의 원칙)

### 1. 원 리

선거가 근거하고 있는 원리로는 개인적 인격주의, 즉 선거권은 국민이 개인의 인격의 존엄성과 개인의 평등을 확보하기 위하여 갖는 가장 기본적인 인권으로서 인정되어 있다는 사고와 다수결 원리이다.

### 2. 원 칙

선거의 기본원칙은 보통선거, 비밀선거, 직접선거, 평등선거, 자유선거이다. 일반적으로 선거의 자유가 보장되고 선거의 법적 의무규정은 없다.

#### (1) 보통선거

보통선거제도란 제한선거에 대응하는 제도로서, 모든 성년자에게 특정 결격사유·요건이 없는 한 일정한 연령에 달한 모든 국민에게 선거권을 부여하는 제도이다. 성년으로 보는 연령은 각국에 따라 다르다. 특정결격사유는 합리적 기준이 있는 한 위헌이 아니다. 예를 들면 일정한 형의 선고를 받은 경우 등에 대해서는 선거권을 제한하고 있다. 따라서 보통선거제에서 중요한 문제는 특정결격사유의 합리적 구별기준이라고 할 것이다.

예를 들면 영국의 경우 1329년, 1330년대에 선거제를 최초로 실시했다고 추정된다. 1832년 실시된 선거법(선거법 제1차 개정)을 보면 상당히 문제점이 있는데 그것은 당시 선거법상 재산 또는 재산의 점유와 관련되어 엄격하게 선거권을 제한하고 있었다. 1867년 선거법 제2차 개정에 의해 도시근로자(도시의 상당한 공인계급)와 소시민에게 선거권이 인정(재산과 재산의 점유자격을 확대)(householders가 아닌 도시노동자·농촌노동자는 제외)되었다. 납세액, 교육정도, 재산, 신앙 등에 의한 제한이 특정사유(요건)가 된다. 이후 1884년에서 1969년에 이르는 동안 선거법의 수차례 개정을 통해 여성투표권을 포함하여 완전한 보통선거제도가 확립되었다. 1884년 성년남자 보통선거제도가 실시되었고, 1918년 30세 여성에게 선거권이 부여되었으며, 1928년 여성에게 일반선거권이 부여되었다. 즉 21세 이상의 성년남녀 모두에게 구별없이 선거권이 부여되어 보통선거제가 전면 실시되었다.

미국의 경우 1787년 독립이 되고, 1860년 전국 백인남자의 선거권이 부여되었고, 1870년 흑인남자의 선거권이 인정되었으나 사실상 모든 흑인남자에게 선거권이 부여되었던 것은 아니다. 1920년 전국 여자 보통선거제도가 실시되었다. 프랑스의 경우 1848년 성년 남자만이 대상이 된 보통선거제도가 실시되었고, 1946년에 이르러서야 성년 여자에게도 보통 선거제도가 실시되었다. 스위스의 경우 1971년 헌법개정을 통해 비로소 성년 여자에게 보통선거권이 부여되었다.

### (2) 평등선거

평등선거는 차등선거 내지 불평등선거에 대응하는 제도이다. 평등선거란 1인1표(one man one vote)를 원칙으로 하고, 모든 선거인의 투표가치를 평등한 것이 되게 하는 제도이다. 이에 대응되는 제도로 과거 복수대표제, 중복선거제나 등급선거제 등을 들 수 있다. 복수대표제란 선거인의 재산·교육·연령·학식·신분 등에 따라 투표권에 차이를 두어 어떤 사람은 1표만 인정하고 어떤 사람은 2-3표까지 인정하는 제도인데, 1831년에서 1922년에 걸쳐 벨기에의 국회의원선거법을 보면 특정인에 대해 2표를 부여하기도 하였다. 중복선거제는 복수대표제와 유사한데, 영국의 경우 1928년까지 대학학위를 가진 자에 대해 주거지와 대학소재지를 근거로 2표를 부여하였다. 1948년까지 일정 부동산 즉, 주거지와 부동산 소재지를 근거로 하여 소유자에게 2표를 부여한 경우도 있었다. 또한 등급선거제는 선거인을 재산·연령·교육·신분·문벌에 따라 구분하여 각 급별로 투표하게 하는 제도, 즉 납세액·재산액·교육정도에 따라 선거구 인구의 수와 선거인수를 같게 하지 않고 등급을 두는 제도로 프러시아에서는 1919년까지 실시한 바가 있다.

오늘날 평등선거제의 제일 큰 문제점은 인구비례라든가 선거구 획정과 의원정수배분의 불균형에서 생기는 불평등문제라고 할 수 있다. 불평등한 인구비례의 선거구획정과 의원정수배분의 불균형문제를 다루었던 1962년 Baker. v.

Carr[10] 판결에서 미연방대법원은 불평등한 인구비례의 선거구획정을 수정헌법 제14조의 평등보호 조항에 위배된다고 판결하였다.

### (3) 직접선거

간접선거에 있어서는 일반선거인은 중간선거인을 선거하는 데 그치고, 이 중간선거인이 대표자를 선출한다. 하지만 중간선거인이 일반선거인의 의사와 합치되는 결과를 낸다면 그것은 무용의 절차가 되고, 반대로 일반선거인의 의사와 상이한 결과를 초래한다면 유해한 것이 된다. 따라서 일반적인 정치의식의 향상과 민주정치의 진전에 따라 현대 민주국가에서는 간접선거가 그 존재이유를 상실하고 있다.

### (4) 비밀선거

비밀선거는 공개선거에 대응하는 선거원칙으로서 선거인이 누구에게 투표하였는가를 제3자가 알지 못하게 하는 선거제도이다. 비밀선거제의 전형은 무기명투표와 투표내용에 대한 진술거부제도이다.

> [판례] 공직선거법 제38조 등 위헌확인, 헌재 2007.6.28. 2005헌마772(헌법불합치)
> "통상 모사전송 시스템의 활용에는 특별한 기술을 요하지 않고, 당사자들이 스스로 이를 이용하여 투표를 한다면 비밀 노출의 위험이 적거나 없을 뿐만 아니라, 설사 투표 절차나 그 전송 과정에서 비밀이 노출될 우려가 있다 하더라도, 이는 국민주권원리나 보통선거원칙에 따라 선원들이 선거권을 행사할 수 있도록 충실히 보장하기 위한 불가피한 측면이라 할 수도 있고, 더욱이 선원들로서는 자신의 투표결과에 대한 비밀이 노출될 위험성을 스스로 용인하고 투표에 임할 수도 있을 것이므로, 선거권 내지 보통선거원칙과 비밀선거원칙을 조화적으로 해석할 때, 이를 두고 헌법에 위반된다 할 수 없다."

### (5) 자유선거

강제선거에 대한 것으로, 강제투표란 정당한 이유 없이 기권하는 자에 대하여 일정한 제재를 가함으로써 선거권의 행사를 의무적인 것이 되게 하는 제도이다.

---

10) 369 U.S. 186.

## Ⅲ. 선거구제도·투표제도·대표제

### 1. 선거구제도

#### (1) 소선거구제

1선거구에서 1명의 대표자를 선출하는 제도이다. 투표는 단기(單記)를 원칙으로 하고(1선거구에서 1인에 대해서만 지명 투표하는 것), 결정은 다수결에 의한다(단기투표제, 다수대표제와 결부). 소선거구에서는 선거구를 획정함에 있어 다수당에 의한 당리당략적 선거구 획정의 위험이 없지 않다. 선거구 획정의 공정성을 위해 독립·공정한 제3자적 기관인 「선거구획정위원회」의 설치를 입법화하는 예도 있다(현행 공직선거법 제24조).

#### (2) 대선거구제

관례에 의할 때 한 선거구에서 5인 이상의 대표자를 선출하는 제도이다. 소수대표제·제한연기제(당선될 정수에서 제한된 명수만을 지명)·누적투표제와 연결된다.

#### (3) 중선거구제

관례를 따를 때 한 선거구에서 2-4인의 대표자를 선출하는 제도이다.

### 2. 투표제도

#### (1) 단기(單記)투표제

단기투표제는 1선거구에서 1인에 대해서만 지명투표하는 제도이다.

#### (2) 연기제(連記制)

연기제에는 1선거구에서 당선될 정수를 모두 지명하는 제도인 완전연기제와 1선거구에서 당선될 정수에서 제한된 명수만을 지명하는 제도인 제한연기제가 있다. 제한연기제는 대선거구제와 필연적으로 결부된다.

### (3) 누적투표제도

누적투표제도는 당선될 정수만큼 가지는 지명가능한 수를 한 사람에게 집중시키는 제도로 대선거구제와 결부된다.

### (4) 순서체감법

순서체감법은 연기에 있어서(체감연기투표제) 순위를 반드시 기입하도록 하는 제도로(1순위: 1가치, 2순위: 2가치, 3순위: 3가치), 대선거구제와 결부된다.

### (5) 대선거구 단기이양식비례투표제

대선거구의 다수정수에 대해 1인 지명투표하고, 그에 대한 당선표수가 넘는 경우 넘는 표를 타 후보에게 위양하는 제도이다.

### (6) 합동명부제투표법

소당 분립방지, 안정된 정당정치를 위함이 목적인데 한 선거구의 다수정당, 또는 연합정당에게 그 선거구의석의 1/3을 부여하고, 기타는 각 정당득표수 비례에 따라 배분하는 선거제도이다.

### (7) 할증제

유효투표총수의 25% 이상 또는 30% 이상 등 일정한 득표율(%) 이상을 득표한 정당에 대하여 득표수에 비례한 의석이 아니라 할애 또는 증감을 하여, 총의원수의 과반수라든가 2/3에 해당하는 의석을 배분하는 제도를 말한다.

### (8) 병용제

우리나라의 제3공화국 당시와 현재의 한국 및 독일과 같이, 비례대표제와 다수대표제 또는 할증제 등을 병용하는 제도를 말한다.

## 3. 대표제

### (1) 다수대표제

다수대표제에서는 다수득표자만 당선된다. 따라서 다수득표측에서만 의원을 독점하고, 소수파에게는 대표자 선출이 보장되지 아니하는 대표제이다. 소선거구제·단기투표제와 결부된다. 여기 제도에는 상대적 다수대표제와 절대적 다수대표제가 있다. 상대적 다수대표제는 단순다수대표제로 당선되기위해서는 상대적 다수를 요한다. 영국, 미국, 한국 등이 채택하고 있는 제도이다. 절대적 다수대표제는 일정한 득표수(일반적으로 과반수)를 요건으로 하고, 일정한 득표수 이상이어야만 대표가 성립된다. 재투표제(결선투표제)가 마련되어야 한다. 예를 들면 프랑스의 대통령 선거제도이다.

다수대표제의 장점으로는 다수결원리의 기계적인 적용으로 선거결과에 대한 판단이 간결하다. 또한 소수정당 난립이 방지되어 정국이 안정된다. 단점으로는 사표가 많고 소수자 의견을 전혀 대표하지 못하게 된다. 회의에 있어서의 표결과 같이, 그 결정의 찬·부를 양분하여 다수파가 원하는 데에 따라 그 당선자를 결정하여 소수자로 패한 정당에는 1인의 의석도 배분하지 않는다는 문제점이 있다. 또한 당선자의 최대다수를 얻은 제1당이 반드시 전국득표수에 있어서 제1당이 아닐 수 있다. 경우에 따라서는 경쟁이 격심해지기 쉽고 불미한 사례가 많이 발생하게 된다.

### (2) 소수대표제

다수대표제의 '소수의사의 무시'라는 결함을 시정하여 소수파에게도 그 득표수에 따라 상당수의 대표자를 선출시키고자 하는 방법들이다. 소수당에게도 다소의 당선기회를 개방하는 제도이다. 이는 한 선거구에서 선출되는 의원의 정수를 다수파에게만 주지 않고 그 약간은 소수파에게도 안배하자는 것이므로 대선거구제의 실시가 불가피해진다. 선거구제·누적투표제하에서 가능하다.

소수대표제의 장점으로는 소수파에게의 기회부여는 공정하다고 볼 수 있다는 점이다. 그러나 단점은 단수대표제의 결함보완효과는 있으나 원래 합리적인 근거를 결하고 있기 때문에 합리적인 결과를 기대하기 어렵다. 소수당에 어느 정도의 대표를 보장하는가에 대해서는 일정한 기준이 없기 때문이다.

### (3) 비례대표제

비례대표제는 각 정당에게 그 득표수에 비례하여 의석을 배분하는 대표제를 말한다. 이 제도는 정당제도의 확립을 필수적인 전제로 한다. 이 제도는 1919년 바이마르헌법 제22조에서 정착되기 시작하였다. 반드시 정당의 존재를 전제로 하고 있으며, 대선거구제와 결부되어야 한다. 비례대표제는 소수와 다수를 불문하고, 그 실제 세력에 응하여 가능한 한 공정하게 대표의 기회를 주려고 하는 것으로서 수학적인 선거법이라고도 한다.

비례대표제의 실시방법에서 일반적으로 비례대표제 선거법의 공통적인 기술은 먼저, 일정한 당선기수(當選基數 - quota)를 산출한 후, 이 당선(득표)기수를 초과한 표를 타 정당 또는 타 후보자에게 이양하는 것이다. 당해 선거구에 있어서의 유효투표(V)를 의원정수(M)로 나누어 당선기수(Q)를 산출한다. 이를 수식으로 표시하면 $Q = \frac{V}{M}$이다. 이 외에도 $Q = \frac{V}{M+1} + 1$로 표시되는 드루프(Droop)식 쿼터(quota)도 있다.

오늘날 실시되고 있는 비례대표제는 투표의 위양방법의 차이에 따라 명부식비례대표제(名簿式比例代表制)와 단기이양식비례대표제(單記移讓式比例代表制)로 나눌 수 있다.

명부식비례대표제란 정당의 존재를 전제로 하여, 표의 위양은 동일한 정당에 속하는 후보자나 또는 정견을 같이하는 자에게 위양해 주며, 그 위양해 주는 순서도 원칙적으로 각 정당에서 결정하는 방법이다. 즉 선거인은 각자가 지지하는 정당의 후보자명부에 일괄하여 투표하므로 이 명부는 선거일 전에 각 정당이 후보자 명부를 제출하여 각 정당별·당파별의 후보자명부 즉 투표명부를 작성하고, 선거인은 투표시에 그중에서 어느 명부나 명부상의 후보자를 택하여 투표하는 것이며 이때에 선거인은 후보자명부에 투표함으로써, 해당 정당에의 지지를 표시하는 것이 된다.

단기이양식비례대표제란 초과득표의 이양을 오로지 선거인의 의사에 의해서 이양하는 비례대표제도이다. 이는 1855년 덴마크의 앙드레(Andrae)가 제창하여 영국의 공법학자 헤아(Thomas Hare)가 이론적으로 설명하였다. 단기이양식비례대표제는 한 선거구 의원정수가 2인 이상이며 후보자의 수가 의원정수를 초과하는 경우에 사용되고, 무기명 투표에 의한다. 투표용지에는 전 후보자의 성명이 열거되어, 각 후보자의 성명 위에 선택의 순위를 기입하는 난이 설정되어 있으므로, 선거인은 후보자에게 1, 2, 3, 4, … 의 순위를 기입하여 투표한다. 득표수계산의 경우 당선자수(Quota)는 종래의 '헤아'식(Hare system) 쿼터가 1881년 이래 '드루프'식(Droop system) 쿼터에 의해서 대체되고 있다. 이런 득표의 계산에 있어 후보자 중에서 당선자기수를 초과하는 경우에는 즉시 본인의 당선이 확정된다. 당선자기수를 초과한 부분은 본인에게 불필요하므로 이것을 차순위의 후보자에게 이양하는 것이다.

비례대표제의 장점은 소수당에게도 의석을 주어, 소수의사에 대한 다수의사의 횡포를 방지할 수 있다는 것으로 소수에게도 의회진출의 기회를 줌으로써 소수자보호의 민주정치원리에 합치된다. 또한 비례대표제는 각인이 투표하는 1표의 가치를 평등하게 취급한다고 하는 것에서 참다운 선거권의 평등을 보장하고, 민주정치에 있어서의 합리성의 요청에 합치된다. 요컨대 사표를 가능한 한 방지할 수 있다.

비례대표제의 단점은 비례대표제는 대선거구 정당대표제이기 때문에 다수정당의 난립, 군소정당의 출현을 초래할 위험성이 있다고 하는 점이다. 비례대표제는 기술적으로 시행하기 곤란하고 절차가 번잡하여 개표에서 당선인결정까지 불안정이 오래 계속되고 선거에 많은 비용이 필요하다.

### (4) 직능대표제

직능대표제란 선거인단을 각 직능별로 분할하고 그 직능을 단위로 대표를 선출하는 제도이다. 이 제도는 전국구후보 가운데 직능대표성을 가지는 후보를 포함시키는 선에서만 채택되고 있다.

## 제2항 대한민국 헌법과 선거제도(대통령제·단원제 국회)

헌법은 제1조 제2항에서 국민주권의 원리를 선언하고 있으며 대의제를 구현하고 헌법 제24조와 제25조에서 국민에게 국정참여의 기회를 보장하기 위하여 선거권과 피선거권을 규정하고 있으며, 그 기초 위에 제41조 제1항과 제67조 제1항은 선거의 기본원칙으로서 보통·평등·직접·비밀선거를 규정하고 있다.

[판례] 국회의원선거법 제55조의3 등에 대한 헌법소원, 헌재 1992.3.13. 92헌마
37·39(병합) (한정위헌, 기각)
"우리 헌법상의 선거는 국민의 주권행사이며, 공명선거는 선거의 자유와 후보자의 기회균등이 보장되는 공정한 선거의 시행을 말하는 것이므로, 선거법의 규정에 선거의 자유와 입후보자의 기회균등을 보장하지 않은 불평등한 규정이 있으면 헌법에 위반하는 것이다. 그러므로 현행 선거법 가운데 선거의 자유와 기회균등을 보장하지 않는 규정이 있으면 이를 이러한 헌법원리에 맞추어야 한다."

1994년 3월 16일에 지금까지 별개의 선거법체계로 유지되어 온 대통령선거법·국회의원선거법·지방의회의원선거법·지방자치단체장선거법을 단일 법률로 통합한「공직선거 및 선거부정방지법」이 제정되었다. 정치개혁의 일환으로 통합공직선거법과 함께「정치자금에 관한 법률」중 개정법률(정치자금법으로 개정됨)과「지방자치법」중 개정법률이 공포되었다. 문민정부는 이 통합공직선거법을 모든 선거에 통일적으로 적용하도록 함으로써 선거관리에 일관성을 유지하고, 선거에 참여하는 정당과 후보자는 물론 국민이 선거법규를 쉽사리 이해할 수 있도록 하였을 뿐 아니라 선거공영제를 확대하고 선거부정과 부패의 소지를 근원적으로 제거함으로써 선거문화를 개혁하려고 하였다. 이를 위하여 통합공직선거법은 정당과 후보자에게는 선거법준수와 공정경쟁의무를, 공무원에게는 정치적 중립성유지의무를, 검찰·경찰공무원 등에게는 신속·공정한 선거사범단속의무를, 언론인에게는 공정한 보도와 평론의무를, 공명선거추진 사회단체에게는 중립성과 공정성유지의무를 지우고 있다.

2005년 8월 4일 다시 「공직선거법」으로 개정·개칭되었다. 개정이유는 국민의 정치적 자유를 확대하고, 정치제도의 공정성과 투명성을 제고하며 국민의 선거참여 기회가 확대될 수 있도록 각종 제도적 장치를 신설·보완하고, 선거운동방법에 대한 규제를 대폭 개선하며, 대담토론회 실시 대상 선거를 확대하고 토론회 참여를 강제함으로써 정책선거 구현에 기여하는 등 새로운 선거풍토를 조성함으로써 우리 정치문화의 선진화를 이루려는 것이다. 개정의 주요 내용은 선거권연령을 종래 20세에서 19세로 하향조정(법 제15조), 비례대표선거에 있어서의 여성후보자추천(법 제47조), 인터넷 언론사 게시판 등의 실명확인(법 제82조의6), 여론조사의 결과공표금지(법 제108조), 비례대표국회의원 등의 궐원 및 의석 승계(법 제200조)에 관한 것 등이다.

선거제도의 기본인 국회의원선거제도는 소선거구·상대적 다수대표제와 전국선거구 비례대표제를 채택하고 있다. 기존의 1인 1표제에 의한 전국선거구 비례대표선거제도에 대해서는 헌법재판소가 한정위헌결정[11]을 내림으로써 폐지되고, 2004년 국회의원총선거에서 비례대표국회의원선거에 정당투표제가 도입되었다. 대통령선거는 상대적 다수대표제를 채택하고 있다. 기초 및 광역 지방자치단체의 장 선거도 상대적 다수대표제를 채택하고 있다. 광역의회와 기초의회는 상대적 다수대표제로 선출되는 의원과 비례대표의원으로 구성된다. 다만 광역의회는 소선거구제를, 기초의회는 중선거구제를 채택하고 있다.

## Ⅰ. 선거의 종류

### 1. 대통령선거·국회의원선거·지방자치단체선거

#### (1) 대통령선거

대통령선거제도는 직선제, 상대적 다수대표제에 의한 선거를 원칙으로 한

---

11) 공직선거 및 선거부정방지법 제146조 제2항 위헌확인, 공직선거 및 선거부정방지법 제56조 등 위헌확인, 공직선거 및 선거부정방지법 제189조 위헌확인, 헌재 2001.7.19. 2000헌마91 등(한정위헌).

다(헌법 제67조 제4항; 공선법 제16조 제1항, 동법 제187조 제1항). 대통령후보자가 1인일 경우에는 그 득표수가 선거권자 총수의 3분의 1 이상이어야 당선되며(헌법 제67조 제3항; 공선법 제187조 제1항 단서), 대통령선거에서 최고득표자가 2인 이상인 때에는 중앙선거관리위원회의 통보에 의하여 국회는 그 재적의원 과반수가 출석한 공개회의에서 결선투표를 하고 다수표를 얻은 당선인을 당선인으로 결정한다(헌법 제67조 제2항; 공선법 제187조 제2항).

### (2) 국회의원선거

국회의원선거제도의 연혁을 살펴보면, 제헌헌법은 단원제, 소선거구, 다수대표제도로 선출된 198명으로 구성되었다. 제2공화국은 양원제였고, 인구 10만명당 1인을 선출하는 제도로 민의원은 소선거구·다수대표제도로 선출된 233명, 참의원은 대선거구·소수대표제도로 58명으로 총의원수 291명으로 구성되었다. 제3공화국은 단원제, 지역구·전국비례대표제를 병용하였다. 지역구는 소선거구제·다수대표제로 인구 20만 기준으로 1인을 선출하는 제도로 153명이고, 정당추천명부에 의한 전국구비례대표제 의원정수 51명으로 총의원수는 204명이다. 제4공화국은 단원제이고, 지역구 직선의원은 대선거구제(2인/1선거구)·소수대표제를 채택하였고 77개구에서 2인씩 선출되어 154명이고, 간선의원은 통일주체국민회의의 대통령추천자에 대한 임명선거로 선출된 국회의원 정수의 3분의 1에 해당하는 77명으로 총의원수는 231명으로 구성되었다. 제5공화국은 통일주체국민회의가 폐지되었고 이전과 동일하게 단원제를 채택하였다. 지역구 출신의원정수의 1/2에 해당하는 전국구 출신의원의 의석은 전국구 의원정수의 2/3에 해당하는 수의 의석을 지역구 선거에서 의석수가 제1위인 정당에 배분하고, 잔여의석은 제2당 이하의 지역구 출신의원의 수에 비례하여 배정하는 할증제를 채택하였다. 지역구선거제도는 1선거구에서 2인을 선출하는 대선거구제도를 채택하고 92개 지구에서 2인씩 뽑아 184명이고, 전국구는 국회의원 총수의 3분의 1에 해당하는 92명으로 총국회의원수는 276명이었다.

제6공화국 국회의원 선거제도의 근거규정은 헌법 제41조 제2항, 제3항이고 1994년 3월 16일 제정된 「공직선거 및 선거부정방지법」 제21조에 근거하여 지역구와 전국구 비례대표제를 병용하여 제15대 국회 총 국회의원수는 299명이었다. 지역구는 소선거구제·다수대표제 채택 253명, 전국구는 비례대표제로 선출된 46명으로 구성되었다. 이후 변경되어 제16대 국회는 26명이 축소되어 지역구는 소선거구제·다수대표제 채택 227명, 전국구는 비례대표제로 선출된 46인으로 총 국회의원수는 273명이었다. 제18대 국회는 공직선거법 제21조에 근거하여 지역구는 소선거구제·다수대표제로 245명, 전국구는 비례대표제로 선출된 54명으로 총 국회의원수는 299명이다. 제19대 국회는 공직선거법 부칙규정에 따라 246명의 지역구국회의원과 54명의 비례대표국회의원으로 구성되어 총 국회의원정수는 300명이다.

### (3) 지방자치단체선거

지방의회의원선거에서는 기초자치단체의 경우 소선거구·다수대표제가, 광역자치단체의 경우 지역구에서의 소선거구·다수대표제와 광역자치단체 전체를 하나의 선거구로 하는 비례대표제가 병용되고 있다(공선법 제190조 제1항, 제190조의2). 지방자치단체의 장의 경우에는 주민의 직선에 의한 상대적 다수대표제가 채택되고 있다(공선법 제191조 제1항).

## 2. 재선거

당해 선거구의 후보자가 없거나, 당선인이 없거나, 지역구자치구·시·군의원선거에 있어 당선인이 당해 선거구에서 선거할 지방의회의원정수에 달하지 아니한 때, 선거의 전부무효의 판결 또는 결정이 있는 때, 당선인이 임기개시 전에 사퇴하거나 사망한 때, 당선인이 임기개시 전에 당선의 효력이 상실되거나, 당선이 무효로 된 때 등에는 재선거를 실시한다(공선법 제195조).

## 3. 보궐선거

지역구 국회의원·지역구 지방의회의원 및 지방자치단체의 장에 궐원 또는 궐위가 생긴 때에는 보궐선거를 실시한다(공선법 제200조).

## II. 선거권과 피선거권

### 1. 선거권

19세 이상의 국민은 대통령선거, 국회의원선거의 선거권을 가진다. 또한 19세 이상으로 당해 지방자치단체의 관할 구역 안에 주민등록이 되어 있는 자, 「재외동포의 출입국과 법적 지위에 관한 법률」(제6조 제1항)에 따라 해당 지방자치단체의 '국내거소신고인명부'에 올라 있는 국민, 출입국관리법상의 영주의 체류자격 취득일 후 3년이 경과한 19세 이상의 외국인으로서 당해 지방자치단체의 외국인등록대장에 등재된 자는 당해 지방자치단체의 의회의원 선거 및 장의 선거권을 가진다(공선법 제15조). 그러나 법률이 정한 일정한 경우에 해당한 자는 선거권이 없다.

### 2. 피선거권

선거일 현재 5년 이상 국내에 거주하고 있는 40세 이상인 자는 대통령선거에, 25세 이상인 자는 국회의원선거에, 25세 이상으로서 60일 이상 당해 자치단체구역의 관할구역 안에 주민등록(국내거소신고인명부에 올라 있는 경우를 포함하여)이 되어 있는 주민은 당해 자치단체장과 지방의회의원선거에 피선거권이 있다(공선법 제16조). 그러나 법률이 정한 일정한 경우에 해당한 자는 피선거권이 없다.

## III. 선거기간과 선거일

### 1. 선거기간

선거기간이라 함은 후보자등록마감일의 다음날부터 선거일까지를 말한다.

대통령선거는 23일, 국회의원선거와 지방자치단체의 의회의원 및 장의 선거는 14일이다(공선법 제33조).

## 2. 선거일

선거일은 법정되어 있다. 대통령선거는 임기만료전 70일 이후 첫 번째 수요일에, 국회의원선거는 임기만료 전 50일 이후 첫 번째 수요일에, 단체장과 지방의원선거는 임기만료 전 30일 이후 첫 번째 수요일에 실시하고, 선거일 당일이 민속절이거나 공휴일인 경우와 전일이나 그 다음날이 공휴일인 때에는 그 다음 주의 수요일로 한다(공선법 제34조). 대통령보궐선거는 보궐선거의 실시사유가 확정된 때부터 60일 이내, 국회의원, 지방의원, 단체장의 보궐선거는 실시사유가 전년도 10월 1일부터 3월 31일 사이에 확정된 때는 4월중 마지막 수요일에, 기타의 경우는 10월중 마지막 수요일에 실시한다(공선법 제35조). 국회의원, 단체장, 지방의원의 보궐선거는 그 선거일부터 잔여임기가 1년 미만이거나 또는 지방의원 정수의 4분의 1 이상이 궐원되지 않은 경우에는 실시하지 않을 수 있다(공선법 제201조).

## IV. 후보자

### 1. 후보자추천

정당은 선거에 있어 소속당원을 후보로 추천할 수 있다. 정당이 비례대표 국회의원선거 및 비례대표 지방의회의원선거에 후보자를 추천하는 때에는 그 후보자 중 100분의 50 이상을 여성으로 추천하되, 그 후보자명부의 순위의 매 홀수에는 여성을 추천하여야 한다(공선법 제47조). 선거권자는 정당의 당원이 아닌 자를 당해 선거구의 후보자로 추천할 수 있다.

무소속후보자의 경우 대선후보자는 5 이상의 시·도에서 각 700 이상 총 3,500-6,000인, 광역단체장은 당해 시·도 안에의 3분의 1 이상의 자치구·시·

군에 나누어 각 50인 이상 총 1000-2000인, 국회의원과 기초단체장은 300-500
인, 시·도의원은 100-200인, 시·군·구의원은 50-100인의 추천을 받아야 한다
(공선법 제48조).

## 2. 공무원 등의 입후보

국가공무원이나 지방공무원 등 법이 정한 일정한 사람이 공직후보자가 되고
자 할 때에는 선거일 전 90일까지 그 직을 그만두어야 한다. 다만 정당의 당원이
될 수 있는 공무원은 그러하지 아니하다. 단 대통령선거와 국회의원선거에 국회
의원이 그 직을 가지고 출마할 경우, 또는 지방의원선거와 단체장 선거에 당해
지방의원이나 단체장이 그 직을 가지고 출마할 경우 그러하지 아니하다(공선법
제53조 제1항). 비례대표국회의원에 입후보하거나 법이 정한 경우에 해당하는 때
에는 후보자등록신청 전까지 그 직을 그만두어야 한다(공선법 제53조 제2항).

지방자치단체의 장은 선거구역이 당해 지방자치단체의 관할구역과 같거나
겹치는 지역구국회의원선거에 입후보자하고자 하는 때에는 당해 선거의 선거일
전 120일까지 그 직을 그만두어야 한다. 다만, 그 지방자치단체의 장이 임기가
만료된 후에 그 임기만료일부터 90일 후에 실시되는 지역구국회의원선거에 입
후보하려는 경우에는 그러하지 아니하다(공선법 제53조 제5항).[12]

## 3. 기탁금

기탁금액은 대통령선거는 3억, 시·도지사선거는 5,000만원, 국회의원선거
는 1,500만원, 시·군·구의 장 선거는 1,000만원, 시·도의원선거는 300만원,
시·군·구의원선거는 200만원으로 한다(공선법 제56조).[13]

---

12) 선거일 전 180일까지 사퇴하도록 한 것은 공무담임권 침해이나[헌재 공직선거 및 선거부
정방지법 제53조 제3항 위헌확인, 헌재 2003.9.25. 2003헌마106(위헌)], 120일전 사퇴는
공무담임권 침해가 아니다[헌재 공직선거 및 선거부정방지법 제53조 제3항 위헌확인, 헌
재 2006.7.27. 2003헌마758(기각)].

13) 헌법재판소는 국회의원선거의 기탁금(1,000만원, 2,000만원)과 광역의회의원의 기탁금
(700만원)은 보통선거원리에 위반된다고 하였으나, 국회의원 기탁금 1,500만원, 기초의회

기탁금은 대통령선거, 국회의원선거, 단체장선거, 지방의회선거에서, 후보자가 당선되거나 사망한 경우와 유효투표총수의 100분의 15 이상을 득표한 경우에는 기탁금전액을, 후보자가 유효투표총수의 100분의 10 이상 100분의 15 미만을 득표한 경우에는 기탁금의 100분의 50에 해당하는 금액을 반환한다. 비례대표 국회의원이나 비례대표 시·도의회의원의 경우는 후보자명부에 올라있는 후보자 중 당선자가 있을 때에 반환된다(공선법 제57조). 단 당선인의 결정 전에 사퇴하거나 등록이 무효로 된 후보자의 기탁금은 제외한다. 기탁금에서 비용을 제외한 금액을 선거일 후 30일 이내에 반환한다.

[판례] 국회의원선거법 제33조, 제34조의 위헌심판, 헌재 1989.9.8. 88헌가6(헌법
불합치)
"유효투표 총수의 3분의 1을 얻지 못한 낙선자 등의 기탁금을 국고에 귀속시키게 하는 것은 그 기준이 너무 엄격하여 국가 존립의 기초가 되는 선거제도의 원리에 반하며, 선거경비를 후보자에게 부담시킬 수 없다는 헌법 제116조에도 위반된다."

## 4. 당내경선

정당은 공직선거후보자를 추천하기 위하여 경선(이하, 당내 경선)을 실시할 수 있다. 경선후보자로서 당해 정당의 후보자로 선출되지 아니한 자는 당해 선거의 같은 선거구에서는 후보자로 등록될 수 없다(공선법 제57의2). 정치자금법상 국고보조금의 배분대상이 되는 정당은 당내경선사무 중 경선운동, 투표 및 개표에 관한 사무의 관리를 당해 선거의 관할선거관리위원회에 위탁할 수 있다. 정당이 당내 경선을 위탁하여 실시하는 경우에는 그 경선 및 선출의 효력에 대한 이의제기는 당해 정당에 하여야 한다(공선법 제57조의7).

---

의원 기탁금 200만원, 시도지사 기탁금 5,000만원, 대통령 기탁금 3억원은 합헌이라고 하였다[헌재 1995.5.25. 92헌마269(기각)]; 대통령 기탁금 5억원은 헌법불합치되었다[헌재 2008.11.27. 2007헌마1024(헌법불합치)].

## V. 선거운동

### 1. 개  념

대의제민주주의에 있어서 선거는 주권자인 국민이 그 정치적 의사를 조직적으로 표명하는 가장 중요한 기회이기 때문에, 유권자의 판단에 호소하는 선거운동의 자유는 최대한으로 보장되어야 한다. 선거운동이란 공직선거에서 특정후보자를 당선되게 하거나 당선되지 못하게 하는 행위를 말한다. 다만 선거에 관한 단순한 의견의 개진이나 의사의 표시, 입후보와 선거운동을 위한 준비행위, 정당의 후보자 추천에 관한 단순한 지지·반대의 의견개진 및 의사표시, 통상적인 정당활동, 특정 정당 또는 후보자(후보자가 되려는 사람을 포함함)를 지지·추천하거나 반대하는 내용 없이 투표참여를 권유하는 행위 등은 선거운동으로 보지 아니한다(공선법 제58조 제1항).

> [판례] 구 대통령선거법 제36조 제1항 위헌제청, 구 대통령선거법 제34조 등 위헌제청, 헌재 1994.7.29. 93헌가4·6 (병합) (위헌)
> "공선법 제58조 제1항의 '선거운동'이란, 특정 후보자의 당선 내지 이를 위한 득표에 필요한 모든 행위 또는 특정 후보자의 낙선에 필요한 모든 행위 중 당선 또는 낙선을 위한 것이라는 목적 의사가 객관적으로 인정될 수 있는 능동적, 계획적 행위를 말한다."
> "선거운동은 국민주권의 행사의 일환일 뿐 아니라 정치적 표현의 자유의 한 형태로서 민주사회를 구성하고 움직이게 하는 요소이므로, 선거운동의 허용범위는 아무런 제약 없이 입법자의 재량에 맡겨진 것이 아니고 그 제한입법의 위헌여부에 대하여는 엄격한 심사기준이 적용된다."

### 2. 선거운동의 원칙

헌법은 제116조에서 선거운동의 원칙으로서 기회균등과 선거경비국고부담을 원칙으로 하는 선거공영제를 규정하고 있다. 공직선거법 제58조 제2항은 "누구든지 자유롭게 선거운동을 할 수 있다. 그러나 이 법 또는 다른 법률의 규정에 의하여 금지 또는 제한되는 경우에는 그러하지 아니하다"라고 하고 있으며, 선거운동의 공영제를 확대하여 후보자의 부담을 최소화하였다(공선법 제64조-제66조, 제71조, 제73조, 제83조 등).

[판례 1] 국회의원선거법 제55조의3 등에 대한 헌법소원, 헌재 1992.3.13. 92헌마 37·39(병합)(한정위헌, 기각)

"정당추천후보자에게 별도로 정당연설회를 할 수 있도록 한 국회의원선거법제55조의3 규정은 무소속후보자에 비교하여 월등하게 유리한 위치에서 선거운동을 하게 한 불평등한 규정이므로 헌법전문, 헌법 제11조 제1항의 법(法)앞의 평등, 제25조의 공무담임권, 제41조 제1항의 평등선거의 원칙, 제116조 제1항의 선거운동기회 균등의 보장원칙에 위반된다고 할 것이나 무소속후보자에게도 정당연설회에 준하는 개인연설회를 허용하는 경우에는 위헌성의 소지가 제거될 수 있으므로 제7항은 당해 지역구에서 정당추천후보자를 연설원으로 포함시킨 정당연설회를 개최하는 경우에는 무소속후보자에게도 정당추천후보자에 준하는 선거운동의 기회를 균등하게 허용하지 아니하는 한 헌법에 위반된다.

정당추천후보자에게 무소속후보자에 비하여 소형인쇄물을 2종 더 제작·배부할 수 있도록 한 국회의원선거법 제56조의 규정은 불평등한 것으로서 위헌적인 규정이지만 무소속후보자에게 소형인쇄물을 추가로 배부할 수 있도록 허용하는 경우에는 위헌성의 소지가 제거될 수 있으므로 위 규정 역시 당해 지역구에서 정당이 소형인쇄물 2종을 추가 배부하는 경우에는 무소속후보자에게도 그에 준하는 종류의 소형인쇄물을 제작·배부할 수 있도록 선거운동의 기회를 균등하게 허용하지 아니하는 한 헌법에 위반된다."라고 하여 헌법재판소는 선거운동에 있어 무소속후보자에게 불합리한 제한을 가하는 것은 위헌이라고 결정한 바 있다.

[판례 2] 구 대통령선거법 제36조 제1항 위헌제청, 구 대통령선거법 제34조 등 위헌제청(병합), 헌재 1994.7.29. 93헌가4(위헌)

"구 대통령선거법 제36조 제1항 본문은 원칙적으로 전 국민에 대하여 선거운동을 금지한 다음 후보자의 가족, 정당이나 후보자에 의하여 선임되어 선거관리위원회에 신고된 극소수의 선거관계인들만이 선거운동을 할 수 있도록 하고 있으므로 이는 선거의 공정성 확보라는 목적에 비추어 보더라도 필요한 정도를 넘어 국민의 정치적 표현의 자유를 지나치게 제한하고 있는 것이고, 그로 인하여 선거의 공정성이 확보된다는 보장도 없으므로, 위 법 제36조 제1항 본문 및 벌칙조항인 제162조 제1

항 제1호 중 제36조 제1항 본문 부분은 입법형성권의 한계를 넘어 국민의 선거운동
의 자유를 지나치게 제한함으로써 국민의 참정권과 정치적 표현의 자유의 본질적
내용을 침해하는 것이어서, 헌법 제21조 제1항, 제24조에 위배되고 헌법상의 국민
주권주의 원칙과 자유선거의 원칙에도 위반되는 요소가 많다. 그러나 공익을 대표
하는 사람, 직무의 성질상 정치적 중립성이 요청되는 사람 등에게는 선거운동이 허
용되어서는 아니되고, 이러한 일부 합헌적 부분까지 위헌선언을 하게 되면, 선거권
이 없는 사람과 정치활동이 금지된 공무원 등 일정 범위의 공익관련자들마저 선거
운동을 할 수 있게 되어 오히려 선거의 공정성을 해칠 우려가 있다. 따라서 위 법
제36조 제1항 본문은 선거권이 없는 사람과 선거의 공정을 해칠 우려가 있는 일정
범위의 사람들에 대하여 선거운동을 금지하는 것은 합헌이라 할 것이고, 선거의 공
정을 해칠 우려가 없는 선거권을 가진 일반국민까지 선거운동을 금지하여 이들의
선거운동의 기회를 박탈하는 것은 헌법에 위반된다.
그런데 1994.3.16. 법률 제4739호로 공직선거 및 선거부정방지법이 제정되었고,
위 법 제60조 제1항은 공무원 등 선거운동이 금지되는 사람들을 구체적 · 제한적으
로 열거하고 있으므로, 구 대통령선거법 제36조 제1항 본문 및 제162조 제1항 제1
호의 제36조 제1항 본문부분은, 입법자의 입법형성의 자유를 존중하는 뜻에서 합
헌의 범위를 위 법 제60조 제1항에 열거한 자로 한정하여, 그 이외의 사람들에까지
선거운동을 금지하고 이를 위반한 자를 처벌하는 것은 헌법에 위반된다고 하겠다.”

[판례 3] 공직선거 및 선거부정방지법 제87조 등 위헌확인, 헌재 1995.5.25. 95헌
　　　 마105(기각)

“공직선거에 있어서 후보자를 추천하거나 이를 지지 또는 반대하는 등 선거활동을
함에 있어서 ‘정당’과 ‘정당이 아닌 기타의 단체’에 대하여 그 보호와 규제를 달리한
다 하더라도 이는 일응 헌법에 근거를 둔 합리적인 차별이라 보아야 할 것이고, 따
라서 정당이 아닌 단체에게 정당만큼의 선거운동이나 정치활동을 허용하지 아니하
였다 하여 곧 그것이 그러한 단체의 평등권이나 정치적 의사표현의 자유를 제한한
것이라고는 말할 수 없는 점, 공직선거 및 선거부정방지법 제87조는 단체에 대하여
특정 정당이나 후보자에 대한 명시적인 지지나 반대 등의 행위만 금지하고 있을 뿐
단체의 정치적 의사표현의 자유를 더 제한한 것은 아니고 위 법 제81조와 제82조에
서 단체가 후보자들에 대한 객관적 평가에 접할 기회를 보장함으로써 그 자신의 정
치적, 정책적인 의견개진 등에 있어서 참고로 할 정보수집의 기회를 주고 있는 점,
위 법은 유권자인 개인(국민)과 정당에 대하여도 그 선거운동의 주체 · 방법 · 기간
및 비용의 측면에서 여러 가지 까다로운 규제를 하고 있는데, 개인(국민)과는 달리
선거권과 피선거권이 없으며 정당과는 달리 헌법상 그 지위와 활동에 관하여 특별

한 보호나 보장을 받지 못하는 일반 단체에게 공직선거에 있어서 특정 정당이나 후보자에 대한 지지·반대 등의 선거운동을 허용한다면, 이는 개인(국민)과 정당의 선거운동에 관한 규제와의 사이에 균형이 맞지 않는 점, 오늘날 우리나라의 기존 정당들이 국민의 정치·경제·사회·문화적 욕구를 제대로 충족시켜 주지 못한다 하더라도, 그것이 곧 정당 아닌 각종 시민단체나 사회단체에게 정당과 같은 정도의 정치활동이나 선거운동을 허용할 합리적인 이유는 될 수 없는 점 등을 모두 종합하여 보면, 단체의 선거운동 금지를 규정한 위 법 제87조가 청구인들의 평등권이나 정치적 의사표현의 자유의 본질적인 내용을 침해하였거나 이를 과도하게 제한한 것이라고 보기 어렵다."

[판례 4] 구 지방의회의원선거법 제181조 제2호 등 위헌소원, 헌재 1995.4.20. 92헌바29(합헌)

"구 지방의회의원선거법 제57조, 제67조 제1항은 법정의 방법 이외의 방법으로 인쇄물, 광고 등을 제작, 배부하는 방식의 선거운동을 금지함으로써 헌법상 청구인들을 포함한 국민들에게 보장된 기본권인 선거운동의 자유 내지는 의사표현의 자유와 참정권(혹은 그 내용으로서의 선거권)을 제한하는 규정이나, 이는 선거에서 부당한 과열경쟁으로 인한 사회경제적 손실을 막고 후보자 사이의 실질적인 기회균등을 보장함과 동시에 탈법적인 선거운동으로 인하여 선거의 공정과 평온이 침해되는 것을 방지하고자 하는 목적에서 특히 중대한 폐해를 초래할 우려가 크다고 인정되는 특정의 선거운동방법과 내용만을 제한하는 것이므로 그 목적의 정당성과 수단의 상당성, 침해의 최소성, 법익의 균형성을 갖추어 과잉금지의 원칙에 반하지 아니한다.

그리고 위 규정들에 의하여 제한되는 것은 의사표현의 자유 그 자체가 아니라 표현의 특정한 수단·방법에 불과하고 그와 같은 방법 이외의 방법은 자유롭게 선택될 수 있는 여지를 남겨두고 있으므로, 이로써 선거운동의 자유가 전혀 무의미해지거나 형해화된다고 단정할 수 없어 위 기본권의 본질적 내용을 침해하는 것이라 할 수 없다."

## 3. 선거운동의 규제

공직선거법은 선거운동의 규제방법을 종전의 포괄적 제한·금지의 방식에서 개별적 제한·금지의 방식으로 전환하여, 선거법 또는 다른 법률의 규정에 의하여 금지되거나 제한되지 아니한 선거운동은 모두 허용함으로써 선거운동의 자유를 확대하였다. 그러나 선거운동은 각급 선거관리위원회의 관리 하에 법률이 정하는 범위 내에서 하여야 한다. 공직선거법(1997.11.14. 개정)에서는 방송매체를 이용한 선거운동방법의 활성화와 그 공정성제고를 위한 장치들(선거방송심의위원회 등)을 규정하였다(동법 제8조의2 등).

선거운동에 관해서는 현행법상 다음의 제한이 있다.

### (1) 선거운동의 기간 제한

선거운동은 원칙적으로 선거기간 개시일부터 선거일 전일까지에 한하여 할 수 있다(공선법 제59조). 선거운동기간은 후보자등록마감일의 다음날부터 선거일 전일까지이다. 선거운동은 당해 후보자의 등록이 끝난 때부터 선거일전일까지 할 수 있다. 사전선거운동과 선거당일의 선거운동은 금지된다. 선거운동기간이 너무 짧다는 것이 문제인데, 선거운동기간에 대한 지나친 제한은 새로이 공직후보자가 되려고 하는 자에게는 커다란 장벽이 되기 때문이다. 선거운동기간의 문제점을 개선하기 위해 예비후보자가 자신이 개설한 인터넷 홈페이지를 이용하여 선거운동을 할 수 있도록 하였다(공선법 제59조).

[판례 1] 공직선거 및 선거부정방지법 제59조 제1호 등 위헌소원, 헌재 2005.9.29.
　　　2004헌바52(합헌, 각하)

"기간의 제한없이 선거운동을 무한정 허용할 경우에는 후보자간의 지나친 경쟁이 선거관리의 곤란으로 이어져 부정행위의 발생을 막기 어렵게 된다. 또한 후보자 간의 무리한 경쟁의 장기화는 경비와 노력이 지나치게 들어 사회경제적으로 많은 손실을 가져올 뿐만 아니라 후보자 간의 경제력 차이에 따른 불공평이 생기게 되고 아울러 막대한 선거비용을 마련할 수 없는 젊고 유능한 신참 후보자의 입후보의 기회를 빼앗는 결과를 가져올 수 있다. 우리 나라는 반세기 가까이 수많은 선거를 치러 왔으면서도 아직껏 우리가 바라는 이상적인 선거풍토를 이루지 못하고 금권, 관권 및 폭력에 의한 선거, 과열선거가 항상 문제되어 왔다. 이러한 상황 아래 위와 같은 폐해를 방지하고 공정한 선거를 실현하기 위하여 선거운동의 기간에 일정한 제한을 두는 것만으로 위헌으로 단정할 수는 없다. 공선법 제59조 제1호(이하 '이 사건 법률조항'이라 한다)에서 정하는 선거운동의 기간제한은 제한의 입법목적, 제한의 내용, 우리나라에서의 선거의 태양, 현실적 필요성 등을 고려할 때 필요하고도 합리적인 제한이며, 예비후보자의 배우자인 청구인의 선거운동의 자유를 형해화할 정도로 과도하게 제한하는 것으로 볼 수 없다.

예비후보자제도는 현역 국회의원의 경우 직무활동으로 인정되는 의정활동보고를 통하여 사실상 선거운동기간 전에도 선거운동의 효과를 누리는 기회가 주어지고 있어 정치 신인과의 선거운동기회가 불균등하다는 문제점이 끊임없이 제기되자 선거운동기회의 형평성 차원에서 정치 신인에게도 자신을 알릴 수 있는 기회를 어느 정도 보장하고자 도입된 것으로서 예비후보자로 등록한 자는 선거운동기간 전에도 선거사무소 설치, 명함교부, 전자우편 발송 등의 방법으로 선거운동을 할 수 있게 되었다. 이러한 사정을 고려할 때 예비후보자제도의 입법목적을 달성하기 위해 선거운동기간 전에 예비후보자를 위하여 선거운동을 할 수 있는 주체에 예비후보자 본인 외에 반드시 예비후보자의 배우자를 포함시켜야 한다거나 선거운동에 있어서 이들을 똑같이 취급해야 한다는 헌법적 요청이 존재한다고 보기 어렵다. 또한 이 사건 법률조항은 선거운동기간에 대한 제한을 완화하는 규정이므로 선거운동기간 전에 선거운동을 할 수 있는 자를 누구로 할 것인지, 어느 범위까지 선거운동을 허용할 것인지 등에 대해서는 입법부의 재량에 맡겨야 하고 그것이 명백히 재량권의 한계를 벗어난 자의적인 입법이 아닌 한 입법형성의 자유를 존중하여야 할 것인데 위에서 살펴본 점들에 비추어 이 사건 법률조항이 입법자의 입법재량의 한계를 일탈하였다고 보여지지 아니한다. 그렇다면 이 사건 법률조항에 의해 예비후보자와 그 배우자 간에 선거운동의 자유에 있어 차별이 생긴다고 하더라도 이는 불합리한 것이 아니므로 평등원칙에 위반되지 아니한다."

### [판례 2] 공직선거 및 선거부정방지법 제255조 제2항 제5호 위헌소원 등, 헌재 2008.10.30. 2005헌바32(합헌)

"구 공선법(2004.3.12. 법률 제7189호로 개정되기 전의 것) 제93조 제1항에 의해 보호되는 선거의 실질적 자유와 공정의 확보라는 공공의 이익을 고려할 때, 선거기간 전 명함배부를 금지하는 것은 선거의 자유와 공정을 보장하기 위한 제도적 장치로서의 의미를 가질 뿐만 아니라, 폐해 방지를 위하여 일정 기간 그러한 제한을 가하는 것 외에 달리 효과적인 수단을 상정하기 어렵고, 특히 '선거에 영향을 미치게 하기 위하여'라는 전제하에 그 제한이 이루어지며, 그 제한은 선거운동방법의 전면적인 제한이 아니라 특히 폐해의 우려가 크다고 인정되는 선거운동방법에만 국한되는 부분적인 제한에 불과하므로, 이로써 선거운동의 자유 내지 표현의 자유가 전혀 무의미해지거나 형해화된다고 단정할 수 없다. 나아가 의정활동 보고를 통하여 현직 국회의원의 경우 사실상 선거운동을 할 수 있는 것은 구 공선법(2004.3.12. 법률 제7189호로 개정되기 전의 것) 제111조 제1항에 의한 차별의 문제일 뿐이지 구 공선법 제93조 제1항으로 인한 차별의 문제는 아니라고 할 것이다. 처벌규정인 구

공선법(2004.3.12. 법률 제7189호로 개정되기 전의 것) 제255조 제2항 제5호에서 규정한 벌칙규정이 지나치게 높다는 사정도 보이지 않으므로 위 법률조항들은 헌법에 위반되었다고 볼 수 없다."

"기간의 제한없이 선거운동을 무한정 허용할 경우에는 후보자 간의 지나친 경쟁이 선거관리의 곤란으로 이어져 부정행위의 발생을 막기 어렵게 된다. 또한 후보자 간의 무리한 경쟁의 장기화는 경비와 노력이 지나치게 들어 사회경제적으로 많은 손실을 가져올 뿐만 아니라 후보자 간의 경제력 차이에 따른 불공평이 생기게 되고 아울러 막대한 선거비용을 마련할 수 없는 젊고 유능한 신참 후보자의 입후보의 기회를 빼앗는 결과를 가져올 수 있다. 선거운동의 기간제한은 제한의 입법목적, 제한의 내용, 우리나라에서의 선거의 태양, 현실적 필요성 등을 고려할 때 필요하고도 합리적인 제한이며, 선거운동의 자유를 형해화할 정도로 과도하게 제한하는 것으로 볼 수 없다."

### (2) 인적 제한

일정범위의 사람들에게는 선거운동이 금지된다. 선거운동을 할 수 없는 자에 대해서는 공직선거법 제60조가 상세히 규정하고 있다. 공직선거법 제60조 제1항은 다음과 같이 규정하고 있다.

"다음 각 호의 어느 하나에 해당하는 사람은 선거운동을 할 수 없다. 다만, 제1호에 해당하는 사람이 예비후보자·후보자의 배우자인 경우와 제4호부터 제8호까지의 규정에 해당하는 사람이 예비후보자·후보자의 배우자이거나 후보자의 직계존비속인 경우에는 그러하지 아니하다.

1. 대한민국 국민이 아닌 자. 다만, 제15조 제2항 제3호에 따른 외국인이 해당 선거에서 선거운동을 하는 경우에는 그러하지 아니하다.

2. 미성년자(19세 미만의 자를 말한다. 이하 같다)

3. 제18조(선거권이 없는 자) 제1항의 규정에 의하여 선거권이 없는 자

4. 「국가공무원법」 제2조(공무원의 구분)에 규정된 국가공무원과 「지방공무원법」 제2조(공무원의 구분)에 규정된 지방공무원. 다만, 「정당법」 제22조(발기인 및 당원의 자격) 제1항 제1호 단서의 규정에 의하여 정당의 당원이 될 수 있는 공무원(국회의원과 지방의회의원외의 정무직공무원을 제외한다)은 그러하지 아니하다.

5. 제53조(공무원 등의 입후보) 제1항 제2호 내지 제8호에 해당하는 자(제4호 내지 제6호의 경우에는 그 상근직원을 포함한다)

6. 향토예비군 중대장급 이상의 간부

7. 통·리·반의 장 및 읍·면·동 주민자치센터(그 명칭에 관계없이 읍·면·동사무소 기능전환의 일환으로 조례에 의하여 설치된 각종 문화·복지·편익시설을 총칭한다. 이하 같다)에 설치된 주민자치위원회(주민자치센터의 운영을 위하여 조례에 의하여 읍·면·동사무소의 관할구역별로 두는 위원회를 말한다. 이하 같다) 위원

8. 특별법에 의하여 설립된 국민운동단체로서 국가 또는 지방자치단체의 출연 또는 보조를 받는 단체(바르게살기운동협의회·새마을운동협의회·한국자유총연맹을 말한다)의 상근 임·직원 및 이들 단체 등(시·도조직 및 구·시·군조직을 포함한다)의 대표자

9. 선상투표신고를 한 선원이 승선하고 있는 선박의 선장"

예컨대 선거사무종사자·일반직공무원·교원(예외 있음)·미성년자(기계적 노무는 예외) 등은 각각 해당 법령에 의하여 선거운동을 할 수 없다(공선법 제60조). 특히 지방자치단체의 장이 그 지위를 이용하여 선거에 영향을 미칠 수 있는 행위는 제한하고 있다(공선법 제86조 제2항 참조).

### (3) 장소적 제한

선거운동을 허용하더라도 장소적 제한이 요구된다. 후보자 등은 선거운동 기간 중에 소속정당의 정강·정책이나 후보자의 정견 기타 필요한 사항을 홍보하기 위하여 도로변·광장·공터·주민회관·시장 또는 점포, 다수인이 왕래하는 공개장소를 방문하여 정당이나 후보자에 대한 지지를 호소하는 연설을 할 수 있다(공직선거법 제79조). 그러나 국가 또는 지방자치단체가 소유하거나 관리하는 건물·시설이나, 선박·여객자동차·열차·전동차·항공기의 안과 그 터미널구내 및 지하철역구내, 병원·진료소·도서관·연구소 또는 시험소 기타 의료·연구시설에서는 연설·대담할 수 없다(공선법 제80조).

### (4) 방법상 제한

방법상 제한으로, 기부행위금지가 있다. 비용의 제한으로, 선거의 부패를 방지하기 위하여 선거운동을 위한 비용의 액수와 출납책임의 법정, 수입·지출

의 보고와 공개 등을 상세히 규정하고 있고, 선거운동의 자유의 확대에 따라 선거비용의 제한을 비목별 제한 방식에서 총액 제한방식으로 전환하고 있다(동법 제119조-제135조의2 참조). 후보자 및 배우자의 기부행위가 금지된다[기부행위의 개념규정(공선법 제112조)]. 국회의원·지방의원·단체장·정당의 대표자·후보자(후보자가 되고자 하는 자 포함)와 그 배우자는 당해 선거구 안에 있는 자나 기관·단체·시설 또는 당해 선거구의 밖에 있더라도 그 선거구민과 연고가 있는 자나 기관·단체·시설에 기부행위(주례 포함)를 할 수 없다(공선법 제113조). 후보자나 그 배우자의 직계존·비속과 형제자매, 후보자의 직계비속 및 형제자매의 배우자, 후보자 또는 그 가족과 관계있는 회사 등의 기부행위도 금지된다(공선법 제114조). 그러나 통상적인 정당활동과 관련한 행위(정당의 운영경비, 직원보수의 지급, 정당사무소 방문자에게 다과·떡·김밥·음료 등 다과류의 음식제공), 의례적 행위(친족범위 내에 있는 자에 대한 축의·부의금품제공, 정당대표자가 유급사무직원에 대한 선물제공), 구호적·자선적 행위(수용보호시설에 의연금품제공, 중증장애인에게 자선·구호금품제공), 직무상의 행위(국가가 자체사업계획과 예산으로 행하는 법령에 의한 금품제공. 단 지방자치단체가 표창·포상을 하는 경우 부상의 수여는 제외)는 기부행위로 보지 않는다. 선거후 답례행위도 금지된다(공선법 제118조).

### (5) 여론조사의 제한과 금지

선거일 전 60일부터 선거일까지 후보자 또는 정당의 명의로 선거에 관한 여론조사는 금지된다. 그리고 선거일 전 6일부터 선거일의 투표마감시간까지 선거에 관하여 정당에 대한 지지도나 당선인을 예상하게 하는 여론조사의 경위와 결과를 공표할 수 없고, 또 이를 인용하여 보도할 수 없다(공선법 제108조).

[판례] 대통령선거법 제65조 위헌확인, 헌재 1995.7.21. 92헌마177, 199(병합)
　　　(각하)
"대통령선거에 관한 여론조사는 그것이 공정하고 정확하게 이루어졌다 하여도 그 결과가 공표되게 되면 선거에 영향을 미쳐 국민의 진의를 왜곡하고 선거의 공정성을 저해할 우려가 있으며, 더구나 선거일에 가까워질수록 여론조사결과의 공표가 갖는 부정적 효과는 극대화되고 특히 불공정하거나 부정확한 여론조사결과가 공표될 때에는 선거의 공정성을 결정적으로 해칠 가능성이 높지만 이를 반박하고 시정할 수 있는 가능성은 점점 희박해진다고 할 것이므로, 대통령선거의 중요성에 비추어 선거의 공정을 위하여 선거일을 앞두고 어느 정도의 기간동안 선거에 관한 여론조사결과의 공표를 금지하는 것 자체는 그 금지기간이 지나치게 길지 않는 한 위헌이라고 할 수 없다.

선거에 관한 여론조사결과의 공표금지기간을 어느 정도로 할 것인가는 그 나라의 입법당시의 시대적 상황과 선거문화 및 국민의식수준 등을 종합적으로 고려하여 입법부가 재량에 의하여 정책적으로 결정할 사항이라 할 것인데, 우리나라에서의 여론조사에 관한 여건이나 기타의 상황 등을 고려할 때, 대통령선거의 공정성을 확보하기 위하여 선거일공고일로부터 선거일까지의 선거기간 중에는 선거에 관한 여론조사의 결과 등의 공표를 금지하는 것은 필요하고도 합리적인 범위 내에서의 제한이라고 할 것이므로, 이 사건 법률규정이 헌법 제37조 제2항이 정하고 있는 한계인 과잉금지의 원칙에 위배하여 언론·출판의 자유와 알 권리 및 선거권을 침해하였다고 할 수 없다."

누구든지 선거일 전 6일부터 선거일의 투표마감시각까지 선거에 관하여 정당에 대한 지지도나 당선인을 예상하게 하는 여론조사의 경위와 그 결과를 공표하거나 인용하여 보도할 수 없다(공선법 제108조 제1항).

### (6) 인터넷매체의 사용 제한

UCC(User-Created Contents, 이용자제작콘텐츠) 등 인터넷매체의 사용 제한이 있다. 헌법재판소는 공직선거법 제93조 제1항("누구든지 선거일 전 180일부터 선거일까지 선거에 영향을 미치게 하기 위하여 이 법의 규정에 의하지 아니하고는 정당 또는 후보자를 지지·추천하거나 반대하는 내용이 포함되어 있거나 정당의 명칭 또는 후보자의 성명을 나타내는 광고, 인사장, 벽보, 사진, 문서·도화, 인쇄물이나 녹음·녹화테이프 '그 밖에 이와 유사한 것'을 배부·첩부·살포·상영 또는 게시할 수 없다")의 '그 밖에 이와 유사한 것'에, '정보통신망을 이용하여 인터넷 홈페이지 또는 그 게시판·대화방 등에 글이나 동영상 등 정보를 게시하거나 전자우편을 전송하는 방법'이 포함되는 것으로 해석하는 한 헌법에 위반된다는 결정을 하였다.[14] 인터넷은 누구나 손쉽게 접근 가능한 매체이며, 이용비용이 거의 발생하지 않고, 선

---

14) 공직선거법 제93조 제1항 등 위헌확인, 헌재 2011.12.29. 2007헌마1001(한정위헌).

거비용을 획기적으로 낮출 수 있는 정치공간으로 평가되는바, UCC, 블로그, 트위터 등 정보통신망을 이용한 선거운동은 기회의 균형성·투명성·저비용성을 제고하는 공직선거법의 목적에 부합되므로 이를 불허하는 것은 선거운동의 자유나 정치적 표현의 자유를 침해하는 것으로 헌법에 위배된다는 것이다. 이는 UCC를 '이에 유사한 것'에 포함시키는 것은 합헌(5인 위헌)이라고 한 선례를 변경한 것이다.

공직선거법(제250조, 제251조, 제255조)은 인터넷 상에서 후보자에 대한 인신공격적 비난이나 허위사실 적시를 통한 비방 등을 하거나 19세 미만 국민이나 외국인 등 선거운동을 할 수 없는 자가 선거운동에 포함되는 글을 올린 경우에는 이를 금지·처벌하고 있으므로, 흑색선전을 통한 부당한 경쟁의 방지를 위해 인터넷 매체를 통한 선거운동을 금지할 필요는 없다고 보아야 한다.

### (7) 기타 제한

선전벽보의 제한(공선법 제71조), 신문 및 방송광고(공선법 제69조, 제70조), 후보자 등의 방송연설(공선법 제71조), 방송토론위원회 주관 대담·토론회(공선법 제82조의2), 정보통신망을 이용한 선거운동(공선법 제82조의4), 인터넷광고(공선법 제82조의7), 무소속후보자의 정당표방금지(공선법 제84조), 선거운동이 금지되는 단체의 열거(공선법 제87조), 애드벌룬, 시설탑 등 각종 시설물의 설치금지(공선법 제90조), 각종 집회의 제한(공선법 제103조), 의정활동 보고제한(공선법 제111조), 호별방문·서명날인운동·음식물제공·기부행위·비방 등은 금지된다(공선법 제106조, 제107조, 제110조).

공직선거법이 개정되어 단체에 대하여 원칙적으로 선거운동을 허용하고 다만 선거운동을 할 수 없는 단체를 한정적으로 열거하고 있다.

## VI. 선거쟁송

선거에 관한 쟁송에는 현행법상 선거소청과 선거소송 및 당선소송의 세 종류가 인정되고 있다.

## 1. 선거소청

선거소청은 지방의회의원 및 지방자치단체장의 선거에서 선거의 효력 또는 당선의 효력에 관하여 이의가 있는 선거인·정당(후보자를 추천한 정당에 한함) 또는 후보자가 선거일로부터 14일 이내에 당해 선거구 선거관리위원회위원장을 피소청인으로 하여 지방의회의원선거 및 자치구·시의 장선거에서는 시·도선 거관리위원회, 시·도지사의 선거에서는 중앙선거관리위원회(이상 공선법 제219 조)에게 제기한다. 접수일로부터 60일 이내에 소청에 대하여 결정을 하여야 한 다(공선법 제220조). 선거소청의 절차에 관하여는 행정심판법의 규정이 많이 적 용된다(공선법 제221조).

## 2. 선거소송

선거소송은 선거절차상의 흠을 이유로 그 선거의 전부 또는 일부의 효력을 다투는 소송으로 일종의 민중소송이다. 원고는 대통령선거 및 국회의원선거에 서 선거의 효력에 관하여 이의가 있는 선거인·정당(후보자를 추천한 정당에 한 함) 또는 후보자로서 당해 선거구 선거관리위원회 위원장(대통령선거의 경우는 중 앙선거관리위원회 위원장)을 피고로 하여 대법원(공선법 제222조 1항)에 선거일로 부터 30일 이내에 제소하여야 한다.

대통령선거에 관한 소송은 다른 소송에 우선하여 신속히 재판하여야 하며, 소송이 제기된 날로부터 180일 이내에 처리하여야 한다(공선법 제225조). 지방의 회의원 및 지방자치단체의 장의 선거소청에 대한 결정과 관련하여 불복이 있는 소청인은 소청에 대한 결정서를 받은 날로부터 10일 이내에 당해 선거구 선거관 리위원회 위원장을 피고로 하여 시·도지사선거의 경우에는 대법원에, 지방의 회의원 및 자치구·시·군의 장의 선거의 경우에는 선거구를 관할하는 고등법 원에 제소한다(공선법 제222조 2항).

### 3. 당선소송

당선소송이란 당선인의 무자격, 등록일 이후의 입후보등록, 개표의 부정 또는 착오 등을 이유로 당선의 효력에 이의가 있는(대통령선거 또는 국회의원선거의 선거 자체는 유효하고 당선인의 결정만을 위법함을 당선결정일로부터 30일 이내에 소제기) 후보자 또는 정당이 법원에 제기하는 소송을 말한다. 당선소송은 대통령선거 및 국회의원선거에서 정당 또는 후보자가 등록무효(공선법 제52조) 또는 피선거권상실로 당선무효(공선법 제192조)를 주장하는 경우에는 당선인을, 당선인의 결정 · 공고 · 통지 및 전국구국회의원 의석의 배분(공선법 제187조~제189조) 또는 당선인의 재결정 및 전국구국회의원 의석의 재배분(공선법 제194조)의 위법을 주장하는 경우에는 그 당선인을 결정한 중앙선거관리위원회 위원장(대통령선거의 경우) 또는 당해 선거구 선거관리위원회 위원장(국회의원선거의 경우)을 피고로 하여 대법원에 대통령선거 및 국회의원선거 후 30일 이내에 제소한다.

지방의회의원 및 지방자치단체의 장의 선거에서는 선거소청에 대한 결정에 대하여 불복이 있는 소청인 또는 당선인인 피소청인은 당선인 또는 당해 선거관리위원회 위원장을 피고로 하여 결정서를 받은 날로부터 10일 이내에 시 · 도지사선거의 경우는 대법원에, 지방의회의원선거 및 자치구 · 시 · 군의 장 선거의 경우에는 그 선거구를 관할하는 고등법원에 제소한다(공선법 제223조).

당선소송에서 피고로 될 당선인이 사퇴 · 사망하거나 피선거권상실 등의 사유로 당선의 효력이 상실되거나 당선이 무효가 된 때에는 대통령선거의 경우는 법무부장관을, 기타선거의 경우는 관할 고등검찰청 검사장을 피고로 한다.

### 4. 재정신청

유권자매수죄와 이해유도죄 또는 공무원의 선거범죄 등에 대하여 고소 · 고발한 후보자와 정당의 중앙당은 검사로부터 공소를 제기하지 아니한다는 통지를 받은 날로부터 10일 이내에 그 검사 소속의 고등검찰청에 대응하는 고등법원에 그 불기소처분의 당부에 관한 재정신청을 할 수 있다(공선법 제273조).

## 5. 선거인명부에 관한 불복신청

선거권자는 누구나 선거인명부의 내용에 이의가 있으면 당해 구·시·읍·면의 장에게 이의신청을 할 수 있고, 그에 관한 결정에 불복이 있으면 관할구·시·군 선거관리위원회에 불복신청을 할 수 있다(동법 제41조, 제42조).

## VII. 재외선거

재외선거는 다음의 5단계로 이루어져 있다.

### 1. 제1단계

중앙선거관리위원회는 재외선거의 공정한 관리를 위하여 재외공관마다 재외선거관리위원회를 설치·운영하며, 재외투표관리관을 두되, 해당 공관의 장이 재외투표관리관이 된다(공선법 제218조, 제218조의2).

### 2. 제2단계

주민등록이 되어 있거나 국내거소신고를 한 사람은, 대통령선거와 임기만료에 따른 국회의원선거를 실시하는 때마다 국외부재자 신고를(공선법 제218조의4), 주민등록이 되어 있지 아니하고 국내거소신고도 하지 아니한 사람은, 대통령선거와 임기만료에 따른 비례대표 국회의원선거를 실시하는 때마다 재외선거인 등록을 하여야 한다(공선법 제218조의5). 국외부재자신고와 제외선거인등록을 기초로 재외투표관리관은 '공관부재자신고인명부'를 작성하며(공선법 제218조의6), 이를 시군구별로 구분하여 외교통상부장관을 경유하여 중앙선거관리위원회에 보낸다.

### 3. 제3단계

중앙선거관리위원회는 공관부재자신고를 기초로 '재외선거인명부'를 작성하여, 이를 해당 시군구에 보낸다. 시군구의 장은 이를 기초로 다시 '국외부재자신고인명부'를 작성하고(공선법 제218조의9), 이를 열람케 한다.

### 4. 제4단계

시군구 선거관리위원회는 투표용지를 선거일 전 25일까지 국외부재자신고인명부에 기재된 재외선거인에게 특급우편으로 발송한다. 재외선거관리위원회는 선거일 전 14일부터 선거일 전 9일까지의 기간 중 6일 이내의 기간(이하, 재외투표기간)을 정하여, 공관에 재외투표소를 설치·운영하고(공선법 제218조의17), 재외투표를 하게 된다. 재외선거의 투표는 대통령선거와 지역구 국회의원선거에서는 후보자의 성명이나 기호 또는 소속 정당의 명칭을, 비례대표 국회의원선거에서는 정당의 명칭이나 그 기호를 재외투표소에 가서 투표용지에 직접 적는 방법으로 한다. 재외투표는 선거일 오후 6시까지 관할 구·시·군 선거관리위원회에 도착되어야 한다.

### 5. 제5단계

재외투표관리관은 재외투표를 재외투표기간 만료일의 다음날까지 외교통상부를 경유하여 중앙선거관리위원회에 보내야 한다(공선법 제218조의21). 제외투표는 선거일 오후 6시까지 관할 구·시·군 선거관리위원회에 도착되어야 한다(공선법 제218조의16). 재외투표는 구·시·군 선거관리위원회가 개표한다(공선법 제218조의24).

# 제4절 공무원제도

## 제1항 총 설

공직제도의 가장 핵심적인 내용이 직업공무원제도이다. 직업공무원제도는 국가와 공법상의 근무 및 충성관계를 맺고 있는 직업공무원에게 국가의 정책집행기능을 맡김으로써 안정적이고 능률적인 정책집행을 보장하려는 공직구조에 관한 제도적 보장을 말한다. 공직제도의 역사가 시원적으로 직업공무원제도에서 유래한다고 말할 수 있을 정도로 직업공무원제도는 15세기경부터 오늘에 이르기까지 오랜 시간에 걸쳐 점차적으로 확립되어 온 헌법상의 제도이다.

공무원이라 함은 직접 또는 간접적으로 국민에 의하여 선출되거나 임용되어 국가 또는 공공단체와 공법상의 근무관계를 맺고 공공적 업무를 담당하고 있는 자를 말한다. 그러므로 선거에 의하여 취임하거나 국회의 동의를 얻어 임명되는 공무원(정무직)뿐만 아니라 고용직·임시직 등 계약에 의하여 공무를 담당하는 자까지도 모두 공무원 중에 포함된다.

## Ⅰ. 헌법규정

공무원의 헌법상 지위에 관하여 헌법 제7조에서 「① 공무원은 국민전체에 대한 봉사자이며 국민에 대하여 책임을 진다. ② 공무원의 신분과 정치적 중립성은 법률이 정하는 바에 의하여 보장된다」고 하는 원칙적인 규정을 두고 있으며, 그 밖에 제33조 2항의 공무원인 근로자의 근로3권의 제한규정, 제29조의 공무원의 책임 및 제65조의 고급공무원에 대한 탄핵소추 등을 규정하고 있으며, 법률유보에 의한 국가공무원법·지방공무원법이 있다.

## II. 헌법 제7조의 의의

헌법 제7조가 규정하고 있는 공무원의 지위는 제1조의 민주공화국과 국민주권주의에 관한 규정에서 나오는 당연한 귀결이라고 할 수 있다. 그러나 제7조의 입법취지는 현대민주국가의 정당국가적 성격에서 유래한 것으로 정권교체에도 불구하고 공무원의 신분을 보장함으로써, 이른바 직업공무원제의 제도적 보장을 통하여 집권당 내지 집권세력에 대한 공무원의 사병화 방지에 있다고 하겠다.

직업공무원제도가 헌법상의 제도적 보장으로 정착된 것은 역시 바이마르공화국 헌법(제128조-131조)에서 비롯되었다고 볼 수 있다. 직업공무원제도의 제도적 보장으로서의 특성과 내용이 헌법이론적으로 밝혀지기 시작한 것도 바이마르공화국시대였다. 즉 칼 슈미트의 제도적 보장이론에 따르면 직업공무원제도가 헌법상의 제도적 보장으로 규정된 헌법질서 내에서는 입법권자가 직업공무원제도를 구체적으로 형성하는 것은 가능하지만 직업공무원제도 그 자체를 폐지하는 것은 절대 허용될 수 없다고 한다. 따라서 이와 같은 시각에서 볼 때 제도적 보장으로서의 직업공무원제도는 공직구조에 관한 헌법적 결단이라고 할 수 있다.

우리 현행 헌법(제7조)도 직업공무원제도의 헌법적 근거규정을 마련함으로써 이를 제도적으로 보장하고 있다. 이러한 규정은 바이마르공화국 헌법 제130조의 예에 따른 것으로 현대민주국가에 있어서 일반적인 경향이 되고 있다. 직업공무원제도가 제도적 보장으로 규정된 헌법질서 내에서는 입법권자가 직업공무원제도를 형성하는 것은 가능하지만, 직업공무원제도 그 자체를 폐지할 수는 없다.[15]

## III. 공무원의 개념

공무원의 개념은 제도적 소산이므로 다의적인바, 다음과 같이 나눌 수 있다.

---

15) 허영, 앞의 책(주 9), 813면.

## 1. 협의의 공무원

국가(공공단체 포함)와 특별행정법관계를 맺고 공무를 담당하는 자를 말한다. 직업공무원이 이에 속한다.

## 2. 광의의 공무원

국가와 광의의 공법상 근로관계를 맺고 공무를 담당하는 자를 말한다. 이에는 협의의 공무원 외에 명예직공무원이나 헌법기관구성원(국회의원·헌법재판소 재판관 등)이 포함된다. 국가의 최고기관구성자와 명예직 공무원이 이에 포함된다.

## 3. 최광의의 공무원

국가의 공무에 종사하는 일체의 사람으로서 사법상 고용관계나 공법상 위임관계에 의하여 공무를 담당하는자를 포함한다. 헌법상 공무원의 용례는 일률적으로 결정할 수 없으며 구체적인 경우에 해석상 결정할 문제이다.

## 제2항  국민전체에 대한 봉사자로서의 공무원

## Ⅰ. 전체국민의 봉사자

헌법 제7조 제1항은 공무원은 국민전체에 대한 봉사자이며 국민에 대하여 책임을 진다라고 규정하고 있다. 전체국민의 봉사자라는 것은 공무원이 국민의 신탁에 의하여 국정을 담당하는 국민의 피용자이고 국민의 이익을 위하여 직무를 행하여야 할 것을 의미하고, 일부 소수자 또는 당파의 이익, 계층적 이익을 실천하는 것이 아니고 국가가 추구하는 국민전체의 이익의 실천자(인간의 존엄과 가치, 행복의 실천자)를 의미한다. 특히 현대민주국가의 정당국가적 성격으로 인하여 집권당이나 집권세력의 사병화를 방지하기 위하여 특히 이를 규정한 것이다. 여기서 국민전체란 것은 주권자로서의 국민, 즉 이념적 통일체로서의 전체 국민을 의미한다.

## II. 공무원의 범위

여기서 공무원이란 가장 넓은 의미에서 공무원을 말한다. 그러나 모든 공무원이 국민전체에 대한 봉사자로서 활동하는 방법은 일률적일 수 없고 공무원의 종류에 따라서 다르다. 광의의 공직자의 국민에 대한 성격에 관한 논란은 무의미하다.

### 1. 정치적 공무원(대통령 · 국회의원 · 국무위원)

정치활동을 통해 국민에 대해 봉사함을 본래의 직무로 하므로 자기의 정치적 소신 · 신조에 따른 정치적 활동을 통해 가장 공익에 적합한 면으로 국가의 정책수립 및 집행에 참여하여야 한다.

### 2. 비정치적 공무원

이들은 정치활동이 금지되고 일단 수립된 국가의 정책을 당파적인 배려나 영향에서 벗어나서 법이 정하는 직무범위 안에서 법의 집행자로서 자기의 전문지식과 기술을 최대한으로 발휘하여 민주적 · 능률적으로 직무를 수행해야 한다.

### 3. 지방공무원의 경우

지방주민전체의 이익에 봉사하여야 한다는 설도 있으나, 지방공무원의 경우에도 지역사회의 독자적인 이익을 위해서만 활동을 해서는 안 되고 국민전체의 이익을 위하여 봉사하여야 할 것이다.


## III. 위임 내지 대표의 부인(국민과의 관계)

공무원은 엄격한 법적 의미에서 국민의 수임자 내지 대표가 아니다. 왜냐하면 첫째로 공무원의 임면에 관하여 국민에게 법적 관여권이 인정되지 아니하며, 둘째로 대통령이나 국회의원과 같이 국민이 선거하는 공무원의 경우에도 그 선거는 중세의 등족회의에서의 그것과 같은 위임은 아니다.


## 제3항  국민에 대한 책임


## I. 책임의 법적 성격

헌법 제7조 제1항은 공무원은 국민에 대하여 책임을 진다고 하였는데, 이 책임의 성질에 관하여 견해가 대립한다.[16] 그것은 헌법적 책임설과 이념적·정치적 책임설이다. 헌법적 책임설[17]은 헌법상 공무원의 책임을 규정하고 있는 이상 헌법적 책임으로 보아야 한다는 견해이다. 이념적·정치적 책임설[18]은 통설로서 이 설에 의하면 국민과 공무원 간에 엄격한 법적 위임관계가 존재하지 않고, 국민소환제가 인정되지 않고 있으므로 관존민비사상을 시정하기 위한 이념적·정치적 책임에 지나지 않는다. 우리 헌법상 직접적인 책임제도인 국민소환제는 규정하지 않지만, 제29조 제1항 단서에서 공무원의 책임을 명시하고 있으므로 공무원의 국민에 대한 책임은 제1차적으로 법적인 배상책임과 형사책임을 뜻하는 것이고, 제2차적으로 정치적 책임을 뜻한다.

---

16) 허영 교수는 공무원의 국민에 대한 책임의 성격 논란은 불필요하다는 입장이다.
17) 김철수, 앞의 책(주 4), 202면.
18) 권영성, 앞의 책(주 2), 228면.

공무원법상 공직자의 유형을 보면 국가공무원법(제2조)과 지방공무원법(제2조)은 공무원을 우선 국가공무원과 지방공무원으로 나눈 다음, 이를 다시 경력직공무원과 특수경력직공무원으로 구분한다. 경력직공무원은 실적과 자격에 의해 임용되고 그 신분이 보장되며 평생토록 공무원으로 근무할 것이 예정되는 공무원이다.

경력직공무원의 종류로는 일반직공무원과 특정직공무원으로 나눈다. 또 특수경력직공무원은 다시 정무직공무원(선거로 취임하거나 임명할 때 국회의 동의가 필요한 공무원, 고도의 정책결정 업무를 담당하거나 이러한 업무를 보조하는 공무원으로서 법률이나 대통령령에서 정무직으로 지정하는 공무원)과 별정직공무원(비서관·비서 등 보좌업무 등을 수행하거나 특정한 업무 수행을 위하여 법령에서 별정직으로 지정하는 공무원)의 유형으로 나뉜다.[19]

---

19) **국가공무원법 제2조(공무원의 구분)** ① 국가공무원(이하 "공무원"이라 한다)은 경력직공무원과 특수경력직공무원으로 구분한다.

② "경력직공무원"이란 실적과 자격에 따라 임용되고 그 신분이 보장되며 평생 동안(근무기간을 정하여 임용하는 공무원의 경우에는 그 기간 동안을 말한다) 공무원으로 근무할 것이 예정되는 공무원을 말하며, 그 종류는 다음 각 호와 같다.

  1. 일반직공무원: 기술·연구 또는 행정 일반에 대한 업무를 담당하는 공무원

  2. 특정직공무원: 법관, 검사, 외무공무원, 경찰공무원, 소방공무원, 교육공무원, 군인, 군무원, 헌법재판소 헌법연구관, 국가정보원의 직원과 특수 분야의 업무를 담당하는 공무원으로서 다른 법률에서 특정직공무원으로 지정하는 공무원

  3. 삭제

③ "특수경력직공무원"이란 경력직공무원 외의 공무원을 말하며, 그 종류는 다음 각 호와 같다.

  1. 정무직공무원

  가. 선거로 취임하거나 임명할 때 국회의 동의가 필요한 공무원

  나. 고도의 정책결정 업무를 담당하거나 이러한 업무를 보조하는 공무원으로서 법률이나 대통령령(대통령비서실 및 국가안보실의 조직에 관한 대통령령만 해당한다)에서 정무직으로 지정하는 공무원

  2. 별정직공무원: 비서관·비서 등 보좌업무 등을 수행하거나 특정한 업무 수행을 위하여 법령에서 별정직으로 지정하는 공무원

  3. 삭제

  4. 삭제

④ 제3항에 따른 별정직공무원의 채용조건·임용절차·근무상한연령, 그 밖에 필요한 사항은 국회규칙, 대법원규칙, 헌법재판소규칙, 중앙선거관리위원회규칙 또는 대통령령으로 정한다.

## II. 책임의 유형(간접적인 책임추궁의 유형)

우리 헌법상 공무원의 국민에 대한 책임의 유형은 공무원의 국가배상책임을 들 수 있고(제29조 제1항 단서), 선거를 통하여 추궁할 수 있으며(제41조 제1항, 제67조 제1항), 국민의 대표기관인 국회의 탄핵소추(제65조) 및 해임건의(제63조)를 통하여 고위직공무원이 정치적 책임을 지도록 제도적으로 보장하고 있다. 또한 임명권자가 가지는 공무원의 해임권이 있고, 헌법 제26조에서 규정된 청원권을 통하여 국민이 공무원의 파면을 청원할 수 있는 것도 이에 속한다.

<h2 style="text-align:center">제4항　직업공무원제도의 보장</h2>

## I. 공무원의 신분보장

헌법 제7조 제2항은 공무원의 신분과 정치적 중립성은 법률이 정하는 바에 의하여 보장된다고 규정하고 있다. 우리 헌법은 직업공무원제도의 구조적 요소에 관해서는 구체적으로 정하지 않고 이를 입법권자의 입법형성권에 맡기는 법률유보의 규정만을 두고 있다. 다만 '공무원의 신분과 정치적 중립성'의 보장만은 이를 헌법 제7조 제2항이 스스로 명시하고 있기 때문에 직업공무원제도를 구체적으로 마련하는 입법권자에게 일정한 기속적인 방향을 제시하고 있다. 헌법 제7조 제2항에 의해 신분보장과 정치적 중립성이 요구되는 공무원에는 이른바 정치적공무원은 포함되지 않는다. 따라서 그 범위는 제7조 제1항의 공무원의 범위보다 좁고 이른바 협의의 공무원과 대체로 일치한다.

공무원의 신분보장은 공무원임면·보직·승진시의 능력주의(성적주의·실적주의)와 합리적인 징계절차에 의해서만 실현될 수 있을 뿐 아니라 참된 신분보장은 종신직이라야 가장 그 실효성이 크다고 볼 수 있기 때문에 공무원의 신분보장을 직업공무원제도의 기본적인 구조적 요소로 밝히고 있는 우리 헌법질서

내에서는 이들 요소가 모두 직업공무원제도의 바탕이 되어야 한다고 할 것이다.[20] 또 공무원의 신분보장이 이루어지기 위해서는 공무원의 생활안정의 보장이 전제되어야 할 것이고, 공무원의 생활안정을 실현시키는 구체적인 제도가 함께 마련되어야 한다. 직업공무원제도에 관한 현행 법률 등에는 이와 같은 헌법적 사고가 상당히 반영되어 있다고 할 수 있지만 실질적인 신분보장을 위해서는 아직도 개선해야 될 것이 있다고 하겠다. 그리고 공무원의 신분보장이라 함은 정권교체의 영향을 받지 않는다는 것뿐만 아니라 같은 정권 아래서도 정당한 이유 없이 함부로 해임당하지 않는다는 것을 의미한다. 이러한 헌법내용을 구체화하기 위하여 국가공무원법에서 상세하게 규정하고 있다.

> [판례 1] 국가보위입법회의법 등의 위헌여부에 관한 헌법소원, 헌재 1989.12.18.
> 89헌마32, 33(병합) (위헌, 각하)
>
> "우리나라는 직업공무원제도를 채택하고 있는데, 이는 공무원이 집권세력의 논공행상의 제물이 되는 엽관제도(獵官制度)를 지양하고 정권교체에 따른 국가작용의 중단과 혼란을 예방하고 일관성있는 공무수행의 독자성을 유지하기 위하여 헌법과 법률에 의하여 공무원의 신분이 보장되는 공직구조에 관한 제도이다. 여기서 말하는 공무원은 국가 또는 공공단체와 근로관계를 맺고 이른바 공법상 특별권력관계 내지 특별행정법관계 아래 공무를 담당하는 것을 직업으로 하는 협의의 공무원을 말하며 정치적 공무원이라든가 임시적 공무원은 포함되지 않는 것이다.
>
> 직업공무원제도하에 있어서는 과학적 직위분류제(職位分類制), 성적주의 등에 따른 인사의 공정성을 유지하는 장치가 중요하지만 특히 공무원의 정치적 중립과 신분보장은 그 중추적 요소라고 할 수 있는 것이다. 그러나 보장이 있음으로 해서 공무원은 어떤 특정정당이나 특정상급자를 위하여 충성하는 것이 아니고 국민전체에 대한 공복으로서 법에 따라 그 소임을 다할 수 있게 되는 것으로서 이는 당해 공무원의 권리나 이익의 보호에 그치지 않고 국가통치 차원에서의 정치적 안정의 유지와 공무원으로 하여금 상급자의 불법부당한 지시나 정실(情實)에 속박되지 않고 오직 법과 정의에 따라 공직을 수행하게 하는 법치주의의 이념과 고도의 합리성, 전

---

20) 이에 대해서는 1980년 이른바 국보위가 공직자정화작업으로 행한 공무원의 대량해임조치는 직업공무원제도의 명백한 침해이며, 그들의 구제를 위해서 1989년 제정된 「1980년 해직공무원의 보상 등에 관한 특별조치법」 제4조가 5급 이상 공무원을 복직대상에서 제외시킨 것은 위헌이 아니라는 결정은 잘못된 것이라는 비판이 있다(헌재 1993.9.27. 92헌바21).

문성, 연속성이 요구되는 공무의 차질없는 수행을 보장하기 위한 것이다.

헌법이 '공무원은 국민전체에 대한 봉사자이며, 국민에 대하여 책임을 진다. 공무원의 신분과 정치적 중립성은 법률이 정하는 바에 의하여 보장된다.'(헌법 제7조, 구헌법 제6조)라고 명문으로 규정하고 있는 것은 바로 직업공무원제도가 국민주권원리에 바탕을 둔 민주적이고 법치주의적인 공직제도임을 천명하고 정권담당자에 따라 영향받지 않는 것은 물론 같은 정권하에서도 정당한 이유없이 해임당하지 않는 것을 불가결의 요건으로 하는 직업공무원제도의 확립을 내용으로 하는 입법의 원리를 지시하고 있는 것으로서 법률로서 관계규정을 마련함에 있어서도 헌법의 위와 같은 기속적 방향제시에 따라 공무원의 신분보장이라는 본질적 내용이 침해되지 않는 범위 내라는 입법의 한계가 확정되어진 것이라 할 것이다.

그렇기 때문에 공무원에 대한 기본법인 국가공무원법이나 지방공무원법에서도 이 원리를 받들어 공무원은 형의 선고, 징계 또는 위 공무원법이 정하는 사유에 의하지 아니하고는 그 의사에 반하여 휴직, 강임 또는 면직당하지 아니하도록 하고, 직권에 의한 면직사유를 제한적으로 열거하여 직제와 정원의 개폐 또는 예산의 감소 등에 의하여 폐직 또는 과원이 되었을 때를 제외하고는 공무원의 귀책사유 없이 인사상 불이익을 받는 일이 없도록 규정하고 있는 것이다. 이는 조직의 운영 및 개편상 불가피한 경우 외에는 임명권자의 자의적 판단에 의하여 직업공무원에게 면직 등 불리한 인사조치를 함부로 할 수 없음을 의미하는 것으로서 이에 어긋나는 것일 때에는 직업공무원제도의 본질적 내용을 침해하는 것이 되기 때문이다.

그런데 국가보위입법회의법 부칙 제4항 전단은 '이 법 시행 당시의 국회사무처와 국회도서관은 이 법에 의한 사무처 및 도서관으로 보며…'라고 규정하고 있는바, 같은 법 제7조와 제8조를 모두어 판단하건대, 국회사무처와 국가보위입법회의사무처 상호간, 국회도서관과 국가보위입법회의도서관 상호간에 각 그 동질성과 연속성을 인정하고 있어 적어도 규범상으로는 국가공무원법 제70조 제1항 제3호에서 직권면직사유로 규정하고 있는 직제와 정원의 개폐 등 조직변경의 사정은 인정되지 않는다. 그러함에도 그 후단에서는 '그 소속 공무원은 이 법에 의한 후임자가 임명될 때까지 그 직을 가진다'라고 규정함으로써 조직의 변경과 관련이 없음은 물론 소속공무원의 귀책사유의 유무라든가 다른 공무원과의 관계에서 형평성이나 합리적 근거 등을 제시하지 아니한 채 임명권자의 후임자임명이라는 처분에 의하여 그 직을 상실하는 것으로 규정하였으니, 이는 결국 임기만료되거나 정년시까지는 그 신분이 보장된다는 직업공무원제도의 본질적 내용을 침해하는 것으로서 헌법에서 보장하고 있는 공무원의 신분보장 규정에 정면으로 위반된다고 아니할 수 없는 것이다."

[판례 2] 구 지방공무원법 제2조 제3항 제2호 나목 등 헌법소원, 헌재 1997.4.24.
　　95헌바48(합헌)

헌법재판소는 공무원의 신분보장에 관한 헌법규정의 의의에 관하여

"헌법 제7조 제2항은 공무원의 신분과 정치적 중립성을 법률로써 보장할 것을 규정
하고 있다. 위 조항의 뜻은 공무원이 정치과정에서 승리한 정당원에 의하여 충원되
는 엽관제를 지양하고, 정권교체에 따른 국가작용의 중단과 혼란을 예방하며 일관
성있는 공무수행의 독자성과 영속성을 유지하기 위하여 공직구조에 관한 제도적
보장으로서의 직업공무원제도를 마련해야 한다는 것이다. 직업공무원제도는 바로
그러한 제도적 보장을 통하여 모든 공무원으로 하여금 어떤 특정 정당이나 특정 상
급자를 위하여 충성하는 것이 아니라 국민전체에 대한 봉사자로서(헌법 제7조 제1
항) 법에 따라 그 소임을 다할 수 있게 함으로써 공무원 개인의 권리나 이익을 보호
함에 그치지 아니하고 나아가 국가기능의 측면에서 정치적 안정의 유지에 기여하
도록 하는 제도이다.

헌법이 '공무원은 국민전체에 대한 봉사자이며, 국민에 대하여 책임을 진다. 공무원
의 신분과 정치적 중립성은 법률이 정하는 바에 의하여 보장된다'(헌법 제7조)라고
규정한 것은 바로 직업공무원제도가 국민주권원리에 바탕을 둔 민주적이고 법치주
의적인 공직제도임을 밝힌 것이고, 국가공무원법(제68조, 지방공무원법 제60조도
같다)이 '공무원은 형의 선고, 징계처분 또는 이 법에 정하는 사유에 의하지 아니하
고는 그 의사에 반하여 휴직, 강임 또는 면직을 당하지 아니한다. 다만 1급공무원은
그러하지 아니하다'고 규정하고 있는 것은 바로 헌법의 위 조항을 법률로써 구체화
한 것이다"라고 판시하였다.

## II. 공무원의 정치적 중립성의 보장

직업공무원제에서의 본질적인 문제는 정치적 중립성의 문제이다. 직업공무
원에게 정치적 중립이 요구되는 것은 공무원은 국민전체에 대한 봉사자이므로
중립적 위치에서 공익을 추구해야 하며, 행정에 대한 정치의 개입을 방지함으로
써 행정의 전문성과 민주성을 제고할 수 있고, 또한 정권의 변동에도 불구하고
정책의 계속성과 안정성을 유지할 수 있으며 엽관제로 인한 부패·비능률 등의
폐해를 예방할 수 있기 때문이다. 더불어 사회·경제적 대립의 중재자 내지 조
정자로서의 기능을 적극적으로 수행하기 위한 것이다.

우리 직업공무원제도는 공무원의 정치적 중립성을 그 필수적인 구조적 요소로 하고 있기 때문에 공무원인사에서의 '엽관제도'나 '정당적 정실인사'는 절대로 허용되지 않는다고 할 것이다. 신분 및 정치적 중립성이 보장되는 공무원에는 국가의 정치적 의사결정에 참여하는 정치적 공무원(국무위원·차관)은 포함되지 않으며, 결정된 국가의 정치적 의사를 충실히 집행하는 경력직공무원만을 포함한다. 헌법은 정치적 중립성을 요구하는 공무원도 정당에 관여할 수 있는 공무원을 법률로 정한다고 하였다. 공무원의 정당정치적 중립성을 실현시키기 위해서 우리 실정법은 공무원의 정당 기타 정치단체가입을 원칙적으로 금지하고 기타 정치활동과 집단행위도 금지 내지 제한하고 있다(국가공무원법 제65조, 제66조; 지방공무원법 제57조; 정당법 제6조). 하지만 이와 같이 획일적으로 정당가입과 정치활동을 금지시키는 것이 정치적 중립성 유지를 위해 필수적인 것인가는 다면적으로 검토할 필요가 있다. 직업공무원제도하에서 공무원은 국가와 '특수한 생활관계'를 형성하고 있기 때문에 말하자면 정책집행자로서의 지위와 기본권주체로서의 지위를 함께 갖게 된다. 공무원이 갖는 이중적 지위 때문에 종래 '이른바 특별권력관계'의 이론으로 공무원의 근무관계를 설명하고 공무원의 기본권주체로서의 지위를 일방적으로 부인 내지 약화시키려는 시도가 오랫동안 계속되어 왔었다. 그러나 공무원의 기본권주체로서의 지위를 부인하던 시대는 이미 지나갔다. 직업공무원제도가 요구하는 공무원의 정상적인 근무관계의 유지를 위해서 필요 불가피한 최소한의 범위 내에서 공무원의 기본권을 제한하는 것은 가능한데 이 경우 공무원의 기본권을 제한하는 것은 국민의 기본권을 실현시키기 위한 불가결한 전제조건일 수도 있다.

정치적 중립에 있어서 그 중립의 개념에는 불간섭·불가담을 의미하는 소극적 의미와 대립을 조정하고 지양하여 하나의 통일과 전체를 형성하게 하는 적극적 의미의 중립이 있다. 여기서 정치적 중립성이라 함은 정당국가에 있어서 그 정당의 영향으로부터 독립된 의미의 중립, 정당에 대한 불간섭·불가담을 뜻하는 소극적 중립을 의미한다. 결론적으로 우리 헌법상의 직업공무원제도는 공무원의 신분과 정치적 중립성을 보장할 수 있는 구조적 바탕 위에서 공무원의 국민전체에 대한 봉사자로서의 기능과 공무원의 기본권주체로서의 지위가 최대한으로 조화될 수 있는 방향으로 제도화되어야 한다.

# 제5항 공무원의 기본권 제한

## Ⅰ. 정치활동의 금지

공무원은 국민 전체의 봉사자로서 일정한 정치적 중립성이 요구되기 때문에 공무원의 정치적 행위를 제한하고 있다. 경력직 공무원은 정당 기타 정치단체의 결성에 참여하거나 이에 가입할 수 없다(국공법 제65조 제1항; 지공법 제57조 제1항). 공무원은 선거에 있어서 특정정당 또는 특정인의 지지나 반대를 위해 일정한 행위를 하여서는 아니 된다(국공법 제65조 제2항).

국가공무원법 제65조는 공무원의 정치적 행위를 광범위하게 제한하고 있다. 공무원의 정치활동의 제한의 근거에 관하여 특별권력관계설(공무원관계설정의 목적과 성질상 합리적인 범위 내에서 필요최소한도의 특별한 제한이 허용된다), 전체의 봉사자설(전체의 봉사란 국민의 행복·공공의 이익에 봉사하는 것을 말하며, 여기서 정치적 중립성이 요구되고 정치행위가 제한된다) 및 직무성질설(공무원의 직무내용·성질에서 제한의 필요가 생긴다)의 견해가 대립하나, 이것은 공무원의 국민 전체의 봉사자라는 성격의 확보, 직무의 정당한 수행을 보장하기 위하여 필요한 최소한도의 제한이라 할 것이다.

## Ⅱ. 근로3권의 제한

헌법 제33조 제2항과 국가공무원법 제66조는 법률로 정한 자에 한하여 공무원의 단결권·단체교섭권·단체행동권을 인정하고 있다. 이는 공무원은 국민 전체의 봉사자라는 지위와 공무의 적정한 집행을 보장하기 위한 규율상 요청에서 근로자로서의 권리의 제약을 인정한 것이다.

## Ⅲ. 특수신분관계에 의한 제한

국가와 공법상 특수한 신분관계를 맺은 공무원은 그 질서를 유지하고 목적을 달성하기 위하여 필요한 범위 내에서 일반국민과 다른 취급을 받는다.예컨대 공무원에 대하여 통근가능한 지역에 근무할 것을 명할 수 있다.

## Ⅳ. 제한의 한계

이상과 같이 공무원은 국민전체에 대한 봉사자란 지위에서 일반국민과는 다른 특별한 제한을 받는다. 그러나 공무원도 국민이란 신분을 가지므로 국민 또는 근로자로서의 공무원의 기본권보장과 조화되는 범위에서 인정되어야 할 것이며, 이에 반할 경우 위헌이 된다 할 것이다.

## 제6항  공무원의 권리·의무

국가와 공법상 특별한 신분관계를 설정한 공무원은 국민과 달리 국가에 대하여 포괄적인 권리와 의무를 진다.

## Ⅰ. 공무원의 권리

공무원은 신분보유권, 직위보유권, 직무수행권, 행정쟁송권, 보수청구권, 연금청구권, 실비(보수 외에 직무에 소요되는 실비)변상수령권, 보상수령권(소속기관장의 허가를 받아 특수한 연구과제로 위탁받아 처리한 경우 지급받는 보상)을 가진다. 공무원은 그 의사에 반하여 현저한 불이익처분을 받은 경우에 행정쟁송을 제기할 수 있고, 그 밖에 봉급, 연금 기타 재산상 권리를 가진다.

## II. 공무원의 의무

헌법 제5조 제2항 규정에 따라 군인인 공무원은 국가의 안전보장과 국토방위의 의무를 지며, 헌법 제46조에 근거하여 국회의원인 정치적 공무원은 청렴의 의무, 직무수행시 국가이익 우선의 의무, 지위를 남용한 이권개입금지의무를 진다. 공무원의 직무상 의무로 직무에 전념할 의무, 법령·상관의 명령에 복종할 의무(법령준수의 의무)를 지며, 신분상 의무로 비밀을 엄수할 의무, 품위유지의무 등을 진다.

# 제5절  지방자치제도

## 제1항  지방자치제의 의의

### I. 지방자치의 개념

지방자치제라 함은 일정한 지역을 기초로 하는 단체나 일정한 지역의 주민이 지방적 사무를 자신의 책임하에 자신이 선출한 기관을 통해 처리하는 제도를 말한다. 지방자치의 개념은 일정한 지역의 주민이 지역 내의 행정사무를 스스로 처리한다는 주민자치의 요소와 국가 내의 일정한 지역을 기초로 하는 공법인인 지역단체가 그 지역의 행정사무를 자주적으로 처리한다는 단체자치의 요소를 그 구성요소로 한다. 우리 지방자치단체의 유형은 단체자치형(집행기관과 의결기관의 분리, 자치단체에 대한 국가의 감독)을 주로 하고 주민자치형의 보완된 혼합형으로 평가되고 있다.

[판례 1] 공직선거 및 선거부정방지법 제16조 제3항 위헌확인, 헌재 1996.6.26. 96
　　헌마200(기각)

지방자치단체장의 피선거권 자격요건으로서 90일 이상 관할구역 내에 주민등록이
되어 있을 것을 요구하는 공직선거 및 선거부정방지법 제16조 제3항의 위헌 여부

"지방자치제도란 일정한 지역을 단위로 일정한 지역의 주민이 그 지방에 관한 여러
사무를 그들 자신의 책임하에 자신들이 선출한 기관을 통하여 직접 처리하게 함으
로써 지방자치행정의 민주성과 능률성을 제고하고 지방의 균형있는 발전과 아울러
국가의 민주적 발전을 도모하는 제도이므로, 피선거권의 자격요건을 정함에 있어
서 위와 같은 지방자치제도가 가지는 특성을 감안하여야 하고, 이를 어떻게 규정할
것인가의 문제는 입법재량의 영역에 속하는 것이다.

공직선거 및 선거부정방지법 제16조 제3항은 헌법이 보장한 주민자치를 원리로 하
는 지방자치제도에 있어서 지연적 관계를 고려하여 당해 지역사정을 잘 알거나 지
역과 사회적·지리적 이해관계가 있어 당해 지역행정에 대한 관심과 애향심이 많
은 사람에게 피선거권을 부여함으로써 지방자치행정의 민주성과 능률성을 도모함
과 아울러 우리나라 지방자치제도의 정착을 위한 규정으로서, 그 내용이 공무담임
권을 필요 이상으로 과잉제한하여 과잉금지의 원칙에 위배된다거나 공무담임권의
본질적인 내용을 침해하여 위헌적인 규정이라고는 볼 수 없다."

[판례 2] 지방의회의원선거법 제36조 제1항에 대한 헌법소원, 헌재 1991.3.11. 91
　　헌마21(헌법불합치, 각하)

"지방자치제도라 함은 일정한 지역을 단위로 일정한 지역의 주민이 그 지방주민의
복리에 관한 사무·재산관리에 관한 사무·기타 법령이 정하는 사무(헌법 제117조
제1항)를 그들 자신의 책임하에서 자신들이 선출한 기관을 통하여 직접 처리하게
함으로써 지방자치행정의 민주성과 능률성을 제고하고 지방의 균형있는 발전과 아
울러 국가의 민주적 발전을 도모하는 제도이다. 지방자치는 국민자치를 지방적 범
위 내에서 실현하는 것이므로 지방시정(施政)에 직접적인 관심과 이해관계가 있는
지방주민으로 하여금 스스로 다스리게 한다면 자연히 민주주의가 육성·발전될 수
있다는 소위 '풀뿌리 민주주의'를 그 이념적 배경으로 하고 있는 것이다."

## II. 지방자치의 연혁과 유형(단체자치와 주민자치)

지방자치는 연혁적으로 프랑스의 '단체권력'과 지방분권사상, 독일의 조합

및 단체사상, 영국의 지방자치 등에 그 유래를 두는 것으로 전해지고 있다. 그런데 프랑스와 독일 등에서 형성된 지방자치사상은 지역에 관한 고유사무의 자율적 처리가 주로 지역단체의 고유권한이라는 측면에서 주장되었던 데 반해, 영국의 지방자치 사상은 지역에 관한 고유사무의 자율적 처리가 주로 그 지역주민의 고유권한이라는 측면에서 주장되었다는 점에서 연혁적인 차이가 있다.

종래 자치사무의 처리를 위해서 국가로부터 독립된 단체의 자치기구를 따로 두느냐(단체자치), 아니면 국가의 지방행정관청이 지방주민(명예직 공무원)의 참여하에 자치사무를 처리하느냐(주민자치)에 따라 지방자치를 두 가지 유형으로 구분해 왔다. 일반적으로 주민자치가 단체자치보다 민주주의원리에 적합한 것으로 평가되고 있다.

단체자치에서 자치권은 전래된 권리로서 실정법상의 권리이고, 자치단체에 대한 통제는 행정청에 의해 적극적으로 이루어진다. 단체자치에서는 단체의 자치기구가 국가로부터 독립된 기관으로 2원적으로 구성되어 의결기관과 집행기관이 분리되고, 자치단체의 고유사무와 위임사무의 구별이 명확하고 단체의 고유사무 외에도 자치단체의 권한은 국가에 의해 일반적·포괄적으로 부여된다.

주민자치에서는 국가의 지방행정관청이 단체의 자치기구로 기능하는 관계로 그와 같은 2원적 기관구성이나 사무의 구별이 있을 수 없다. 자치권은 자연법상의 고유권이고, 자치단체의 고유사무와 위임사무의 구별이 불명확하며, 자치단체의 권한은 법률에 의하여 개별적으로 부여된다.

## 제2항  지방자치권의 본질과 지방자치제의 법적 성격

### Ⅰ. 지방자치권의 본질

지방자치권의 본질에 관해서는, 국가성립 이전부터 지역주민이 보유한 고유권능이라는 자치고유권설과 국가가 승인하는 한도 내에서만 행사할 수 있는 위임된 권능이라는 자치권위임설이 갈리고 있다. 생각건대 현대의 지방자치는 헌법과 법률의 테두리 안에서의 자치를 의미하기 때문에 국가의 의사로부터 완전히 독립된 지방자치라는 것은 존재할 수 없다. 따라서 제도론적 관점에서 본다면 자치권위임설이 타당하다(통설).

## II. 지방자치제의 법적 성격

지방자치제의 헌법적 보장이 어떠한 성격을 가지는 것이냐에 관해서도 견해가 갈리고 있다. 자치고유권설 또는 기본권보장설에 의하면 지방자치단체는 국가의 기원과는 별개의 자연적 창조물이며, 지방자치단체의 자치권은 개인이 국가에 대하여 가지는 천부적 자연권과 같은 기본권의 일종이라고 한다. 이에 대하여 칼 슈미트는 제도적 보장이라고 주장하였다. 지방자치제의 법적 성격을 제도적 보장이라고 하는 것은 "지방자치제는 역사적·전통적으로 형성된 제도의 일종으로서 그 본질적 내용을 입법에 의하여 폐지하거나 유명무실한 것이 되게 하여서는 아니 된다"는 의미이다. 생각건대 자치고유권설은 현대민주국가에서 지방자치제가 가지는 법적 성격을 올바르게 파악한 견해라고 할 수 없으므로, 통설인 제도적 보장설이 타당하다고 본다.

## 제3항 우리나라의 지방자치제도

## I. 헌법규정

헌법 제117조 세1항은 지방자치단체는 주민의 복리에 관한 사무를 처리하고 재산을 관리하며, 법령의 범위 안에서 자치에 관한 규정을 제정할 수 있다고 규정하고 있다. 동조 제2항은 지방자치단체의 종류는 법률로 정한다라고 규정하고 있다. 헌법 제118조 제1항은 지방자치단체에 의회를 둔다라고 규정하고 있고, 제2항은 지방의회의 조직·권한·의원선거와 지방자치단체의 장의 선임방법 기타 지방자치단체의 조직과 운영에 관한 사항은 법률로 정한다라고 규정하고 있다.

## II. 연혁과 유형

지방자치에 관한 규정은 건국헌법부터 존재해 왔으며, 제2공화국헌법에서는 시·읍·면장까지도 주민이 직접 선거하였다. 우리 지방자치단체의 유형은 단체자치형(집행기관과 의결기관의 분리, 자치단체에 대한 국가의 감독)을 주로 하고 주민자치형이 보완된 혼합형으로 평가되고 있다.

## III. 지방자치단체의 종류

지방자치단체의 종류로는 일반자치단체와 특별자치단체가 있다. 일반자치단체는 광역자치단체(특별시, 광역시, 도)와 기초자치단체(자치구, 시, 군)로 나누어진다. 특별지방자치단체(지방자치법 제2조 제3항, 제4항)는 지방자치단체조합을 말한다. 광역자치단체의 구역변경·폐지·분합은 법률로, 기초자치단체의 구역변경·폐지·분합은 대통령령으로 한다.

## IV. 지방자치단체의 기관

지방자치단체의 기관으로는 의결기관인 지방의회와 집행기관인 자치단체의 장이 있다. 그 밖에도 광역자치단체에 교육위원회를 설치한다. 지방자치단체의 장은 임기 4년으로 주민에 의해 선출된다. 지방자치단체의 장의 계속 재임은 3기에 한한다(지방자치법 제95조).

## V. 지방자치단체의 권한

지방자치단체는 주민의 복리에 관한 사무를 처리하고 재산을 관리하며 법령의 범위 안에서 자치에 관한 규정을 제정할 수 있다(제117조 제1항). 지방자치단체의 권능은 자치행정권, 자치재정권, 자치입법권으로 나눌 수 있다.

### 1. 자치행정권

자치행정은 고유사무, 단체위임사무, 기관위임사무를 내용으로 한다. 지방자치단체의 자치사무는 '주민의 복리에 관한 고유사무'가 주된 내용이지만, 지방자치단체는 그 밖에도 '법령에 의하여 지방자치단체에 속하는 사무(단체위임사무)(지자법 제9조 제1항)'와 국가 또는 광역자치단체가 지방자치단체의 장에게 위임한 사무(기관위임사무)도 처리한다. 그렇지만 위임사무는 지방자치단체의 자치권에 속하는 사항은 아니기 때문에 국가가 사무처리경비의 일부 또는 전부를 부담하게 되고 그에 따라서 국가의 감독권도 강화된다. 단체위임사무의 경우 국가의 소극적 감독(사후·입법·합목적)만 허용되고, 경비도 국가와 분담할 수 있으나 국정감사는 배제된다. 기관위임사무에서는 국가가 사전감독 할 수 있고 경비는 국가가 부담하며 국정감사가 허용된다. 고유사무처리경비는 지방자치단체가 전액부담하며 국가는 사후의 합법성감독만 할 수 있다.

현행법상 대표적인 단체위임사무로는 국세징수법에 의한 시·군의 국세징수사무, 하천법에 의한 국유하천의 점용료 등의 징수사무, 전염병예방법에 의한 예방접종사무, 보건소법에 의한 보건소운영, 농촌진흥법에 의한 농촌지도소운영, 생활보호법에 의한 생활보호사무 등이 있다.

[판례] 대판 1995.3.28. 94나45654
"호적사무는 국가의 기관위임에 의하여 수행되는 사무가 아니고, 지방자치법에서 정하는 지방자치단체의 사무이다."

## 2. 자치재정권

지방자치단체의 자치재정기능의 주요내용은 재정고권과 조세고권이다. 지방자치단체는 재정고권에 의해서 행정목적달성과 공익상 필요한 경우 재산을 보유하거나 특정한 자금운용을 위한 기금을 설치할 수 있으며(법 제142조 제1항), 주민의 복지증진을 위해 지방 공기업을 설치·운영할 수 있다(법 제146조 제1항). 또 조세고권에 의해서 법률이 정하는 바에 따라 주민에게 지방세를 부과할 수 있고(법 제135조), 공공시설의 이용 또는 재산의 사용에 대한 사용료(법 제136조)와 특정인을 위한 사무에 대한 수수료(법 제137조), 그리고 공공시설의 설치로 인한 수익자로부터 분담금(법 제138조)을 징수할 수 있다.

## 3. 자치입법권

자치입법권에는 지방의회가 법령의 범위 내에서 의결로써 제정하는 조례와 지방자치단체의 장이 법령 또는 조례의 범위 내에서 제정하는 규칙이 있다. 지방자치단체가 조례로 규정할 수 있는 사무는 자치사무와 단체위임사무에 한하고, 기관위임 사무는 제외된다.

> [판례] 대판 1992.7.28. 92추31
> "지방자치단체가 조례를 제정할 수 있는 사항은 지방자치단체의 고유사무인 자치사무와 개별법령에 의하여 자치단체에 위임된 이른바 단체위임사무에 한하고, 국가사무로서 지방자치단체의 장에 위임된 이른바 기관위임사무에 관한 사항은 조례제정의 범위 밖이라고 할 것이다."

국가의 사무를 제외한 모든 사무는 법률의 수권이나 위임이 없을지라도 법령에 위배되지 않는 한 조례로써 규정할 수 있다. 조례의 제정권자인 지방의회는 선거를 통해서 그 지역적인 민주적 정당성을 지니고 있는 주민의 대표기관이고 헌법이 지방자치단체에 포괄적인 자치권을 보장하고 있는 취지로 볼 때, 조례에 대한 법률의 위임은 법규명령에 대한 법률의 위임과 같이 반드시 구체적으로 범위를 정하여 할 필요가 없으며 포괄적인 것으로 족하다.

[판례] 부천시 담배자동판매기설치금지조례 제4조 등 위헌확인, 강남구 담배자동판
　　　매기설치금지조례 제4조 등 위헌확인, 헌재 1995.4.20. 92헌마264·279
　　　(병합)(기각)

"헌법 제117조 제1항은 '지방자치단체는 주민의 복리에 관한 사무를 처리하고 재산
을 관리하며, 법령의 범위 안에서 자치에 관한 규정을 제정할 수 있다.'고 규정하고
있고, 지방자치법 제15조는 이를 구체화하여 '지방자치단체는 법령의 범위 안에서
그 사무에 관하여 조례를 제정할 수 있다. 다만, 주민의 권리제한 또는 의무부과에
관한 사항이나 벌칙을 정할 때에는 법률의 위임이 있어야 한다.'고 규정하고 있다.
이 사건 조례들은 담배소매업을 영위하는 주민들에게 자판기 설치를 제한하는 것
을 내용으로 하고 있으므로 주민의 직업선택의 자유 특히 직업수행의 자유를 제한
하는 것이 되어 지방자치법 제15조 단서 소정의 주민의 권리의무에 관한 사항을 규
율하는 조례라고 할 수 있으므로 지방자치단체가 이러한 조례를 제정함에 있어서
는 법률의 위임을 필요로 한다.
그런데 조례의 제정권자인 지방의회는 선거를 통해서 그 지역적인 민주적 정당성을
지니고 있는 주민의 대표기관이고, 헌법이 지방자치단체에 대해 포괄적인 자치권을
보장하고 있는 취지로 볼 때 조례제정권에 대한 지나친 제약은 바람직하지 않으므
로 조례에 대한 법률의 위임은 법규명령에 대한 법률의 위임과 같이 반드시 구체적
으로 범위를 정하여 할 필요가 없으며 포괄적인 것으로 족하다고 할 것이다. …
그렇다면 이 사건 조례들은 법률의 위임규정에 근거하여 제정된 것이라고 할 것이
며, 이러한 위임에 의하여 자판기의 설치제한 및 철거에 관하여 규정하고 있는 이
사건 심판대상규정 역시 자판기의 전면적인 설치금지를 내용으로 하는 등의 특별
한 사정이 없는 이상 위임의 한계를 벗어난 규정이라고 볼 수 없다."

　지방자치단체는 그 내용이 주민의 권리제한 또는 의무부과에 관한 사항이
거나 벌칙에 관한 사항이 아닌 경우에 한하여, 법률의 위임이 없더라도 조례를
제정할 수 있다고 할 것이다.

[판례] 대판 1991.8.27. 90누6613

"법률이 주민의 권리의무에 관한 사항에 관하여 구체적으로 아무런 범위도 정하지
아니한 채 조례로 정하도록 포괄적으로 위임하였다고 하더라도, 행정관청의 명령
과는 달리 조례는 주민의 대표기관인 지방의회의 의결로 제정되는 지방자치단체의
자주법인 만큼, 지방자치단체가 법령에 위반되지 않는 범위 내에서 주민의 권리의
무에 관한 사항을 조례로 정할 수 있는 것이다."

　조례는 법령의 범위 내에서 제정되는 것이라야 한다. 따라서 법률이 규정하고 있는 사항과 동일한 사항에 관한 것일지라도 법률과 다른 목적으로 규정하는 조례이면 위법한 것이라 할 수 없다. 그러나 법률이 일정한 기준을 설정하고 유형을 제시하고 있는 경우에는 그보다 가중된 기준을 추가하거나 법률이 위임한 한계를 초과하는 내용의 조례는 법률에 위반되는 것이다. 또한 법률이 국가사무로 유보하고 있지 아니한 경우에도 전국에 걸쳐 획일적으로 규율하여야 할 사항과 그 영향이 미치는 범위가 전국 또는 국민전체에 걸친다고 생각되는 사항에 관해서는 지방자치단체가 그것을 규제할 권능을 가지지 않는다고 본다. 대법원은 청주시장이 청주시의회를 상대로 낸 행정정보공개조례안재의결취소청구사건에서 "정보공개조례안은 국가위임사무가 아닌 자치사무 등에 관한 정보만을 공개대상으로 하고 있다고 풀이되는 이상 반드시 전국적으로 통일된 기준에 따르게 할 것이 아니라 지방자치단체가 각 지역의 특성을 고려하여 자기 고유사무와 관련된 행정정보의 공개사무에 관하여 독자적으로 규율할 수 있다고 보여지므로, 구태여 국가의 입법미비를 들어 조례제정권의 행사를 가로막을 수 없다."[21]고 판시하였다. 또한 위법한 조례가 의결된 경우에는 지방자치단체의 장이 그 의결사항을 20일 이내에 지방의회로 환부하고 그 재의를 요구할 수 있으며(지자법 제26조 제3항), 다시 의결된 경우에는 20일 이내에 대법원에 소를 제기할 수 있다. 그리고 법률이 규제대상에 관하여 규제의 한도·최대한을 정한 것이라 해석하는 경우 그러한 규제제한법률보다 엄격한 조례는 위법이다. 법률이 전국적인 규제의 최저기준을 정한 최저규제기준법률에 그치고 지역적 행정수요에 응한 규제를 조례에 맡기고 있다고 해석하는 경우, 그 조례는 적법한 것이다(전국적 획일기준설과 전국최저보장기준설).

　조례의 제정은 지방의회의 고유사항이나, 주민의 권리제한·의무부과·벌칙을 정할 때에는 반드시 법률의 위임이 있어야 한다(지방자치법 제15조 단서). 지방자치법 제27조 제1항은 "지방자치단체는 조례를 위반한 행위에 대하여 조례로써 1천만원 이하의 과태료를 정할 수 있다"라고 하고 있다. 시·도의 조례에 의한 과태료 부과권을 명문으로 인정하고 있다.

---

21) 대판 1992.6.23. 92추17.

[판례] 구 주택건설촉진법 제52조 제1항 제2호 등 위헌소원, 헌재 1995.10.26. 93
헌바62(합헌)

처벌법규의 위임의 한계, 구 주택건설촉진법(1987.12.4. 법률 제3998호로 개정된
것) 제52조 제1항 제2호 및 구 주택건설촉진법(1981.4.7. 법률 제3420호로 개정된
것) 제32조의 위헌여부

"죄형법정주의와 위임입법의 한계의 요청상 처벌법규를 위임하기 위하여는 첫째
특히 긴급한 필요가 있거나 미리 법률로써 자세히 정할 수 없는 부득이한 사정이
있는 경우에 한정되어야 하며, 둘째 이러한 경우일지라도 법률에서 범죄의 구성요
건은 처벌대상행위가 어떠한 것일 것이라고 이를 예측할 수 있을 정도로 구체적으
로 정하여야 하며, 셋째 형벌의 종류 및 그 상한과 폭을 명백히 규정하여야 한다."


## VI. 주민결정과 주민참여

지방자치단체의 장은 주민에게 과도한 부담을 주거나 중대한 영향을 미치
는 지방자치단체의 주요 결정사항 등에 관하여 주민투표에 부칠 수 있다(지방자
치법 제14조) 그러나 헌법재판소는 주민투표를 거치지 않고 지방자치단체의 폐
치·분합에 관한 법률이 제정되었다 하여도 적법절차에 반하지 않는다고 판시
하였다.[22] 또한 헌법재판소는 "우리 헌법은 간접적인 참정권으로 선거권, 공무
담임권을, 직접적인 참정권으로 국민투표권을 규정하고 있을 뿐 주민투표권을
기본권으로 규정한 바가 없고 제117조, 제118조에서 제도적으로 보장하고 있는
지방자치단체의 자치의 내용도 자치단체의 설치와 존속 그리고 그 자치기능 및
자치사무로서 지방자치단체의 자치권의 본질적 사항에 관한 것이므로 주민투표

---

22) 경기도 남양주시 등 33개도농복합형태의 시설치 등에 관한 법률, 헌재 1994.12.29. 94헌마
201(기각). "지방자치법 제4조 제2항은 지방자치단체를 폐치(廢置)·분합(分合)한 때 관
계 지방자치단체의 의회의 의견을 들어야 한다고 규정하고 있고 국회는 위 법률을 제정함
에 있어서 중원군 의회의 의견을 들었으므로 위 규정에 의한 절차는 준수된 것이고 그 결
과는 국회가 입법할 때 판단의 자료로 기능하는 데 불과하며, 주민투표 실시에 관한 지방
자치법 제13조의2는 규정문언상 임의규정으로 되어 있고 아직 주민투표법이 제정되지도
아니하였으며 주민투표절차는 청문절차의 일환이고 그 결과에 구속적 효력이 없으므로,
이 사건 법률의 제정과정에서 주민투표를 실시하지 아니하였다 하여 적법절차원칙을 위
반하였다고 할 수 없다."

권을 헌법상 보장되는 기본권이라고 하거나 헌법 제37조 제1항의 헌법상 열거
되지 아니한 권리의 하나로 보기 어렵다. … 주민투표권은 법률이 보장하는 권
리일 뿐 헌법이 보장하는 기본권 또는 헌법상 제도적으로 보장되는 주관적 공권
으로 볼 수 없다"23)고 하였다. 주민투표권은 국민투표권, 선거권과 같이 헌법상
보장되는 참정권이 아니고 법률상 보장되는 참정권이다.24)

23) 주민투표법 제7조 제1항 등 위헌확인, 헌재 2005.12.22. 2004헌마530(각하). "청구인은 주
   민투표에 참여할 권리가 청구인의 기본권임을 전제로 이 소원을 제기하고 있다. 그러나
   우리 헌법은 간접적인 참정권으로 선거권(헌법 제24조), 공무담임권(헌법 제25조)을, 직
   접적인 참정권으로 국민투표권(헌법 제72조, 제130조)을 규정하고 있을 뿐 주민투표권을
   기본권으로 규정한 바가 없다. 또한 우리 헌법은 제117조, 제118조에서 지방자치단체의
   자치를 제도적으로 보장하고 있으나 이에 따라 보장되는 내용은 자치단체의 설치와 존속
   그리고 그 자치기능 및 자치사무로서 이는 어디까지나 지방자치단체의 자치권의 본질적
   사항에 관한 것이다(헌재 1994.12.29. 94헌마201, 판례집 6-2, 510, 522 참조). 그러므로
   자치사무의 처리에 주민들이 직접 참여하는 것을 의미하는 주민투표권을 헌법상 보장되
   는 기본권이라고 하거나 헌법 제37조 제1항의 "헌법에 열거되지 아니한 권리"의 하나로 보
   기는 어렵다.
   지방자치법은 주민에게 주민투표권(제13조의2), 조례의 제정 및 개폐청구권(제13조의3),
   감사청구권(제13조의4) 등을 부여함으로써 주민이 지방자치사무에 직접 참여할 수 있는
   길을 일부 열어 놓고 있지만 이러한 제도는 어디까지나 입법에 의하여 채택된 것일 뿐 헌
   법에 의하여 이러한 제도의 도입이 보장되고 있는 것은 아니다.
   그렇다면 주민투표권은 법률이 보장하는 권리일 뿐이지 헌법이 보장하는 기본권 또는 헌
   법상 제도적으로 보장되는 주관적 공권으로 볼 수 없다(헌재 2001.6.28. 2000헌마735, 판
   례집 13-1, 1431, 1439-1440 참조). 따라서 이 사건 심판청구는 청구인의 주장 자체로 보아
   기본권의 침해 가능성이 인정될 수 없는 경우이어서 부적법하다."
24) 입법부작위위헌확인, 헌재 2001.6.28. 2000헌마735(각하). "헌법 제117조 및 제118조가
   보장하고 있는 본질적인 내용은 자치단체의 보장, 자치기능의 보장 및 자치사무의 보장으
   로 어디까지나 지방자치단체의 자치권으로 헌법은 지역 주민들이 자신들이 선출한 자치
   단체의 장과 지방의회를 통하여 자치사무를 처리할 수 있는 대의제 또는 대표제 지방자치
   를 보장하고 있을 뿐이지 주민투표에 대하여는 어떠한 규정도 두고 있지 않다. 따라서 우
   리의 지방자치법이 비록 주민에게 주민투표권(제13조의2)과 조례의 제정 및 개폐청구권
   (제13조의3) 및 감사청구권(제13조의4)을 부여함으로써 주민이 지방자치사무에 직접 참
   여할 수 있는 길을 열어 놓고 있다 하더라도 이러한 제도는 어디까지나 입법자의 결단에
   의하여 채택된 것일 뿐, 헌법이 이러한 제도의 도입을 보장하고 있는 것은 아니다. 그러므
   로 지방자치법 제13조의2가 주민투표의 법률적 근거를 마련하면서, 주민투표에 관련된 구
   체적 절차와 사항에 관하여는 따로 법률로 정하도록 하였다고 하더라도 주민투표에 관련
   된 구체적인 절차와 사항에 대하여 입법하여야 할 헌법상 의무가 국회에게 발생하였다고
   할 수는 없다.
   우리 헌법은 법률이 정하는 바에 따른 '선거권'과 '공무담임권' 및 국가안위에 관한 중요정

지방자치단체의 주요결정사항에 관한 주민의 직접참여를 보장하기 위하여 지방자치법 제14조의 규정에 의한 주민투표의 대상·발의자·발의 요건·투표 절차 등에 관한 사항을 규정하는 주민투표법이 제정되었다. 주민투표법 제9조 제1항은 지방자치단체의 장은 주민 또는 지방의회의 청구에 의하거나 직권에 의하여 주민투표를 실시할 수 있다고 규정하고 있다.

주민의 주민투표청구의 경우, 주민투표권을 가지는 사람은 그 지방자치단체의 관할구역 안에 주민등록이 되어 있는 19세 이상의 주민, 「재외동포의 출입국과 법적 지위에 관한 법률」 제6조에 따라 국내거소신고가 되어 있는 재외국민, 법 제5조 제1항 제2호의 규정에 의하여 그 지방자치단체의 조례가 정하는 외국인이다(동법 제5조 제1항). 주민의 주민투표 청구에 있어서는 주민투표청구권자 총수의 20분의 1 이상 5분의 1 이하의 범위 안에서 지방자치단체의 조례로 정하는 수 이상의 서명으로 그 지방자치단체의 장에게 주민투표의 실시를 청구할 수 있다. 또한 지방의회는 재적의원 과반수의 출석과 출석의원 3분의 2 이상의 찬성으로 그 지방자치단체의 장에게 주민투표의 실시를 청구할 수 있다. 지방자치단체의 장의 직권에 의하여 주민투표를 실시하고자 하는 때에는 그 지방의회 재적의원 과반수의 출석과 출석의원 과반수의 동의를 얻어야 한다.

주민투표법에서는 주민에게 과도한 부담을 주거나 중대한 영향을 주는 지방자치단체의 결정사항에 대하여 19세 이상의 주민, 국내거소신고가 되어 있는 재외국민 및 일정 자격을 갖춘 외국인에게 주민투표권을 부여하고 있다(제5조). 주민투표에 부쳐진 사항은 주민투표권자 총수의 3분의 1 이상의 투표와 유효투표수 과반수의 찬성으로 확정한다(제24조).

지방자치법에서는 주민참여를 강화하기 위하여 법령에 위반하지 않는 조례의 제정 및 개폐청구(제15조), 주민감사청구제도(제16조), 주민소송제도(제17조)와 주민소환제도(제20조)를 규정하고 있다.

책과 헌법개정에 대한 '국민투표권'만을 헌법상의 참정권으로 보장하고 있으므로, 지방자치법 제13조의2에서 규정한 주민투표권은 그 성질상 선거권, 공무담임권, 국민투표권과 전혀 다른 것이어서 이를 법률이 보장하는 참정권이라고 할 수 있을지언정 헌법이 보장하는 참정권이라고 할 수는 없다."

## VII. 지방자치단체에 대한 국가적 통제

지방자치단체에 대한 국가적 통제의 유형에는 입법적 · 사법적 · 행정적 통제가 있다. 현대 민주국가에서 가장 중요한 통제수단은 행정적 통제이다.

### 1. 입법적 통제

헌법은 지방자치단체의 종류와 그 조직 및 운영에 관한 사항을 자치단체의 자율에 맡기지 아니하고 법률로 정하도록 하고 있다. 따라서 국회는 지방자치의 본질을 침해하지 아니하는 한 입법을 통하여 이에 관여하거나 통제할 수 있다(법률에 의한 통제). 그리고 집행부도 대통령령 등 행정입법을 통하여 지방자치단체에 관여하거나 통제할 수 있다(행정입법을 통한 통제).

### 2. 사법적 통제

행정심판의 재결청은 재결을 통하여 지방자치사무의 적법성과 합목적성을 통제할 수 있다. 서울특별시장의 처분 등에는 국무총리가, 광역시장 · 도지사의 처분 등에는 소관중앙행정기관의 장이 재결청이 된다(행정심판을 통한 통제). 그리고 지방자치단체를 상대로 하여 행정소송이 제기된 경우에는 법원도 행정재판을 통하여 이를 통제할 수 있다(행정재판을 통한 통제).

다음의 경우에는 특히 대법원을 통한 통제가 인정된다. (ㄱ) 지방의회의 의결이 법령에 위반되거나 공익을 현저히 해한다고 판단될 때에는 시 · 도에 대하여는 주무부장관이, 시 · 군 및 자치구에 대하여는 시 · 도지사가 단체의 장에게 재의를 요구하게 할 수 있고, 재의의 요구를 받은 지방자치단체의 장은 지방의회에 이유를 붙여 재의를 요구하여야 한다. 이 재의의 요구에 대하여 재적의원 과반수의 출석과 출석의원 3분의 2 이상의 찬성으로 전과 같은 의결을 하면 그 의결사항은 확정된다. 그러나 재의결된 사항이 법령에 위반된다고 판단되는 때에는 지방자치단체의 장은 재의결된 날로부터 20일 이내에 대법원에 소를 제기할

수 있다(지자법 제172조 제3항). (ㄴ) 지방자치단체의 사무에 관한 장의 명령이나
처분이 법령에 위반되거나 공익을 해한다고 인정될 때에는 시·도에 대하여는
주무부장관이, 시·군 및 자치구에 대하여는 시·도지사가 기간을 정하여 서면
으로 시정을 명하고 그 기간 내에 이행하지 아니할 때에는 이를 취소하거나 정
지할 수 있다(지방자치법 제169조 제1항). 이 경우 자치사무에 관한 명령이나 처분
에 대해서는 법령에 위반하는 것에 한한다. 지방자치단체의 장은 위의 자치사무
에 관한 명령이나 처분의 취소 또는 정지에 대하여 이의가 있는 때에는 그 취소
또는 정지처분을 통보받은 날로부터 15일 이내에 대법원에 소를 제기할 수 있다
(동법 제169조 제2항).

## 3. 행정적 통제[25]

대통령은 집행부의 수반으로서 최고의 행정적 통제기관이다. 지방자치단

---

25) 지방자치법 제166조(지방자치단체의 사무에 대한 지도와 지원) ① 중앙행정기관의 장이나 시·
도지사는 지방자치단체의 사무에 관하여 조언 또는 권고하거나 지도할 수 있으며, 이를 위
하여 필요하면 지방자치단체에 자료의 제출을 요구할 수 있다.
② 국가나 시·도는 지방자치단체가 그 지방자치단체의 사무를 처리하는 데에 필요하다고
인정하면 재정지원이나 기술지원을 할 수 있다.
제167조(국가사무나 시·도사무 처리의 지도·감독) ① 지방자치단체나 그 장이 위임받아 처
리하는 국가사무에 관하여 시·도에서는 주무부장관의, 시·군 및 자치구에서는 1차로
시·도지사의, 2차로 주무부장관의 지도·감독을 받는다.
② 시·군 및 자치구나 그 장이 위임받아 처리하는 시·도의 사무에 관하여는 시·도지사
의 지도·감독을 받는다.
제171조(지방자치단체의 자치사무에 대한 감사) ① 행정안전부장관이나 시·도지사는 지방자
치단체의 자치사무에 관하여 보고를 받거나 서류·장부 또는 회계를 감사할 수 있다. 이
경우 감사는 법령위반사항에 대하여만 실시한다.
② 행정안전부장관 또는 시·도지사는 제1항에 따라 감사를 실시하기 전에 해당 사무의
처리가 법령에 위반되는지 여부 등을 확인하여야 한다.
제171조의2(지방자치단체에 대한 감사 절차 등) ① 주무부장관, 행정안전부장관 또는 시·도
지사는 이미 감사원 감사 등이 실시된 사안에 대하여는 새로운 사실이 발견되거나 중요한
사항이 누락된 경우 등 대통령령으로 정하는 경우를 제외하고는 감사대상에서 제외하고
종전의 감사결과를 활용하여야 한다.
② 주무부장관과 행정안전부장관은 다음 각 호의 어느 하나에 해당하는 감사를 실시하고
자 하는 때에는 지방자치단체의 수감부담을 줄이고 감사의 효율성을 높이기 위하여 같은

체의 회계검사와 직무감찰에 관해서는 감사원이 감사권을 가진다. 행정적 통제의 수단으로는 권력적 통제수단과 비권력적 통제수단이 있다. 권력적통제수단에는 취소·정지·직무이행명령[지방자치단체의 장이 법령의 규정에 의하여 그 의무에 속하는 국가위임사무 또는 시·도위임사무의 관리 및 집행을 명백히 해태하고 있다고 인정되는 때에는 시·도에 대하여는 주무부장관이, 시·군 및 자치구에 대하여는 시·도지사가 정하여 서면으로 그 이행할 사항을 명령할 수 있다(법 제170조 제1항).] 등 사후교정적 수단과 승인 등 사전예방적 수단이 있고, 비권력적통제수단에는 보고·조언·권고·지원 등이 있다.

> [판례 1] 강남구청 등과 감사원 간의 권한쟁의, 헌재 2008.5.29. 2005헌라3(기각, 각하)
>
> "감사원법은 지방자치단체의 위임사무나 자치사무의 구별 없이 합법성 감사뿐만 아니라 합목적성 감사도 허용하고 있는 것으로 보이므로, 감사원의 지방자치단체에 대한 이 사건 감사는 법률상 권한 없이 이루어진 것은 아니다.
>
> 헌법이 감사원을 독립된 외부감사기관으로 정하고 있는 취지, 중앙정부와 지방자치단체는 서로 행정기능과 행정책임을 분담하면서 중앙행정의 효율성과 지방행정의 자주성을 조화시켜 국민과 주민의 복리증진이라는 공동목표를 추구하는 협력관계에 있다는 점을 고려하면 지방자치단체의 자치사무에 대한 합목적성 감사의 근거가 되는 이 사건 관련규정은 그 목적의 정당성과 합리성을 인정할 수 있다. 또한 감사원법에서 지방자치단체의 자치권을 존중할 수 있는 장치를 마련해두고 있는 점, 국가재정지원에 상당부분 의존하고 있는 우리 지방재정의 현실, 독립성이나 전문성이 보장되지 않은 지방자치단체 자체감사의 한계 등으로 인한 외부감사의 필요성까지 감안하면, 이 사건 관련규정이 지방자치단체의 고유한 권한을 유명무실하게 할 정도로 지나친 제한을 함으로써 지방자치권의 본질적 내용을 침해하였다고는 볼 수 없다."

---

기간 동안 함께 감사를 실시할 수 있다.
  1. 제167조에 따른 주무부장관의 위임사무 감사
  2. 제171조에 따른 행정안전부장관의 자치사무 감사
③ 제167조, 제171조 및 제2항에 따른 감사에 대한 절차·방법 등 필요한 사항은 대통령령으로 정한다.

[판례 2] 서울특별시와 정부 간의 권한쟁의, 헌재 2009.5.28. 2006헌라6[인용(권한 침해)]

"지방자치제 실시를 유보하던 개정전 헌법 부칙 제10조를 삭제한 현행헌법 및 이에 따라 자치사무에 관한 감사규정은 존치하되 '위법성 감사'라는 단서를 추가하여 자치사무에 대한 감사를 축소한 구 지방자치법 제158조 신설경위, 자치사무에 관한 한 중앙행정기관과 지방자치단체의 관계가 상하의 감독관계에서 상호보완적 지도·지원의 관계로 변화된 지방자치법의 취지, 중앙행정기관의 감독권 발동은 지방자치단체의 구체적 법위반을 전제로 하여 작동되도록 제한되어 있는 점, 그리고 국가감독권 행사로서 지방자치단체의 자치사무에 대한 감사원의 사전적·포괄적 합목적성 감사가 인정되므로 국가의 중복감사의 필요성이 없는 점 등을 종합하여 보면, 중앙행정기관의 지방자치단체의 자치사무에 대한 구 지방자치법 제158조 단서 규정의 감사권은 사전적·일반적인 포괄감사권이 아니라 그 대상과 범위가 한정적인 제한된 감사권이라 해석함이 마땅하다.

중앙행정기관이 구 지방자치법 제158조 단서 규정상의 감사에 착수하기 위해서는 자치사무에 관하여 특정한 법령위반행위가 확인되었거나 위법행위가 있었으리라는 합리적 의심이 가능한 경우이어야 하고, 또한 그 감사대상을 특정해야 한다. 따라서 전반기 또는 후반기 감사와 같은 포괄적·사전적 일반감사나 위법사항을 특정하지 않고 개시하는 감사 또는 법령위반사항을 적발하기 위한 감사는 모두 허용될 수 없다.

행정안전부장관 등이 감사실시를 통보한 사무는 서울특별시의 거의 모든 자치사무를 감사대상으로 하고 있어 사실상 피감사대상이 특정되지 아니하였고 행정안전부장관 등은 합동감사 실시계획을 통보하면서 구체적으로 어떠한 자치사무가 어떤 법령에 위반되는지 여부를 밝히지 아니하였는바, 그렇다면 행정안전부장관 등의 합동감사는 구 지방자치법 제158조 단서 규정상의 감사개시요건을 전혀 충족하지 못하였다 할 것이므로 헌법 및 지방자치법에 의하여 부여된 서울특별시의 지방자치권을 침해한 것이다."

제2편

# 기 본 권 총 론

# 제1장 | 기본권의 의의와 역사

## 제1절  기본권의 의의

인권 또는 인간의 권리라 함은 인간이 인간이기 때문에 당연히 갖는다고 생각되는 생래적이며 기본적인 권리이다. 이와 같은 인권의 관념은 주로 사회계약론자와 계몽주의적 자연법론자들, 예컨대 로크, 몽테스키외, 루소 등에 의하여 천부인권론이 주장된 18세기에 와서 형성되었다. 존 로크(John Locke)는 국가성립 이전의 자연상태에서 인간은 누구나 생명·자유·재산을 내용으로 하는 인간에게 고유한 천부인권을 가지고 있으며, 이러한 자연권의 보장을 위하여 인간 상호간에 체결된 계약이 사회계약이라고 하였다. 로크의 이와 같은 천부인권론 내지 자연권론이 인권관념의 형성에 주요한 이론적 근거가 되었다.

천부인권론은 근대 각국의 인권선언과 권리장전 등에 성문화되어 나타났다. 미국 버지니아 권리장전 제3조의 '천부적 권리 또는 생래의 권리'라는 말과, 프랑스 인권선언 제2조의 '자연권'이라는 말은 이러한 사상을 나타내는 것이다. 프랑스 인권선언은 인간의 권리와 시민의 권리를 구분하여 규정하고 있다. 이에 대하여 독일에서는 인권 내지 인간의 권리를 기본권이란 말로 표현하고 있고, 바이마르공화국 헌법과 독일기본법도 기본권(Grundrechte)이란 말을 쓰고 있다. 이러한 독일의 영향을 받은 우리나라에서도 기본권이란 용어를 사용하고 있다.

인권은 인간의 자연적 권리라는 점에서 법학뿐만 아니라 철학·사회학에서도 널리 논의되고 있다. 반면에 기본권은 인간의 자연적 권리 내지 천부인권사상에 기초하여 한 국가의 실정헌법체계에 편입되어 헌법적 가치를 갖는 국민으로서의 자유와 권리를 포괄하는 권리이다. 따라서 기본권론이란 자연권사상에 근거한 천부인권론에 기초하여 헌법에서 보장하고 있는 일련의 자유와 권리에 관한 규범적 이해의 체계라고 정의할 수 있다.[1]

일반적으로 인권은 인간의 존엄에 상응하는 생활을 확보하는 데 필수적이며 그 구속력이 자연법으로부터만 결과되는, 인간이라는 이유만으로 모든 사람이 당연히 가지는 권리로 정의된다. 인권이 각국의 실정헌법에 성문화된 것이 기본권이라면, 즉 기본권이란 헌법에 실정화된 인권인 것이다. 일반적으로 현실에서는 기본권과 인권이라는 용어가 혼용되고 있다. 그러나 인권과 기본권의 관계를 확실히 하는 것은 여전히 중요한 의미가 있다. 기본권이 인권에서 유래한다면 그 이유만으로 기본권을 보장하는 것은 국가의 의무가 되고 그것을 제한하려면 그 근거가 필요하게 된다. 하지만 기본권이 인권과 관계없는 국가내적 권리라면 기본권이 헌법에서 보장되기 위하여 국가에 의해 계속적인 확인이 필요하고 국가가 그러한 확인을 거부하는 경우 권리를 주장하는 국민이 그 거부가 부당하다는 것을 입증해야 하는 입장에 놓이게 된다. 기본권에 전국가적 요소가 있다는 것은 기본권의 행사가 국가에 의해서 정당화되어야 한다는 의미가 아니라, 반대로 국가가 기본권을 제한하는 데 정당화가 필요하다는 의미인 것이다.

요컨대 기본권(fundamental rights, Grundrechte, droits fondamentaux)이란 헌법이 보장하는 국민의 기본적 권리를 말한다. 인권이 인간의 본성에서 나오는 생래적 자연권을 의미하는 데 비하여, 기본권 중에는 생래적인 권리도 있지만 국가적인 사회적 기본권, 청구권적 기본권, 참정권 등이 있는 까닭에 인권과 기본권은 그 내용에 있어서 반드시 일치하는 것은 아니다. 따라서 엄격히 말한다면 두 개념은 동일한 것이 아니나, 각국 헌법에서 보장하고 있는 기본권은 인권사상에 바탕을 두고 인간의 권리를 실현하려고 하는 것이므로 대체로 말한다면 기본권은 인권을 의미한다고 할 수 있다. 그러나 인간의 권리는 자연권인 데 대하여, 시민의 권리는 자연권을 확보하기 위한 국가를 형성하는 제 권리라고 말할 수 있다.

---

1) 성낙인, 헌법학, 법문사, 2014, 882면.

# 제2절 각국의 기본권 보장의 발전

## 제1항 영 국

연혁적으로 영국에서 기본권과 관련된 여러 문서들 속에 규정되어 있는 권리의 성격을 보면 영국인 조상의 전래의 권리로서 모든 인간의 권리는 아닌 것이다. 자연권의 성격을 가지지 않으며 군주권이나 국권을 제약하는 권리의 성격을 가진다. 영국 인권선언 발전사 중에서 주목할 점은 영국인의 권리들을 규정하고 있는 여러 문서들 중에서 보장되는 자유와 권리는 영국인의 기존의 자유와 권리를 재확인한 것일 뿐, 미국이나 프랑스의 경우처럼 천부적 인권의 불가침을 선언한 것은 아니라는 점이다.

### I. 대헌장(Magna Carta, 1215)

마그나 카르타는 1215년 존왕시대에 제정된 것으로 전문과 63개조로 구성되어 있다. 근대적인 의미의 인권선언은 아니고 국왕으로부터 영지를 수여받았던 봉건영주들의 요구를 받아들여 그 내용을 규정하여 왕이 봉건영주들의 특권을 확인해준 문서화한 헌장, 즉 봉건문서에 불과하다. 헌장이 보장한 내용은 교회의 자유, 세금이나 기타 공과금 징수시에 왕의 전단대로 할 수 없다는 내용, 자유인에 대한 신체의 자유, 체포, 감금·추방 등 신체자유권, 적법한 재판에 관한 규정, 상인과 지유인 이동의 자유 등이다. 이 문서의 의미는 국왕과 대립관계에 있었던 봉건영주들의 신분적 특권을 확인한 일종의 봉건문서에 불과한 봉건적 계약서이고 법의 지배사상이 보이기 시작했다는 것이다.

## II. 권리청원(Petition of Right, 1628)

권리청원은 1628년 찰스왕 시대에 제정된 것으로 11개 조로 구성되어 있다. 입헌주의와 근대적 인권보장제의 실질적 기반은 17세기에 와서 확립되었다. 17세기야말로 신흥시민계급이 정치적 지배권의 확립을 위해 절대왕정과 마지막 승부를 겨루던 시기였다. 권리청원문서는 새로운 권리를 규정한 것은 아니고 이미 보장해 주기로 규정된 권리내용들을 재확인하고 지킬 것을 요구하는 의미를 가진다. 따라서 청원형식으로 요청하였다. 의회제정법의 승인없는 과세의 금지와 일정한 신체의 자유를 규정하였다. 또한 국법의 정당한 집행실시를 요구했으며, 전시에 군법 기타 임시조치로서 일반사람의 처형을 금할 것을 요구하였다. 이 문서의 의의는 전시나 비상시 의회에서 허용된 경우 외에는 인권침해가 불가하다는, 즉 기본적 인권과 국가긴급권과의 문제를 다루고 있다는 것이다.

## III. 인신보호법(Habeas Corpus Act, 1679)

인신보호법은 1679년 21개 조로 제정되었다. 이 법은 신체의 자유를 실효적인 것이 되게 하기 위한 절차적 보장을 강화하였고, 특히 인신보호영장제에 의한 구속적부심사를 제도화하였다. 이 법의 의의는 인신보호영장제를 규정하고 탈법으로 신체의 자유를 침해하는 것을 방지하고 구속적부심사제를 제도화했다는 것이다.

## IV. 권리장전(Bill of Rights, 1689)

권리장전은 1689년 윌리엄 3세와 메리여왕시대에 3개 조문으로 구성되어 제정되었다. 명예혁명의 소산인 1689년의 권리장전에서는 의회의 승인 없는 국왕의 법률효력정지를 금지하고, 상비군을 설치할 수 없도록 하며, 조세를 부과할 수 없도록 하였다. 나아가 청원권, 의회에 있어서의 언론의 자유의 보장과 일정한 신체의 자유의 보장이 선언되었다. 이 권리장전의 의미는 이로 인해 의회주권이 확립되고 법의 지배사상이 철저해졌다는 것이다. 또한 권리장전은 인권선언을 총괄적으로 체계화하였고 다른 국가의 기본권 발전에 큰 영향을 미쳤다.

## 제2항 미 국

### I. 버지니아 권리장전

버지니아 권리장전은 1776년에 초안을 잡은 영향력 있는 문서로 부당한 정부에 대한 저항의 권리를 포함한 인간에 내재한 자연권을 선언한 것이다.

전형적인 인권선언은 1776년 6월 12일 미국 버지니아의회에서 16개 조로 구성되어 성립하였다. 버지나아 권리장전 중에는 천부적 불가침의 자연권으로서 생명과 자유를 누릴 권리, 재산의 소유와 저항권 등이 규정되었고 공정한 형사소송절차와 배심제도의 보장과 평등권에 대한 언급이 없다. 이 권리장전은 국민주권의 원리와 더불어 여러 권리를 생래적인 것으로 규정하였다는 점에서 근대적 인권목록을 제시한 것이라 할 수 있다. 이것은 이후 미국 각주 헌법과 외국 성문헌법의 모델이 되었다.

### II. 독립선언서(Declaration of Independence, 1776.7.4.)

독립선언서는 개별 조문이 없고 선인문 내용으로 되어 있다. 그 선언서 내용을 보면 모든 인간은 평등하게 태어났고, 인간은 천부불가양의 권리로 생명·자유·행복추구권을 가지고 있으며, 이 권리들을 확보하기 위해서 정부를 수립한다고 선언하고 있다. 정부의 정당한 권력은 피치자의 동의에서 유래되며, 인민은 이러한 목적에 위반되는 정부에 대해서는 이를 개폐하고 새 정부를 수립할 권리를 가진다고 하여 저항권 사상을 표명하고 있다.

1776년 7월 4일의 독립선언서는 개별적인 인권의 내용은 들고 있지 않으나, 모든 국민의 평등과 천부인권, 생명·자유·행복추구권 등을 선언하고, 저항권을 인정한 점에서 중요한 의의를 가진다. 버지니아 권리장전 이후에 제정된 헌법들은 반 이상이나 권리장전을 두고 있었으나, 1787년 미연방헌법에는 권리장전을 두지 않았다. 1787년에 권리장전에 대한 제안이 행해지고, 1791년 수정헌법 10개 조로서 미국헌법에 권리장전이 추가되었고, 이 수정헌법은 종교의 자유, 언론·출판·집회의 자유, 청원권, 신체의 자유, 적법절차조항, 사유재산제도의 보장, 주거의 안전 등을 보장하였다. 그 뒤 1865년부터 1870년에 걸쳐 노예제도와 강제노역의 폐지(수정헌법 제13조), 제5조의 적법절차조항의 주에의 적용(수정헌법 제14조), 인종에 따른 참정권차별의 금지(수정헌법 제15조) 등을 보장하는 3개 조항이 추가되었으며, 1920년에는 부인참정권을 인정하는 제19조가 추가되었다. 1789년 1월 8일에 제11조가 추가된 이래 1992년까지 제27조가 추가되었다.

## 제3항  프랑스

프랑스 인권선언은 1789년 8월 26일 17개 조로 구성되어 제정되었다. 본문 제1조는 "인간은 자유와 권리에 있어 평등하게 태어나고 생존한다. 사회적 차별은 공동이익을 위해서만 가능하다"고 규정하였다. 모든 정치적 결사의 목적은 인간의 자연적이고 소멸될 수 없는 권리를 보존함에 있다고 하였고, 그 권리란 자유, 재산, 안전 그리고 압제에 대한 저항 등이라고 선언하고 있다. 선언문의 내용을 보면, 법률에 의하지 아니하고는 신체의 자유, 종교의 자유, 사상표현의 자유 등에 대하여 침해받지 아니한다는 내용, 정당하고 합법적인 사전의 보상 없이는 소유권을 박탈할 수 없다는 내용(제17조)이다. 근대헌법의 중요원리인 권력분립원리와 기본권보장사상을 표명하고 있는 것은 제16조이다. 동 조항은 "권리의 보장이 확보되어 있지 않고 권력의 분립이 확정되지 아니한 사회는 헌법을 가지고 있지 아니하다"라고 규정하고 있다.

프랑스 인권선언은 1789년 8월 26일 선언된 「인간과 시민의 권리선언」(Déclaration des droits de l'homme et du citoyen)에 기초를 두고 있다. 프랑스 인권선언은 불가침·불가양의 자연권으로서 평등권, 신체의 자유, 종교의 자유, 사상표현의 자유, 소유권의 보장 등을 규정하고 있다. 이 인권선언은 1791년 9월 프랑스 헌법에 채용되어 그 뒤 유럽 헌법에 중대한 영향을 끼쳤다. 혁명의 진전으로 2년 후에 신헌법의 제정에 착수하여, 제1공화국 헌법이 제정되었다. 프랑스 제1공화국 원년 헌법인 1793년 6월 24일의 일명 산악당(山嶽黨)헌법(전문과 35개 조로 구성)에서는 기본권의 수가 한층 많아지고 보다 잘 정비되었다. 저항권은 반란의 신성한 권리이며 불가결의 의무로 되었고, 소유권은 공공의 필요와 사전보상하에서 제한될 수 있음을 인정하였다. 이 외에도 공적 구제, 교육, 사회적 보장의 제 규정이 추상적인 선언의 형태로 등장하였다. 1795년 8월 22일 제정된 프랑스 제1공화국 3년 헌법에서는 역으로 기본권의 수가 감소하고 의무가 늘어났다. 1848년 제2공화국 헌법과 1870년 시작되어 1875년 확립된 제3공화국에서도 천부인권사상은 부활하지 않았다. 1946년과 1958년의 제4·5공화국 헌법에서 천부인권사상은 부활하게 된다.

## 제4항 독 일

1814년의 프랑스 헌장은 1818년 이후의 독일제방의 헌법에 많은 영향을 미쳤다. 1849년의 독일 프랑크푸르트 헌법은 초안으로 끝나기는 하였으나, 이 초안은 60개 조항(제6장 제130조-제189조)에 걸쳐 기본권을 규정하고 이것을 독일 국민의 기본권이라 칭하였다. 이 기본권규정은 매우 상세하고 진보적인 것으로 그 뒤의 바이마르공화국 헌법에 많은 영향을 끼친 것이다.1850년 1월의 프로이센 헌법은 기본권조항을 두고 있었으나, 이것은 형식적이었고, 공민의 국가내적인 권리로 규정되었다.

프랑크푸르트 헌법은 총 7장과 197개 조로 구성되어 있으며, 신체의 자유,

주거의 자유 등에 대해서는 엄격한 제한요건이 규정되어 있었고, 출판의 자유는 법률이 허용하는 범위 안에서만 보호를 받는 데 불과하였다. 반면 양심·신앙, 학문의 자유는 무제약적으로 보장되었다. 1919년 제정된 바이마르공화국 헌법은 1849년 제정된 프랑크푸르트 헌법에서 인정된 전통적인 자유권적 기본권을 규정하였을 뿐만 아니라 최초로 사회적 기본권 관념의 근간이 되는 규정을 두었는바, 제151조의 "경제생활의 질서는 모든 사람에게 인간다운 생활을 보장하는 것을 목적으로 하는 정의의 원칙에 적합하지 않으면 안 된다. 이 한계 내에서 개인의 경제적 자유는 확보되지 않으면 안 된다"는 규정이 그것이다.

# 제3절  기본권보장의 현대적 전개

제1차·제2차에 걸친 세계대전을 거치는 동안 인권보장사는 새로운 전기에 접어들게 되었는데, 각국의 헌법에 나타난 현대적 조류의 특색을 살펴보면 인권보장의 사회화 현상, 자연법사상의 부활, 인권보장의 국제화이다.

## 제1항  인권보장의 사회화 현상

근대적 기본권은 18세기·19세기에 있어서 국가권력의 침해로부터 개인의 자유와 권리를 수호하려는 자유권적 기본권이었고, 이러한 자유권을 중심으로 한 종래의 인권선언은 추상적 인간의 권리를 보장함으로써 봉건적 신분질서로부터 인간을 해방시키는 데 크게 기여하였다. 그 결과 사적 자치를 사회구성의 기본원리로 하는 시민적 법체제가 마련되고 국가권력으로부터 해방된 시민사회가 확고히 자리잡게 된다.

그러나 시민사회의 경제적 기초를 이루는 자본주의 체제가 산업혁명을 거처 난숙기에 접어들게 되자 자본주의의 내재적 모순이 현재화(顯在化)하기 시작한다. 즉 자본과 노동의 분리로 사회의 계급적 분화가 가속화되고 그 결과 자유권을 중심으로 하는 법체제는 가진 자를 옹호하는 역기능을 수행하게 된다. 가진 자와 이해관계를 전혀 달리하는 근로대중은 실질적인 자유와 평등을 앞세워 국가가 그들 자신의 생존에 대해서 적극적으로 배려해 줄 것을 요구하기에 이른다. 이러한 상황 속에서 전통적인 자유권 가운데 특히 사적 소유의 자유, 영업의 자유 등 경제적 자유권에 일정한 제한을 가하여 근로자에게 사용자와 대등한 지위에 설 수 있는 단결권 등을 보장하고 시민사회에 대한 국가의 적극적 개입을 통하여 모든 사람에게 인간다운 생활을 확보해주려고 하는 것이 바로 사회권의 역사적 내용이라고 할 수 있다.

인권의 역사에 있어서 결정적인 전기를 마련해 준 것은 러시아혁명 직후에 제정된 바이마르공화국 헌법이다. 1919년의 바이마르공화국 헌법은 전통적인 기본권을 그대로 답습하면서도 경제생활에 관한 상세한 규정을 두어 사회권의 관념이 탄생하는 데 선구적 역할을 하였다. 20세기에 와서는 바이마르공화국 헌법 등에서 볼 수 있는 사회적 기본권의 확충은 물론 인권사 자체의 전개에 결정적인 전기를 가져온 헌법까지 나타났다. 1918년 7월 10일의 소련헌법(레닌헌법)이 바로 그것이다.

오늘의 동서양 진영 기본권의 발전사를 보면 자유민주주의와 자본주의체제를 근간으로 한 진영에서의 원류는 1789년 프랑스의 「인간과 시민의 권리선언」 (1789년)이고 그것을 발전시켜 전개한 헌법은 바이마르공화국 헌법이다. 반면 사회주의를 표방하는 진영에서의 원류는 1918년 「노동하고 착취당하는 인민의 권리선언」이고 이러한 내용을 받아들여 제정된 헌법은 러시아혁명 후의 레닌헌법이다.


## Ⅰ. 복지주의적 헌법형

복지주의적 헌법형의 원형은 1919년 바이마르공화국 헌법이며, 전통적인 인권선언의 계보에 속하는 국가가 취하고 있는 헌법형이다. 복지주의적 헌법형은 자유권적 기본권과 사회적 기본권의 조화적 보장을 추구하는 인권보장을 특징으로 한다. 바이마르공화국 헌법은 전통적인 자유권을 규정하면서도 동시에 사회적 기본권에 관한 조항을 두었다. 동 헌법 제151조는 "경제생활의 질서는 모든 사람에게 인간다운 생활을 보장하여 주기 위하여 정의의 원칙에 적합하지 않으면 안 된다. 개인의 경제적 자유는 이 한계 내에서 보장되어야 한다"라고 하여 사회국가적 원리를 바탕으로 한 사회적 기본권에 관한 원칙적인 조항을 두었고, 동 헌법 제153조 제3항은 "소유권은 의무를 수반한다. 그 행사는 동시에 공공복리에 이바지해야 한다"라고 하여 경제상의 자유와 재산권에 대한 신성불가침의 사상을 타파하고 공공복리를 위하여 필요할 때에는 법률로써 제한할 수 있음을 명문으로 두어 재산권을 상대화하였다. 또한 동 헌법 제159조는 "노동조건과 경제조건을 유지하고 개선하기 위한 단결의 자유는 모든 개인과 모든 직업에 대해서 보장된다"라고 하여 근로자의 단결권, 즉 노동조건과 경제조건을 유지하고 개선하기 위한 단결의 자유에 관한 규정을 두었다.

바이마르공화국 헌법에서 볼 수 있었던 사회국가적 원리는 그 후 자유국가의 원리를 기초로 하면서 이것을 보완하는 형태로 제2차 세계대전 후에 각국 헌법에 계승되었다. 예컨대 1946년 프랑스 제4공화국 헌법은 전문에서 노동권, 교육을 받을 권리 등 각종의 사회적 기본권을 집약적으로 규정하고 있다. 또한 1948년 12월에 제정된 이탈리아헌법에는 노동의 보호, 생존권, 결사의 자유 등이, 1949년 5월 서독기본법에는 혼인·가정·모성의 보호, 노동권, 소유권의 의무화 등 사회국가원리가 각각 규정되어 있다.


## II. 사회주의 헌법형

인권보장의 사회화뿐만 아니라 인권사 자체의 전개에 결정적인 전기가 된 것은 1917년 러시아혁명이다. 혁명의 결과 구 소련에서는 1918년 1월에 이른바 「노동하고 착취당하는 인민의 권리선언」이라는 것이 채택되었다. 1918년 7월 10일의 구 소련헌법, 일명 레닌헌법은 제1편에서 그 권리선언을 그대로 수용하였다. 여기에서는 자유권의 범주에 속하는 양심의 자유, 언론·출판의 자유, 집회의 자유, 단결의 자유와 더불어 평등권, 교육을 받을 권리 등이 보장되고 있으나 이들은 전통적 인권선언과는 본질을 달리하고 있다. 즉 후자의 지도적 이념이라고 할 수 있는 인권의 관념 대신에 근로자계급의 이익이 전면에 등장하고 있다. 따라서 인권보장의 중점도 물질적 측면으로 옮겨지고 신체의 자유, 주거의 불가침, 신서의 비밀 등 개인적 영역의 자유권은 철저히 배제되었다. 1936년 개정된 헌법 일명 스탈린 헌법은 1918년 헌법에서는 볼 수 없었던 신체의 자유, 주거의 불가침과 신서의 비밀 등과 같은 자유권이 첨가되었다. 1977년 10월 7일 개정된 헌법 일명 브레즈네프 헌법에서는 기본권규정이 정비되어, 제2편 제7장 제39조에서 제58조에 걸쳐서 소비에트사회주의공화국연방 시민의 기본적 권리와 자유에 대해 규정하였다.

예를 들면 제50조에 언론·출판·집회의 자유가 규정되어 있지만 이 자유는 인민의 이익에 적합하고 사회주의 제도를 강화시키기 위해서만 행사되어야 한다. 동 헌법은 자유민주주의국가 헌법에 있어서의 기본권과 거의 다름이 없는 기본권들이 열거 규정되었다. 그러나 기본권에 대한 이해와 해석에 있어서는 자유민주주의국가 헌법에서와는 근본적으로 다른 것이었다.

1991년 12월 21일 소연방결성 후 69년 만에 소비에트사회주의공화국연방은 해체되었고, 1992년 독립국가연합(CIS)이 성립되었다. 1993년 12월 25일에 발효한 러시아신연방헌법은 전문, 총 137개 조, 부칙 9개 조로 구성되어 있으며, 제2장 제17조에서 제64조에 걸쳐서 '인간과 시민의 권리와 자유'를 규정하고 있고, 이것은 서구적인 모든 권리와 자유를 보장함으로써 더 이상 사회주의적 인권선언의 계보를 따르고 있지 않다.


## 제2항  자연법사상의 부활


18세기에서 19세기에 걸쳐 요컨대 이 당시 인권선언에서 주장된 기본권은 천부인권으로서 누구에 의해서도 절대불가침이라는 것을 강조한 자연권으로 규정되었고, 그 당시에 제정된 헌법, 예를 들면 1791년 프랑스 헌법도 이러한 취지로 명문화되었다.

19세기 중반 이후 20세기 초에 걸쳐 다시 그 이후의 헌법들은 이러한 천부인권을 폐지하고 국가가 필요할 때 제한될 수 있는 이른바 국법상의 실정권으로서 변천하기도 하였다. 국가에 따라서는 특히 독일을 중심으로 볼 때 기본권에 대한 해석에서 실증주의적, 개념법학적인 이론이 전개되면서 기본권에 대한 자연권적 성격과 본질이 부인되고 실정법적 개념이 성립되었다. 나치즘과 파시즘·군국적 제국주의 정치독재체제하에서 인체실험·집단학살 등 처참한 인권유린을 겪으면서 그것도 국가의 법, 예를 들면 유태인인종말살법 같은 실정법을 무기로 하여 개인의 생명과 자유를 무참하게 유린한 것을 목격하면서 기본권에 대한 인식을 다시 가지게 되었다.

제2차 세계대전은 반파쇼운동으로서 중요한 의의를 가지고 있는데, 인권규정에 있어서도 파쇼의 인권억압에 대항하는 과정을 거쳐 개인의 존엄이라는 이념이 고조되었다. 전후의 세계 각국 헌법들은 기본권이 전 국가적인 자연권임을 강조하고 기본권의 불가침·불가양성을 강조하고 있다. 1946년 10월의 프랑스헌법전문, 1946년 11월의 일본국헌법, 1948년 12월의 이탈리아공화국헌법 등이 인간의 존엄을 강조 규정하고 있다. 특히 1949년 5월의 서독기본법 제1조 제1항의 "인간의 존엄은 불가침이다"라고 규정하고 있는데, 이 조항은 동조 제2항의 '불가침 그리고 불가양의 인권'의 선언과 더불어 종래의 독일헌법에서는 보기 드문 전 국가적인 자연권을 보장하고 있다.

국가의 법 이전에 자연법이 있으며 기본권은 그러한 자연법에 의해 주어지는 천부인권이고, 인권을 처참하게 유린하는 그런 악법은 자연법에 위배되어 법이 아니라고 보는 견해가 유력한 견해로 등장하게 되었다. 이는 과거의 법실증주의에 대한 반성이고 기본권은 천부적 자연권이라는 것을 재인식하는 것을 의미한다.

## 제3항  인권보장의 국제화

　현재와 같이 국제교류가 빈번하고 인간의 정신·경제활동이 국제화한다면 '인간의 생래적인 권리'로서의 기본권은 개개 각국에 의한 보장으로는 불충분하다. 이에 대응하여 나타난 현상이 인권의 국가적 보장이라는 단계를 벗어나, 국제적 차원에서의 인권보장의 보편화라는 현상이다. 그리하여 인권이 국제적 규모에 있어서 전 세계적으로 균일하게 보장될 것이 요구되었다. 1948년 12월 10일 국제연합에 의하여 세계인권선언이 채택되었다. 세계인권선언은 전문과 30개 조로 구성되어 있다. 동 선언에는 법 앞의 평등, 신체의 자유, 표현의 자유, 참정권, 망명자보호청구권, 국제적 평등보호청구권, 사회적 기본권 등이 보장되어 있다. 그러나 이러한 세계인권선언은 법적 구속력은 가지지 못했다. 세계인권선언은 제1조에서 "모든 인간은 태어나면서 자유이고 존엄과 권리에 관하여 평등하다. 인간은 이성과 양심을 가지고 있어 동포의 정신을 가지고 서로 행동하지 않으면 안 된다"라고 하여 자연권·자유권·평등권에 관하여 선언하고 있고, 또한 사회적 기본권에 관하여 규정하고 있다.

　유럽인권규약(1950.11.4.)은 지역적 인권선언의 효시를 이루며, 세계인권선언의 취지를 조약화하고 있고, 인권보장의 실효성을 확보하기 위해 인권재판소 등을 설치한 점에서 획기적이다. 세계인권선언이 법적 구속력을 갖지 않는다는 결함을 극복하기 위하여 1966년 12월 16일 국제연합인권규약이 채택되었다. 국제연합인권규약은 세계인권선언과는 달리 실시규정을 두고 비준국가에 대하여 현실적으로 집행되는 법적 강제력을 가지고 있다. 국제연합인권규약은 전문, 5장, 31개 조로 구성된「경제적·사회적 및 문화적 권리에 관한 규약」, 전문 6장, 53개 조로 구성된「시민적·정치적 권리에 관한 규약」,「시민적·정치적 권리에 관한 국제협약에 대한 선택의정서」로 구성되어 있다. 이 규약은 1976년 말에 필요한 비준절차를 마쳐 1977년부터 효력을 발생하였다. 우리나라도 1990년에 이 규약에 서명·가입하였다.

# 제2장 │ 기본권의 성격

## 제1절  기본권의 일반적 성격

　　기본권은 보편성을 가진다. 기본권은 인종·성별·사회적 신분 등에 구애받지 아니하고, 모든 인간이 보편적으로 누릴 수 있는 권리이다. 또한 고유성을 가진다. 자연권중심으로 기본권을 논의할 때, 기본권은 인간이 인간으로서 생존하기 위하여 당연히 누려야 할 인간에게 고유한 권리인 것이지, 국가나 헌법에 의하여 창설된 권리가 아니다. 또한 항구성을 갖는다. 기본권은 일정기간 동안에만 보장되는 권리가 아니라 영구히 박탈당하지 아니하는 권리이다. 또한 불가침성의 특징을 띤다. 기본권은 인간이 가지는 불가침의 권리이므로, 모든 국가권력은 기본권을 최대한으로 존중하고 보장할 의무를 지며 그 본질적 내용은 집행권·사법권은 물론 입법권에 의해서도 침해될 수 없다.

## 제2절  기본권의 법적 성격

### 제1항  주관적 공권(主觀的 公權)

　　기본권은 주관적 공권이다. 기본권은 개개인을 위한 주관적 공권, 즉 개인을 위한 현실적이고 구체적인 권리로서의 성격을 갖는다. 따라서 기본권은 개인이 자기 자신을 위하거나 타인과 결부됨에 있어서의 개인적 권리 또는 국가에 대해서 부작위나 작위를 요청할 수 있는 개인의 권리를 의미한다. 자유권에 관하여 켈젠은 권리성을 부인하고, 법률이 규정하지 않는 까닭에 그 범위 내에서 자유가 인정된다고 하는 반사적 이익설을 주장하나, 자유권이 침해된 경우 그 침해의 제거를 요구할 수 있는 보호청구권이 따르게 된다는 점에서 역시 권리로서의 성격을 가진 것이라고 보아야 한다.

　　기본권이 현실적이고 구체적인 권리인가 아니면 기본권규정은 다만 입법방침적 규정에 불과한 것인가에 관하여, 특히 사회권적 기본권의 법적 성격과 관련하여 견해가 대립되어 있다. 바이마르공화국 헌법 이후의 기본권 이론에 의하면, 기본권규정을 현실적 권리규정과 입법방침적 규정으로 나누어 사회적 기본권은 후자에 속한다고 한다. 헌법에 규정된 기본권은 입법권은 물론 행정권과 사법권 등 국가권력 일반에 대한 직접적 구속력을 갖는다고 보면, 기본권은 직접적 효력을 갖는 현실적인 주관적 공권이라고 할 수 있다.


## 제2항  자연법상의 권리


　　기본권은 자연법상의 권리이다. 헌법에 규정된 기본권이 개인을 위한 주관적 공권을 의미하는 것으로 보는 경우에도, 그것이 자연법상의 권리냐 아니면 실정법상의 권리이냐에 관해서는 견해가 갈리고 있다. 헌법에 규정된 국민의 기본권(특히 자유권)이 자연법상의 권리라면, 기본권은 헌법에 의하여 비로소 보장되는 것이 아니라, 헌법은 인간이 인간으로서 당연히 갖는 권리를 단지 문서로써 확인한 것에 불과한 것이 된다. 이 입장에서는 헌법 제10조와 헌법 제37조 제1항과의 관계에서 헌법 제37조 제1항은 문자 그대로 주의적 규정이 되는 것이고, 헌법 제10조가 이 포괄적인 자연권을 선언하고 있다는 것이다. 그러나 기본권을 실정법상의 권리로 이해할 경우에는, 기본권도 헌법에 규정되어야만 비로소 권리로서 인정되는 것이 된다. 실정권설의 입장에 의하면 본래 자연법 사상

으로부터 유래했다고는 하지만 기본권도 실정헌법에 규정된 이상 실정법상의
권리로 보아야 한다.

헌법 제37조 제1항 해석에 있어서 실정권설 입장에서는 이 조문이 있어서
열거하지 않은 것도 기본권이 된다. 반면 자연법을 인정하는 입장에서는 주의적
규정이 된다. 이 조문이 없어도 열거하지 않은 것도 기본권이 된다.

## 제3항  기본권의 이중적 성격(양면성)

기본권이 일면에 있어서는 개인의 주관적 공권인 성격을 가지고 있는데 또
타면에 있어서는 국가의 기본적 법질서의 내용을 규정하는 객관적 법규범으로
서의 성격을 지니고 있으므로, 기본권은 이중적 성격(Doppelcharakter)을 가지고
있다는 주장이 있다. 독일기본법 제1조 제2항은 "독일국민은 침범할 수 없고 또
박탈할 수 없는 인권을 모든 인간공동사회의 기초로서, 세계에 있어서 평화와
정의의 기초로서 인정한다"라고 규정하고 있어서 인권은 개인의 주관적 권리인
동시에 공동사회의 객관적인 질서의 기초라는 점을 선언하고 있는 것이다. 기본
권은 그것이 주관적 공권인 것과는 관계없이 '객관적 가치질서'로서 기능한다.
따라서 기본권은 객관적 의미의 법이며, 이는 전체 법질서, 곧 모든 자연인과 법
인의 공동생활을 규율하고 원칙적으로 강제할 수 있는 모든 규정을 의미한다.
기본권은 추상적·일반적으로 특정의 법적 상태를 확정하는 객관적 법이며 법
적 규정이다.

이러한 헌법규정을 가지고 있지 않은 우리나라에서는 기본권의 주관적 공
권성을 인정함에는 이론이 없으나, 객관적 질서의 성격을 긍정하여 기본권의 이
중적 성격을 인정하느냐에 관하여는 견해가 갈리고 있다. 긍정설은 기본권은 주
관적인 공권인 동시에 그것이 국가권력을 제한하거나 국가권력을 의무화시키기
때문에 객관적 질서의 성격을 갖는다고 하여 이중적 성격을 가진다고 한다. 예
컨대 '법 앞의 평등'의 헌법적 보장은 개개인이 국가권력에 대하여 평등한 대우
를 요구할 수 있는 '개인을 위한 주관적 권리'인 평등권을 보장한 것이면서, 동시

에 국가권력에 의한 '자의적 불평등 대우의 금지와 같은 법치국가적 이념 또는 민주사회의 균일화 원칙'을 의미하는 일반적 평등의 원칙을 객관적으로 확인한 것이 된다. 객관적 헌법으로서의 기본권은 다른 법들, 특히 법률보다 상위에 있는 법이다. 따라서 다른 모든 법규정들은 기본권에 합치되어야 한다. 객관적 가치질서 속에서 기본권의 효력은 강화된다. 이러한 가치질서는 헌법의 기본적 결단으로서 모든 법분야에 적용되지 않으면 안 된다. 이렇듯 기본권이 객관적 법질서로 작용한다고 해서 원래의 기본권의 기능, 곧 기본권의 방어권으로서의 기능이 후퇴한다고 볼 수 없다. 기본권은 여전히 주관적 권리로서 작용하므로, 기본권의 객관적 법질서로서의 기능은 방어권적 기능을 무시하고 방어권으로부터 독립되어 인정될 수 있는 독자적인 기능이 아니다.

# 제3장 | 기본권의 향유주체

## 제1절 국 민

### 제1항 국민의 범위

자연인인 국민은 누구나 기본권 향유의 주체가 된다. 국민이란 대한민국의 국적을 가진 모든 사람을 가리키며, 여기에는 예외가 없다.

### 제2항 기본권의 주체능력과 행사능력

## Ⅰ. 기본권의 주체능력

기본권의 주체능력은 기본권의 주체가 될 수 있는 능력을 의미한다. 헌법적으로는 사망한 자도 헌법 제10조 규정상의 인간의 존엄성의 주체가 될 수 있다. 예컨대 사망한 자의 명예를 실추시킨 소설, 사망자의 사망 전 승낙 없는 장기이식, 시체에 대한 의학적 실험 등과 관련해서는 사자(死者)의 인간의 존엄성이 침해된 것으로 본다. 또한 태아의 경우 예외적으로 생명권과 신체적 완전성의 권리 등의 주체가 된다. 또한 민법상 권리능력이 없는 사단이 기본권능력을 갖는 경우1)가 있다.

## II. 기본권의 행사능력

　　기본권의 행사능력은 기본권의 주체가 독립적으로 자신의 책임하에 기본권을 행사할 수 있는 능력을 의미한다. 기본권의 주체가 모든 기본권행사능력을 가지는 것은 아니다. 예컨대 영아가 집회의 자유를 행사할 능력이 없고, 또 선거권(제24조)·공무담임권(제25조)의 경우 헌법이 기본권행사능력을 일정한 연령에 결부시켜 규정한다. 또 기본권행사능력을 헌법이 직접 정하지 않고 입법권자의 입법형성권에 일임하는 경우가 있는데, 각종 선거법에서 피선자격을 정하고 법원조직법에서 각 법관의 정년을 규정하는 것이 그 예이다. 미성년자가 가지는 거주·이전의 자유(제14조)가 친권자의 거소지정권(민법 제914조)에 의하여 제약을 받는 것이 그 대표적인 예이다. 이와 같이 기본권행사능력은 일률적으로 고찰할 수 없다.

　　그런데 인간의 존엄권·행복추구권이나 신체의 자유 등에 있어서는 기본권행사능력은 기본권의 주체능력과 일치하며, 연령에 의한 제한은 허용되지 아니한다. 교육의 자유 등은 부모 등의 교육권과 관련하여 고려하여야 할 것이다.

　　기본권의 행사가 제한되는 경우에 있어서 가장 문제가 되고 있는 것은 특히 미성년자의 기본권 행사능력과 관련하여서이다. 미성년자의 기본권행사능력의 문제에는 미성년자가 자신의 기본권을 "제3자에 대해서 독립적으로 행사할 수 있는가"라는 문제와 어느 시점까지 그리고 어느 정도의 범위에서 부모로 하여금 기본권을 대신 행사할 수 있도록 할 수 있는가라는 문제와 "행위능력에 관한 민법의 규정을 기본권 행사에 전용(轉用)할 수 있는가" 또는 "헌법 자체로부터 독

---

1) 헌법재판소는 정당의 기본권주체성(선거에서 기회균등권)을 인정한 바 있다(헌재 1991.3. 11. 91헌마21). 그리고 "정당의 법적 지위는 적어도 그 소유재산의 귀속관계에 있어서는 법인격 없는 사단으로 보아야 한다"고 함으로써 재산권을 정당이 누릴 수 있음도 인정하고 있다(헌재 1993.7.29. 92헌마262).

자적인 해결책을 추론해 낼 수 있는가"라는 문제 및 "미성년자의 기본권과 미성년자에 대한 대리권을 포함하는 친권이 충돌하는 경우의 문제는 어떻게 해결할 것인가"라는 문제가 포함되어 있다. 현재 독일의 다수설은 기본권행사능력은 문제가 되는 개별기본권에 따라 기본권주체의 인식능력, 해당 기본권의 보호목적과 특성에 따라 달리 판단할 수밖에 없다고 한다. 독일의 판례도 초기의 판결을 제외하고는 기본권의 행사능력을 일괄적으로 연령에 따라 정하는 대신 개별적인 경우마다 달리 정하고 있으며, 이때 해당 미성년자의 정신적 성숙도가 중요한 기준으로 적용되고 있다.

## Ⅲ. 소위 특별권력관계에 있는 국민

공무원·군인·군무원·수형자 등 이른바 특별권력관계에 있는 사람들에 대하여 법률에 의하지 않고 기본권을 제한할 수 있는가 하는 것이 문제된다. 종래 고전적 특별권력관계론에서는 특별권력관계는 권력의 주체가 국민을 포괄적으로 지배하고 국민은 권력주체에게 복종하는 특별한 법률관계에 속하기 때문에 법률유보가 배제되고 기본권보장 규정의 적용이 배제된다고 한다. 그러나 오늘날 실질적 법치주의의 원칙을 관철하고 있는 헌법체제하에서 '관헌국가의 유물'인 특별권력관계의 이론은 파탄에 직면하여 종래 특별권력관계라 칭하는 법률관계 중 권력적 요소가 비교적 강하고, 법률의 규율을 받는 공무원관계·교도소수용관계 등은 일반권력관계로 해소하여 포괄적인 재량권이 부여되고 있는 관계로 고찰한다. 따라서 특별권력관계라는 이유로 헌법상 기본권을 제한할 수 없으며, 기본권제한을 위하여는 헌법의 규정이나 헌법의 유보에 의한 법률의 규정이 있어야 한다. 행형관계에 대한 헌법 제12조 제1항, 공무원의 노동3권의 제한에 대한 헌법 제33조 제2항, 군복무관계에 대한 헌법 제39조의 규정 등이 그 예이다. 따라서 소위 특별권력관계라고 하여 기본권제한에 있어서 새로운 기준과 한계가 적용되는 것이 아니라 기본권제한에 관한 일반이론이 그대로 적용된다고 하겠다.[2]

그러나 현대 민주국가에서는 특별권력관계에 있는 일부 국민의 기본권을 제한하는 경우에, 헌법에 근거가 있거나(적어도 헌법이 그것을 전제로 하고 있는 경우이거나) 법률에 근거가 있어야 함은 물론, 그 근거가 있는 경우에도 합리적으로 필요한 범위 내에서만 제한이 가능하고 제한하는 경우에도 인간의 존엄과 가치를 훼손할 수 없으며 자유와 권리의 본질적 내용은 침해할 수 없다.


# 제2절  외국인


## 제1항  외국인의 범위


외국인은 대한민국의 국적을 갖지 않은 자를 말한다. 외국인에는 다국적자나 무국적자도 포함된다. 이때의 외국인은 국내에 거주(체류)하고 있는 외국인만을 말한다.


## 제2항  외국인의 기본권향유주체성에 대한 학설


외국인(타국인과 무국적자)은 헌법 제2장의 기본권의 주체가 될 수 있는가.


### Ⅰ. 법실증주의적 헌법관의 입장

기본권을 법률속의 자유라고 보는 법실증주의에서는 기본권은 헌법(률)에

---

2) 허영, 한국헌법론, 박영사, 2014, 298-300면 참조.

의하여 비로소 국민에게 허용되는 것이기 때문에 마땅히 외국인은 기본권을 향유할 수 없다. 기본권에 대한 일체에 자연법적 설명을 떠나서 기본권을 국가권력에 의하여 베풀어지는「법률속의 자유」라고 이해하는 켈젠(H. Kelsen)이나 엘리네크의 법실증주의의 입장에서는 기본권의 주체는 법적 생활공동체의 구성원인 국민에 한하고 외국인은 제외된다고 한다.

## II. 결단주의 헌법관의 입장

기본권을 천부적·전국가적 자유로 이해하는 결단론적 헌법관에서는 기본권은 모든 인간의 권리이기 때문에 외국인의 기본권향유주체성은 무제한적으로 인정된다. 기본권을 인간의 천부적이고 전국가적인 자유와 권리로 이해하면서 비정치성을 강조하고 국가로부터의 자유가 기본권의 보장이라고 파악하는 칼 슈미트의 입장에서는 기본권은 인간의 권리이기 때문에 외국인도 천부적이고 전국가적인 자유와 권리의 주체가 된다.

## III. 통합론적 헌법관의 입장

기본권의 권리적 측면보다 책임과 의무를 수반하는 정치기능적 측면을 강조하는 통합론적 헌법관의 경우에는 외국인에게 기본권을 향유하게 하는 데에는 무리가 있게 된다. 기본권은 사회공동체가 하나로 동화되고 통합되어가기 위한 당위적인 가치질서인 동시에 한 민족의 문화질서라고 이해하는 스멘트(R. Smend)의 입장에서는 기본권의 권리적인 면보다도 책임과 의무를 수반하는 정치기능적인 면을 강조함으로써 외국인을 기본권질서에 끌어들여서 외국인에게도 기본권의 주체로서의 지위를 인정하는 것에 이론상 어려움이 있다. 기본권성질설에 따라 헌법에 명문의 규정이 있든 없든 성질상 인간의 권리로 볼 수 있는 것은 외국인에게도 보장되어야 하고 그 밖의 기본권도 상호주의에 따라야 한다(헌법 제6조 제2항 참조). 사회공동체의 가치적인 콘센스(Konsens)가 자유·평등·정의로 집약되는 오늘날 시대상황과 국제평화주의의 원칙에 비추어 외국인의 인권의 주체성을 획일적으로 부인할 수 없고, 우리 민족의 가치질서 내지 문화질서를 해하지 않는 범위 내에서 가능한 한 보장되어야 한다는 견해가 있다. 동화적통합이론에 기초한 견해로서, 진정한 의미의 동화적 통합을 이룩하기 위해서는 외국인을 포함한 생활공동체 내의 모든 구성원의 동화가 요구되므로, 자국민의 동화적 통합을 해하지 아니하는 범위 내에서 외국인의 기본권주체성은 인정되어야 한다고 본다.

## IV. 국내학설

현재 국내에서 외국인의 기본권향유주체성을 부정하는 견해는 없다. 그러나 그 근거에 대하여는 견해를 달리하는 세 가지 입장이 있다. 첫째, 천부인권을 근거로 외국인의 기본권향유주체성을 인정하면서도 국가 내적인 참정권과 사회적 기본권에 대해서는 유보를 두는 입장이다.[3] 둘째, 통합론적 입장에서 "외국인은 우리 민족의 동화적 통합을 해치지 않고 그들을 우리 사회에 동화시키는 데 필요한 범위 내에서 기본권의 주체가 될 수 있다"고 하는 입장이다.[4] 셋째, 세계의 1일 생활권화, 기본권보장의 국제화, 내국인과 외국인의 법적 지위의 유사화 추세 등을 들어 외국인의 기본권향유주체성을 인정하는 입장이다.[5]

모든 기본권은 인권에서 유래하는 것이기 때문에 기본권은 원칙적으로 외국인에게도 보장된다. 그러나 예외적으로 상호주의적인 입장(헌법 제6조 제2항)에서 외국인의 기본권향유주체성을 개별적·부분적으로 제한하는 것은 현실적으로 국가가 우리 생활의 최대단위가 되어 있는 현실에서는 이론적으로도 정책적으로도 그리고 법실무상으로도 불가피하다. 따라서 어떤 기본권을 외국인이 향유할 수 있느냐 없느냐를 처음부터 획일적으로 정하는 것은 무의미하다.

---

3) 김철수, 헌법학신론, 박영사, 2009, 309-310면; 권영성, 헌법학원론, 법문사, 210, 316-319면.
4) 허영, 한국헌법론, 박영사, 2013, 247면.
5) 계희열, 헌법학(중), 박영사, 2002, 63면.

[판례 1] 재외동포의 출입국과 법적 지위에 관한 법률 제2조 제2호에서 대한민국 정
부수립 이전에 국외로 이전한 중국거주동포와 구소련거주동포를 수혜대상
에서 제외한 것이 이들의 인간으로서의 존엄과 가치, 행복추구권, 평등권 등
을 침해하는지에 관한 헌법소원심판사건에서 외국인인 이들의 기본권주체
성을 인정할 수 있는지 여부(헌재 2001.11.29. 99헌마494)

"우리 재판소는, 헌법재판소법 제68조 제1항 소정의 헌법소원은 기본권을 침해받
은 자만이 청구할 수 있고, 여기서 기본권을 침해받은 자만이 헌법소원을 청구할
수 있다는 것은 곧 기본권의 주체라야만 헌법소원을 청구할 수 있고 기본권의 주체
가 아닌 자는 헌법소원을 청구할 수 없다고 한 다음, '국민' 또는 국민과 유사한 지
위에 있는 '외국인'은 기본권의 주체가 될 수 있다고 판시하여(헌재 1994.12.29. 93
헌마120, 판례집 6-2, 477, 480) 원칙적으로 외국인의 기본권 주체성을 인정하였다.
청구인들이 침해되었다고 주장하는 인간의 존엄과 가치, 행복추구권은 대체로 '인
간의 권리'로서 외국인도 주체가 될 수 있다고 보아야 하고, 평등권도 인간의 권리
로서 참정권 등에 대한 성질상의 제한 및 상호주의에 따른 제한이 있을 수 있을 뿐
이다. 이 사건에서 청구인들이 주장하는 바는 대한민국 국민과의 관계가 아닌, 외
국국적의 동포들 사이에 재외동포법의 수혜대상에서 차별하는 것이 평등권 침해라
는 것으로서 성질상 위와 같은 제한을 받는 것이 아니고 상호주의가 문제되는 것도
아니므로, 청구인들에게 기본권주체성을 인정함에 아무런 문제가 없다."

[판례 2] 외국인산업기술연수생에 대해 근로기준법 등 일부조항만을 적용하는 것이
평등권을 침해한다고 제기한 헌법소원심판청구에서, 외국인 산업기술연수
생에게 근로의 권리의 주체성이 인정되는지 여부(헌재 2007.8.30. 2004헌
마670)

"근로의 권리가 '일할 자리에 관한 권리'만이 아니라 '일할 환경에 관한 권리'도 함께
내포하고 있는바, 후자는 인간의 존엄성에 대한 침해를 방어하기 위한 자유권적 기
본권의 성격도 갖고 있어 건강한 작업환경, 일에 대한 정당한 보수, 합리적인 근로
조건의 보장 등을 요구할 수 있는 권리 등을 포함한다고 할 것이므로 외국인 근로
자라고 하여 이 부분에까지 기본권 주체성을 부인할 수는 없다. 즉 근로의 권리의
구체적인 내용에 따라, 국가에 대하여 고용증진을 위한 사회적·경제적 정책을 요
구할 수 있는 권리는 사회권적 기본권으로서 국민에 대하여만 인정해야 하지만, 자
본주의 경제질서하에서 근로자가 기본적 생활수단을 확보하고 인간의 존엄성을 보
장받기 위하여 최소한의 근로조건을 요구할 수 있는 권리는 자유권적 기본권의 성
격도 아울러 가지므로 이러한 경우 외국인 근로자에게도 그 기본권 주체성을 인정
함이 타당하다."

# 제3항  외국인의 기본권의 범위

외국인에게 구체적으로 인정되는 권리와 인정되지 않는 권리가 어떤 것이 있는가가 문제이다.

## Ⅰ. 자유권

자유권은 원칙적으로 천부적·전국가적인 개인의 자유의 법적 확인으로서 인간의 권리를 의미하기 때문에 원칙적으로 외국인에게 적용된다. 그러나 다음과 같은 경우에는 제외된다.

### 1. 거주·이전의 자유

입국의 자유는 국민인 신분에 부착하는 권리로서 주권국가의 재량에 속하기 때문에 입국의 자유는 보장되지 않는다. 체류의 자유와 출국의 자유는 외국인에게 보장된다. 재류외국인이 재류기간 내에 재입국할 수 있느냐가 문제이나 이 경우 재입국할 의도를 가진 출국은 일시적 해외여행이라고 보아 보장·허용되어야 할 것이다.

### 2. 강제퇴거문제

외국인의 신체의 자유와 관련하여 강제퇴거가 문제된다. 출입국관리법 제46조는 강제퇴거대상자를 열거하여 법무부장관에게 정치적 재량의 여지를 남기고 있다. 추방권은 법치국가적 요청에 일치되어야 할 것이다.

### 3. 직업선택의 자유

국가는 외국인과의 합의(입국허가)라는 형식으로 입국의 조건을 정하기 때문에 특별한 영주허가를 받은 자 이외에는 직업선택의 자유를 가지지 않는다.

### 4. 언론·출판·집회·결사의 자유

외국인의 표현의 자유를 필요 이상으로 제한하는 것은 문제이지만, 정치방면에서 표현의 자유에 관하여 외국인에게 특별한 제한을 하고 있다. 국민의 민주적 의사는 국민에게 유보됨이 원칙이다.

### 5. 재산권의 보장

토지나 광업권의 취득에 있어서 외국인은 특별한 제한을 받는다.

## II. 평등권

평등권에 있어서는 합리적 차별대우의 근거가 없는 한 외국인은 본국인과 같이 취급된다. 외국인의 등록의무(출입국관리법 제31조)도 국적에 의하여 차별대우를 하는 것이 아니다.

## III. 참정권

국가나 지방자치단체에 있어서 선거 및 기타 투표에 참가하는 것은 국민주권의 원리에 비추어 당연히 국민만의 권리이다. 피선거권이나 기타 공무담임능력도 똑같다. 그러나 단순한 정형적 직무에 종사하는 공직에는 외국인도 임용될 수 있다.

## IV. 사회적 기본권

사회적 기본권의 보장은 헌법상 자국의 국민에 대하여 행하는 것이 요청되고 이를 외국인에게 미치는 것은 요구되지 않으며, 외국인의 사회적 기본권을 보장하는 것은 그 외국인이 속한 국가의 책무이며 우리나라가 직접 책임을 부담할 일이 아니다. 그러나 외국인 중 무국적인은 그가 거주하는 국가의 권력에 전면적으로 복종하기 때문에 국민에 준하여 사회적 기본권의 향유를 인정할 수 있다.

## V. 청구권적 기본권

일반적인 사회생활관계에서 누구나 기본적 인권의 향유가 보장되어야 하기 때문에 자유권 및 이것에 직결된 청구권은 국민인가 아닌가를 묻지 않고 인정되어야 하므로, 소송을 제기하고 청원을 행하는 것은 외국인에게도 인정된다. 다만 국가배상청구권은 상호보증이 없는 경우에 외국인은 향유할 수 없다(국가배상법 제7조).

## VI. 외국인의 정치적 비호청구권(庇護請求權) 또는 망명권

외국인에 대한 비호와의 관계에서 망명자에 대한 비호권의 문제가 있다. 특히 인도적 입장에서 망명자의 생명·보호가 구해지는 경우에 그것은 국제법상의 문제임과 동시에 인권보장의 문제와 밀접한 관련이 있다. 특히 서독기본법 제16조 제2항과 같이 정치상의 이유로 박해받는 외국인에게 비호권을 인정하는 입법례도 있고, 세계인권선언 제14조도 망명자의 보호청구권을 규정하여 국제적으로도 권리로서 승인하는 경향이 보인다. 확실히 생명·신체의 보호는 기본권의 보장에 직결되는 것이지만, 이것이 권리로서 성립하기 위하여는 국가의 영토고권이 전제로 되기 때문에 망명자의 입국을 허용하고 이를 비호하는가의 여부는 각국이 자유로 결정할 사항으로 국가가 의무로서 당연히 비호해야 하는 것은 아니라는 입장이 있다. 반면 일설은 인권의 보편성과 인권보장의 국제화경향에 비추어 긍정적으로 해석하여야 한다고 한다. 우리 정부는 1992년 12월 3일 「난민의 지위에 관한 조약」과 「난민의 지위에 관한 의정서」에 동시 가입했다.

# 제3절 법 인

원래 인권개념이 자연인인 개인을 염두에 두고 성립하였다는 역사적 유래를 중시한다면 인권은 인간의 존엄에 기한 것이기 때문에 법인에게는 인정되지 않는다는 견해가 성립한다. 또 법인은 결국 복수의 인간에 의하여 구성된 제도에 지나지 않으며, 어떠한 실체를 가지지 않는다는 법인의제설적 발현에 의하면 특별히 법인에게 기본권을 인정할 필요는 없다. 그러나 이미 미국에서는 19세기 중엽부터, 독일에서는 제2차 세계대전 후에 법인에게 기본권의 향유를 인정한다(본기본법 제19조 제3항). 법인에 대하여서도 기본권의 주체성을 인정할 것인가. 이에 관하여 견해가 대립한다.

## 제1항 법인의 기본권향유주체성에 관한 견해

### Ⅰ. 법실증주의적 헌법관의 입장

기본권에 대한 일체의 자연법적 설명을 떠나서 기본권을 국가권력에 의하여 베풀어지는 법률속의 자유라고 이해하는 법실증주의적 관점에서 법인도 자연인과 마찬가지로 구체적인 법질서에 의하여 형성된 규범적 일원체를 뜻하기 때문에 법인에게도 기본권주체성을 인정한다. 다만 옐리네크는 지방자치단체에게 독자적인 결정권이라는 일종의 '소극적 지위'를 인정함으로써 제한된 범위 내에서 공법인의 기본권주체성을 긍정한다.

## II. 결단주의 헌법관의 입장

기본권을 인간의 천부적이고 전국가적인 자유와 권리로 이해하는 칼 슈미트의 사상적 체계에서는 기본권은 국가적인 법질서가 있기 전부터 존재하는 자연인이 누릴 수 있는 자유와 권리이지 국가적인 법질서에 의하여 비로소 창설되는 법인에게까지 인정될 수 있는 것이 아니다.

## III. 동화적 통합이론의 입장

기본권은 사회공동체가 하나로 동화되고 통합되어 가기 위한 하나의 가치질서이며 한 민족의 문화질서인 까닭에 생활공동체의 모든 구성원에 의하여 존중되고 지켜져야 되는 헌법상 생활질서인 동시에 행위규범이라고 이해하는 스멘트의 입장에서 법인은 사법인이건 공법인이건 생활공동체의 구성부분임에 틀림없고, 동화적 통합의 형식인 동시에 수단이라 볼 수 있기 때문에 법인의 기본권주체성을 인정한다.

## IV. 평  가

기본권은 인간과 국가 사이의 기본적 관계를 형성한다. 그러므로 기본권은 일차적으로 자연인에게만 귀속된다. 그러나 기본권의 성질상 법인에게 적용될 수 있는 것인 한 법인도 기본권의 주체가 된다. 법인에게 기본권의 주체성이 인정되는 것은 그 구성원인 자연인의 기본권행사를 용이하게 해 주고 촉진시켜 주기 때문이다. 법인의 기초를 이루는 것이 개개인이며, 그 개개인의 공통이익에 결부되는 한 법인의 기본권향유 주체성도 인정될 수 있으며, 또 현재 고도로 조직화된 사회에서 집단적 행위를 개별적 행위로 환원·분해하는 것이 비현실적인 경우가 적지 않다는 사고에 근거해서, 직접 '법인이란 사회실체'에 주목하여 법인의 기본권향유성을 긍정한다. 법인의 부분적·제한적 기본권 주체성을 주장하는 요젭 이젠제(Josef Isensee) 교수에 따르면 헌법적 차원에서 기본권주체성이 인정되는 법인이라 함은 의사결정과 활동에 있어 통일성을 가지는 '조직적 통일체'라야 하고, 당해 조직에 참여하는 자연인과의 관계에서 법적으로 '상대적 독립성'을 유지하는 것이어야 하며, 그 구성에 있어 '사적 자율'을 기초로 하는 조직이라야 한다. 법인은 전면적·포괄적 기본권 주체인 자연인과 비교하여 그 목적·기능·활동 등에 의해 제한을 받는 부분적·제한적 기본권 주체라고 한다.

법인의 기본권향유 주체성에 관해 헌법재판소의 견해를 요약하면, 사법인과 법인격 없는 사단과는 달리 공법인에 대해서 기본권 주체성을 부인하면서도, 공법인이 공권력 행사의 주체인 동시에 기본권의 주체라는 이중적 지위에 있는 경우 기본권 주체성을 인정한다. 또한 공법인성과 사법인성을 모두 가지고 있는 특수법인에 있어서는 기본권 주체성을 인정한다.


## 제2항 내국법인


### Ⅰ. 사법상의 법인

기본권이 그 성질상 법인에게 적용될 수 있는 것인 한 사법상의 법인은 자연인의 결합체이든 그렇지 않든 기본권의 주체가 된다. 기본권의 주체로서의 법인은 넓게 개념정의된다. 곧 기본권의 주체로서의 법인은 민법적 의미에서 권리능력을 필요로 하지 않으며, 통일적으로 의사를 형성할 수 있는 인적 결합체이기만 하면 그것으로 족하다.

[판례] 영화법 제12조 등에 대한 헌법소원, 헌재 1991.6.3. 90헌마56(각하)

단체 내부의 분과위원회에 헌법소원능력이 있는지 여부, 단체가 그 구성원들의 기본권침해를 주장하는 경우 자기관련성 인정여부

"우리 헌법은 법인의 기본권향유능력을 인정하는 명문의 규정을 두고 있지 않지만, 본래 자연인에게 적용되는 기본권규정이라도 언론·출판의 자유, 재산권의 보장 등과 같이 성질상 법인이 누릴 수 있는 기본권은 당연히 법인에게도 적용하여야 할 것으로 본다. 따라서 법인도 사단법인·재단법인 또는 영리법인·비영리법인을 가리지 아니하고 위 한계 내에서는 헌법상 보장된 기본권이 침해되었음을 이유로 헌법소원심판을 청구할 수 있다.또한 법인 아닌 사단·재단이라고 하더라도 대표자의 정함이 있고 독립된 사회적 조직체로서 활동하는 때에는 성질상 법인이 누릴 수 있는 기본권을 침해당하게 되면 그의 이름으로 헌법소원심판을 청구할 수 있다."

## II. 공법상의 법인

학설상으로는 공법상의 법인에게 기본권의 주체성을 인정하지 않으려는 견해가 다수설이다. 켈젠의 관계이론 또는 칼 슈미트의 자연법적 기본권사상에서 볼 때 기본권은 국민의 국가에 대한 주관적 주권인 동시에 국가로부터의 자유를 본질로 하는 것이기 때문에 국가를 비롯한 모든 공법인은 기본권을 보장해 주는 기본권의 객체일 따름이지 절대로 기본권의 주체가 될 수 없다고 한다. 독일연방헌법재판소는 법인에게 기본권의 주체성을 부여하는 것이 정당화되기 위해서는 법인의 형성과 활동이 자연인의 자유로운 '발현'의 표현이어야 하며, '특히 그 배후의 인간들에 대한 조치가 의미 있고 필요한 것'이 되어야 하기 때문에 공법상의 법인은 공적 업무를 수행하는 한 원칙적으로 기본권의 주체가 될 수 없다고 한다. 기본권은 공권력에 대한 개별시민의 관계에 대한 것이기 때문에, 국가 자신이 기본권의 관여자가 되거나 수익자가 될 수는 없으며, 더 나아가서 국가는 기본권의 수범자도 주체도 될 수 없다.

그러나 예외적으로 공법상의 법인이 기본권에 의하여 보호되는 생활영역에 속하여 있으며, 시민의 개인적 기본권을 실현하는 데 기여하고 있을 뿐만 아니라 국가로부터 독립된 또는 어쨌든 국가와는 구별되는 실체를 가지고 있는 경우

에는 기본권주체성이 인정된다. 그러한 한에서 국립대학과 방송국은 기본권의
주체가 된다.

[판례 1] 서울대학교의 대학의 자율권의 주체성[헌재 1992.10.1. 92헌마68·76 등
(병합)]

"교육의 자주성이나 대학의 자율성은 헌법 제22조 제1, 2항이 보장하고 있는 학문
의 자유의 확실한 보장수단으로 꼭 필요한 것으로서 이는 대학에게 부여된 헌법상
의 기본권이다. 따라서 국립대학인 서울대학교는 다른 국가기관 내지 행정기관과
는 달리 공권력의 행사자의 지위와 함께 기본권의 주체라는 점도 중요하게 다루어
져야 한다. 여기서 대학의 자율은 대학시설의 관리·운영만이 아니라 학사관리 등
전반적인 것이라야 하므로 연구와 교육의 내용, 그 방법과 그 대상, 교과과정의 편
성, 학생의 선발, 학생의 전형도 자율의 범위에 속해야 하고 따라서 입학시험제도
도 자주적으로 마련될 수 있어야 한다."

[판례 2] 범죄혐의없음의 불기소처분을 받은 국회노동위원회가 불기소처분은 부당
한 공권력행사이고, 이로 인한 헌법상 보장된 재판절차진술권과 평등권 침
해를 이유로 헌법소원을 청구한 경우에 청구인능력이 인정되는지 여부(헌재
1994.12.29. 93헌마120)

"헌법재판소법 제68조 제1항은 '공권력의 행사 또는 불행사로 인하여 기본권을 침
해받은 자는 헌법소원의 심판을 청구할 수 있다'고 규정하고 있다. 여기서 기본권
을 침해받은 자만이 헌법소원을 청구할 수 있다는 것은 곧 기본권의 주체라야만 헌
법소원을 청구할 수 있고, 기본권의 주체가 아닌 자는 헌법소원을 청구할 수 없다
는 것을 의미하는 것이다. 기본권 보장규정인 헌법 제2장의 제목이 '국민의 권리와
의무'이고 그 제10조 내지 제39조에서 '모든 국민은 … 권리를 가진다'고 규정하고
있으므로 국민(또는 국민과 유사한 지위에 있는 외국인과 사법인)만이 기본권의 주
체라 할 것이다.
한편 국가나 국가기관 또는 국가조직의 일부나 공법인은 기본권의 '수범자
(Adressat)'이지 기본권의 주체로서 그 '소지자(Trager)'가 아니고 오히려 국민의 기
본권을 보호 내지 실현해야 할 '책임'과 '의무'를 지니고 있는 지위에 있을 뿐이다.
그런데 청구인은 국회의 노동위원회로 그 일부조직인 상임위원회 가운데 하나에
해당하는 것으로 국가기관인 국회의 일부조직이므로 기본권의 주체가 될 수 없고
따라서 헌법소원을 제기할 수 있는 적격이 없다고 할 것이다."

[판례 3] 한국방송공사의 언론의 자유의 주체성(헌재 1999.5.27. 98헌바70)

"오늘날 텔레비전방송은 언론자유와 민주주의의 실현에 있어 불가결의 요소이고 여론의 형성에 결정적인 영향력을 행사하며, 정치적·사회적 민주주의의 발전에도 중요한 영향을 미친다. 공영방송사인 공사가 실시하는 텔레비전방송의 경우 특히 그 공적 영향력과 책임이 더욱 중하다 하지 아니할 수 없다. 이러한 공사가 공영방송사로서의 공적 기능을 제대로 수행하면서도 아울러 언론자유의 주체로서 방송의 자유를 제대로 향유하기 위하여서는 그 재원조달의 문제가 결정적으로 중요한 의미를 지닌다. 공사가 그 방송프로그램에 관한 자유를 누리고 국가나 정치적 영향력, 특정 사회세력으로부터 자유롭기 위하여는 적정한 재정적 토대를 확립하지 아니하면 아니 되는 것이다. 이 법은 수신료를 공사의 원칙적인 재원으로 삼고 있으므로 수신료에 관한 사항은 공사가 방송의 자유를 실현함에 있어서 본질적이고도 중요한 사항이라고 할 것이므로 의회 자신에게 그 규율이 유보된 사항이라 할 것이다."

[판례 4] 중앙선거관리위원회의 '선거중립의무 준수요청 조치'에 대해 대통령이 정치적 표현의 자유의 침해를 이유로 헌법소원을 청구한 경우, 기본권주체성이 인정되는지 여부(헌재 2008.1.17. 2007헌마700)

"원칙적으로 국가나 국가기관 또는 국가조직의 일부나 공법인은 공권력 행사의 주체이자 기본권의 '수범자'로서 기본권의 '소지자'인 국민의 기본권을 보호 내지 실현해야 할 책임과 의무를 지니고 있을 뿐이므로, 헌법소원을 제기할 수 있는 청구인 적격이 없다(헌재 1994.12.29. 93헌마120, 판례집 6-2, 477, 480; 헌재 2001.1.18. 2000헌마149, 판례집 13-1, 178, 185). 그러나 국가기관의 직무를 담당하는 자연인이 제기한 헌법소원이 언제나 부적법하다고 볼 수는 없다. 만일 심판대상 조항이나 공권력 작용이 넓은 의미의 국가 조직영역 내에서 공적 과제를 수행하는 주체의 권한 내지 직무영역을 제약하는 성격이 강한 경우에는 그 기본권 주체성이 부정될 것이지만, 그것이 일반 국민으로서 국가에 대하여 가지는 헌법상의 기본권을 제약하는 성격이 강한 경우에는 기본권 주체성을 인정할 수 있다(헌재 1995.3.23. 95헌마53, 판례집 7-1, 463; 헌재 1998.4.30. 97헌마100, 판례집 10-1, 480; 헌재 1999.5.27. 98헌마214, 판례집 11-1, 675; 헌재 2006.7.27. 2003헌마758 등, 판례집 18-2, 190 참조). 결국 개인의 지위를 겸하는 국가기관이 기본권의 주체로서 헌법소원의 청구적격을 가지는지 여부는, 심판대상조항이 규율하는 기본권의 성격, 국가기관으로서의 직무와 제한되는 기본권 간의 밀접성과 관련성, 직무상 행위와 사적인 행위 간의 구별가능성 등을 종합적으로 고려하여 결정되어야 할 것이다.

그러므로 대통령도 국민의 한 사람으로서 제한적으로나마 기본권의 주체가 될 수

있는바, 대통령은 소속 정당을 위하여 정당활동을 할 수 있는 사인으로서의 지위와
국민 모두에 대한 봉사자로서 공익실현의 의무가 있는 헌법기관으로서의 지위를
동시에 갖는데 최소한 전자의 지위와 관련하여는 기본권 주체성을 갖는다고 할 수
있다(헌재 2004.5.14. 2004헌나1, 판례집 16-1, 609, 638 참조).”

## III. 공법인성과 사법인성을 겸유한 법인

헌법재판소는 축협중앙회를 공법인과 사법인의 성격을 겸유한 특수한 법인
으로서 기본권의 주체성이 인정된다고 한다.[6]

## 제3항  외국법인

외국법인도 성질상 법인에게 인정될 수 있는 기본권은 외국인에 준하여 인
정된다. 기본권이 성질상 인간의 권리인 경우에는 외국인에게는 인정되나 외국
법인에게는 인정되지 않는 경우가 있다. 예를 들면 내심의 자유와 같은 것이 그
것이다. 그런데 성질상 외국법인에게 인정될 수 있는 기본권으로서는 재산권 ·
재판청구권 · 영업활동의 자유 등이 있을 것이다. 외국법인의 경우에는 상호주
의의 원칙에 따라 외국인에게 주체성을 인정할 수 있는 것 중에서 성질상 법인
에게도 적용될 수 있는 기본권에 대해서만 기본권 주체성이 인정된다.

## 제4항  성질상 법인에게 적용될 수 있는 기본권

성질상 법인에게 적용될 수 있는 기본권 즉 법인이 향유할 수 있는 기본권

---

6) 농업협동조합법 위헌확인, 헌재 2000.6.1. 99헌마553.

은 어떤 기본권인지를 정하는 기준은 무엇인가. 개별 기본권의 특수한 내용이 인간의 인격 자체, 곧 지·정·육(知情肉)의 합일체와 분리될 수 없을 정도로 결합되어 있는 경우에 그러한 기본권은 법인에게 적용될 수 없다. 이러한 기준에 비추어 볼 때 우리 헌법상의 다음과 같은 기본권들은 법인에게도 주체성이 인정된다. 곧 행복추구권(반대의견 있음), 남녀평등을 제외한 평등권, 종교의 자유, 학문의 자유, 언론·출판·집회·결사의 자유, 거주·이전의 자유, 직업의 자유, 주거의 자유, 사생활의 비밀과 자유(반대의견 있음), 통신의 자유, 재산권, 소비자의 권리, 청원권, 재판청구권, 국가배상청구권, 환경권(반대의견 있음), 근로3권이 그것이다.

평등권은 각 법인에게 공통적으로 인정된다는 것이 통설이다. 법인이란 존재는 경제적 활동과 관계되어 구성된 까닭에 경제상의 권리, 특히 재산권의 향유자가 되는 것은 명백하다. 거주·이전의 자유, 직업선택의 자유, 주거의 자유, 통신의 자유, 프라이버시의 권리, 명예권도 법인에 공통적으로 인정된다. 그러나 법인은 개인과 같이 육체를 가지는 것이 아니므로 신체의 자유, 생명권, 양심의 자유를 인정할 수 없지만, 공정한 법원에 의한 신속한 재판(제27조 3항), 변호인선임권(제12조 4항), 일사부재리의 원칙(제13조 1항) 등 형사절차상의 여러 권리는 적용된다.

일정한 조건 아래 내면적 정신활동의 자유를 제외하고 외면적 정신활동의 자유는 법인에게도 성질상 적용될 수 있는 기본권이라고 인정한다. 신교의 자유 중 종교상 행위의 자유가 특히 종교법인 등 단체에, 학문의 자유가 특히 학교법인에 인정되며 결사의 자유보장도 일반적으로 법인 기타 단체에 미친다. 집회의 자유에 관하여 적용여부를 에워싸고 부정설과 긍정설이 대립한다. 즉 부정설은 다수인이 일정한 공간에 집합하는 것은 자연인에만 논리적으로 고찰할 수 있다는 것과 법인을 대표한 자연인이 법인을 위하여 행동한다면 집회의 자유의 기본권을 자주적으로 행사하는 것도 가능하기 때문에 법인에게 이 자유를 인정할 필요가 없다고 한다. 그러나 집회의 자유의 의의로서 '집단에 의한 특정한 의사표시'를 강조한다면, 단체가 그 기관(구성원)을 통하여 권리를 행사할 경우 그 법적 효력이 단체 그 자체에 미친다는 점에서 단체에 이 자유의 향유주체성이 있다고 인정하는 것이 타당하다는 견해도 있다. 언론·출판 등 표현의 자유, 특히 보도의 자유보장이 법인 기타 단체에도 적용된다는 점에 관하여는 다툼이 없다. 청원권·국가배상청구권·재판청구권 등 청구권적 기본권은 법인에게도 인정된다.

다만 인간적인 생존의 보장을 의미하는 사회권적 기본권의 적용은 없다. 다만 환경권(제35조) 등은 법인에게도 충분히 적용될 여지가 있다. 정치적 자유에 관하여는 어떻게 될 것인가. 참정권 그 자체는 부정되지만, 헌법은 법인이 정치적 행동의 자유를 지니는 것을 부정하는 것은 아니다.

행복추구권은 인간의 존엄성과 불가분적으로 결부된 포괄적 또는 일반적 기본권이기 때문에 성질상 법인에게 적용되지 않는다는 것이 통설이다. 그러나 최근 적용영역에 한정이 있겠지만, 행복추구권의 법인에의 적용을 모두 부정하는 것이 타당하지 않다는 견해도 있다.


## 제5항  법인의 기본권주체성의 한계


기본권이 성질상 적용가능한 한, 법인에게도 적용되지만 그 보장의 정도는 자연인과 똑같지 않다. 특히 다음과 같은 사정은 개인의 권리·자유의 옹호라는 인권선언 본래의 목적을 관철하기 위하여 법인의 기본권에 특별한 한계를 인정하지 않으면 안 된다는 것을 시사하는 것이라 할 것이다. 첫째, 자본주의가 고도화하여 거대한 사적 통치나 사적 정부(private government)가 출현하여 그 사회적 권력에 의한 기본권침해가 공권력에 의한 침해에 준하는 경우에 기본권규정의 직접적 또는 간접적 적용이 문제된다. 이러한 상황 아래서 법인의 경제적 자유권에 관하여 기본권의 실질적인 공평한 보장의 확보라는 사회국가의 이념에 기하여 인정한 적극적인 규제를 가할 경우가 자연인의 경우보다 훨씬 많을 것이다. 정신적 자유권에 관하여도 자연인과 똑같지 않으며, 예컨대 정치활동의 자유와 같은 영역에서도 자연인과 다른 취급이 오히려 기본권보장의 정신에 합치한다고 생각된다.

둘째, 법인 기타 단체의 권리·자유와 구성원의 그것이 정신적 자유권, 참정권의 영역에서 모순·충돌되는 경우, 그의 조절은 무엇보다 법인 기타 단체의 목적·성격과 거기서 문제로 된 권리·자유의 성질의 상위에 대응하여 개별적·구체적으로 판단하는 것이 필요하다. 따라서 예컨대 강제가입단체와 임의가입단체, 임의가입단체에서도 협동조합·상공회의소 등 공적 성격을 가진 경우와 사교단체·오락단체·학술단체와 같은 사적 성격을 가진 경우에 있어서 구성원의 기본권에 대한 제약의 허용 정도는 당연히 다르다. 구성원의 기본권이 우월적 지위를 가진다면, 법인의 권리·자유의 주장은 대폭적으로 제약되어야 할 것이다.

# 제4장 | 기본권의 효력

## 제1절 기본권의 대국가적 효력

기본권은 역사적인 발전과정에서 보아 대국가적인 기본권으로서 모든 국가
권력을 구속한다. 그러나 오늘날 기본권은 국가에 대한 권리로서뿐만 아니라 사
인에 대해서도 그 효력을 발생하는 것이라고 보고 있다. 따라서 기본권의 효력
은 대국가적인 것과 대사인적인 것의 두 가지로 나누어진다.

기본권은 원칙적으로 모든 국가권력을 직접 구속하는 효력(직접적 효력)을
가지고 있다. 이 점에 관해서는 이론이 없다. 기본권(특히 자유권적 기본권)은 원
래 국가로 부터의 자유를 보장하기 위한 대국가적 방어권일 뿐만 아니라 "국가
는 개인이 가지는 불가침의 기본적 인권을 … 보장할 의무를 진다"(헌법 제10조
제2문)라고 하는 명문규정이 있기 때문이다. 이와 같이 기본권은 원칙적으로 입
법·집행·사법을 구속하기 때문에, 입법부는 기본권보장에 위배되는 법률을
제정할 수 없고, 사법부는 재판절차나 판결내용을 통하여 기본권을 침해할 수
없다. 집행부도 공권력의 발동인 권력적 작용을 하는 경우에는 기본권에 구속된
다. 그러므로 국가권력에 의한 기본권의 침해는 불법행위가 되어 그로 인한 손
해배상 등의 책임을 낳는다. 이와같이 기본권은 원칙적으로 모든 국가권력을 구
속한다고 보는 것이 통설의 입장이다. 기본권은 국가권력 일반에 대하여 구속력
이 있다. 이 점에 관하여 독일기본법은 제1조 제3항에서 "기본권은 … 입법·집
행권과 사법권을 구속한다"고 명문의 규정을 두고 있으나, 이러한 규정이 없는

우리 헌법에 있어서도 기본권이 모든 국가권력에 대하여 구속력이 있다는 데에 견해가 일치하고 있다.


## 제2절  기본권의 대사인적 효력


## 제1항  총  설


기본권규정이 국가적 행위 이외에 사인간의 법률행위 또는 사인 상호간의 법률관계에도 적용되는가 하는 이른바 기본권의 제3자적 효력(대사인적 효력) 여부에 관해서는, 각국 헌법에 명문의 규정이 거의 없고 학설도 갈리고 있다. 근대 헌법의 기본권은 국가에 대한 국민의 공권으로서 인정되었을 뿐, 전면적인 효력을 갖는 절대적인 권리로는 인정되지 않았다. 사인 상호간의 관계에 있어서는 헌법이나 공법과는 별도로 사적 자치·계약자유를 최고의 원리로 하는 사법의 체계가 형성되어 있었고, 기본권은 사인간에 있어서는 효력을 갖지 않는다는 것이 과거의 다수설이었다.

그러나 오늘날 사인이나 공권력 이외의 사회적 제 세력에 의하여 계약자유의 미명하에 실질적으로 개인의 자유를 침해하는 일이 많아짐으로써 이러한 경우에 각인 상호간의 기본권침해를 방지하고 각인의 생활의 안정을 보호하는 것이 문제로 제기되는데, 여기에 기본권의 타당범위를 국가권력에 대한 관계에만 국한시키지 아니하고 일반 제3자인 사인상호간의 관계에 확대하여, 사인으로부터의 법익침해에 대해서도 기본권의 보장효력을 인정할 필요가 있게 된다. 이것이 기본권의 제3자적 효력(drittwirkung)의 문제이다.

기본권이 국가 이외에 제3자로서의 사인간에도 확대적용되어야 한다는 이론이 등장하게 된 이유는, 첫째로 자본주의의 고도화와 사회생활의 복잡화에 따라서 국가유사의 기구를 가지고 국가유사의 기능을 하는 사회적 제 세력이 나타나 이 사회적 권력에 의하여 일반국민의 권리와 자유가 부당하게 침해당할 가능성이 증대했고, 둘째로는 기본권의 성격에 관한 새로운 견해가 등장하여 기본권이란 사회생활의 기본질서로서 공법·사법의 양자를 덮는 지붕과 같은 헌법원칙이며 기본권규정에는 객관적인 가치질서도 구체화되어 있다고 보는 견해가 나타난 것이다.

기본권에는 주관적 공권 이외에 객관적 가치질서성을 중시하는 기본권의 양면성설의 입장에서는 기본권은 질서의 원리를 뜻하게 되고, 사회구성원은 이 질서를 지키고 존중하여야 하므로 기본권의 효력이 사인 상호간에도 영향을 미칠 수 있다고 한다. 따라서 기본권의 대사인적 효력의 이념적 기초는 기본권의 양면성이라 말할 수 있다.


## 제2항 대사인적 효력에 관한 외국이론


### Ⅰ. 독일의 이론


#### 1. 효력부인설(적용부인설, 무관계설)

##### (1) 효력부인설의 의의

이 설은 헌법이 정하는 기본권은 국가권력에 대한 자유의 보장으로서 사인 상호간에는 직접 적용되지 않는다고 보는 학설이며, 바이마르공화국 헌법하의 다수설이었다. 이 견해에 따르면 사인간에 있어서 자유·권리의 보호는 사법 등의 법률의 규정에 전적으로 맡겨지게 된다.

##### (2) 효력부인설의 논거

효력부인설은 그 부인의 근거로 기본권은 대국가적 방어권이므로, 국가권력만을 대상으로 하고 국가권력만을 구속한다는 것(GG. 제1조 제3항), 사인간의 자유로운 합의에 따라 스스로 자신의 자유를 제한하는 것은 반드시 부당하지 않다는 것, 사인에 의한 침해행위로부터 기본권을 보호하는 것은 일반법률을 가지고도 충분하므로, 헌법상 특별한 보장이 필요없다는 것 등을 그 논거로 든다.

### (3) 비　판

기본권이 대 국가적인 권리라고 하는 것은 역사적인 이유에 근거하는 것이며, 기본권의 개념에 필연적인 것은 아니다. 현대적 상황에 부응하는 헌법이론이 될 수 없고, 기본권규정과 사법규정이 하나의 헌법질서에 포섭되고 있다는 것을 간과하고 있다.

## 2. 직접적용설

### (1) 직접적용설의 의의

현대의 헌법은 단순히 국가의 조직이나 권한만을 정하는 것이 아니라, 국민 사생활 전체에 타당하는 객관적 가치질서이므로 사회생활에 있어서의 개인의 자유도 헌법질서 내지 법도덕의 한계 내에서만 존립할 수 있다. 모든 기본권규정이 모든 사인간의 법률관계에 직접 적용되어야 한다는 전면적(절대적) 직접적용설을 주장하는 이는 없다. 기본권규정 중 일정한 기본권규정만이 사인간의 행위를 직접 규제할 효력을 갖는다는 한정적(상대적) 직접적용설이 니퍼다이(Nipperdey)와 독일연방노동법원에 의하여 주장되고 있다.

### (2) 직접적용설의 논거

직접적용설의 근거로는 헌법은 공동체의 생활질서 전반에 관한 최고의 가치질서를 규정한 것이므로, 국가 대 국민의 공법관계만이 아니라 사인 대 사인의 사법관계도 헌법규정에 위반될 수 없다는 것이다. 또한 개인의 사회적 지위는 기본권의 실질적 보장과 밀접한 관계가 있으므로, 개인의 사회적 지위가 사인간의 법률관계에서 보장되지 않는다면, 헌법상의 기본권보장은 유명무실한 것이 된다고 한다.

### (3) 비  판

사적 자치라든가 계약자유의 원칙도 민주주의에 있어서 중요한 자유의 하나임에 틀림없는데, 기본권규정에 명백하게 그렇게 하라는 규정이 없음에도 사인간에 직접 적용하는 것은 사법의 체계를 동요시키며 궁극적으로는 사법의 사회화·국가화를 가져와서 공법과 사법의 구분이 없어져서 법질서 및 법의 논리체계의 혼란을 가져올 위험성이 있다. 공·사법의 이원체계에 기초한 종래의 사법질서는 완전히 무너지게 된다. 또한 기본권은 역사적인 경과에서 보더라도 개인의 자유영역을 공권력의 침해로부터 보호하기 위한 것인데, 기본권규정이 일률적으로 사법관계에 직접적 효력을 갖는다고 보는 것은 오히려 국가로부터의 자유라는 전통적인 자유개념을 부당하게 후퇴시키게 될 것이다.

### 3. 간접적용설

간접적용설은 전통적인 기본권의 관념과 사적 자치의 원칙을 조화시키려는 견해로서 학설과 판례의 지지를 받고 있다. 기본권의 효력은 국가와 국민의 관계에서만 적용된다는 입장을 원칙적으로 고수하면서, 사인 상호간의 관계에서는 사법상의 일반조항(민법의 일반조항, 사법상의 일반원칙), 예컨대 공서양속조항(민법 제103조), 신의성실조항(민법 제2조 제1항), 권리남용금지(민법 제2조 제2항) 등을 매개로 해서 간접적으로 기본권의 효력을 인정한다. 즉 기본권의 보장에 관한 헌법조항을 직접적으로는 사법관계에 적용하지 아니하고 당해 민사법의 각 조항을 통하여 간접적으로 헌법의 취지를 사법관계에도 확장하려고 하는 것이다. 그리하여 당사자의 기본권침해로 될 것 같은 계약이나 법률행위는 민법의 공서양속위반으로서 무효로 된다고 본다. 그래서 이 설을 공서양속설이라고도 한다. 뒤리히(Dürig)는 직접적 효력설이 사적 자치 내지 계약자유의 원칙과 모순되고 사법의 독자성을 침해할 위험이 있다고 비판하면서 "원칙적으로는 간접적용설을 주장하고 예외적으로 헌법의 명시적 규정이 있는 경우에만 기본권의 직접적 효력을 인정"하는 이론을 전개한다. 시민간에 기본권규정을 적용하기 위해서 사법의 일반조항이나 불확정개념의 의미·내용에 기본권규정의 가치내용을 충전시키는 이론적 조작을 한다. 종래 사법상의 대원칙인 사적 자치의 원칙과 공사법의 이원적 법질서를 허물지 않으면서 사인간의 관계에서도 기본권보장이 이루어지도록 하기 위한 것이라 할 수 있다.사인간의 법률행위라 하더라도 그에 의해 개인의 기본권 침해가 선량한 풍속 기타 사회질서에 위배될 정도에 이를 경우에는 그 법률행위는 무효가 되는 것이다.

## 4. 평 가

직접적용설이나 간접적용설에 있어서 전자는 기본권의 사인간에 있어서의 직접적 효력을 주장하고, 후자는 자유에의 강제를 배척하는 점에서 원리상 상이함을 볼 수 있으나 양 견해 모두 헌법상 기본권규정의 제3자적 효력을 인정하는 것에 차이는 없으며, 문제는 직접적용인가 간접적용인가에 중점이 있는 것이 아니고, 오히려 어떠한 기본권규정이 어떠한 법률관계에 어느 정도로 미치는가이기 때문에 실제의 운용에 있어서 양 이론의 차이는 거의 없다고 할 것이다. 그러나 공법과 사법의 이원적인 법논리체계를 혼란시키지 않고, 계약의 자유와 사적자치의 사법원리를 기반으로 하여 그 내용에 기본권존중을 도입하여 법질서의 전 조직체계를 기본권존중의 사상에 의하여 통합할 수 있다는 점에서 간접적용설이 타당하다(통설).

## II. 미국의 이론

미국에서도 초기에는 인권보장규정은 오로지 연방 또는 주의 행위에 대한 제한이며 사인의 행위를 제한하지 않는다고 했으며 이것이 연방대법원의 판례였다. 그러나 흑인에 대한 사적 차별문제를 중심으로 학설과 판례는 서서히 변천하기 시작하였다. 사인에 의한 기본권의 침해나 차별대우라고 하더라도 국가가 그 집행에 관여하거나 정부가 그에게 원조를 해주는 경우와 같은 공권력과의 관련을 찾아내어 혹은 공적 관계를 의제하여 사인 상호간에도 헌법의 적용을 인정하려고 하는 일련의 이론이 나타나게 되었다. 그것은 state action의 이론이며, 정부동시설(국가유사론, 국가행위의제론, looks like government theory)의 이론이다. 이것은 미국연방헌법의 기본권규정이 수정헌법 제1조, 수정헌법 제14조에서 보는 바와 같이 문언상 연방 및 주에 의한 기본권의 제약만을 금지하고 있기 때문에 이 state action의 범위를 확대함으로써 사인간의 기본권침해를 방지하려는 것이다.

국가행위와 동일시하는 사적 행위의 경우는 다음과 같이 유형화할 수 있다.

## 1. 국가원조의 이론

국가로부터 재정적 원조를 받거나(주로 공공단체) 토지수용권·조세면제 등의 어떤 특권을 인정받고 있는 사인이 기본권침해를 하였을 경우에 국가행위로 본다는 것이다. 예를 들면 Norris v. Mayor and City Council of Baltimore[1] 사건과 같이, 시로부터 재정적 원조를 받고 있는 사립학교가 흑인에게 차별대우를 하는 것을 국가가 차별하는 것으로 보는 경우이다. 같은 맥락에서 공공단체의 관여성 이론이 있다.

## 2. 국유(국가)재산의 이론

국유재산을 임차한 사인이 그 시설에서 기본권침해를 행하는 경우에 그 사인의 행위를 국가행위로 본다는 것이다. 예를 들면 1962년 Turner v. City of Memphis[2] 사건과 같이 시유지를 임차하여 건립한 개인식당에서의 흑인에 대한 차별대우는 그 토지가 시유지라는 인연으로 위헌이라 한 경우이다. 이러한 사적행위가 국가행위와 동일시되기 위한 요소로서는 문제의 시설운영에 공금이 투입되어 있을 것, 그 시설에 국가의 실질적인 통제가 미치고 있을 것, 국가가 인종차별과 같이 위헌적 행위를 간접적으로 행하려는 의도·동기를 가지고 임대한 것일 것, 그 시설이 본래 공중에 공개되어 공중의 사용에 공여될 것을 목적으로 하는 것(시설비의 공공성 이론) 등이다.

---

1) 78 F. Supp. 451(D. Md. 1948).
2) 369 U.S. 350 (1962).

## 3. 통치기능의 이론

성질상 통치기능(government function)을 대행하는 사인의 기본권 침해행위를 국가(주)행위로 보고 위헌이라고 한다. 예를 들면 1944년 Smith v. Allwright[3] 사건인데, 동 사건에서 정당이 예비선거 등에서 흑인의 투표를 거부한 경우, 이는 순전한 사적 행위가 아니고 정당이 주의 통치행위를 대리하는 것으로 보아 위헌이라고 판시하고 있다. 1944년 미연방대법원은 선례를 파기하고 최남부의 몇 개 주들이 흑인들의 투표권을 효율적으로 행사치 못하도록 방해하는 장치인 '백인예선회'를 가지고 있는데, 이는 수정헌법 제15조의 위헌적 침해로서 불법이라고 판결했다. 미연방대법원은 텍사스주의 민주당은 '자발적 조직'이며, 따라서 그 구성원 자격을 차별하는 것은 자유라는 주장을 기각하고 선거기구를 조직하고 후보자를 지명하는 등 그 당이 지고 있는 의무의 성격상 텍사스주의 민주당은 텍사스주 정부의 대리자라고 8 : 1로 판결하였다.

## 4. 사법적 집행의 이론

사인의 기본권 침해행위가 재판상의 문제가 되었을 경우에 법원의 개입에 의하여 사법적으로 집행되면 그것을 위헌적 국가행위로 본다는 것이다. 예를 들면 1948년 Shelly v. Kraemer[4] 사건인데 동 사건에서 흑인에게 부동산매매를 금지하는 주민계약(restrictive covenant)을 법원이 인정함은 사법적 집행에 의하여 인권차별을 강제하는 힘을 사인에게 부여하는 것으로 위헌이 된다고 판시했다. 사법적 집행에 의하여 인종차별을 강제하는 힘을 사인에게 부여하는 것으로 허용되지 않는다. 이 사건에 대해 루이스 헨킨(Louis Henkin) 교수의 표현을 빌리자면 "흑인에게는 새로운 밝은 약속을 주었지만 헌법학자들에게는 많은 혼란을 가져다 준 것"이었다.

---

3) 321 U.S. 649 (1944).
4) 334 U.S. 1 (1948).

## 제3항 한국에 있어서 기본권의 제3자적 효력의 문제

우리나라에서도 간접적용설(공서양속설)에 따라 헌법의 기본권규정이 사법상의 일반원칙을 통하여 사법관계에 적용된다고 보는 설이 통설의 입장이다. 첫째, 특정의 기본권규정이 사법관계에도 적용된다는 명문의 규정이 있는 경우, 또는 명문의 규정이 없을지라도 성질상 직접 적용될 수 있는 규정이면 그 기본권규정은 사인간의 법률관계에 직접 적용된다고 보고 있다. 둘째, 그 밖의 경우에는 간접적용설의 입장에서, 성질상 사법관계에도 적용될 수 있는 기본권조항만이 사법상의 일반원칙을 규정한 여러 조항(민법 제103조, 제2조, 제750조, 제751조)을 통하여 간접적으로 적용된다고 본다.

우리 헌법상 구체적 적용 내용을 보면, 먼저 직접적용되는 대사인적 기본권을 분류해낼 수 있다. 대사인간에 직접 적용되는 기본권으로는 근로3권,[5] 언론·출판의 자유,[6] 협의의 인간의 존엄과 가치·행복추구권, 참정권(모두 포함하여 주장)[7] 등이 있다. 이들 권리는 계약자유에 대한 제한원리를 내포하는 사회적 법치국가의 이념하에서 보장되어 있는 것이기 때문이다.

직전에 언급한 이들 이외의 기본권은 원칙적으로 간접 적용된다고 본다. 사인 상호간에 있어서는 모든 사람이 자기 자신의 기본권의 보호를 요청할 수 있는 것이 특징적이기 때문이다. 나아가 사인 상호간에 있어서의 기본권의 보장에 관해서는 일방당사자의 기본권과 타방당사자의 기본권과의 충돌이 문제된다. 예를 들면 각인의 명예·비밀의 보호는 상대방의 표현의 자유의 제한이 되고 있으므로 한 사람의 기본권의 존중만을 고려하고 상대방의 기본권을 고려하지 않는다면 기본권침해로 된다. 따라서 기본권의 사인간의 효력문제에 있어서는 기본권의 상호주의적 입장에서 당사자 상호간의 이해의 대립이 조정되어야만 할 것이다. 여기에서 기본권보장의 한계와 제한의 문제가 부각된다.

---

5) 권영성, 헌법학원론, 법문사, 2010, 331면.
6) 허영, 한국헌법론, 박영사, 2013, 266-267면.
7) 김철수, 헌법학개론, 박영사, 2006, 326면.

# 제5장 | 기본권의 경합과 충돌

## 제1절 의 의

　　기본권의 경합은 단일한 기본권의 주체에 관한 문제로서 "단일의 기본권주체가 국가에 대하여 동시에 여러 기본권의 적용을 주장할 수 있는 경우"를 말한다. 그러나 기본권의 충돌은 상이한 기본권 주체를 전제로 한 개념형식으로서, "복수의 기본권주체가 서로 충돌하는 권익을 실현하기 위하여 국가에 대하여 각기 대립되는 기본권의 적용을 주장하는 것"을 말한다. 즉, 기본권의 경합과 충돌은 서술과 이해의 편의상 양자를 비교하기도 하나 전혀 다른 차원의 논의이다. 기본권의 경합(경쟁)과 충돌(상충)이론은 독일에서 정립되어 왔는데 우리나라에서도 이론과 판례를 통하여 사실상 수용되었다.

## 제2절 기본권의 경합의 해결

### 제1항 기본권의 경합의 의의

　　동일한 기본권 주체의 하나의 행위에 대하여 여러 가지 기본권이 적용될 수 있을 때 이를 기본권의 경합이라고 한다. 예컨대 종교단체가 발행하는 신문에 대하여 국가가 간섭하는 경우에 발행인은 헌법 제20조의 종교의 자유와 제21조의 언론의 자유를 동시에 주장할 수 있다. 일반적으로 기본권이 경합되면 상호 보완적으로 적용될 수 있기 때문에 기본권의 보호가 강화된다.

　　기본권의 진정경합과는 달리 기본권의 유사경합(부진정경합)이 있는 경우도 있다. 즉, 하나의 사안에서 복수의 기본권이 관련된 경우라 하더라도 특별한 지위에 있는 기본권만 문제될 경우에는 기본권의 경합이 아니라 부진정경합으로 보아야 한다. 주로 특별법의 지위와 일반법의 지위에 있는 경우가 이에 해당된다. 기본권의 경합이론을 보다 명확하게 정리하려면 적어도 이와 같은 경우에는 미리 기본권의 경합과는 구별해주는 작업이 필요하다.[1]

　　헌법재판소의 입장은 명확하지는 않지만 대체로 특별법적 규정, 특별기본권, 특별관계, 보충적 기본권 등의 표현을 통하여 기본권의 경합으로부터 부진정경합을 분리하려는 듯한 태도를 보이고 있다. 예를 들면, 헌법재판소는 경찰법 제11조 제4항 등 위헌확인결정에서 "공무원직에 관한 한 공무담임권은 직업의 자유에 우선하여 적용되는 특별법적 규정"[2]이라고 표현하고 있다. 또한 교육공무원법 제47조 제1항 위헌확인결정에서 "공직의 경우 공무담임권은 직업선택의 자유에 대하여 특별기본권이어서 후자의 적용을 배제하므로, 사립학교교원의 청구를 부적법한 것으로 보는 한 직업선택의 자유는 문제되지 않는다"[3]라고 하여 특별기본권이란 용어를 쓰고 있다. 학원의 설립·운영 및 과외교습에 관한 법률 제13조 제1항 등 위헌확인결정에서 "어떠한 법령이 수범자의 직업의 자유와 행복추구권 양자를 제한하는 외관을 띠는 경우 두 기본권의 경합문제가 발생하는데, 보호영역으로서 직업이 문제되는 경우 직업의 자유와 행복추구권은 서로 특별관계에 있어 기본권의 내용상 특별성을 갖는 직업의 자유의 침해여부가 우선하므로, 행복추구권 관련 위헌여부의 심사는 배제된다고 보아야 한다"[4]고

---

[1] 계희열 교수는 일반법·특별법의 관계를 기본권의 경합으로 보아도 문제되지 않는다고 본다.

[2] 경찰법 제11조 제4항 등 위헌확인, 헌재 1999.12.23. 99헌마135(위헌, 각하).

[3] 교육공무원법 제47조 제1항 위헌확인, 헌재 2000.12.14. 99헌마112 등(기각).

[4] 학원의 설립·운영 및 과외교습에 관한 법률 제13조 제1항 등 위헌확인, 헌재 2003.9.25. 2002헌마519(기각).

하여 특별관계라는 표현을 써서 진정경합과 부진정경합을 구별하고 있다. 또한 교육공무원법 제47조 제1항 본문 위헌확인결정에서 "행복추구권은 다른 기본권에 대한 보충적 기본권으로서의 성격을 지니므로, … 행복추구권침해 여부를 독자적으로 판단할 필요가 없다"[5]라고 하여 보충적 기본권이란 용어를 통해 진정경합으로부터 부진정경합을 구분하는 태도를 보이고 있다.

## 제2항 기본권경합의 해결이론

기본권의 경합은 결국 어느 기본권을 더 우월적으로 보호할 것이냐의 문제이다. 어떠한 기본권을 더 강하게 보호할 것이냐에 관해서는 여러 가지 견해가 있다. 그런데 실제로 어느 기본권을 보호해 주는 것이 더 좋을 것이냐 하는 문제를 확정하는 것은 쉬운 일이 아니다. 이와 관련하여 최약효력설과 최강효력설이 있다. 최약효력설은 헌법상의 제한의 가능성과 정도가 가장 큰 기본권, 즉 효력이 가장 약한 기본권이 우선되어야 한다는 이론이다. 최강효력설은 헌법상의 제한의 가능성과 정도가 가장 작은 기본권, 즉 효력이 가장 강한 기본권이 우선되어야 한다는 이론이다.

모든 기본권의 경합문제를 획일적으로 최강효력설에 따라서 해결하려고 하는 경우에는 경합관계에 있는 기본권 중에서 구체적인 사안과 가장 밀접한 관계에 있는 핵심적인 기본권이 오히려 제대로 고려되지 못하는 경우도 생길 수 있을 것이다. 따라서 기본권이 경합하는 경우 이 문제를 해결하기 위해서는 그 특정사안과 가장 직접적인 관계가 있는 기본권을 중심으로 해서 최강효력설에 따라 풀어나가려는 융통성 있는 태도가 필요하다. 더욱이 현행헌법처럼 기본권에 대한 제한가능성과 제한정도를 모든 기본권에 동일하게 하기 위해 이른바 개별적인 법률유보조항을 되도록 두지 않고 있는 기본권질서하에서는 기본권 상호간의 효력의 우열을 획일적으로 말하기는 어렵다고 할 것이다. 따라서 경합하는

---

5) 교육공무원법 제47조 제1항 본문 위헌확인, 헌재 2000.12.14. 99헌마112(기각).

기본권 간의 효력의 우열은 기본권을 주장하는 기본권주체의 의사와 기본권을 제한하는 공권력의 의도를 고려하여 개별적으로 판단하되 기본권의 효력이 되도록 강화되는 방향으로 해결책을 모색하도록 해야 할 것이다.[6]

헌법재판소는 종래 하나의 기본권주체와 관련된 하나의 사안에서 복수의 기본권이 경합하는 경우에 원칙적으로 모든 기본권을 망라적으로 적시하는 방법을 택하여 왔다. 그러나 이러한 방법은 기본권보호범위의 획정 및 헌법재판의 경제성에 비추어 바람직하지 않다. 근래 헌법재판소도 기본권의 경합이론에 의거하여 주된 기본권을 중심으로 판단하려는 경향을 보이고 있다.

> [판례] 출판사 및 인쇄소의 등록에 관한 법률 제5조의2 제5호 등 위헌제청, 헌재 1998.4.30. 95헌가16(위헌, 합헌)
>
> "하나의 규제로 인해 여러 기본권이 동시에 제약을 받는 기본권경합의 경우에는 기본권침해를 주장하는 제청신청인과 제청법원의 의도 및 기본권을 제한하는 입법자의 객관적 동기 등을 참작하여 사안과 가장 밀접한 관계에 있고 또 침해의 정도가 큰 주된 기본권을 중심으로 해서 그 제한의 한계를 따져 보아야 할 것이다"

# 제3절  기본권의 충돌의 해결

## 제1항  기본권충돌의 의의

기본권의 충돌은 서로 상이한 기본권주체가 서로 각기 충돌하는 권익을 실현하기 위하여 서로 대립되는 기본권의 적용을 국가에 대하여 주장하는 것이다. 기본권의 충돌은 한 기본권주체의 기본권 행사가 다른 기본권주체의 기본권 행사를 제한한다는 데 그 특징이 있다. 예컨대 문학작품에서 개인의 사생활을 침

---

6) 허영, 한국헌법론, 박영사, 2014, 269-270면 참조.

해하는 경우 작가의 예술의 자유와 개인의 사생활의 자유가 충돌하게 된다. 기본권 충돌이론은 기본법에서 기본권 간에 우열관계를 인정하고 있는 독일에서 발전된 이론이다.

우리나라 헌법에서는 기본권 간 서열규정이 없기 때문에 충돌문제는 개인과 타인이 가지는 기본권 간의 충돌문제로 된다고 하면서, "우리나라에서는 일반적 제한원리로 헌법 제37조 제2항의 일반유보에 따라 이익형량과 과잉금지, 비례의 원칙으로서 처리할 수 있기 때문에 특별히 논란할 필요가 없다"라는 견해도 있다. 즉, 기본권충돌의 경우 어느 측의 기본권을 우선적으로 보장할 것이냐 혹은 각자의 기본권을 어느 정도로 보장할 것이냐 하는 문제는 기본적으로 기본권의 제한과 관련되는 것이고, 여기서 타인의 기본권은 질서유지와 공공복리에 해당하기 때문에 타방의 기본권으로 인해 일방의 기본권을 제한하는 경우에도 기본권제한의 일반이론에 의하여 해결하면 된다는 것이다. 실제로 기본권충돌의 해결이론으로 제시되고 있는 내용들도 기본권제한의 일반법리인 비례의 원칙과 크게 다를 바 없다는 점에서 수긍되는 측면이 있다.

하지만 기본권충돌은 처음부터 복수의 주체가 각자의 기본권을 주장하고 나서는 경우를 문제삼는 것으로, 일방의 기본권보장에 있어 타방의 기본권을 그 제한사유로서 고려하는 일반적 기본권 제한의 문제 상황과 구별되는 유형적 특징을 갖고 있다.

기본권의 충돌은 사적 영역에서의 이해관계의 충돌을 다룬다는 점에서 기본권의 대사인적 효력과 밀접한 관련이 있다. 그러나 기본권의 대사인적 효력은 사인 상호간에 기본권을 주장하는 문제인 데 대하여 기본권의 충돌은 쌍방 당사자가 국가에 대하여 기본권을 주장하는 것이기 때문에 양자는 구별되어야 한다.

기본권 상호간의 충돌이 아니라 기본권과 헌법상 보호되는 다른 법익(국가안전보장, 공공복리 등)과의 충돌은 기본권의 충돌로 볼 수 없다. 이에 대하여 기본권과 타 법익의 충돌을 넓은 의미의 기본권충돌에 포함시켜야 한다는 견해도 있다. 그러나 기본권과 다른 법익의 충돌은 곧 기본권제한의 문제로 나타나기 때문에 이를 기본권충돌의 문제와 동일시할 수는 없다.

또한 외견상 충돌로 보이지만 실제로 기본권의 충돌로 볼 수 없는 유사충돌(부진정충돌)도 기본권의 충돌로 볼 수는 없다. 예컨대 연극배우가 무대에서의 살인에 대해 예술의 자유를 주장하는 경우, 예술의 자유와 희생자의 생명권이 충돌하는 것처럼 보이나 살인행위는 예술의 자유의 보호영역에 해당되지 않기 때문에 기본권의 충돌은 일어나지 않는다. 그러나 기본권충돌과 유사충돌을 구별하는 것은 쉬운 일이 아니다. 그것은 기본권의 보호영역을 어떻게 확정하느냐에 따라 기본권의 충돌인지 유사충돌인지가 결정될 것인데, 기본권의 충돌은 매우 다양한 형태로 나타나기 때문에 기본권의 보호영역을 정하는 것이 쉽지 않다.

## 제2항 기본권충돌 해결의 이론과 판례

### Ⅰ. 학자들의 견해

권영성 교수는 우선 독일에서의 학설로서 입법의 자유영역이론(입법자역할론), 기본권의 서열이론(기본권등급론), 실제적 조화의 이론(형평성중시론), 규범영역의 이론(핵심규범영역존중론) 등을 들고 있다. 이에 따라 기본권충돌의 제1차적 준거는 기본권해석의 문제라는 인식을 통하여 유사충돌을 해결하고, 제2차적 준거로서 헌법원칙을 제시하고 있다. 법익형량의 원칙(생명권·인격권 우선의 원칙, 생존권우선의 원칙, 자유권우선의 원칙)과 형평성의 원칙(공평한 제한의 원칙, 대안발견의 원칙)이 그것이다. 제3차적 준거로서 입법에 의한 해결론을 제시하고 있다.

허영 교수는 기본권의 충돌관계의 해결방법으로서 이익형량과 규범조화적 해석론을 제시하고 있다. 규범조화적 해석이론이 이익형량의 방법과 다른 점은 기본권 내의 위계질서를 반드시 전제로 하지 않는다는 점이다. 또 이익형량의 방법이 충돌하는 두 기본권적 가치를 서로 비교형량해서 보다 큰 기본권적 가치에 효력의 우선권을 주려는 것인 데 반해서, 규범조화적 해석방법은 충돌하는 두 기본권의 효력을 함께 존중할 수 있는 조화의 길을 찾으려는 것이기 때문에 어느 의미에서 이념적으로 서로 대립적인 관계에 있다고도 볼 수 있다. 이처럼 규범조화적 해석은 상충하는 기본권 상호간의 긴장 부조화 현상을 최대한으로 완화시켜 조화적인 효력을 낼 수 있도록 꾀하는 것이기 때문에 헌법의 통일성의 관점에서는 이익형량의 방법보다도 헌법정신에 더 충실한 해결방법이라고 말할 수 있다. 다만 문제는 어떻게 그와 같은 조화점을 찾아내느냐 하는 방법적인 어려움이다. 이익형량의 기준으로서는 상하기본권의 상충시 상위기본권 우선, 동위기본권의 충돌시 인격적 가치와 자유 우선을 제시하고 있다. 규범조화적 해석의 구체적 방법으로서는 과잉금지의 방법, 대안식 해결방법, 최후수단억제의 방법을 제시하고 있다.

계희열 교수는 입법의 자유영역이론, 기본권의 서열이론, 법익형량의 원리, 실제적 조화의 원리(규범조화적 해석)를 제시하고 있다.


## II. 판 례

헌법재판소와 대법원의 판례는 대체로 이익형량의 원칙에 입각하여 규범조화적 해석을 도모함으로써 기본권충돌을 해결하려 하고 있다.

헌법재판소는 교사의 수업권과 학생의 학습권이 충돌하는 경우 이익형량의 원칙에 입각하여 판시[7]하고 있고, 보도기관의 언론의 자유와 피해자의 반론권이 충돌하는 경우 규범조화적 해석에 입각한 과잉금지의 원칙에 따라 해결하고 있으며,[8] 집회의 자유를 행사함으로써 발생하는 일반대중에 대한 불편함이나 법익에 대한 위험은 보호법익과 조화를 이루는 범위 내에서 국가와 제3자에 의하여 수인되어야 한다고 하면서 국내주재 외교기관 청사의 경계지점으로부터 1백 미터 이내의 장소에서의 옥외집회를 전면적으로 금지하고 있는 집회 및 시위에 관한 법률 규정의 위헌여부를 과잉금지의 원칙에 따라 판단하였다.[9] 대법원

---

7) 사립학교법 제55조 등 위헌심판, 헌재 1991.7.22. 89헌가106(합헌).
8) 정기간행물의 등록 등에 관한 법률 제16조 제3항 등 위헌여부에 관한 헌법소원, 헌재 1991.9.16. 89헌마165(합헌).
9) 집회 및 시위에 관한 법률 제11조 제1호 중 국내주재 외국의 외교기관 부분 위헌소원, 헌재 2003.10.30. 2000헌바67 등(위헌).

도 표현의 자유와 인격권이 충돌하는 경우 구체적인 이익을 비교형량하여 양자의 조화점을 찾아야 한다[10]고 판시한 바 있다.

그 밖에도 기본권의 상호간에 우열을 정하는 것이 쉽지 않지만, 헌법재판소와 대법원은 기본권의 서열가능성을 적시하기도 한다. 기본권의 서열가능성을 보인 판례도 있다.

[판례] 국민건강증진법 시행규칙 제7조 위헌확인, 헌재 2004.8.26. 2003헌마457 (기각)

"흡연권은 사생활의 자유를 실질적 핵으로 하는 것이고 혐연권은 사생활의 자유뿐만 아니라 생명권에까지 연결되는 것이므로 혐연권이 흡연권보다 상위의 기본권이다. 상하의 위계질서가 있는 기본권끼리 충돌하는 경우에는 상위기본권우선의 원칙에 따라 하위기본권이 제한될 수 있으므로, 흡연권은 혐연권을 침해하지 않는 한에서 인정되어야 한다."

[판례] 대판 2007.9.20. 2005다25298

"학교교육에 있어서 교원의 가르치는 권리를 수업권이라고 한다면, 이것은 교원의 지위에서 생기는 학생에 대한 일차적인 교육상의 직무권한이지만 어디까지나 학생의 학습권 실현을 위하여 인정되는 것이므로, 학생의 학습권은 교원의 수업권에 대하여 우월한 지위에 있다. 따라서 학생의 학습권이 왜곡되지 않고 올바로 행사될 수 있도록 하기 위해서라면 교원의 수업권은 일정한 범위 내에서 제약을 받을 수밖에 없고, 학생의 학습권은 개개 교원들의 정상을 벗어난 행동으로부터 보호되어야 한다."

---

10) 대판 1988.10.11. 85다카29; 대판 1998.7.14. 96다17257.

# 제6장 | 기본권의 제한과 그 한계

## 제1절 서 론

근대입헌주의적 헌법은 인간의 존엄과 기본적 인권의 불가침성을 선언하고 기본적 인권의 향유에 관하여 무제한의 가능성과 최대한의 존중을 인정하고 있다. 우리 헌법도 제10조에서 인간의 존엄과 가치의 존중을 선언하고, 제11조에서 제36조에 걸쳐 국민의 개별기본권을 보장하고, 제37조 제1항에서 기본권의 포괄성을 선언하고 있다. 그러나 국민의 이러한 기본권은 국가의 기본질서 내지 헌법적 가치질서의 테두리 내에서 향유되어야 하며, 따라서 이 기본질서를 파괴하면서까지 무제한하게 향유할 수 없으므로 기본권의 제한문제가 등장한다. 기본권의 제한은 내재적 한계, 헌법직접적 제한(헌법유보에 의한 제한), 법률유보에 의한 제한으로 대별할 수 있다.

## 제2절 기본권의 내재적 한계

### 제1항 기본권의 내재적 한계의 본질

기본권주체로서의 인간은 사회적인 인격체로서의 인간을 의미하므로 독일

기본법처럼 한 나라의 헌법이 비록 법률에 의하여서도 제한할 수 없는 이른바 절대적 기본권을 규정하고 있는 경우라고 하더라도 인간공동생활에서는 각자의 기본권행사가 일정한 제약을 받을 수밖에 없다. 따라서 기본권주체의 사회관련성은 기본권의 일정한 내재적 한계를 시사한다. 내재적 한계란 헌법에 명시되지 않은, 외부적 사유에 의하지 않은 기본권 자체에 잠재되어 있는 한계로서, '기본권의 보호영역의 유효범위의 한계'를 말한다. 기본권의 내재적 한계이론은 독일에서 법률유보가 없는 이른바 절대적 기본권을 제한할 필요성에서 전개되기 시작하였다. 내재적 한계는 다음과 같은 법적 작용을 한다. 기본권의 구성요건이 그러한 내재적 한계를 통하여 제한된다면 그러한 내재적 한계에 속하는 행위의 경우에 해당 기본권을 제한하는 가능성을 가지게 된다. 그 결과 일반적으로 기본권을 제한하는 데 전제되는 법치국가적 보호수단이 요구되지 않게 된다.

## 제2항 기본권의 내재적 한계의 논증방법에 대한 견해

독일의 학설과 판례가 기본권의 내재적 한계를 인정하면서 그것을 논증하는 방법에 있어서 견해가 대립한다.

## Ⅰ. 한계이론

독일기본법 제2조 제1항이 인격의 자유로운 발현권을 규정하면서 이 자유는 타인의 권리를 침해하지 않고 헌법질서와 도덕률에 반하지 않는 범위 내에서만 인정된다고 하는데, 타인의 권리, 헌법질서, 도덕률의 세 가지는 다른 모든 기본권의 내재적 한계로 적용되어야 한다고 한다. 독일연방헌법재판소의 초기 판결의 입장이고, 우리 헌법재판소도 이 입장에서 판결을 내린 바 있다. 인격의 자유로운 발현권(독일기본법 제2조 제1항)의 한계로 제시되고 있는 '타인의 권리, 헌법질서, 도덕률'이라는 '3가지 한계'는 다른 모든 기본권의 내재적 한계로 작용해야 한다고 한다. 이 견해에 대해서는 이러한 제한은 해당조항, 곧 독일기본법 제2조 제1항에만 한정된 제한이지 다른 조항에 확장시킬 수 있는 근거가 없다는 비판이 있다.

> [판례] 형법 제241조의 위헌여부에 관한 헌법소원, 헌재 1990.9.10. 89헌마82(합헌)
>
> 헌법재판소는 형법상 제241조 간통죄 규정의 합헌결정에서 "개인의 성적 자기결정 권도 국가적·사회적 공동생활의 테두리 안에서 타인의 권리·공중도덕·사회윤리·공공복리 등의 존중에 의한 내재적 한계가 있는 것"이라고 하였다.

## II. 개념내재적 한계이론

개별적 기본권의 개념을 좁게 해석함으로써 기본권의 내재적 한계를 인정하려는 것이다.

기본권의 개념내재적 한계란 기본권 개념이 미치는 실질적 유효범위의 한계를 말한다. 모든 기본권은 그 개념의 유효범위가 끝나는 곳에 한계가 있다. 이 한계는 기본권의 규범영역의 문제이다. 따라서 기본권 개념이 미치는 범위에 관한 문제는 규범영역의 세밀한 분석을 필요로 한다.[1]

그 밖에도 이 견해는 기본권 개념에 제한문구를 부가함으로써 그 개념을 제한하는 것을 말한다. 예를 들면, 독일기본법 제8조 제1항은 집회의 자유를 보장하는데, '평온한' 그리고 '무기를 휴대하지 않은'이라는 문구를 부가함으로써 집회의 개념을 제한하고 이러한 집회만을 보장한다. 이와 같은 기본권내재적 제한은 해석에 의해 확정된다.

이 이론에 대해서는 규범영역이란 용어가 분명하지 않고, 기본권의 보호영역의 확정과 기본권의 제한은 서로 밀접한 관계를 가지는 것이기는 하지만 개념상, 사고과정상 이 양자는 구별하여야 한다는 비판이 있다. 또한 부가적 문구에 의한 개념내재적 한계는 개념내재적 한계라고 하기보다 헌법에 의한 명시적 제한에 속한다고 보아야 한다는 비판이 있다.

---

1) 계희열, 헌법학(중), 박영사, 2002, 115-116면. 각주 9), 10), 11) 참조.

## Ⅲ. 규범조화를 위한 한계이론

　　헌법의 통일성을 지키고 헌법이 추구하는 전체적인 가치질서를 실현시키기 위하여 기본권에 대한 개별적인 관계에서의 제한이 불가피한바, 이 경우에는 헌법의 최고가치인 인간의 존엄성을 지키기 위하여 과잉금지의 원칙을 존중해야 한다. 기본권의 내재적 한계를 찾아내기 위해서는 헌법의 동일성이 유지되고 헌법이 보호하는 가치의 전체가 조화할 수 있도록 이익형량을 해야 한다. 이 이론은 헌법의 통일성을 유지하고 헌법이 추구하는 전체적인 가치질서를 실현시키기 위한 실제적 조화의 필요성으로부터 기본권의 내재적 한계를 이끌어내려고 한다. 곧 기본권은 다른 헌법규범과 충돌하거나 다른 기본권주체의 기본권과 마찰을 일으키는 곳에서 일차적으로 내재적 한계를 가진다고 한다. 독일연방헌법재판소가 1970년에 정립한 이래 독일의 학설·판례의 지배적 이론이 되었다. 이 견해에 대해서는 헌법의 통일성을 지나치게 강조하게 되면 기본권과 통치기능의 연관성을 강조하게 되어 통치기능상의 여러 가지 제도가 경우에 따라서는 기본권의 내재적 한계의 논거로 악용될 위험성을 내포하고 있다는 비판이 있다.

## 제3항　우리 헌법상 기본권의 내재적 한계이론

　　우리 헌법은 절대적 기본권을 규정하지 않고 제37조 제2항에서 모든 기본권은 국가안전보장·질서유지·공공복리를 위하여 법률로서 제한할 수 있기 때문에 절대적 기본권이 규정되고 있는 헌법질서 내에서 그 기본권의 제한가능성을 둘러싸고 전개되는 기본권의 내재적 한계론은 우리나라에서는 현실적으로 제기될 수 있는 이론상 소지가 희박하다. 다만 우리 헌법상 양심의 자유, 신앙의 자유, 학문연구의 자유, 예술창작의 자유처럼 법률유보적대적인 자유와 권리의 한계를 지키기 위하여 보조적으로 기본권의 내재적 한계이론을 원용할 수 있다. 우리 헌법 제37조 제2항 규정상 국민의 모든 자유와 권리는 법률로써 제한할 수 있기 때문에 독일에서 절대적 기본권의 제한을 위하여 구성된 기본권의 내재적 한계이론을 우리 헌법상 기본권을 해석하는 데 도입할 여지는 거의 없다. 더욱이 기본권의 내재적 한계를 일반적으로 인정하면 국가권력, 특히 입법자에 의하여 우리 헌법이 기본권 제한의 최후적 한계로 명시하고 있는 기본권의 본질적 내용의 침해금지가 공동화될 소지도 있다.


## 제3절  헌법직접적 제한


### 제1항  개  념


헌법이 기본권을 보장하면서 헌법 스스로가 개별 기본권에 제한을 명시하는 경우가 있다.[2] 이처럼 기본권 자체에 부가된 규범적 제한을 헌법에 의한 기본권 제한[3]이라고 하며, 학자에 따라서는 헌법직접적 제한,[4] 헌법유보에 의한 제한[5] 또는 헌법적 한계[6] 등으로 부르고 있다. 헌법에서 직접 기본권을 제한하는 것으로 이는 헌법제정권자에 의한 기본권의 제한이라고 볼 수 있다. 헌법제정권자가 헌법직접적 제한을 규정한 것은 입법권자에 대한 방어적 의미를 가질

---

2) 독일기본법에서 타인의 권리를 침해하지 않고 헌법질서와 도덕률에 반하지 않는 범위내에서만 인격의 자유로운 발현권(제2조 제1항)를 보장하는 것이나, 양심상의 이유로 인한 집총거부를 인정하면서도 현역이 아닌 자는 민간역무를 과할 수 있게 한다든지(제4조 제3항), 집회의 자유 중에서 사전신고나 허가를 필요로 하지 않는 집회는 평화롭고 무장하지 아니한 집회에 국한시킨다든지(제8조 제1항), 결사의 자유를 보장하면서(제9조 제1항) 범죄목적의 결사와 헌법질서에 도전하기 위한 결사, 그리고 인류공영의 정신에 반하는 결사를 명문으로 금지하고 있는 것(제9조 제2항)은 헌법이 직접 규정한 기본권제한이다.

3) 계희열, 앞의 책(주 1), 117-118면.

4) 김철수, 헌법학개론, 박영사, 2006, 333면.

5) 권영성, 헌법학원론, 법문사, 2010, 346면.

6) 허영, 한국헌법론, 박영사, 2010, 281면.

뿐만 아니라 문제가 되는 기본권의 내용을 헌법제정권자 스스로 명백히 밝힘으로써 해당되는 기본권이 남용 내지 악용될 수 있는 소지를 줄이고 기본권과 다른 법익과의 합리적인 조화를 모색하려는 헌법정책적 고려가 함께 작용하고 있다고 볼 수 있다.

## 제2항 유 형

우리 헌법상 헌법에 의한 기본권제한의 경우는 기본권의 내용에 제한을 가하는 경우와 기본권의 주체에 대하여 제한을 가하는 두 가지 경우가 있다. 기본권의 내용에 제한을 가한 경우로는 헌법 제8조 제4항의 정당설립의 자유를 보장하면서 그 목적이나 활동이 민주적 기본질서에 위배되지 못하도록 제한해 놓은 것, 헌법 제21조 제4항의 언론·출판의 자유를 보장하면서 타인의 명예나 권리 또는 공중도덕이나 사회윤리를 침해하지 못하도록 한 것과 헌법 제23조 제2항의 국민의 재산권을 보장하면서 그 행사를 공공복리에 적합하게 하도록 제한한 것이 있다. 한편 기본권의 주체에 대하여 제한을 가한 경우로는 헌법 제29조 제2항의 국민의 국가배상청구권을 보장하면서 군인, 군무원, 경찰공무원 등의 배상청구권을 제한한 것과 헌법 제33조 제2항과 제3항의 노동3권을 보장하면서 일부 공무원인 근로자에게만 인정하고 주요 방위산업체에 종사하는 근로자의 단체행동권을 제한한 것이 있다.

# 제4절 법률유보에 의한 제한

## 제1항 법률유보의 의의와 유형

### Ⅰ. 의 의

국회의 법률에 의하여서만 기본권을 제한할 수 있도록, 기본권제한의 방법으로 법률의 형식을 요구하는 것을 기본권의 법률유보라고 한다. 법률유보는 기본권제한의 수권을 의미하는 것이 아니라 기본권을 제한하려면 적어도 입법권자가 제정하는 법률에 의하거나 법률의 근거가 있어야 한다는 의미에서 기본권제한의 한계의 의미도 지닌다.

기본권제한의 법률유보원칙은 기본권을 제한하는 공권력의 작용이나 조치는 반드시 법률에 그 근거가 있어야 한다는 것이다. 법률유보원칙은 법률이 스스로 정해야 할 사항이 아닌 사항을 대통령령 등 행정입법이 정하도록 위임하는 것을 금지하지는 않으며, 그 위임이 법률에 근거를 둔 것이므로 법률유보원칙이 지켜진 것으로 본다.

법률유보원칙으로 기본권제한 사항은 법률로 정해야 하지만 행정입법에 위임할 수도 있고(헌법 제75조) 현실적으로 의회가 기본권제한에 관한 모든 사항을 전부 법률에 직접 규정할 수 없는 경우가 적지 않을 것이다. 본질적인 중요사항을 의회 스스로 직접 정해야 한다는 법률유보원칙을 의회유보원칙이라고도 한다.

[판례 1] 민원서류반려 위헌확인, 헌재 2008.5.29. 2007헌마712[인용(위헌확인), 각하]

"우리 헌법은 모든 국민에게 집회의 자유를 보장하고 있고, 집회에 대한 사전허가제를 금지하고 있는바, 옥외집회를 주최하고자 하는 자는 집시법이 정한 시간 전에 관할경찰관서장에게 집회신고서를 제출하여 접수시키기만 하면 원칙적으로 옥외

집회를 할 수 있다. 그리고 이러한 집회의 자유에 대한 제한은 법률에 의해서만 가능하므로 법률에 정하여지지 않은 방법으로 이를 제한할 경우에는 그것이 과잉금지 원칙에 위배되었는지 여부를 판단할 필요 없이 헌법에 위반된다. 그런데 이 사건 피청구인은 청구인 ○○합섬HK지회와 ○○생명인사지원실이 제출한 옥외집회 신고서를 폭력사태 발생이 우려된다는 이유로 동시에 접수하였고, 이후 상호 충돌을 피한다는 이유로 두 개의 집회신고를 모두 반려하였는바, 법의 집행을 책임지고 있는 국가기관인 피청구인으로서는 집회의 자유를 제한함에 있어 실무상 아무리 어렵더라도 법에 규정된 방식에 따라야 할 책무가 있고, 이 사건 집회신고에 관한 사무를 처리하는 데 있어서도 적법한 절차에 따라 접수순위를 확정하려는 최선의 노력을 한 후, 집시법 제8조 제2항에 따라 후순위로 접수된 집회의 금지 또는 제한을 통고하였어야 한다. 만일 접수순위를 정하기 어렵다는 현실적인 이유로 중복신고된 모든 옥외집회의 개최가 법률적 근거 없이 불허되는 것이 용인된다면, 집회의 자유를 보장하고 집회의 사전허가를 금지한 헌법 제21조 제1항 및 제2항은 무의미한 규정으로 전락할 위험성이 있다. 결국 이 사건 반려행위는 법률의 근거 없이 청구인들의 집회의 자유를 침해한 것으로서 헌법상 법률유보원칙에 위반된다고 할 것이다."

### [판례 2] 도시 및 주거환경정비법 제8조 제3항 등 위헌소원, 헌재 2011.8.30. 2009 헌바128(위헌, 합헌)

"이 사건 동의요건 조항이 사업시행인가 신청 전에 얻어야 하는 토지 등 소유자의 동의요건을 '정관 등'에 위임함으로써 도시환경정비사업을 토지 등 소유자가 시행하는 경우에는 자치규약이 정하는 바에 따라 토지 등 소유자의 동의를 얻도록 한 것이 법률유보 내지 의회유보 원칙에 위반되는지 여부에 관하여 본다.

헌법은 법치주의를 그 기본원리의 하나로 하고 있으며, 법치주의는 행정작용에 국회가 제정한 형식적 법률의 근거가 요청된다는 법률유보를 그 핵심적 내용의 하나로 하고 있다. 그런데 오늘날 법률유보원칙은 단순히 행정작용이 법률에 근거를 두기만 하면 충분한 것이 아니라, 국가공동체와 그 구성원에게 기본적이고도 중요한 의미를 갖는 영역, 특히 국민의 기본권실현에 관련된 영역에 있어서는 행정에 맡길 것이 아니라 국민의 대표자인 입법자 스스로 그 본질적 사항에 대하여 결정하여야 한다는 요구까지 내포하는 것으로 이해하여야 한다(이른바 의회유보원칙). 입법자가 형식적 법률로 스스로 규율하여야 하는 그러한 사항이 어떤 것인가는 일률적으로 획정할 수 없고, 구체적 사례에서 관련된 이익 내지 가치의 중요성, 규제 내지 침해의 정도와 방법 등을 고려하여 개별적으로 결정할 수 있을 뿐이나, 적어도 헌법상 보장된 국민의 자유나 권리를 제한할 때에는 그 제한의 본질적인 사항에 관한 한 입법자가 법률로써 스스로 규율하여야 할 것이다. 헌법 제37조 제2항은 '국민의 모든 자유와 권리는 국가안전보장·질서유지 또는 공공복리를 위하여 필요한 경우에 한하여 법률로써 제한할 수 있다.'고 규정하고 있는바, 여기서 '법률로써'라고 한 것은 국민의 자유나 권리를 제한하는 행정작용의 경우 적어도 그 제한의 본질적인 사항에 관한 한 국회가 제정하는 법률에 근거를 두는 것만으로 충분한 것이 아니라 국회가 직접 결정함으로써 실질에 있어서도 법률에 의한 규율이 되도록 요구하고 있는 것으로 이해하여야 한다(헌재 1999.5.27. 98헌바70, 판례집 11-1, 633, 643-644면 참조).

도시정비법상 조합이 사업을 시행하는 경우에는 토지 등 소유자로부터 조합설립의 동의를 받는 등 관계 법령에서 정한 요건과 절차를 갖추어 관할 행정청으로부터 조합설립인가를 받음으로써 사업시행자의 지위를 얻게 되는 반면, 토지 등 소유자가 사업을 시행하는 경우에는 이 사건 동의요건 조항에 의해 자치규약이 정하는 바에 따라 토지 등 소유자의 동의를 얻어 사업시행인가를 신청하는 단계에서 사업시행자가 구체적으로 드러나고 관할 행정청으로부터 사업시행인가를 받음으로써 사업시행자의 지위를 얻게 된다(도시정비법 제28조 제1항, 같은 법 시행령 제41조 제2항 제3호, 같은 법 시행규칙 제9조 제1항).

그런데 도시정비법상의 사업시행자는 정비구역 내에서 독점적·배타적인 사업시행권을 가지는 사업주체일 뿐 아니라 관할 행정청의 감독 아래 정비구역 안에서 정비사업을 시행하는 목적 범위 내에서 법령이 정하는 바에 따라 일정한 행정작용을 행하는 행정주체로서의 지위를 갖는다. 따라서 토지 등 소유자가 도시환경정비사업을 시행하는 경우 사업시행인가 신청시 필요한 토지 등 소유자의 동의는 개발사업의 주체 및 정비구역 내 토지 등 소유자를 상대로 수용권을 행사하고 각종 행정처분을 발할 수 있는 행정주체로서의 지위를 가지는 사업시행자를 지정하는 문제로서 그 동의요건을 정하는 것은 토지 등 소유자의 재산권에 중대한 영향을 미치고, 이해관계인 사이의 충돌을 조정하는 중요한 역할을 담당한다. 그렇다면 사업시행인가 신청시 요구되는 토지 등 소유자의 동의정족수를 정하는 것은 국민의 권리와 의무의 형성에 관한 기본적이고 본질적인 사항으로 법률유보 내지 의회유보의 원칙이 지켜져야 할 영역이다. 사업시행자를 지정한다는 면에서 같은 성격을 가지는 조합설립인가에 대해서는 조합설립인가 신청시 필요한 동의정족수에 관해 도시정비법에서 명문으로 규정(제16조 제1항)하고 있는 점을 보아도 토지 등 소유자가 사업시행인가를 신청하기 위해 얻어야 하는 동의정족수는 자치규약에 정할 것이 아니라 입법자가 스스로 결정하여야 할 사항이라 할 것이다. 입법자는 2009.2.6. 법률 제9444호에 의하여 도시정비법 제28조 제7항을 신설하여 도시환경정비사업을 토지 등 소유자가 시행하고자 하는 경우 사업시행인가 신청 전에 얻어야 하는 토지 등 소유자의 동의정족수를 법률에 명문으로 규정하였는바, 이는 이 사건 동의요건 조항이 토지 등 소유자 사업시행방식에 대하여 동의정족수를 법률에 규정하지 않고 자치규약에 정하도록 한 데 대한 반성적 고려가 포함된 것이라고 보인다. 따라서 사업시행인가 신청에 필요한 동의정족수를 자치규약에 정하도록 한 이 사건 동의요건 조항은 법률유보 내지 의회유보원칙에 위배된다."

## II. 유 형

법률유보방법에는 개별적 법률유보와 일반적 법률유보가 있는데, 독일기본법은 제한가능한 기본권에만 개별적으로 법률유보조항을 두는 개별적 법률유보의 방법을, 우리 헌법 제37조 제2항은 모든 기본권에 적용될 수 있는 법률유보조항을 두는 일반적 법률유보의 방법을 택한다.

### 1. 개별적 법률유보와 일반적 법률유보

현행 헌법상 기본권의 제한사유로서의 개별적 법률유보조항이 있는가. 다수설은 신체의 자유(제12조 제1항)와 재산권의 보장(제23조 제1항)에 관한 규정을 든다.[7] 그러나 재산권에 규정된 법률유보는 재산권을 법률로 제한하겠다는 뜻이 아니고 보장될 수 있는 재산권의 내용과 한계를 법률로 정하겠다는 뜻이기 때문에 기본권의 실현에 주안점이 있는 기본권형성적 법률유보라고 보아야 한다는 반론[8]이 제기된다. 반면 일설은 재산권의 보장에 있어서 그 내용과 한계를 법률로서 규정하게 하는 경우에는 그 법률은 일면에 있어서는 재산권에 대한 제한을 의미하는 동시에 타면에 있어서는 재산권의 구체화를 의미하게 된다고 한다.

이러한 개별적 법률유보와 일반적 법률유보와의 관계가 문제된다. 양자는 특별법과 일반법의 관계에 있다고 보는 견해[9]와 헌법의 개별적 법률유보조항은 조문의 체제상 필요에 의한 것이라는 견해[10]가 대립한다. 생각건대 양자의 논쟁

---

7) 김철수, 앞의 책(주 4), 335면.
8) 허영, 앞의 책(주 6), 492면.
9) 문홍주, 제6공화국 한국헌법, 해암사, 1987.

의 실익은 없다. 왜냐하면 헌법의 해석상 개별적 법률유보가 되어 있는 기본권의 제한은 그 조항에 의하여, 그렇지 아니한 경우는 일반유보조항에 의하여 제한될 수 있기 때문이다.

## 2. 법률유보의 유형

법률유보는 기본권제한적 법률유보, 기본권형성적 법률유보, 권리구체화적 법률유보로 구분할 수 있는데, 이는 기본권이 법률에 의하여 제한되느냐, 형성되느냐 아니면 구체화되느냐에 따른 구별이다. 기본권제한적 법률유보란 자유권의 보호영역 제한 법률은 기본권을 제한하는 성격을 지니고 있음을 말한다. 본래적 의미의 법률유보라 할 수 있다. 한편 법률에 의해 보호영역이 만들어지는 사회적 기본권이나 재산권의 경우 법률은 형성적 의미를 지니게 되는데 이것이 형성적 법률유보이다. 구체화적 법률유보란 기본권의 효력은 헌법에 의해 직접 인정되지만 그 내용이나 행사절차 및 방법 등이 법률에 위임한 경우의 법률유보를 말한다. 각종의 청구권적 기본권이나 정치적 기본권이 이에 해당된다.

구체화적 법률유보를 형성적 법률유보와 구별하지 않고 모두 형성적 법률유보의 개념에 포함되는 것으로 보는 것이 지배적인 견해[11]이고, 구체화적 법률

---

10) 이 입장에 의하면, 제12조 제1항에서 '법률에 의하지 아니하고'를 삭제하면 '모든 국민은 체포받지 아니한다'가 되어 묘한 조문이 된다는 것이다.

11) 허영 교수와 계희열 교수는 이러한 입장을 취하고 있다. 민법 제245조 제1항에 대한 헌법소원, 헌재 1993.7.29. 92헌바20(합헌), "우리 헌법상의 재산권에 관한 규정은 다른 기본권규정과는 달리 그 내용과 한계가 법률에 의해 구체적으로 형성되는 기본권 형성적 법률유보의 형태를 띠고 있으므로, 재산권의 구체적 모습은 재산권의 내용과 한계를 정하는 법률에 의하여 형성되고, 그 법률은 재산권을 제한한다는 의미가 아니라 재산권을 형성한다는 의미를 갖는다. 민법 제245조 제1항은 부동산에 대한 소유권자이면서 오랫동안 권리행사를 태만히 한 자와, 원래 무권리자이지만 소유의 의사로서 평온, 공연하게 부동산을 거의 영구적으로 보이는 20년 동안 점유한 자와의 사이의 권리의 객체인 부동산에 대한 실질적인 이해관계를 취득시효제도의 필요성을 종합하고 상관적으로 비교형량하여 형평의 견지에서 실질적 이해관계가 보다 두터운 점유자가 원소유자에게 이전등기청구권을 취득하게 한 것이고, 그 반사적 효과로서 아무런 보상이나 배상이나 부당이득의 반환이 없이 원소유권자의 소유권을 상실케 하는 결과를 낳게 한 내용으로, 헌법이 보장하는 재산권인 부동산소유권의 득실에 관한 내용과 한계를 구체적으로 형성한 것으로서, 헌법 제23조 제1항에서 정한 재산권의 보장의 이념과 한계에 위반되거나, 기본권제한의 한계를 규정한

유보는 형성적 법률유보와 구별되어야 한다는 견해[12]도 있다.

구별하는 견해에 따르면 구체화적 법률유보의 대상이 되는 청구권적 기본권이나 정치적 기본권은 비록 그 내용, 행사절차, 방법이 법률에 위임되어 있다 하여도 헌법으로부터 직접 구체적 권리성이 인정된다는 점에서 사회적 기본권과 구별되기 때문이다. 구체화적 법률유보에서의 법률은 기본권의 내용을 방법, 형식, 절차를 통해 행사할 수 있도록 만들 수는 있어도, 그 내용을 변경하거나 축소할 수 없게 된다.

다수설에 따라 우리 헌법에 규정된 법률유보를 분류하면 제12조의 법률유보와 제37조 제2항의 법률유보는 기본권제한적 법률유보에 속하고, 사회적 기본권에 규정되어 있는 법률유보와 재산권 · 정치적 기본권 · 청구권적 기본권에 규정되어 있는 법률유보는 대체로 기본권형성적 법률유보에 해당된다고 할 수 있다.

## 제2항  제한의 대상

헌법 제37조 제2항에서 말하는 '자유와 권리'는 헌법 제2장에서 말하는 모든 기본권이라는 견해(통설)와 자유권만을 의미한다는 견해[13]가 대립한다. 생각건대 자유권만을 의미한다면 자유권 이외에는 법률 아닌 명령으로 제한할 수 있다는 결론이 나올 수 있고, 또 자유권 이외의 권리는 국가안전보장 · 질서유지 또는 공공복리를 위하여 필요한 경우에 법률로서도 제한할 수 없다는 결론이 나오므로 부당하다. 따라서 모든 기본권을 의미한다고 할 수 있을 것이다.

---

헌법 제37조 제2항에 위반된다고 할 수 없다."
12) 권영성, 앞의 책(주 5), 347-348면; 홍성방, 헌법학(상), 박영사, 2013, 417-419면.
13) 한태연, 근대헌법의 일반이론, 법문사, 1983, 905면.

# 제3항 제한의 목적

기본권의 목적 내지 규준은 국가안전보장, 질서유지와 공공복리이다.

## Ⅰ. 국가안전보장

국가안전보장의 의미에 대하여 국가의 존립과 안전에 관계되는 모든 경우를 말한다는 견해,[14] 대외적으로 국가의 존립보장, 대내적으로는 자유민주적 기본질서의 보장을 의미한다는 견해,[15] 국가의 독립, 영토의 보전 등 국가적 안전의 유지(헌법과 법률의 기능, 헌법기관의 유지)를 의미한다는 견해,[16] 광의로는 국가의 정통성의 유지, 영토보전, 국가기밀의 보존, 국가기관의 보호 등을, 협의로는 국가의 존립, 헌법의 기본질서유지만을 의미한다는 견해[17] 등이 대립된다.

생각건대 국가안전보장이란 국가의 존립, 헌법의 기본질서유지 등을 포함하는 개념으로서 결국 국가의 독립, 영토의 보전, 헌법과 법률의 기능, 헌법에 의하여 설치된 국가기관의 유지 등을 의미하므로 넓은 의미의 질서유지의 개념 속에 당연히 포함되나 현시점에서의 국가안전보장의 중대성에 비추어 이를 특별히 규정한 것이라고 보아야 할 것이다. 제3공화국헌법에서는 따로 명시하지 않았던 것이나 제4공화국헌법부터 특별히 규정하였고, 제5공화국헌법, 현행헌법에 그대로 규정되고 있다.

[판례] 국가보안법 제7조에 대한 위헌심판, 헌재 1990.4.2. 89헌가113(한정합헌)
"국가의 존립·안전을 위태롭게 한다 함은 대한민국의 독립을 위협·침해하고 영

---

14) 한태연, 헌법학, 법문사, 1977, 296면.
15) 문홍주, 앞의 책(주 9), 351면.
16) 권영성, 앞의 책(주 5), 351면.
17) 김철수, 앞의 책(주 4), 344면.

토를 침략하며 헌법과 법률의 기능 및 헌법기관을 파괴·마비시키는 것으로 외형적인 적화공작 등을 일컫는다."

## II. 질서유지

질서유지란 헌법 제76조와 제77조의 공공의 안녕질서와 같은 개념이라는 견해,[18] 국가의 기본질서는 국가질서와 일반사회질서로 나누어지는데, 국가질서는 국가의 기본질서와 국가의 일반질서로 나누어지며, 국가의 기본질서는 민주적 기본질서이고, 질서에는 국가의 기본질서, 국가의 존립과 기능을 보장하기 위한 국가의 일반질서와 일반사회질서를 포함하며 일반사회질서는 다시 사회의 안녕질서와 선량한 풍속이 포함된다고 보는 견해,[19] 헌법적 질서를 비롯한 그 밖의 사회적 안녕질서, 경찰상의 평온질서를 의미한다는 견해,[20] 헌법의 기본질서유지 이외에 타인의 권리유지·도덕질서유지·사회의 공공질서유지 등이 포함되는 개념이라는 견해[21] 등이다.

생각건대 질서유지의 개념을 광의로 해석하는 경우에는 국가질서와 민주적 기본질서가 포함된 것이며, 이를 협의로 해석하여 국가질서나 민주적 기본질서는 국가의 안전보장에 속하고 질서유지는 헌법질서와 사회질서의 유지만을 의미한다고 볼 수 있는 것이다. 질서유지의 개념에 대해서도 다양한 견해가 있으나 광의의 질서유지에서 국가안전보장을 제외한 질서, 즉 사회의 안녕질서를 의미하며, 여기에는 헌법의 기본질서 이외에 도덕질서유지, 사회의 공공질서유지 등이 포함된다고 할 것이다. 질서유지를 위하여 기본권을 제한하는 경우에는 소극적인 현존질서의 유지를 위하여 제한되어야 하며, 적극적인 복리증진을 위하여서는 제한할 수 없다.

---

18) 한태연, 앞의 책(주 13), 905-906면.
19) 박일경, 신헌법학원론, 법경출판사, 1990, 212-213면.
20) 권영성, 앞의 책(주 5), 351면.
21) 김철수, 앞의 책(주 4), 346-347면.

## III. 공공복리

　　현상유지적 개념으로서의 국가안전보장과 질서유지와 달리 공공복리는 매우 불확정적인 개념이다. 공공복리란 현대사회국가의 이념을 실천하기 위한 적극적 의미를 가진다고 볼 수 있으나, 그 구체적 내용에 관하여 견해가 대립한다. 소극적인 질서유지를 넘어서 국가구성원의 개개인의 공통된 복리(공공의 행복과 이익)를 의미한다는 견해,[22] 개인의 이익에 대한 국민 전체의 적극적 이익을 의미(일반적 복리 또는 공공의 이익을 의미)한다는 견해,[23] 인권 상호간의 충돌을 조정하고 각인의 인권의 최대한 보장을 꾀하는 사회정의의 원리라는 견해,[24] 공동으로 사회생활을 영위하는 사회구성원 전체를 위한 공공적 이익, 즉 국민일반의 생활안전과 건강증진 또는 사회 · 경제영역의 안정 · 발전 · 편의 등을 의미한다는 견해[25] 등이 대립한다.

　　생각건대 우리 헌법은 민주적 기본질서에 입각하고 있고, 자유민주주의는 개인주의를 토대로 하여 성립된 것이므로 공공복리는 개개인의 공통된 복리를 의미하는데, 그 주된 내용은 사회정의의 실현에 있다. 기본권제한 목적인 공공복리는 국민공동의 행복과 이익, 사회생활을 하는 만인공통의 공존공영의 이익 또는 인권 상호간의 충돌을 조정하고 각인 인권의 최대한 보장을 꾀하는 사회정의의 원리 등 다양한 시도의 공통분모로 사회적 법치국가의 공공복리를 의미한다. 공공복리를 위한 기본권의 제한은 적극적인 복지향상을 위한 것이기는 하나, 그것은 가능한 한 제한적으로 해석되어야 할 것이다.

---

22) 문홍주, 앞의 책(주 9), 352면.
23) 한태연, 앞의 책(주 13), 907면.
24) 김철수, 앞의 책(주 4), 348면.
25) 권영성, 앞의 책(주 5), 352면.

## 제4항  제한의 형식

### Ⅰ. 법률의 개념

기본권은 원칙적으로 '법률'로서 제한될 수 있다. 국가안전보장, 질서유지와 공공복리를 위하여 기본권을 제한하는 경우에는 반드시 국회의 의결에 의한 법률로서 하여야 한다. 이는 법률의 형식에 의하지 않고는 함부로 기본권을 제한할 수 없게 한, 기본권에 대한 헌법적 보장의 의미와 또한 법률의 형식에 의할 때에는 기본권을 제한할 수 있게 한 그 침해의 위임을 의미한다. 여기의 법률에는 형식적 의미의 법률 이외에 법률에 준하는 명령인 위임명령(헌법 제75조)이 포함된다. 다만 법률의 위임이 있는 경우이거나 긴급명령 또는 긴급재정·경제명령인 경우에 한해 예외적으로 명령으로써 기본권을 제한할 수 있다.

### Ⅱ. 법률의 특성

국민의 자유와 권리를 제한하는 법률은 일반적이어야 하며, 명확성을 가져야 하고, 구체적으로 제한하는 헌법조항을 적시해야 한다. 독일기본법 제19조 제1항은 "법률 또는 법률의 근거에 의하여 기본권을 제한할 수 있는 경우에는 그 법률은 일반적으로 적용되는 것이라야 하며, 개개의 경우에만 적용되는 것이어서는 아니된다"라고 규정하여 이를 명시하고 있다. 법률은 일반적이어야 한다. 기본권을 제한하는 법률은 특정한 개인이나 특정한 사건에만 적용되는 법률이어서는 안 된다. 이는 평등의 원칙과 권력분립주의에 반하기 때문이다. 법률이 일반적이어야 한다 함은 처분적 법률26)을 제한하는 것을 의미하며, 법률의

---

26) "처분적 법률이라 함은 행정적 집행이나 사법적 재판을 매개로 하지 아니하고 직접 국민에게 권리나 의무를 발생하게 하는 법률, 즉 자동집행력을 가지는 법률을 말한다. 따라서 처분적 법률은 일정한 범위의 국민을 대상으로 하는 어떠한 처분이나 조치 등 구체적이고

내용이 명확성을 가져야 하므로, 따라서 불명확하면 무효의 이론이 적용된다.

[판례] 경찰공무원법 제21조 등 위헌확인, 헌재 1996.2.16. 96헌마7·13(병합)(기각)
"개별사건법률은 원칙적으로 평등원칙에 위배되는 자의적 규정이라는 강한 의심을 불러일으키는 것이지만, 개별법률금지의 원칙은 법률제정에 있어서 입법자가 평등 원칙을 준수할 것을 요구하는 것이기 때문에 특정규범이 개별사건법률에 해당한다 하여 곧바로 위헌을 뜻하는 것은 아니며, 이러한 차별적 규율이 합리적인 이유로 정당화될 수 있는 경우에는 합헌적일 수 있다."

---

개별적인 사항을 그 내용으로 한다. 현대사회국가에서는 일반적 법률만으로는 국민의 생존과 복지를 충분히 보장할 수 없을 뿐 아니라 비상적 위기상황에도 적절히 대처할 수 없다. 그러므로 집행이나 사법을 매개로 하지 아니하고 직접 구체적이고 개별적인 처분을 내용으로 하는 처분적 법률의 필요성이 날로 증대되고 있는 실정이다. 처분적 법률에는 일정범위의 국민만을 대상으로 하는 개별인적 법률, 개별적·구체적인 상황 또는 사건을 대상으로 하는 개별사건법률, 시행기간이 한정된 한시법률의 세 유형이 있다. 헌법이론적으로는 처분적 법률의 한계와 관련하여 두 가지 문제가 제기된다. 첫째는 처분적 법률이 권력분립의 원리와 모순되는 것이 아니냐 하는 점이다. 권력분립의 원리에 따라 입법은 일반적·추상적 법규범의 정립을 그 본질로 한다는 점에서 개별적 처분을 본질로 하는 집행과 실질적 재판을 본질로 하는 사법과는 구별되고 있다. 따라서 이 문제는 입법이 어느 정도의 처분적 작용이나 재판적 작용을 그 내용으로 할 수 있느냐 하는 입법의 한계에 관한 문제를 의미하기도 한다. 이 점에 관하여 소수설은 처분적 법률을 권력분립의 원리에 위배되는 것으로 보고 있지만, 다수설은 박모를 국무총리로 임명한다거나 이모를 사형에 처한다거나 하는 것을 규정하는 경우처럼, 극단적인 개별적·구체적 처분이나 재판을 그 내용으로 하는 것이 아니면, 처분적 법률도 사회국가적 요청에서 부득이한 것이라고 한다. 둘째는 처분적 법률이 평등의 원칙에 위반되는 것이 아니냐 하는 점이다. 처분적 법률은 일정한 범위의 국민 또는 특정한 사항을 대상으로 하기 때문에 소수설은 그것이 평등의 원칙에 위배된다고 한다. 그러나 다수설에 의하면 평등의 원칙에 있어서 그 평등은 실질적·상대적 평등을 의미하고, 사회국가적 이념을 구현하기 위하여 특정범위의 국민의 생존을 배려할 필요가 있는 경우에는 개별적·구체적 조치를 그 내용으로 하는 처분적 법률의 제정도 합리적인 이유가 있는 것이므로 평등의 원칙에 위배되는 것이 아니라고 한다." 권영성, 헌법학원론, 법문사, 2010, 800-801면.

# 제5절 기본권제한의 한계

## 제1항 비례의 원칙

　　국민의 기본권을 제한하는 법률의 제정은 국가안전보장·질서유지·공공복리를 위하여 필요한 경우에 한한다. 여기서 필요한 경우란 그 제한이 불가피한 경우와 그 제한이 최소한에 그쳐야 한다는 것을 의미한다. 이것을 과잉금지의 원칙 또는 비례의 원칙이라고 한다. 따라서 공공복리를 위한 기본권의 제한은 그것이 개인의 기본권에 우월하는 비례의 원칙이 적용되어야 한다. 필요한 경우란 보호하려는 구체적 법익을 위하여 다른 방법으로는 달성할 수 없는 경우를 말하며, 기본권을 제한하는 경우에도 그 제한은 최소한도에 그쳐야 한다는 것을 말한다. 곧 필요한 경우란 기본권을 제한하는 경우에 비례의 원칙을 지켜야 한다는 것을 헌법에 명문화해 놓은 것이라고 할 수 있다. 기본권 제한의 정도를 결정하는 원칙으로는 필요최소한 제한의 원칙, 비례의 원칙, 이익형량의 원칙, 이중기준의 이론을 들 수 있다.

　　비례의 원칙은 경찰행정법에서 성립하였다. 비례의 원칙은 법치국가원리에서 요청되는 불문의 원칙으로서, 헌법적 서열의 원칙이다. 비례의 원칙은 입법자가 기본권을 구체화하는 법률을 제정하고 그 법률이 기본권을 제한하는 경우 형량의 지침을 제공한다. 비례의 원칙의 헌법적 근거를 찾는다면 헌법상 법치국가원리와 헌법 제37조 제2항을 들 수 있다. 헌법재판소는 비례의 원칙을 과잉금지의 원칙이라고도 부르면서 그 요소로서 목적의 정당성(국민의 기본권을 제한하는 입법은 그 목적이 헌법과 법률의 체계 내에서 정당성을 인정받을 수 있는 것이어야 한다), 방법의 적정성(기본권을 제한하는 입법을 하는 경우에 법률에 규정된 기본권제한의 방법은 입법목적을 달성하기 위하여 그 방법이 효과적이고 적절하여야 한다), 피해의 최소성(입법권자가 선택한 기본권제한조치가 입법목적달성을 위하여 적절한 것이라 하더라도 더욱 완화된 수단이나 방법을 모색함으로써 그 제한은 필요최소한의 것이 되도록 하여야 한다), 법익의 균형성(기본권제한입법에 의하여 보호하려는 이익과 침해되는 사익을 비교형량할 때 공익이 더 크거나 적어도 양자 사이에 균형이 유지되어야 한다)을 들고 있다. 헌법재판소는 기본권을 제한하는 법률이 그중 어느 하나에라도 저촉이 되면 위헌이 된다고 한다. 대법원도 같은 입장을 취하고 있다.

> [판례] 대판 1994.3.8. 92누1728
> "국민의 기본권을 제한하는 것으로서 국가안전보장, 질서유지 또는 공공복리를 위하여 필요한 것이 아니거나, 또는 필요한 것이라 하더라도 국민의 자유와 권리를 덜 제한하는 다른 방법으로 그와 같은 목적을 달성할 수 있다든지, 위와 같은 제한으로 인하여 국민이 입게 되는 불이익이 그와 같은 제한에 의하여 달성할 수 있는 공익보다 클 경우에는 이와 같은 제한은 비록 자유와 권리의 본질적인 내용을 침해하는 것이 아니더라도 헌법에 위반되는 것이다."

## 제2항  법률에 의한 기본권제한의 한계

기본권을 법률에 의하여 제한하는 경우에 기본권의 본질적 내용과 인간의 존엄과 가치를 침해할 수 있는가가 문제된다.

## Ⅰ. 본질적 내용의 침해금지

기본권을 법률로써 제한하는 경우에도 그 본질적 내용은 침해할 수 없다(제37조 제2항 후단). 기본권의 본질적 내용은 기본권의 내용과 상위하고 기본권의 내용은 포괄적인 데 대하여, 기본권의 본질적 내용은 그 기본권의 근본요소만을 포함한다. 따라서 기본권의 본질적 내용은 각 기본권내용 중에서 당해 기본권의 핵이 되는 실체를 의미한다. 어느 정도의 기본권침해가 위헌적인 침해가 될 것인가는 각 기본권의 내용 등에서 그 본질적 요소가 무엇인가에 따라 결정될 것이며, 이는 사법기관의 판례에 따를 것이다. 본질적 내용의 침해금지는 기본권의 내용적 최소핵심을 보호한다는 점에서 주관적 권리를 보호한다.

기본권의 본질적 내용과 관련된 학설은 본질적 내용이 무엇인가와 관련해서 상대설, 절대설, 절충설 및 그 밖에 다양한 견해가 있다. 독일연방최고법원이 주장한 상대설에 따르면 본질적 내용은 개별 기본권뿐만 아니라 심지어는 개별적 경우마다 분리시켜 확정되지 않으면 안 된다고 한다. 독일연방헌법재판소가 주장한 절대설은 본질적 내용을 고정된 것, 개별적 경우와 구체적 문제와는 무관한 것으로 이해하면서 제한 후에 남는 것을 본질적 내용이라고 한다. 절충설은 독일연방행정법원이 주장했던 견해로 기본권의 핵심을 절대적으로 보호하는 것을 긍정하지만 공동체의 존립을 위하여 필요한 법익을 보호하기 위해서는 기본권의 침해를 허용한다는 입장이다. 생각건대 기본권을 가능한 한 최대한으로 보장하여야 한다는 관점에서 절대설이 타당하다.

기본권의 본질적 내용과 관련된 국내학설을 보면, 개별 기본권마다 다르지만 인간의 존엄과 가치와 밀접하다는 견해,[27] 구체적인 판례에 일임하는 견해,[28] 인간의 존엄과 가치로 보는 견해,[29] 기본권의 본질적인 내용은 허용된 제한의 가능성이 끝나는 곳에서 시작된다는 견해[30] 등이 있다.

헌법재판소는 기본권의 본질적 내용이라 함은 당해 기본권의 핵이 되는 실체를 말하고, 본질적인 내용의 침해라 함은 그 침해로 말미암아 당해 자유나 권리가 유명무실한 것이 되어 버리는 침해를 말한다고 하면서 그 내용은 기본권마다 다르다는 입장을 나타내고 있다. 기본권의 본질적 내용에 대한 헌법재판소의 태도는 국토이용관리법 제21조의3 제1항, 제31조의2에 대한 결정 이래 일관된 입장이다.

---

27) 김철수, 앞의 책(주 4), 358면.

28) 권영성, 앞의 책(주 5), 356면.

29) 허영, 한국헌법론, 박영사, 2013, 290-291면.

30) 계희열, 앞의 책(주 1), 144-145면.

[판례 1] 국토이용관리법 제21조의3 제1항, 제31조의2의 위헌심판, 헌재 1989.12.
    22. 88헌가13(합헌)

"입법부라고 할지라도 수권의 범위를 넘어 자의적인 입법을 할 수 있는 것은 아니
며 사유재산권의 본질적인 내용을 침해하는 입법을 할 수 없음은 물론이다(헌법 제
37조 제2항 후단).

토지재산권의 본질적인 내용이라는 것은 토지재산권의 핵이 되는 실질적 요소 내
지 근본요소를 뜻하며, 따라서 재산권의 본질적인 내용을 침해하는 경우라고 하는
것은 그 침해로 사유재산권이 유명무실해지고 사유재산제도가 형해화되어 헌법이
재산권을 보장하는 궁극적인 목적을 달성할 수 없게 되는 지경에 이르는 경우라고
할 것이다.

사유재산제도의 전면적인 부정, 재산권의 무상몰수, 소급입법에 의한 재산권박탈
등이 본질적인 침해가 된다는 데 대하여서는 이론의 여지가 없으나 본건 심판대상
인 토지거래허가제는 헌법의 해석이나 국가, 사회공동체에 대한 철학과 가치관의
여하에 따라 결론이 달라질 수 있는 것이다. 그리고 헌법의 기본정신(헌법 제37조
제2항)에 비추어 볼 때 기본권의 본질적인 내용의 침해가 설사 없다고 하더라도 과
잉금지의 원칙에 위반되면 역시 위헌임을 면하지 못한다고 할 것이다. 과잉금지의
원칙은 국가작용의 한계를 명시하는 것인데 목적의 정당성, 방법의 적정성, 피해의
최소성, 법익의 균형성(보호하려는 공익이 침해되는 사익보다 더 커야 한다는 것으
로서 그래야만 수인의 기대가능성이 있다는 것)을 의미하는 것으로서 그 어느 하나
에라도 저촉되면 위헌이 된다는 헌법상의 원칙이다."

[판례 2] 국세기본법 제35조 제1항 제3호의 위헌심판, 헌재 1990.9.3. 89헌가95(위헌)

"헌법은 제23조 제1항에서 '모든 국민의 재산권은 보장된다. 그 내용과 한계는 법률
로 정한다.'고 규정하여 국민의 재산권을 보장하면서, 이에 대한 일반적 법률유보조
항으로 헌법 제37조 제2항에서 '국민의 모든 자유와 권리는 국가안전보장·질서유
지 또는 공공복리를 위하여 필요한 경우에 한하여 법률로서 제한할 수 있으며, 제한
하는 경우에도 자유와 권리의 본질적인 내용을 침해할 수 없다.'고 규정하고 있다.

이와 같은 헌법의 규정취지는, 국민의 재산권은 원칙적으로 보장되어야 하고, 예외
적으로 공공복리 등을 위하여 법률로써 이것이 제한될 수도 있겠으나 그 본질적인
내용은 침해가 없을지라도 비례의 원칙 내지는 과잉금지의 원칙에 위배되어서는
아니되는 것을 확실히 하는 데 있는 것이다.

생각하건대, 조세우선의 원칙의 헌법적 근거라고 할 수 있는 헌법 제37조 제2항의 규
정은 기본권 제한입법의 수권 규정이지만, 그것은 동시에 기본권 제한입법의 한계
규정이기도 하기 때문에, 입법부도 수권의 범위를 넘어 자의적인 입법을 할 수 있는

것은 아니며, 사유재산권을 제한하는 입법을 함에 있어서도 그 본질적인 내용의 침해가 있거나 과잉금지의 원칙에 위배되는 입법을 할 수 없음은 자명한 것이다."

## II. 인간의 존엄과 가치의 존중

인간의 존엄과 가치를 기본권의 본질적 내용으로 보는 견해에 의하면 인간의 존엄과 가치를 침해하는 것은 곧 기본권의 본질적 침해를 의미한다고 본다. 그러나 양자를 상호독립적인 것으로 파악하는 경우에도 인간의 존엄과 가치도 기본권제한의 한계를 이룬다고 할 것이다.

## III. 절대적 기본권

양심상 결정의 자유, 신앙의 자유, 학문연구와 예술창작의 자유 등 내심의 자유는 법률로써도 제한할 수 없는 절대적 자유이다.

# 제6절  기본권의 예외적 제한

## 제1항  소위 특별권력관계에서 오는 제한

소위 특별권력관계를 인정하는 견해에 의하면 군인·공무원 등 특별권력관계에 있는 자는 반드시 법률에 의하지 않아도 포괄적인 지배를 받는다고 하나, 특별권력관계를 부인하는 입장에서는 특수한 신분에 있는 자는 일반인보다 기본권보장에 대한 예외가 인정되나, 그것은 어디까지나 헌법 제7조 및 제29조에 의하여 법률에 근거를 두어야 한다고 한다.


# I. 소위 특별권력관계론

특별권력관계란 특별한 법적 원인, 즉 법률 또는 당사자의 동의에 의해 성립되며 특정목적을 달성하기 위해, 시민이 국가권력에 대해 특히 강한 법적 구속(포괄적 지배·복종)하에 있는 법률관계를 말한다. 소위 특별권력관계론은 19세기에 독일에서 구성된 이론으로서, 고정적 공법이론에 의하면 특별권력관계에는 법치주의가 적용되지 않는다고 한다. 바이마르공화국 시대까지 지배적이었던 특별권력관계에 대한 고전적 학설에 따르면 기본권은 특별권력관계에서는 효력이 없었다. 왜냐하면 특별권력관계에 있는 사람들은 국가기구 속에 편입되어 있으며 해당 기본권의 행사를 포기하였기 때문이다.

이에 특별권력관계론에 대한 비판이 제기되었고 오늘날에도 특정한 공법상의 목적을 달성하기 위한 특수한 법률관계의 필요성은 여전히 인정되기 때문에 공법상의 특별한 원인에 기해 성립하는 특수한 법률관계의 존재 자체를 부인하는 것은 비현실적이다. 이에 새로운 이론적 접근이 있는데 예를 들면, 독일의 울레(Ule) 교수는 종래의 특별권력관계를 '기본관계'와 '내부관계'로 구분하고 기본관계, 곧 특별권력관계의 설정·변경·존속이 직접적인 영향을 미치는 관계에서는 기본권의 효력을 인정하고 그 침해에 대해서는 사법적 권리구제도 허용해야 한다고 하였다.

오늘날에도 일반권력관계와 별도로 특별권력관계라는 것을 인정할 것인가에 대해 논란이 있다. 특히 특별권력관계에 있어서 행정주체가 상대방이니 국민의 기본권을 제한할 수 있는가가 문제된다. 오늘날 특별권력관계에도 법치주의가 전면적으로 적용되는 것으로 보기 때문에 행정주체에 의한 자의적인 기본권 제한은 허용되지 않는다. 기본권은 헌법에 규정된 방법에 따라서만, 곧 법률에 의하거나 법률을 근거로 해서만 제한될 수 있으며, 모든 제한은 헌법에 정해진 한계를 지키지 않으면 안 된다. 더 나아가서 그러한 관계에서 법률로써 제한할 수 있는 기본권이 있다 하더라도 그에 대한 제한은 그러한 법률관계의 기능(목적)에 불가피한 것이어야 한다.

## II. 한국헌법과 특별관계

우리 헌법은 이른바 과거의 특별권력관계에 해당되는 공무원근무관계(제7조, 제29조, 제33조 제2항, 제78조), 병역의무관계(제39조, 제27조 제2항, 제110조), 학생교육관계(제31조), 수형자복역관계(제12조, 제13조, 제27조, 제28조) 등을 규정하고 있다. 이러한 관계는 국가 공동체가 기능하는 데 불가피한 특별관계이며, 이들은 각기 상이한 고유법칙성을 가지기 때문에 그러한 한에서 그러한 특별관계에 있는 자들의 기본권을 법률로써 최소한으로 제한하는 것은 우리헌법의 전체취지에 위반되지 않는다. 이들은 국가에 대한 밀접한 관계 때문에 특수한 것으로 보일 뿐 그 본질은 법률에 의한 기본권제한의 한 유형에 속하며, 따라서 기본권침해에 대한 사법적 권리구제수단도 그대로 적용된다. 판례도 대체로 같은 입장에 있다.

[판례 1] 1994학년도 신입생선발입시안에 대한 헌법소원, 헌재 1992.10.1. 92헌마 68 · 76 (병합)(기각)

서울대학교가 "1992학년도 대학입학고사 주요요강"을 제정하여 발표한 건에 대하여 제기된 헌법소원심판청구의 적법여부(공권력행사 해당여부, 보충성, 권리보호의 이익), 헌법 제31조 제4항 소정의 교육의 자주성, 대학의 자율성보장의 헌법적 의의, 서울대학교 '94학년도 대학입학고사 주요요강에서 인문계열 대학별고사의 제2외국어에 일본어를 제외한 것이 헌법에 위반하는지 여부

"국립대학인 서울대학교는 특정한 국가목적(대학교육)에 제공된 인적 · 물적 종합시설로서 공법상의 영조물이다. 그리고 서울대학교와 학생과의 관계는 공법상의 영조물이용관계로서 공법관계이다"라고 하여 종래의 특별권력관계를 인정하는 듯한 표현을 하면서도, 병역의무관계와 공무원근무관계가 결코 기본권의 사각지대가 될 수 없고 기본권의 효력이 미친다는 입장을 취하고 있다.

[판례 2] 인사명령취소, 헌재 1993.12.23. 92헌마247(각하)

헌법재판소법 제68조 제1항 후단의 뜻, 법관인 청구인이 대법원장의 인사처분에

대하여 헌법소원심판을 청구하기 전에 거쳐야 할 다른 법률이 정한 구제절차와 이를 거치지 아니하고 제기된 헌법소원심판청구의 적법여부: 헌법재판소법 제68조 제1항 소정 헌법소원사건에서 요구되는 '보충성의 원칙'의 적용을 배제할 예외사유가 부인된 사례

"경찰공무원을 비롯한 공무원의 근무관계인 이른바 특별권력관계에 있어서도 일반 행정법관계에 있어서와 마찬가지로 행정청의 위법한 처분 또는 공권력의 행사·불행사 등으로 인하여 권리 또는 법적 이익을 침해당한 자는 행정소송 등에 의하여 그 위법한 처분 등의 취소를 구할 수 있다고 보아야 할 것이다."

[판례 3] 대판 1982.7.2. 80누86

대법원도 특별권력관계라는 말을 사용하면서도 "특별권력관계에 있어서도 위법·부당한 특별권력의 발동으로 인하여 권리를 침해당한 자는 그 위법·부당한 처분의 취소를 구할 수 있다"고 하여 특별권력관계에서의 사법적 구제를 인정하였다.

# 제2항 국가긴급권에 의한 제한

헌법에 있어서 기본권의 보장은 평시에 있어서의 원칙적 보장을 의미한다. 그러나 국가의 비상사태에 있어서는 기본권의 가치체계에 대한 국가존립의 체계가 우선하기 때문에 '법률'이 아닌 '명령'에 의한 기본권의 제한을 인정하고 있다. 즉 헌법 제76조의 대통령의 긴급명령·긴급재정경제처분 및 명령권에 의하여 법률의 효력을 가지는 명령을 발할 수 있고, 제77조의 비상계엄하에서는 "영장제도, 언론·출판·집회·결사의 자유에 대하여 특별한 조치를 취할 수 있다"고 하여 제37조 제2항의 법치주의에 대한 중대한 예외를 규정하고 있다.

## Ⅰ. 국가긴급권행사에 의한 기본권제한의 특색

법률에 의한 기본권제한이 정상적인 헌정질서 내에서 헌법에 규정되어 있

는 타 법익과의 조화를 생각한 것이라면, 비상사태하에서의 기본권제한은 헌법 자체를 수호하기 위한 성격이 강하다. 또한 기본권은 헌법의 핵심적 내용을 이루기 때문에 국가긴급권의 행사에 의한 기본권의 제한은 거시적인 안목에서는 기본권의 보호수단이 되기도 한다. 국가긴급권이 오용 또는 남용되는 경우, 곧 국가긴급권이 헌법질서를 보호하기 위한 목적 외에 사용되는 경우 헌법규정의 유무와는 관계없이 국민의 저항권행사가 인정된다.

국가긴급권이 본래의 취지대로 사용된 경우라 하더라도 비례의 원칙에 비추어 그것이 과도하게 사용되어 국민에게 수인할 수 없는 피해를 안겨 주었다면 사후에 정당한 보상이 행해져야 함은 물론이다. 우리 헌법은 제76조와 제77조에서 긴급명령 등에 의한 기본권의 제한과 비상계엄에 의한 기본권의 제한을 규정하고 있다.

## II. 긴급재정·경제명령과 긴급명령에 의한 기본권의 제한

헌법 제76조 제1항은 "대통령은 내우·외환·천재·지변 또는 중대한 재정·경제상의 위기에 있어서 국가의 안전보장 또는 공공의 안녕질서를 유지하기 위하여 긴급한 조치가 필요하고 국회의 집회를 기다릴 여유가 없을 때에 한하여 최소한으로 필요한 재정·경제상의 처분을 하거나 법률의 효력을 가지는 명령을 발할 수 있다"고 규정하고 있다. 헌법 제76조 제2항은 "대통령은 국가의 안위에 관계되는 중대한 교전상태에 있어서 국가를 보위하기 위하여 긴급한 조치가 필요하고 국회의 집회가 불가능한 때에 한하여 법률의 효력을 가지는 명령을 발할 수 있다"고 규정하고 있다.

헌법 제76조에 의하여 제한할 수 있는 기본권과 관련하여 긴급재정·경제명령권은 "최소한으로 필요한 재정·경제상의 처분을 하거나 법률의 효력을 가지는 명령을 발할 수 있는" 권한이므로 그에 맞추어 재산권, 노동3권, 직업의 자유 등과 같은 경제적 기본권과 그에 관련되는 기본권만을 제한할 수 있음에 반하여, 긴급명령에 의하여 제한될 수 있는 기본권은 그러한 제한이 없다.

## III. 비상계엄에 의한 기본권의 제한

헌법 제77조 제1항은 "대통령은 전시·사변 또는 이에 준하는 국가비상사태에 있어서 병력으로써 군사상의 필요에 응하거나 공공의 안녕질서를 유지할 필요가 있을 때에는 법률이 정하는 바에 의하여 계엄을 선포할 수 있다"고 규정하고 있다. 헌법 제77조 제3항은 "비상계엄이 선포된 때에는 법률이 정하는 바에 의하여 영장제도, 언론·출판·집회·결사의 자유, 정부나 법원의 권한에 관하여 특별한 조치를 할 수 있다"고 규정하고 있다.

특별한 조치의 내용을 보면, 비상계엄이 선포되면 헌법 제77조 제3항을 구체화한 계엄법 제9조 제1항에 따라 "체포·구금·압수·수색·거주·이전·언론·출판·집회·결사 또는 단체행동에 대하여 특별한 조치가" 행해질 수 있다. 또한 비상계엄 하에서는 민간인도 군사법원의 재판을 받으며(제27조 제2항, 제110조), 비상계엄 하의 군사재판은 일정한 범죄에 한하여 사형선고의 경우를 제외하고는 단심재판이 허용된다(제110조 제4항). 특별한 조치의 내용에 대해서는 계엄법 제9조 제2·3항에서 규정하고 있다.

## 제3항 조약에 의한 제한

기본권은 국가 간의 조약이나 다변적인 국제조약에 의해서도 제한될 수 있다. 국회의 동의를 얻은 조약뿐만 아니라 일반적으로 승인된 국제법규도 국내법과 같은 효력을 가지므로 이에 의해 기본권을 제한할 수 있다. 조약에 의해 국민의 기본권을 제한하는 경우에도 국가안전보장·질서유지 또는 공공복리의 필요가 있어야 한다.

## 제4항  헌법개정에 의한 제한

기본권은 헌법개정에 의해서도 제한될 수 있다. 그런데 헌법개정에 의한 기본권의 폐지 등이 가능할 것인가 문제된다. 자연법사상에 의하면 기본권은 초국가적인 것이므로 헌법개정에 의하여 기본권보장을 폐지하는 것은 논리적으로 불가능하나, 실정법론에 의하면 개정절차만 적정하면 내용상의 한계를 인정할 수 없기 때문에 가능하다고 한다. 생각건대 기본권의 개별적인 규정은 헌법개정에 의해 수정·변경할 수 있으나, 기본권보장은 인류보편의 이념이며 초국가적인 것이므로 인간의 존엄과 가치 또는 기본권의 본질적 내용을 침해하는 헌법개정은 불가능하다고 본다.

# 대한민국 헌법

## 전 문

유구한 역사와 전통에 빛나는 우리 대한
국민은 3·1운동으로 건립된 대한민국
임시정부의 법통과 불의에 항거한 4·19
민주이념을 계승하고, 조국의 민주개혁
과 평화적 통일의 사명에 입각하여 정
의·인도와 동포애로써 민족의 단결을
공고히 하고, 모든 사회적 폐습과 불의를
타파하며, 자율과 조화를 바탕으로 자유
민주적 기본질서를 더욱 확고히 하여 정
치·경제·사회·문화의 모든 영역에 있
어서 각인의 기회를 균등히 하고, 능력을
최고도로 발휘하게 하며, 자유와 권리에
따르는 책임과 의무를 완수하게 하여, 안
으로는 국민생활의 균등한 향상을 기하
고 밖으로는 항구적인 세계평화와 인류
공영에 이바지함으로써 우리들과 우리들
의 자손의 안전과 자유와 행복을 영원히
확보할 것을 다짐하면서 1948년 7월 12
일에 제정되고 8차에 걸쳐 개정된 헌법
을 이제 국회의 의결을 거쳐 국민투표에
의하여 개정한다.

## 제1장 총 강

**제1조** ① 대한민국은 민주공화국이다.
② 대한민국의 주권은 국민에게 있고, 모
든 권력은 국민으로부터 나온다.

**제2조** ① 대한민국의 국민이 되는 요건
은 법률로 정한다.
② 국가는 법률이 정하는 바에 의하여 재
외국민을 보호할 의무를 진다.

**제3조** 대한민국의 영토는 한반도와 그
부속도서로 한다.

**제4조** 대한민국은 통일을 지향하며, 자
유민주적 기본질서에 입각한 평화적 통
일정책을 수립하고 이를 추진한다.

**제5조** ① 대한민국은 국제평화의 유지
에 노력하고 침략적 전쟁을 부인한다.
② 국군은 국가의 안전보장과 국토방위
의 신성한 의무를 수행함을 사명으로 하
며, 그 정치적 중립성은 준수된다.

**제6조** ① 헌법에 의하여 체결·공포된
조약과 일반적으로 승인된 국제법규는
국내법과 같은 효력을 가진다.
② 외국인은 국제법과 조약이 정하는 바

에 의하여 그 지위가 보장된다.

**제7조** ① 공무원은 국민전체에 대한 봉사자이며, 국민에 대하여 책임을 진다.

② 공무원의 신분과 정치적 중립성은 법률이 정하는 바에 의하여 보장된다.

**제8조** ① 정당의 설립은 자유이며, 복수정당제는 보장된다.

② 정당은 그 목적·조직과 활동이 민주적이어야 하며, 국민의 정치적 의사형성에 참여하는 데 필요한 조직을 가져야 한다.

③ 정당은 법률이 정하는 바에 의하여 국가의 보호를 받으며, 국가는 법률이 정하는 바에 의하여 정당운영에 필요한 자금을 보조할 수 있다.

④ 정당의 목적이나 활동이 민주적 기본질서에 위배될 때에는 정부는 헌법재판소에 그 해산을 제소할 수 있고, 정당은 헌법재판소의 심판에 의하여 해산된다.

**제9조** 국가는 전통문화의 계승·발전과 민족문화의 창달에 노력하여야 한다.


## 제2장 국민의 권리와 의무

**제10조** 모든 국민은 인간으로서의 존엄과 가치를 가지며, 행복을 추구할 권리를 가진다. 국가는 개인이 가지는 불가침의 기본적 인권을 확인하고 이를 보장할

의무를 진다.

**제11조** ① 모든 국민은 법 앞에 평등하다. 누구든지 성별·종교 또는 사회적 신분에 의하여 정치적·경제적·사회적·문화적 생활의 모든 영역에 있어서 차별을 받지 아니한다.

② 사회적 특수계급의 제도는 인정되지 아니하며, 어떠한 형태로도 이를 창설할 수 없다.

③ 훈장 등의 영전은 이를 받은 자에게만 효력이 있고, 어떠한 특권도 이에 따르지 아니한다.

**제12조** ① 모든 국민은 신체의 자유를 가진다. 누구든지 법률에 의하지 아니하고는 체포·구속·압수·수색 또는 심문을 받지 아니하며, 법률과 적법한 절차에 의하지 아니하고는 처벌·보안처분 또는 강제노역을 받지 아니한다.

② 모든 국민은 고문을 받지 아니하며, 형사상 자기에게 불리한 진술을 강요당하지 아니한다.

③ 체포·구속·압수 또는 수색을 할 때에는 적법한 절차에 따라 검사의 신청에 의하여 법관이 발부한 영장을 제시하여야 한다. 다만, 현행범인인 경우와 장기 3년 이상의 형에 해당하는 죄를 범하고 도피 또는 증거인멸의 염려가 있을 때에는 사후에 영장을 청구할 수 있다.

④ 누구든지 체포 또는 구속을 당한 때에

는 즉시 변호인의 조력을 받을 권리를 가진다. 다만, 형사피고인이 스스로 변호인을 구할 수 없을 때에는 법률이 정하는 바에 의하여 국가가 변호인을 붙인다.

⑤ 누구든지 체포 또는 구속의 이유와 변호인의 조력을 받을 권리가 있음을 고지받지 아니하고는 체포 또는 구속을 당하지 아니한다. 체포 또는 구속을 당한 자의 가족 등 법률이 정하는 자에게는 그 이유와 일시ㆍ장소가 지체없이 통지되어야 한다.

⑥ 누구든지 체포 또는 구속을 당한 때에는 적부의 심사를 법원에 청구할 권리를 가진다.

⑦ 피고인의 자백이 고문ㆍ폭행ㆍ협박ㆍ구속의 부당한 장기화 또는 기망 기타의 방법에 의하여 자의로 진술된 것이 아니라고 인정될 때 또는 정식재판에 있어서 피고인의 자백이 그에게 불리한 유일한 증거일 때에는 이를 유죄의 증거로 삼거나 이를 이유로 처벌할 수 없다.

제13조 ① 모든 국민은 행위시의 법률에 의하여 범죄를 구성하지 아니하는 행위로 소추되지 아니하며, 동일한 범죄에 대하여 거듭 처벌받지 아니한다.

② 모든 국민은 소급입법에 의하여 참정권의 제한을 받거나 재산권을 박탈당하지 아니한다.

③ 모든 국민은 자기의 행위가 아닌 친족의 행위로 인하여 불이익한 처우를 받지 아니한다.

제14조 모든 국민은 거주ㆍ이전의 자유를 가진다.

제15조 모든 국민은 직업선택의 자유를 가진다.

제16조 모든 국민은 주거의 자유를 침해받지 아니한다. 주거에 대한 압수나 수색을 할 때에는 검사의 신청에 의하여 법관이 발부한 영장을 제시하여야 한다.

제17조 모든 국민은 사생활의 비밀과 자유를 침해받지 아니한다.

제18조 모든 국민은 통신의 비밀을 침해받지 아니한다.

제19조 모든 국민은 양심의 자유를 가진다.

제20조 ① 모든 국민은 종교의 자유를 가진다.

② 국교는 인정되지 아니하며, 종교와 정치는 분리된다.

제21조 ① 모든 국민은 언론ㆍ출판의 자유와 집회ㆍ결사의 자유를 가진다.

② 언론ㆍ출판에 대한 허가나 검열과 집회ㆍ결사에 대한 허가는 인정되지 아니한다.

③ 통신ㆍ방송의 시설기준과 신문의 기능을 보장하기 위하여 필요한 사항은 법률로 정한다.

④ 언론ㆍ출판은 타인의 명예나 권리 또

는 공중도덕이나 사회윤리를 침해하여서는 아니된다. 언론·출판이 타인의 명예나 권리를 침해한 때에는 피해자는 이에 대한 피해의 배상을 청구할 수 있다.

제22조 ① 모든 국민은 학문과 예술의 자유를 가진다.

② 저작자·발명가·과학기술자와 예술가의 권리는 법률로써 보호한다.

제23조 ① 모든 국민의 재산권은 보장된다. 그 내용과 한계는 법률로 정한다.

② 재산권의 행사는 공공복리에 적합하도록 하여야 한다.

③ 공공필요에 의한 재산권의 수용·사용 또는 제한 및 그에 대한 보상은 법률로써 하되, 정당한 보상을 지급하여야 한다.

제24조 모든 국민은 법률이 정하는 바에 의하여 선거권을 가진다.

제25조 모든 국민은 법률이 정하는 바에 의하여 공무담임권을 가진다.

제26조 ① 모든 국민은 법률이 정하는 바에 의하여 국가기관에 문서로 청원할 권리를 가진다.

② 국가는 청원에 대하여 심사할 의무를 진다.

제27조 ① 모든 국민은 헌법과 법률이 정한 법관에 의하여 법률에 의한 재판을 받을 권리를 가진다.

② 군인 또는 군무원이 아닌 국민은 대한민국의 영역 안에서는 중대한 군사상 기밀·초병·초소·유독음식물공급·포로·군용물에 관한 죄 중 법률이 정한 경우와 비상계엄이 선포된 경우를 제외하고는 군사법원의 재판을 받지 아니한다.

③ 모든 국민은 신속한 재판을 받을 권리를 가진다. 형사피고인은 상당한 이유가 없는 한 지체없이 공개재판을 받을 권리를 가진다.

④ 형사피고인은 유죄의 판결이 확정될 때까지는 무죄로 추정된다.

⑤ 형사피해자는 법률이 정하는 바에 의하여 당해 사건의 재판절차에서 진술할 수 있다.

제28조 형사피의자 또는 형사피고인으로서 구금되었던 자가 법률이 정하는 불기소처분을 받거나 무죄판결을 받은 때에는 법률이 정하는 바에 의하여 국가에 정당한 보상을 청구할 수 있다.

제29조 ① 공무원의 직무상 불법행위로 손해를 받은 국민은 법률이 정하는 바에 의하여 국가 또는 공공단체에 정당한 배상을 청구할 수 있다. 이 경우 공무원 자신의 책임은 면제되지 아니한다.

② 군인·군무원·경찰공무원 기타 법률이 정하는 자가 전투·훈련 등 직무집행과 관련하여 받은 손해에 대하여는 법률이 정하는 보상 외에 국가 또는 공공단체에 공무원의 직무상 불법행위로 인한 배

상은 청구할 수 없다.

제30조   타인의 범죄행위로 인하여 생명·신체에 대한 피해를 받은 국민은 법률이 정하는 바에 의하여 국가로부터 구조를 받을 수 있다.

제31조   ① 모든 국민은 능력에 따라 균등하게 교육을 받을 권리를 가진다.

② 모든 국민은 그 보호하는 자녀에게 적어도 초등교육과 법률이 정하는 교육을 받게 할 의무를 진다.

③ 의무교육은 무상으로 한다.

④ 교육의 자주성·전문성·정치적 중립성 및 대학의 자율성은 법률이 정하는 바에 의하여 보장된다.

⑤ 국가는 평생교육을 진흥하여야 한다.

⑥ 학교교육 및 평생교육을 포함한 교육제도와 그 운영, 교육재정 및 교원의 지위에 관한 기본적인 사항은 법률로 정한다.

제32조   ① 모든 국민은 근로의 권리를 가진다. 국가는 사회적·경제적 방법으로 근로자의 고용의 증진과 적정임금의 보장에 노력하여야 하며, 법률이 정하는 바에 의하여 최저임금제를 시행하여야 한다.

② 모든 국민은 근로의 의무를 진다. 국가는 근로의 의무의 내용과 조건을 민주주의원칙에 따라 법률로 정한다.

③ 근로조건의 기준은 인간의 존엄성을

보장하도록 법률로 정한다.

④ 여자의 근로는 특별한 보호를 받으며, 고용·임금 및 근로조건에 있어서 부당한 차별을 받지 아니한다.

⑤ 연소자의 근로는 특별한 보호를 받는다.

⑥ 국가유공자·상이군경 및 전몰군경의 유가족은 법률이 정하는 바에 의하여 우선적으로 근로의 기회를 부여받는다.

제33조   ① 근로자는 근로조건의 향상을 위하여 자주적인 단결권·단체교섭권 및 단체행동권을 가진다.

② 공무원인 근로자는 법률이 정하는 자에 한하여 단결권·단체교섭권 및 단체행동권을 가진다.

③ 법률이 정하는 주요방위산업체에 종사하는 근로자의 단체행동권은 법률이 정하는 바에 의하여 이를 제한하거나 인정하지 아니할 수 있다.

제34조   ① 모든 국민은 인간다운 생활을 할 권리를 가진다.

② 국가는 사회보장·사회복지의 증진에 노력할 의무를 진다.

③ 국가는 여자의 복지와 권익의 향상을 위하여 노력하여야 한다.

④ 국가는 노인과 청소년의 복지향상을 위한 정책을 실시할 의무를 진다.

⑤ 신체장애자 및 질병·노령 기타의 사유로 생활능력이 없는 국민은 법률이 정

하는 바에 의하여 국가의 보호를 받는다.
⑥ 국가는 재해를 예방하고 그 위험으로부터 국민을 보호하기 위하여 노력하여야 한다.

제35조 ① 모든 국민은 건강하고 쾌적한 환경에서 생활할 권리를 가지며, 국가와 국민은 환경보전을 위하여 노력하여야 한다.
② 환경권의 내용과 행사에 관하여는 법률로 정한다.
③ 국가는 주택개발정책 등을 통하여 모든 국민이 쾌적한 주거생활을 할 수 있도록 노력하여야 한다.

제36조 ① 혼인과 가족생활은 개인의 존엄과 양성의 평등을 기초로 성립되고 유지되어야 하며, 국가는 이를 보장한다.
② 국가는 모성의 보호를 위하여 노력하여야 한다.
③ 모든 국민은 보건에 관하여 국가의 보호를 받는다.

제37조 ① 국민의 자유와 권리는 헌법에 열거되지 아니한 이유로 경시되지 아니한다.
② 국민의 모든 자유와 권리는 국가안전보장·질서유지 또는 공공복리를 위하여 필요한 경우에 한하여 법률로써 제한할 수 있으며, 제한하는 경우에도 자유와 권리의 본질적인 내용을 침해할 수 없다.

제38조 모든 국민은 법률이 정하는 바에 의하여 납세의 의무를 진다.

제39조 ① 모든 국민은 법률이 정하는 바에 의하여 국방의 의무를 진다.
② 누구든지 병역의무의 이행으로 인하여 불이익한 처우를 받지 아니한다.

## 제3장 국 회

제40조 입법권은 국회에 속한다.

제41조 ① 국회는 국민의 보통·평등·직접·비밀선거에 의하여 선출된 국회의원으로 구성한다.
② 국회의원의 수는 법률로 정하되, 200인 이상으로 한다.
③ 국회의원의 선거구와 비례대표제 기타 선거에 관한 사항은 법률로 정한다.

제42조 국회의원의 임기는 4년으로 한다.

제43조 국회의원은 법률이 정하는 직을 겸할 수 없다.

제44조 ① 국회의원은 현행범인인 경우를 제외하고는 회기 중 국회의 동의없이 체포 또는 구금되지 아니한다.
② 국회의원이 회기 전에 체포 또는 구금된 때에는 현행범인이 아닌 한 국회의 요구가 있으면 회기 중 석방된다.

제45조 국회의원은 국회에서 직무상 행한 발언과 표결에 관하여 국회 외에서

책임을 지지 아니한다.

제46조 ① 국회의원은 청렴의 의무가 있다.

② 국회의원은 국가이익을 우선하여 양심에 따라 직무를 행한다.

③ 국회의원은 그 지위를 남용하여 국가·공공단체 또는 기업체와의 계약이나 그 처분에 의하여 재산상의 권리·이익 또는 직위를 취득하거나 타인을 위하여 그 취득을 알선할 수 없다.

제47조 ① 국회의 정기회는 법률이 정하는 바에 의하여 매년 1회 집회되며, 국회의 임시회는 대통령 또는 국회재적의원 4분의 1 이상의 요구에 의하여 집회된다.

② 정기회의 회기는 100일을, 임시회의 회기는 30일을 초과할 수 없다.

③ 대통령이 임시회의 집회를 요구할 때에는 기간과 집회요구의 이유를 명시하여야 한다.

제48조 국회는 의장 1인과 부의장 2인을 선출한다.

제49조 국회는 헌법 또는 법률에 특별한 규정이 없는 한 재적의원 과반수의 출석과 출석의원 과반수의 찬성으로 의결한다. 가부동수인 때에는 부결된 것으로 본다.

제50조 ① 국회의 회의는 공개한다. 다만, 출석의원 과반수의 찬성이 있거나 의장이 국가의 안전보장을 위하여 필요하다고 인정할 때에는 공개하지 아니할 수 있다.

② 공개하지 아니한 회의내용의 공표에 관하여는 법률이 정하는 바에 의한다.

제51조 국회에 제출된 법률안 기타의 의안은 회기중에 의결되지 못한 이유로 폐기되지 아니한다. 다만, 국회의원의 임기가 만료된 때에는 그러하지 아니하다.

제52조 국회의원과 정부는 법률안을 제출할 수 있다.

제53조 ① 국회에서 의결된 법률안은 정부에 이송되어 15일 이내에 대통령이 공포한다.

② 법률안에 이의가 있을 때에는 대통령은 제1항의 기간내에 이의서를 붙여 국회로 환부하고, 그 재의를 요구할 수 있다. 국회의 폐회중에도 또한 같다.

③ 대통령은 법률안의 일부에 대하여 또는 법률안을 수정하여 재의를 요구할 수 없다.

④ 재의의 요구가 있을 때에는 국회는 재의에 붙이고, 재적의원과반수의 출석과 출석의원 3분의 2 이상의 찬성으로 전과 같은 의결을 하면 그 법률안은 법률로서 확정된다.

⑤ 대통령이 제1항의 기간내에 공포나 재의의 요구를 하지 아니한 때에도 그 법률안은 법률로서 확정된다.

⑥ 대통령은 제4항과 제5항의 규정에 의하여 확정된 법률을 지체없이 공포하여야 한다. 제5항에 의하여 법률이 확정된 후 또는 제4항에 의한 확정법률이 정부에 이송된 후 5일 이내에 대통령이 공포하지 아니할 때에는 국회의장이 이를 공포한다.

⑦ 법률은 특별한 규정이 없는 한 공포한 날로부터 20일을 경과함으로써 효력을 발생한다.

**제54조** ① 국회는 국가의 예산안을 심의·확정한다.

② 정부는 회계연도마다 예산안을 편성하여 회계연도 개시 90일 전까지 국회에 제출하고, 국회는 회계연도 개시 30일 전까지 이를 의결하여야 한다.

③ 새로운 회계연도가 개시될 때까지 예산안이 의결되지 못한 때에는 정부는 국회에서 예산안이 의결될 때까지 다음의 목적을 위한 경비는 전년도 예산에 준하여 집행할 수 있다.

1. 헌법이나 법률에 의하여 설치된 기관 또는 시설의 유지·운영
2. 법률상 지출의무의 이행
3. 이미 예산으로 승인된 사업의 계속

**제55조** ① 한 회계연도를 넘어 계속하여 지출할 필요가 있을 때에는 정부는 연한을 정하여 계속비로서 국회의 의결을 얻어야 한다.

② 예비비는 총액으로 국회의 의결을 얻어야 한다. 예비비의 지출은 차기국회의 승인을 얻어야 한다.

**제56조** 정부는 예산에 변경을 가할 필요가 있을 때에는 추가경정예산안을 편성하여 국회에 제출할 수 있다.

**제57조** 국회는 정부의 동의없이 정부가 제출한 지출예산 각항의 금액을 증가하거나 새 비목을 설치할 수 없다.

**제58조** 국채를 모집하거나 예산 외에 국가의 부담이 될 계약을 체결하려 할 때에는 정부는 미리 국회의 의결을 얻어야 한다.

**제59조** 조세의 종목과 세율은 법률로 정한다.

**제60조** ① 국회는 상호원조 또는 안전보장에 관한 조약, 중요한 국제조직에 관한 조약, 우호통상항해조약, 주권의 제약에 관한 조약, 강화조약, 국가나 국민에게 중대한 재정적 부담을 지우는 조약 또는 입법사항에 관한 조약의 체결·비준에 대한 동의권을 가진다.

② 국회는 선전포고, 국군의 외국에의 파견 또는 외국군대의 대한민국 영역 안에서의 주류에 대한 동의권을 가진다.

**제61조** ① 국회는 국정을 감사하거나 특정한 국정사안에 대하여 조사할 수 있으며, 이에 필요한 서류의 제출 또는 증인의 출석과 증언이나 의견의 진술을 요

구할 수 있다.

② 국정감사 및 조사에 관한 절차 기타 필요한 사항은 법률로 정한다.

제62조　① 국무총리 · 국무위원 또는 정부위원은 국회나 그 위원회에 출석하여 국정처리상황을 보고하거나 의견을 진술하고 질문에 응답할 수 있다.

② 국회나 그 위원회의 요구가 있을 때에는 국무총리 · 국무위원 또는 정부위원은 출석 · 답변하여야 하며, 국무총리 또는 국무위원이 출석요구를 받은 때에는 국무위원 또는 정부위원으로 하여금 출석 · 답변하게 할 수 있다.

제63조　① 국회는 국무총리 또는 국무위원의 해임을 대통령에게 건의할 수 있다.

② 제1항의 해임건의는 국회재적의원 3분의 1 이상의 발의에 의하여 국회재적의원 과반수의 찬성이 있어야 한다.

제64조　① 국회는 법률에 저촉되지 아니하는 범위안에서 의사와 내부규율에 관한 규칙을 제정할 수 있다.

② 국회는 의원의 자격을 심사하며, 의원을 징계할 수 있다.

③ 의원을 제명하려면 국회재적의원 3분의 2 이상의 찬성이 있어야 한다.

④ 제2항과 제3항의 처분에 대하여는 법원에 제소할 수 없다.

제65조　① 대통령 · 국무총리 · 국무위원 · 행정각부의 장 · 헌법재판소 재판관 · 법관 · 중앙선거관리위원회 위원 · 감사원장 · 감사위원 기타 법률이 정한 공무원이 그 직무집행에 있어서 헌법이나 법률을 위배한 때에는 국회는 탄핵의 소추를 의결할 수 있다.

② 제1항의 탄핵소추는 국회재적의원 3분의 1 이상의 발의가 있어야 하며, 그 의결은 국회재적의원 과반수의 찬성이 있어야 한다. 다만, 대통령에 대한 탄핵소추는 국회재적의원 과반수의 발의와 국회재적의원 3분의 2 이상의 찬성이 있어야 한다.

③ 탄핵소추의 의결을 받은 자는 탄핵심판이 있을 때까지 그 권한행사가 정지된다.

④ 탄핵결정은 공직으로부터 파면함에 그친다. 그러나 이에 의하여 민사상이나 형사상의 책임이 면제되지는 아니한다.


# 제4장 정　부

## 제1절 대통령

제66조　① 대통령은 국가의 원수이며, 외국에 대하여 국가를 대표한다.

② 대통령은 국가의 독립 · 영토의 보전 · 국가의 계속성과 헌법을 수호할 책

무를 진다.

③ 대통령은 조국의 평화적 통일을 위한 성실한 의무를 진다.

④ 행정권은 대통령을 수반으로 하는 정부에 속한다.

제67조 ① 대통령은 국민의 보통·평등·직접·비밀선거에 의하여 선출한다.

② 제1항의 선거에 있어서 최고득표자가 2인 이상인 때에는 국회의 재적의원 과반수가 출석한 공개회의에서 다수표를 얻은 자를 당선자로 한다.

③ 대통령후보자가 1인일 때에는 그 득표수가 선거권자 총수의 3분의 1 이상이 아니면 대통령으로 당선될 수 없다.

④ 대통령으로 선거될 수 있는 자는 국회의원의 피선거권이 있고 선거일 현재 40세에 달하여야 한다.

⑤ 대통령의 선거에 관한 사항은 법률로 정한다.

제68조 ① 대통령의 임기가 만료되는 때에는 임기만료 70일 내지 40일 전에 후임자를 선거한다.

② 대통령이 궐위된 때 또는 대통령 당선자가 사망하거나 판결 기타의 사유로 그 자격을 상실한 때에는 60일 이내에 후임자를 선거한다.

제69조 대통령은 취임에 즈음하여 다음의 선서를 한다.

"나는 헌법을 준수하고 국가를 보위하며 조국의 평화적 통일과 국민의 자유와 복리의 증진 및 민족문화의 창달에 노력하여 대통령으로서의 직책을 성실히 수행할 것을 국민 앞에 엄숙히 선서합니다."

제70조 대통령의 임기는 5년으로 하며, 중임할 수 없다.

제71조 대통령이 궐위되거나 사고로 인하여 직무를 수행할 수 없을 때에는 국무총리, 법률이 정한 국무위원의 순서로 그 권한을 대행한다.

제72조 대통령은 필요하다고 인정할 때에는 외교·국방·통일 기타 국가안위에 관한 중요정책을 국민투표에 붙일 수 있다.

제73조 대통령은 조약을 체결·비준하고, 외교사절을 신임·접수 또는 파견하며, 선전포고와 강화를 한다.

제74조 ① 대통령은 헌법과 법률이 정하는 바에 의하여 국군을 통수한다.

② 국군의 조직과 편성은 법률로 정한다.

제75조 대통령은 법률에서 구체적으로 범위를 정하여 위임받은 사항과 법률을 집행하기 위하여 필요한 사항에 관하여 대통령령을 발할 수 있다.

제76조 ① 대통령은 내우·외환·천재·지변 또는 중대한 재정·경제상의 위기에 있어서 국가의 안전보장 또는 공공의 안녕질서를 유지하기 위하여 긴급한 조치가 필요하고 국회의 집회를 기다

릴 여유가 없을 때에 한하여 최소한으로 필요한 재정·경제상의 처분을 하거나 이에 관하여 법률의 효력을 가지는 명령을 발할 수 있다.

② 대통령은 국가의 안위에 관계되는 중대한 교전상태에 있어서 국가를 보위하기 위하여 긴급한 조치가 필요하고 국회의 집회가 불가능한 때에 한하여 법률의 효력을 가지는 명령을 발할 수 있다.

③ 대통령은 제1항과 제2항의 처분 또는 명령을 한 때에는 지체없이 국회에 보고하여 그 승인을 얻어야 한다.

④ 제3항의 승인을 얻지 못한 때에는 그 처분 또는 명령은 그때부터 효력을 상실한다. 이 경우 그 명령에 의하여 개정 또는 폐지되었던 법률은 그 명령이 승인을 얻지 못한 때부터 당연히 효력을 회복한다.

⑤ 대통령은 제3항과 제4항의 사유를 지체없이 공포하여야 한다.

제77조    ① 대통령은 전시·사변 또는 이에 준하는 국가비상사태에 있어서 병력으로써 군사상의 필요에 응하거나 공공의 안녕질서를 유지할 필요가 있을 때에는 법률이 정하는 바에 의하여 계엄을 선포할 수 있다.

② 계엄은 비상계엄과 경비계엄으로 한다.

③ 비상계엄이 선포된 때에는 법률이 정하는 바에 의하여 영장제도, 언론·출판·집회·결사의 자유, 정부나 법원의 권한에 관하여 특별한 조치를 할 수 있다.

④ 계엄을 선포한 때에는 대통령은 지체없이 국회에 통고하여야 한다.

⑤ 국회가 재적의원 과반수의 찬성으로 계엄의 해제를 요구한 때에는 대통령은 이를 해제하여야 한다.

제78조    대통령은 헌법과 법률이 정하는 바에 의하여 공무원을 임면한다.

제79조    ① 대통령은 법률이 정하는 바에 의하여 사면·감형 또는 복권을 명할 수 있다.

② 일반사면을 명하려면 국회의 동의를 얻어야 한다.

③ 사면·감형 및 복권에 관한 사항은 법률로 정한다.

제80조    대통령은 법률이 정하는 바에 의하여 훈장 기타의 영전을 수여한다.

제81조    대통령은 국회에 출석하여 발언하거나 서한으로 의견을 표시할 수 있다.

제82조    대통령의 국법상 행위는 문서로써 하며, 이 문서에는 국무총리와 관계 국무위원이 부서한다. 군사에 관한 것도 또한 같다.

제83조    대통령은 국무총리·국무위원·행정각부의 장 기타 법률이 정하는 공사의 직을 겸할 수 없다.

제84조    대통령은 내란 또는 외환의 죄

를 범한 경우를 제외하고는 재직중 형사상의 소추를 받지 아니한다.

**제85조**　전직대통령의 신분과 예우에 관하여는 법률로 정한다.

### 제2절 행정부

#### 제1관 국무총리와 국무위원

**제86조**　① 국무총리는 국회의 동의를 얻어 대통령이 임명한다.

② 국무총리는 대통령을 보좌하며, 행정에 관하여 대통령의 명을 받아 행정각부를 통할한다.

③ 군인은 현역을 면한 후가 아니면 국무총리로 임명될 수 없다.

**제87조**　① 국무위원은 국무총리의 제청으로 대통령이 임명한다.

② 국무위원은 국정에 관하여 대통령을 보좌하며, 국무회의의 구성원으로서 국정을 심의한다.

③ 국무총리는 국무위원의 해임을 대통령에게 건의할 수 있다.

④ 군인은 현역을 면한 후가 아니면 국무위원으로 임명될 수 없다.

#### 제2관 국무회의

**제88조**　① 국무회의는 정부의 권한에 속하는 중요한 정책을 심의한다.

② 국무회의는 대통령·국무총리와 15인 이상 30인 이하의 국무위원으로 구성한다.

③ 대통령은 국무회의의 의장이 되고, 국무총리는 부의장이 된다.

**제89조**　다음 사항은 국무회의의 심의를 거쳐야 한다.

1. 국정의 기본계획과 정부의 일반정책
2. 선전·강화 기타 중요한 대외정책
3. 헌법개정안·국민투표안·조약안·법률안 및 대통령령안
4. 예산안·결산·국유재산처분의 기본계획·국가의 부담이 될 계약 기타 재정에 관한 중요사항
5. 대통령의 긴급명령·긴급재정경제처분 및 명령 또는 계엄과 그 해제
6. 군사에 관한 중요사항
7. 국회의 임시회 집회의 요구
8. 영전수여
9. 사면·감형과 복권
10. 행정각부간의 권한의 획정
11. 정부안의 권한의 위임 또는 배정에 관한 기본계획
12. 국정처리상황의 평가·분석
13. 행정각부의 중요한 정책의 수립과 조정
14. 정당해산의 제소
15. 정부에 제출 또는 회부된 정부의 정책에 관계되는 청원의 심사
16. 검찰총장·합동참모의장·각군참모

총장·국립대학교총장·대사　기타 법률이 정한 공무원과 국영기업체관리자의 임명

17. 기타 대통령·국무총리 또는 국무위원이 제출한 사항

제90조　① 국정의 중요한 사항에 관한 대통령의 자문에 응하기 위하여 국가원로로 구성되는 국가원로자문회의를 둘 수 있다.

② 국가원로자문회의의 의장은 직전대통령이 된다. 다만, 직전대통령이 없을 때에는 대통령이 지명한다.

③ 국가원로자문회의의 조직·직무범위 기타 필요한 사항은 법률로 정한다.

제91조　① 국가안전보장에 관련되는 대외정책·군사정책과 국내정책의 수립에 관하여 국무회의의 심의에 앞서 대통령의 자문에 응하기 위하여 국가안전보장회의를 둔다.

② 국가안전보장회의는 대통령이 주재한다.

③ 국가안전보장회의의 조직·직무범위 기타 필요한 사항은 법률로 정한다.

제92조　① 평화통일정책의 수립에 관한 대통령의 자문에 응하기 위하여 민주평화통일자문회의를 둘 수 있다.

② 민주평화통일자문회의의 조직·직무범위 기타 필요한 사항은 법률로 정한다.

제93조　① 국민경제의 발전을 위한 중요정책의 수립에 관하여 대통령의 자문에 응하기 위하여 국민경제자문회의를 둘 수 있다.

② 국민경제자문회의의 조직·직무범위 기타 필요한 사항은 법률로 정한다.

### 제3관 행정각부

제94조　행정각부의 장은 국무위원 중에서 국무총리의 제청으로 대통령이 임명한다.

제95조　국무총리 또는 행정각부의 장은 소관사무에 관하여 법률이나 대통령령의 위임 또는 직권으로 총리령 또는 부령을 발할 수 있다.

제96조　행정각부의 설치·조직과 직무범위는 법률로 정한다.

### 제4관 감사원

제97조　국가의 세입·세출의 결산, 국가 및 법률이 정한 단체의 회계검사와 행정기관 및 공무원의 직무에 관한 감찰을 하기 위하여 대통령 소속하에 감사원을 둔다.

제98조　① 감사원은 원장을 포함한 5인 이상 11인 이하의 감사위원으로 구성한다.

② 원장은 국회의 동의를 얻어 대통령이 임명하고, 그 임기는 4년으로 하며, 1차에 한하여 중임할 수 있다.

③ 감사위원은 원장의 제청으로 대통령이 임명하고, 그 임기는 4년으로 하며, 1차에 한하여 중임할 수 있다.

제99조 감사원은 세입·세출의 결산을 매년 검사하여 대통령과 차년도 국회에 그 결과를 보고하여야 한다.

제100조 감사원의 조직·직무범위·감사위원의 자격·감사대상공무원의 범위 기타 필요한 사항은 법률로 정한다.

## 제5장 법 원

제101조 ① 사법권은 법관으로 구성된 법원에 속한다.

② 법원은 최고법원인 대법원과 각급법원으로 조직된다.

③ 법관의 자격은 법률로 정한다.

제102조 ① 대법원에 부를 둘 수 있다.

② 대법원에 대법관을 둔다. 다만, 법률이 정하는 바에 의하여 대법관이 아닌 법관을 둘 수 있다.

③ 대법원과 각급법원의 조직은 법률로 정한다.

제103조 법관은 헌법과 법률에 의하여 그 양심에 따라 독립하여 심판한다.

제104조 ① 대법원장은 국회의 동의를 얻어 대통령이 임명한다.

② 대법관은 대법원장의 제청으로 국회의 동의를 얻어 대통령이 임명한다.

③ 대법원장과 대법관이 아닌 법관은 대법관회의의 동의를 얻어 대법원장이 임명한다.

제105조 ① 대법원장의 임기는 6년으로 하며, 중임할 수 없다.

② 대법관의 임기는 6년으로 하며, 법률이 정하는 바에 의하여 연임할 수 있다.

③ 대법원장과 대법관이 아닌 법관의 임기는 10년으로 하며, 법률이 정하는 바에 의하여 연임할 수 있다.

④ 법관의 정년은 법률로 정한다.

제106조 ① 법관은 탄핵 또는 금고 이상의 형의 선고에 의하지 아니하고는 파면되지 아니하며, 징계처분에 의하지 아니하고는 정직·감봉 기타 불리한 처분을 받지 아니한다.

② 법관이 중대한 심신상의 장해로 직무를 수행할 수 없을 때에는 법률이 정하는 바에 의하여 퇴직하게 할 수 있다.

제107조 ① 법률이 헌법에 위반되는 여부가 재판의 전제가 된 경우에는 법원은 헌법재판소에 제청하여 그 심판에 의하여 재판한다.

② 명령·규칙 또는 처분이 헌법이나 법률에 위반되는 여부가 재판의 전제가 된 경우에는 대법원은 이를 최종적으로 심사할 권한을 가진다.

③ 재판의 전심절차로서 행정심판을 할

수 있다. 행정심판의 절차는 법률로 정하
되, 사법절차가 준용되어야 한다.

제108조　대법원은 법률에 저촉되지 아
니하는 범위안에서 소송에 관한 절차, 법
원의 내부규율과 사무처리에 관한 규칙
을 제정할 수 있다.

제109조　재판의 심리와 판결은 공개한
다. 다만, 심리는 국가의 안전보장 또는
안녕질서를 방해하거나 선량한 풍속을
해할 염려가 있을 때에는 법원의 결정으
로 공개하지 아니할 수 있다.

제110조　① 군사재판을 관할하기 위하
여 특별법원으로서 군사법원을 둘 수 있
다.

② 군사법원의 상고심은 대법원에서 관
할한다.

③ 군사법원의 조직 · 권한 및 재판관의
자격은 법률로 정한다.

④ 비상계엄하의 군사재판은 군인 · 군무
원의 범죄나 군사에 관한 간첩죄의 경우와
초병 · 초소 · 유독음식물공급 · 포로에
관한 죄 중 법률이 정한 경우에 한하여
단심으로 할 수 있다. 다만, 사형을 선고
한 경우에는 그러하지 아니하다.

## 제6장 헌법재판소

제111조　① 헌법재판소는 다음 사항을
관장한다.

1. 법원의 제청에 의한 법률의 위헌여부
   심판

2. 탄핵의 심판

3. 정당의 해산 심판

4. 국가기관 상호간, 국가기관과 지방자
   치단체간 및 지방자치단체 상호간의
   권한쟁의에 관한 심판

5. 법률이 정하는 헌법소원에 관한 심판

② 헌법재판소는 법관의 자격을 가진 9
인의 재판관으로 구성하며, 재판관은 대
통령이 임명한다.

③ 제2항의 재판관 중 3인은 국회에서 선
출하는 자를, 3인은 대법원장이 지명하
는 자를 임명한다.

④ 헌법재판소의 장은 국회의 동의를 얻
어 재판관 중에서 대통령이 임명한다.

제112조　① 헌법재판소 재판관의 임기
는 6년으로 하며, 법률이 정하는 바에 의
하여 연임할 수 있다.

② 헌법재판소 재판관은 정당에 가입하
거나 정치에 관여할 수 없다.

③ 헌법재판소 재판관은 탄핵 또는 금고
이상의 형의 선고에 의하지 아니하고는
파면되지 아니한다.

제113조　① 헌법재판소에서 법률의 위
헌결정, 탄핵의 결정, 정당해산의 결정
또는 헌법소원에 관한 인용결정을 할 때
에는 재판관 6인 이상의 찬성이 있어야

한다.

② 헌법재판소는 법률에 저촉되지 아니하는 범위안에서 심판에 관한 절차, 내부규율과 사무처리에 관한 규칙을 제정할 수 있다.

③ 헌법재판소의 조직과 운영 기타 필요한 사항은 법률로 정한다.


## 제7장 선거관리

제114조　① 선거와 국민투표의 공정한 관리 및 정당에 관한 사무를 처리하기 위하여 선거관리위원회를 둔다.

② 중앙선거관리위원회는 대통령이 임명하는 3인, 국회에서 선출하는 3인과 대법원장이 지명하는 3인의 위원으로 구성한다. 위원장은 위원 중에서 호선한다.

③ 위원의 임기는 6년으로 한다.

④ 위원은 정당에 가입하거나 정치에 관여할 수 없다.

⑤ 위원은 탄핵 또는 금고 이상의 형의 선고에 의하지 아니하고는 파면되지 아니한다.

⑥ 중앙선거관리위원회는 법령의 범위안에서 선거관리·국민투표관리 또는 정당사무에 관한 규칙을 제정할 수 있으며, 법률에 저촉되지 아니하는 범위안에서 내부규율에 관한 규칙을 제정할 수 있다.

⑦ 각급 선거관리위원회의 조직·직무범위 기타 필요한 사항은 법률로 정한다.

제115조　① 각급 선거관리위원회는 선거인명부의 작성 등 선거사무와 국민투표사무에 관하여 관계행정기관에 필요한 지시를 할 수 있다.

② 제1항의 지시를 받은 당해 행정기관은 이에 응하여야 한다.

제116조　① 선거운동은 각급 선거관리위원회의 관리하에 법률이 정하는 범위안에서 하되, 균등한 기회가 보장되어야 한다.

② 선거에 관한 경비는 법률이 정하는 경우를 제외하고는 정당 또는 후보자에게 부담시킬 수 없다.


## 제8장 지방자치

제117조　① 지방자치단체는 주민의 복리에 관한 사무를 처리하고 재산을 관리하며, 법령의 범위안에서 자치에 관한 규정을 제정할 수 있다.

② 지방자치단체의 종류는 법률로 정한다.

제118조　① 지방자치단체에 의회를 둔다.

② 지방의회의 조직·권한·의원선거와 지방자치단체의 장의 선임방법 기타 지

방자치단체의 조직과 운영에 관한 사항은 법률로 정한다.

## 제9장 경 제

제119조   ① 대한민국의 경제질서는 개인과 기업의 경제상의 자유와 창의를 존중함을 기본으로 한다.

② 국가는 균형있는 국민경제의 성장 및 안정과 적정한 소득의 분배를 유지하고, 시장의 지배와 경제력의 남용을 방지하며, 경제주체간의 조화를 통한 경제의 민주화를 위하여 경제에 관한 규제와 조정을 할 수 있다.

제120조   ① 광물 기타 중요한 지하자원·수산자원·수력과 경제상 이용할 수 있는 자연력은 법률이 정하는 바에 의하여 일정한 기간 그 채취·개발 또는 이용을 특허할 수 있다.

② 국토와 자원은 국가의 보호를 받으며, 국가는 그 균형있는 개발과 이용을 위하여 필요한 계획을 수립한다.

제121조   ① 국가는 농지에 관하여 경자유전의 원칙이 달성될 수 있도록 노력하여야 하며, 농지의 소작제도는 금지된다.

② 농업생산성의 제고와 농지의 합리적인 이용을 위하거나 불가피한 사정으로 발생하는 농지의 임대차와 위탁경영은 법률이 정하는 바에 의하여 인정된다.

제122조   국가는 국민 모두의 생산 및 생활의 기반이 되는 국토의 효율적이고 균형있는 이용·개발과 보전을 위하여 법률이 정하는 바에 의하여 그에 관한 필요한 제한과 의무를 과할 수 있다.

제123조   ① 국가는 농업 및 어업을 보호·육성하기 위하여 농·어촌종합개발과 그 지원 등 필요한 계획을 수립·시행하여야 한다.

② 국가는 지역간의 균형있는 발전을 위하여 지역경제를 육성할 의무를 진다.

③ 국가는 중소기업을 보호·육성하여야 한다.

④ 국가는 농수산물의 수급균형과 유통구조의 개선에 노력하여 가격안정을 도모함으로써 농·어민의 이익을 보호한다.

⑤ 국가는 농·어민과 중소기업의 자조조직을 육성하여야 하며, 그 자율적 활동과 발전을 보장한다.

제124조   국가는 건전한 소비행위를 계도하고 생산품의 품질향상을 촉구하기 위한 소비자보호운동을 법률이 정하는 바에 의하여 보장한다.

제125조   국가는 대외무역을 육성하며, 이를 규제·조정할 수 있다.

제126조   국방상 또는 국민경제상 긴절

한 필요로 인하여 법률이 정하는 경우를 제외하고는, 사영기업을 국유 또는 공유로 이전하거나 그 경영을 통제 또는 관리할 수 없다.

**제127조** ① 국가는 과학기술의 혁신과 정보 및 인력의 개발을 통하여 국민경제의 발전에 노력하여야 한다.

② 국가는 국가표준제도를 확립한다.

③ 대통령은 제1항의 목적을 달성하기 위하여 필요한 자문기구를 둘 수 있다.

## 제10장 헌법개정

**제128조** ① 헌법개정은 국회재적의원 과반수 또는 대통령의 발의로 제안된다.

② 대통령의 임기연장 또는 중임변경을 위한 헌법개정은 그 헌법개정 제안 당시의 대통령에 대하여는 효력이 없다.

**제129조** 제안된 헌법개정안은 대통령이 20일 이상의 기간 이를 공고하여야 한다.

**제130조** ① 국회는 헌법개정안이 공고된 날로부터 60일 이내에 의결하여야 하며, 국회의 의결은 재적의원 3분의 2 이상의 찬성을 얻어야 한다.

② 헌법개정안은 국회가 의결한 후 30일 이내에 국민투표에 붙여 국회의원선거권자 과반수의 투표와 투표자 과반수의 찬

성을 얻어야 한다.

③ 헌법개정안이 제2항의 찬성을 얻은 때에는 헌법개정은 확정되며, 대통령은 즉시 이를 공포하여야 한다.

## 부 칙 〈1987.10.29.〉

**제1조** 이 헌법은 1988년 2월 25일부터 시행한다. 다만, 이 헌법을 시행하기 위하여 필요한 법률의 제정·개정과 이 헌법에 의한 대통령 및 국회의원의 선거 기타 이 헌법시행에 관한 준비는 이 헌법시행 전에 할 수 있다.

**제2조** ① 이 헌법에 의한 최초의 대통령선거는 이 헌법시행일 40일 전까지 실시한다.

② 이 헌법에 의한 최초의 대통령의 임기는 이 헌법시행일로부터 개시한다.

**제3조** ① 이 헌법에 의한 최초의 국회의원선거는 이 헌법공포일로부터 6월 이내에 실시하며, 이 헌법에 의하여 선출된 최초의 국회의원의 임기는 국회의원선거 후 이 헌법에 의한 국회의 최초의 집회일로부터 개시한다.

② 이 헌법공포 당시의 국회의원의 임기는 제1항에 의한 국회의 최초의 집회일 전일까지로 한다.

**제4조** ① 이 헌법시행 당시의 공무원

과 정부가 임명한 기업체의 임원은 이 헌법에 의하여 임명된 것으로 본다. 다만, 이 헌법에 의하여 선임방법이나 임명권자가 변경된 공무원과 대법원장 및 감사원장은 이 헌법에 의하여 후임자가 선임될 때까지 그 직무를 행하며, 이 경우 전임자인 공무원의 임기는 후임자가 선임되는 전일까지로 한다.

② 이 헌법시행 당시의 대법원장과 대법원판사가 아닌 법관은 제1항 단서의 규정에 불구하고 이 헌법에 의하여 임명된 것으로 본다.

③ 이 헌법 중 공무원의 임기 또는 중임제한에 관한 규정은 이 헌법에 의하여 그 공무원이 최초로 선출 또는 임명된 때로부터 적용한다.

**제5조**    이 헌법시행 당시의 법령과 조약은 이 헌법에 위배되지 아니하는 한 그 효력을 지속한다.

**제6조**    이 헌법시행 당시에 이 헌법에 의하여 새로 설치될 기관의 권한에 속하는 직무를 행하고 있는 기관은 이 헌법에 의하여 새로운 기관이 설치될 때까지 존속하며 그 직무를 행한다.

# 사항색인

354

■ 저자 약력 ■

1981년 이화여자대학교 법정대학 법학과 졸업(법학사)
1983년 이화여자대학교 대학원 법학과 석사과정 졸업(법학석사)
1991년 이화여자대학교 대학원 법학과 박사과정 졸업(법학박사)
1997년 University of Florida, College of Law 졸업(LLM, 법학석사)
현재 이화여자대학교 법학전문대학원 교수
2005년 8월-2006년 8월 University of Illinois at Urbana-Champaign, College of Law
　　　Visiting Scholar
한국공법학회 · 한국헌법학회 · 한국환경법학회 · 한국법정책학회 부회장 역임
국무총리행정심판위원회 위원, 법제처 법령해석심의위원회 위원, 중앙노동위원회 심판담당
　　　공익위원, 법무부 공증인징계위원회 위원, 환경부 환경부자체규제심사위원회 위원 역임
현재 제11기 법무부정책위원회 위원

주요 저서
환경권론, 이화여자대학교 출판부(2007)
환경법(공저), 한국방송통신대학교 출판문화원(2011)

## 헌법총론

2014년　12월　20일　초판 인쇄
2014년　12월　30일　초판 발행

저 자　석 인 선
발행인　이 방 원
발행처　세창출판사
　　　　서울 서대문구 경기대로 88 냉천빌딩 4층
　　　　전화 723 · 8660　　팩스 720 · 4579
　　　　E-mail: sc1992@empal.com
　　　　Homepage: www.sechangpub.co.kr
　　　　신고번호 제300-1990-63호

정가　26,000원

ISBN　978-89-8411-506-4　93360